KB119156

주요국 사회보장제도 12

호주의 사회보장제도

한국보건사회연구원 나남
Korea Institute for Health and Social Affairs nanam

《주요국 사회보장제도》 총서 기획진

노대명 한국보건사회연구원 선임연구위원
김근혜 한국보건사회연구원 연구원
정희선 한국보건사회연구원 연구원

주요국 사회보장제도 12

호주의 사회보장제도

2018년 12월 10일 발행
2018년 12월 10일 1쇄

지은이   박능후 · 김동헌 · 김미숙 · 박소연 · 박찬임 · 여유진 · 이부미 · 이삼식
         이선우 · 이용하 · 정경희 · 주은선 · 진미윤 · 최정수 · 최효진
발행자   趙相浩
발행처   (주) 나남
주소   10881 경기도 파주시 회동길 193
전화   (031) 955-4601 (代)
FAX   (031) 955-4555
등록   제 1-71호(1979. 5. 12)
홈페이지   www.nanam.net
전자우편   post@nanam.net

ISBN 978-89-300-8954-8
ISBN 978-89-300-8942-5 (세트)

책값은 뒤표지에 있습니다.

주요국 사회보장제도 12

호주의 사회보장제도

박능후 · 김동헌 · 김미숙 · 박소연 · 박찬임 · 여유진 · 이부미 · 이삼식
이선우 · 이용하 · 정경희 · 주은선 · 진미윤 · 최정수 · 최효진

한국보건사회연구원
Korea Institute for Health and Social Affairs   나남
nanam

머리말

사회보장제도를 사회보험, 공공부조, 사회서비스, 사회수당의 4대 하위유형으로 나눈다면, 호주의 사회보장제도는 사회수당이 존재하지 않고, 사회보험제도는 매우 제한적으로 운영되는 가운데 공공부조와 사회서비스가 주축을 이루는 독특한 체계를 구성하고 있다. "현대 산업사회에서 사회보험제도를 사용하지 않고 어떻게 일반 국민들의 노후소득보장이 가능할까?"라는 의문은 호주 사회보장제도를 접하면 누구나 가지는 지적 호기심이다.

19세기 후반 독일의 비스마르크에 의해 선도되고, 20세기 중반 영국의 베버리지에 의해 완결된 형태를 보인 사회보험 중심의 사회보장제도는 현대 자본주의를 지탱하는 중심적 사회체계다. 자유주의, 조합주의, 사회민주주의로 구분되는 복지국가 3유형론(Esping-Andersen, 1990)에 의하면 복지국가 유형에 따라 각국의 사회보장제도는 상이한 특성을 보인다. 그러나 어느 유형이든 사회보장의 재정 면에서 사회보험제도가 여타 제도와 비교하여 가장 큰 비중을 차지하는 공통점을 지니고 있다.

영국과 함께 자유주의 복지국가 유형으로 거론되는 호주의 경우 영국과 달리 명시적인 사회보험제도가 존재하지 않고 따라서 사회보험제도에 소요되는 재정지출도 없다는 점에서 자유주의 유형 내에서도 특이성을 보인다. 이러한 특성으로 인해 각국이 사회보험제도와 공공부조제도 개혁을 추진하면서 외국의 경험을 참고하고자 할 때 먼저 주목을 하는 비교 대상이 호주의 사회보장제도다.

세계 사회보장제도 발전사에서 비교적 이른 시기인 1908년 공공부조 방식에 의한 노령연금제도를 도입했던 호주는 이후에도 공공부조 중심의 소득보장체계를 발전시키면서 나름대로 사회보장에 있어 선두 그룹에 속한다는 자부심을 가지고 있다. 비록 국가 주도의 사회보험제도는 없지만 소득보장을 위해 호주는 공공부조제도와 민간보험제도를 적극 활용하고 있다. 노령연금, 장애연금, 실업수당 등 20여 종에 이르는 각종 공공부조제도는 인구대상별로 수급요건을 특정화하여 국가가 현금급여를 제공한다. 소득보장의 중심기제인 호주의 공공부조제도는 대상자 선정 요건이 세분화되어 있고, 자산조사 기법도 매우 발달되어 있다.

소득보장의 또 다른 축인 퇴직연금제도와 산재급여제도는 민간보험회사에 의해 운영된다. 그러나 연방 정부는 각종 법률로써 연금재정 운용방식을 규제하는 등 퇴직연금제도의 공공성을 확보하고, 각 주 정부는 산재급여를 운영하는 민간보험회사에 대해 관리감독권을 행사하여 산재급여의 공공성을 담보한다.

의료보장의 경우 중앙 정부가 전 국민을 대상으로 목적세 수입에 의거하여 의료서비스를 제공하는 메디케어(Medicare) 프로그램이 주축을 이룬다. 호주의 메디케어는 전 국민을 대상으로 소득의 2%를 기본세율로 부과되고, 고소득층은 추가적으로 1%p 더 높은 세율이 적용되며, 저소득층에게는 면제 혜택을 주는 구조이다. 이러한 호주의 메디케어는 조세방식에 기초하여 재정을 조달한다는 점에서 영국의 국가보건체계(National Health System)와 유사하지만, 국민 개개인이 의료기관 선택권을 가지고 있고 진료 후 의료비의 일부분을 보상받는다는 점에서는 사회보험적 성격도 가진다. 이에 더하여 호주 정부는 민간의료보험의 가입을 적극적으로 권장함으로써 의료보장을 위해 공공의료체계와 민간의료체계를 병렬적으로 활용하고 있다.

호주의 사회보장제도는 공공부조 중심의 소득보장체계를 갖춘 점 외에 전달체계 측면에서도 독특한 체계를 발전시켜 왔다. 중앙 정부의 다양한 부처에서 지역에 산재한 센터링크(Centrelink)를 통해 각종 사회서비스를 통합적으로 제공하는 호주의 사회서비스 전달체계는 서비스의 중복을 피하고 비용을 줄일 수 있다는 측면에서 많은 주목을 받고 있다. 국가가 제공하는 사회서비스의 종류가 다양해짐에 따라 전달체계의 효율성이 나날이 더 중요해지는 작금의 한국 상황은 호주의 전달체계 개혁과정을 면밀히 들여다볼 필요성을 느끼게 한다. 호주 역시 센터링크를 중심으로 한 전달체계가 완전히 정착된 것은 아니며 개혁과 실험이 거듭되는 상황이지만 이들의 경험에서 취할 바가 많을 것이다.

《호주의 사회보장제도》는 많은 분의 열성적 논의와 집필로 완성되었다. 지난 2012년에 한국보건사회연구원에서 발간한 《주요국의 사회보장제도: 호주》편에 참여한 집필진의 일부와 새로운 집필진이 한 팀이 되어 1년간의 논의와 토론을 거쳐 원고를 작성하였다. 집필자들은 가능한 한 최신의 자료와 정보를 사용하고자 노력하였으며, 독자들의 이해를 돕고자 한국의 사회보장체계를 염두에 두고 호주 사회보장제도에 접근하였다. 기본체계부터 다른 두 국가의 사회보장제도이지만, 공공부조제도의 자산조사를 비롯한 다양한 측면에서 한국에 시사하는 바가 크다는 점에서 호주의 사회보장제도는 지속적인 관심을 가질 충분한 이유가 있다고 생각된다.

많은 분이 참여한 까닭에 진행과정에서 다소간 어려움도 있었지만, 이 모든 것을 집필의 동력으로 전환하여 좋은 원고를 작성해 주신 공동집필진 모두에게 깊은 감사를 드린다. 또한, 책의 내용 구상에서부터 집필진 구성에 이르기까지 세심한 배려를 아끼지 않으신 김상호 한국보건사회연구원

원장님과 노대명 박사님께 진정으로 감사드린다. 그리고 회의준비와 원고 교정의 어려움을 마다하지 않고 묵묵히 수행해 주신 김근혜, 정희선 두 선생님의 정성과 노력에 특별한 감사를 드린다.

경기대학교

박 능 후

주요국 사회보장제도 12
호주의 사회보장제도

차 례

머리말 5

1부 사회보장 총괄

제 1 장 **사회보장의 역사적 전개**   여유진

1. 머리말 17
2. 연방 성립 초기의 사회복지 성립 과정 19
3. 제 2차 세계대전 이후 사회복지 발달 과정 25
4. 1970년대 중반 이후 사회복지의 변화 30
5. 맺음말 36

제 2 장 **사회보장제도의 기본구조**   박능후

1. 호주 사회보장제도의 특성 43
2. 사회보장 관련 중앙 정부 조직과 예산 수준 46
3. 사회보장제도의 빈곤완화 효과성 51
4. 사회보장제도 전달체계 54

제 3 장 **경제여건과 소득분배구조**   이용하

1. 머리말 65
2. 경제 및 고용상황 67
3. 소득분배 상황 76
4. 과제와 전망 88

제 4 장   인구구조의 변화와 전망   이삼식 · 최효진

　1. 인구규모 및 구조   93
　2. 인구 변동 요인   98
　3. 장래 인구 변동   107
　4. 호주 인구의 이슈   111

제 5 장   정부재정과 사회보장재정   이용하

　1. 정부재정 개관   117
　2. 정부재정의 구조   122
　3. 사회보장재정   129
　4. 전망과 과제   139

제 6 장   최근 사회보장 개혁동향   주은선

　1. 머리말   143
　2. 복지개혁의 배경   145
　3. 복지개혁의 방향과 내용   153
　4. 맺음말 및 전망   167

2부   소득보장제도

제 7 장   공적연금제도   박능후

　1. 호주 노후소득보장체계   177
　2. 노령연금제도   179
　3. 퇴직연금제도   188

제 8 장   고용보험제도 및 고용정책   김동헌

　1. 호주의 고용보험제도   201
　2. 호주의 고용서비스   217

제 9 장   산재보험제도   박찬임

　1. 호주 산업재해보험제도의 발달   229
　2. 호주 산재보험의 적용대상   241
　3. 호주 산재보험제도의 급여내용   248
　4. 호주 산재보험제도의 관리운영체계 및 재원   256
　5. 한국제도와의 비교 및 함의   259

제 10 장   가족수당제도   김미숙

　1. 호주 가족정책의 특징   263
　2. 가족수당제도   266
　3. 맺음말 및 시사점   282

제 11 장   공공부조제도   박능후

　1. 공공부조제도의 의의와 관련 제도   285
　2. 자산조사   289
　3. 주요 공공부조 프로그램   301
　4. 빈곤기준선과 인구집단별 빈곤율   308

3부 의료보장 및 사회서비스

제12장 보건의료제도 　　　　　　　　　　　　　　　　　　최정수

1. 일반현황　317
2. 관리운영체계　320
3. 의료자원 공급　324
4. 의료서비스 전달체계　337
5. 의료재정　344

제13장 의료보장제도 　　　　　　　　　　　　　　　　　　박소연

1. 머리말　353
2. 메디케어의 발전과정　354
3. 의료보장체계　362
4. 민간의료보험　373
5. 맺음말　376

제14장 고령자 복지서비스 　　　　　　　　　　　　　　　　정경희

1. 노인의 특징　381
2. 노인의 삶의 질과 고령화 대응 수준　388
3. 고령정책　392
4. 정책적 이슈 및 과제　408

제15장 장애인 복지서비스 　　　　　　　　　　　　　　　　이선우

1. 장애인구 현황과 구성　413
2. 장애인 소득보장제도의 유형　415
3. 국가장애전략　424
4. 국가장애보험제도　441
5. 한국 장애인 복지서비스에 대한 함의　446

제16장 아동 및 보육서비스   이부미

    1. 머리말   449

    2. 보육서비스 제공 및 이용   450

    3. 보육서비스 품질 관리   470

    4. 위험에 처한 아동을 위한 보호서비스   474

    5. 맺음말 및 시사점   478

제17장 주택 및 주거서비스   진미윤

    1. 주거보장 체계의 개요: 역사적 전개와 시대별 특징   483

    2. 주거 여건의 변화 추이   492

    3. 주거지원의 유형과 지원방법   501

    4. 정책 현안과 향후 전망   526

주요 용어   533

제 1 부　사회보장 총괄

제 1 장　사회보장의 역사적 전개

제 2 장　사회보장제도의 기본구조

제 3 장　경제여건과 소득분배구조

제 4 장　인구구조의 변화와 전망

제 5 장　정부재정과 사회보장재정

제 6 장　최근 사회보장 개혁동향

사회보장의 역사적 전개 *

1. 머리말

1901년 영국으로부터 분리·독립한 호주의 공식 명칭은 오스트레일리아연방(Commonwealth of Australia)이다. 1) 태평양과 인도양 사이에 있는 지구상 가장 작은 대륙의 중심이자 세계에서 6번째(러시아, 캐나다, 중국, 미국, 브라질, 호주 순)로 면적이 넓은 나라이기도 하다. 영국으로부터 독립했지만, 형식적으로 호주는 입헌군주제를 유지하고 있어 국가원수가 영국 국왕이다. 실제로는 양원으로 구성된 의회제를 채택하였으며, 정부 수반은 총리이다. 또한 연방제 국가로서 연방 정부의 권한은 외교, 국방, 무역, 금융과 사회보장 전반에 걸쳐 행사된다.

호주의 정당제도는 영국 의회제도에 기반을 두고 있다. 도시의 산업가

---

* 이 글은 2012년 《주요국의 사회보장제도: 호주》(한국보건사회연구원, 2012)에서 필자가 작성한 "제1부 제1장 역사적 전개과정"을 수정 보완한 것이다.

1) 오스트레일리아(Australia)의 어원은 '남쪽'이라는 뜻을 가진 라틴어 아우스트랄리스(*australis*)이다. 이는 영국 혹은 유럽의 남쪽이라는 의미이다.

계층을 기반으로 하는 자유당(the Liberal Party of Australia), 지방의 농·목축업자에 토대를 둔 국민당(the National Party of Australia), 노동조합이 기반인 노동당〔Australian Labor Party, 1971년 이전의 농민당(Country Party)〕을 호주의 3대 정당으로 꼽지만, 호주는 사실상 유연한 양당체제를 유지하고 있다. 즉, 호주 건국 이래 좌파 정당으로서 노동당과 우파 정당으로서 자유당이나 국민당이 번갈아 가며 집권해 온 것이다.

미국과 마찬가지로 초기 대영제국의 식민지로 개발되었던 역사가 있으며 여전히 입헌군주제의 전통을 유지하고 있는 만큼, 호주를 영미식 자유주의 복지국가에 포함시켰던 것은 자연스러운 결과였다. 에스핑-앤더슨(Esping-Andersen, 1990)의 《복지자본주의의 세 세계》에서도 호주를 포함한 오세아니아 대륙의 국가를 영미식 자유주의 복지국가로 구분하였다. 하지만 이후 캐슬을 중심으로 한 일군의 학자들(Castles, 1985, 2001; Castles & Mitchell, 1992; Castles & Uhr, 2007)이 호주를 미국식 자유주의 복지국가와 동일한 레짐으로 '단순 분류'한 것을 체계적으로 논박함으로써 호주 사회보장체계에 대한 관심이 고조되었다. 외현적으로 OECD 국가 중 상대적으로 낮은 사회지출 수준에도 불구하고, 적어도 1980년대 중반 이전까지 호주의 복지국가는 미국식 자유주의 복지국가와는 확연히 구분되는 '독특성' — 좀더 나아가서 '급진성' — 을 구가해 왔다는 것이다. 이러한 의미로 캐슬과 학자들은 호주 복지국가를 '임금노동자 복지국가'(*wage earners' welfare state*)로 칭하고 있다. 이러한 호주 복지국가의 특성을 '또 다른 혹은 새로운 복지레짐'으로 구분할 수 있는지는 여전히 현재진행형의 논쟁대상이다. 이는 호주식 복지국가의 특징이 지엽적인 것에 불과한 것인지, 좀더 근본적인 것인지에 대한 의구심과도 관련되지만, 다른 한편으로는 1983년 이후 드러난 호주 복지국가의 변형(취약성)과도 관계가 있다.[2]

이 장에서는 이와 같은 호주 복지국가의 특성을 사회보장의 역사적 전개 과정에서 찾고자 한다. 호주 경제사가인 크리스토퍼 로이드(Lloyd, 2002)

는 호주 역사를 네 개의 안정적 정치경제레짐 시기와 그 사이사이의 제도적 혁신 시기(1840~1851, 1894~1911, 1983~1991)로 구분해 총 7개의 시기로 나눈 바 있다. 호주 역사가들이 시기를 구분하는 법에는 조금씩 차이가 있으나 로이드의 이러한 구분에서 크게 벗어나지는 않는다. 여기에서는 전 연방 시기(1900년 이전)를 다루지 않고 19세기 말부터 로이드의 네 번째 시기가 끝나는 1911년까지, 1911년 전후부터 로이드의 다섯 번째 시기가 끝나는 1983년까지, 마지막으로 1983년 이후부터 2007년까지의 세 시기로 구분하여 사회복지 발달의 역사를 개관하고자 한다.

2. 연방 성립 초기의 사회복지 성립 과정

1) 초기 이민기와 연방 정부 성립기의 사회복지제도 도입

호주에서 사회복지제도가 본격적으로 성립되기 시작한 것은 1901년 호주 연방 성립 이후부터이다. 연방제 이전 시기의 호주는 주로 민간 차원의 자선과 주(州, states) 정부 차원의 빈민구제에 의존하여 빈곤에 대응하였다. 사적인 자선은 대상자가 자격 있는 빈민인지 먼저 판정한 후, '게으름을 방지하기 위해' 최소한으로만 주어졌다(Mendes, 2008: 16). 하지만 1890년대 경기가 침체되자 사회적, 경제적 긴장이 고조되면서 주민복지에 대한

---

2) 에스핑-앤더슨도 처음에는 캐슬의 제안에 긍정적으로 반응하였다. 즉, 자산조사 중심의 복지체계는 동전의 한 면일 뿐이며, 고도로 제도화된 복지보장체계가 또 다른 면을 보여줄 수 있음을 인정한 것이다(Esping-Andersen, 1997). 그러나 이 이후 에스핑-앤더슨(Esping-Andersen, 1999)은 호주 복지체계가 1990년대 하워드 행정부하에서 추진된 개혁의 결과로 전형적인 자유주의적 복지자본주의 체계로 이동해 왔다고 주장함으로써, 원래 입장을 재확인하였다(Deeming, 2010).

정부개입 필요성이 증가하기 시작했다(Garton, 1990: 43~77; O'Connor et al., 1999: 24~26). 이에 각 주는 두 가지 방식으로 빈곤에 대응했다. 첫째는 여성과 청소년을 포함한 노동자의 권리를 보호하고 노동 조건을 개선하기 위한 정책을 시행한 것이고, 둘째는 노인이나 폐질자 등 근로무능력 빈민을 대상으로 하는 급여를 도입한 것이었다. 그러나 이러한 대응은 각 주 정부별로 이루어졌다. 따라서 연방제 이전 시기의 복지는 통일성이나 제도화 측면에서는 취약할 수밖에 없었다.

1901년 연방 정부가 수립되면서 노동 관련 제도와 복지제도가 본격적으로 도입되기 시작했다. 가장 주목할 만한 제도화는 두 가지이다. 하나는 오늘날 최저임금에 해당하는 '합당한 임금'(a fair and reasonable wage)의 도입이고, 다른 하나는 연방 정부에 의한 각종 복지제도의 도입이다.

먼저 연방 정부는 노동자들이 자신들의 품위를 유지할 수 있는(decent) 임금 수준을 제도화하였다(Mendes, 2008: 17). 이는 도시 제조업의 이해를 대변하는 당시 집권당인 보호주의당(Protectionist)의 디킨(Deakin) 정부와 노동운동 세력 간에 이루어진 건설적 타협의 산물이었다. 이러한 동맹의 세 가지 요소는 강제적 조정(arbitration), 보호(protection) 그리고 백호주의(white Australia)이다. 이 중 오늘날 '임금노동자 복지국가'의 근간을 이루는 핵심적 요소는 조정이다. 조정은 결정적으로 연방 조정법원판사인 히긴스(Higgins)의 1907년 '하베스터(Harvester) 판결'로 공식화되었다. 히긴스 판사는 '합당한 임금'의 유일한 기준은 "문명화된 공동체에서 살고 있는 인간으로 간주되는 평균적인 피용자의 규범적 필요"를 제공하는 것이라는 규칙을 제정하였다. 이러한 상당히 피상적인 사회정책 기준을 사용해서, 법원은 최저 혹은 생활임금을 확립하였다. 이는 4인 혹은 5인 가족이 "조명, 옷, 신발, 가구, 가사집기 구매비용, 각종 요금, 생명보험, 저축, 손보협회비, 실업 대비금, 노조회비, 책과 신문 구매비용, 전철 요금, 재봉틀, 탈수기, 학용품 구매비용, 오락 및 휴가비용, 주류, 담배 구매비용,

의료비와 장제비, 십일조"를 감당하기 위한 최소한의 금액으로 정의되는, '적절하고 안락한'(modest and comfort) 생활을 영위하기 위한 임금이다. 당시 부인과 자녀를 부양하는 성인 남성에 대해 하루 7실링 혹은 주당 42실링3)을 '합당한 임금'으로 규정하였다(Castles & Uhr, 2007).

또한 연방 정부는 각종 복지제도를 도입하였다(Mendes, 2008: 17). 당시에 노인들은 복지의 주요한 관심대상이었다. 노령연금이 뉴사우스웨일즈에서 1900년, 빅토리아에서 1901년, 퀸즐랜드에서 1908년에 제도화되었다. 1909년에는 연방의 노령연금이 세 주의 제도를 대체하며 성립되었다. 초기에는 노령연금을 수급하기 위한 자격으로 두 가지 기본적인 조건을 갖추어야 했다. 하나는 노동시장에서 영구적으로 배제된 사람이어야 한다는 것이다. 이는 본인의 노력으로 욕구를 충족시킬 수 없음을 의미한다. 또 하나의 조건은 연금수급자가 관할지역 내에서 일정기간 이상 거주해야 한다는 것이다. 예컨대 뉴사우스웨일즈주의 경우 거주기간 조건은 25년이었다(Carney & Hanks, 1994). 1910년에는 기타 장애나 실명을 이유로 일할 수 없는 16세 이상의 사람들을 위해 장애급여가 도입되었다. 그러나 노령연금과 장애연금은 공통적으로 '양호한 특성'(good character)을 가졌다고 판정된 신청자에게만 제공되었으며,4) 동양인, 원주민, 알콜중독자, 전과자, 최근 이민자는 자격이 없었다. 1912년에는 정액의 모성수당이 노동당의 피셔(Fisher) 정부에 의해 도입되었다. 연금과 모성수당 모두 일반조세로부터 재원이 조달되었다. 당시 강력한 누진세제로 인해 이러한 급여들은

---

3) 이 금액은 지역사회 시민으로서 평균적인 피용자의 정상적인 욕구에 적절한 것으로서 히긴스 판사에 의해 산정되었다. 히긴스 판사는 1명에서 7명 사이의 아동을 가진 아홉 가구의 실제 예산과 생활비를 연구하였다. 그 결과 주당 42실링이라는 금액이 성인 2인과 아동 3인으로 구성된 5인 가족의 생활비로서 도출되었다(Saunders, 1998).

4) 정당한 사유 없이 배우자나 미성년 자녀를 부양하지 않는 사람에게 노령연금의 자격이 주어지지 않는 규정은 1974년까지 유지되었다(Carney & Hanks, 1994).

매우 재분배적인 것으로서 간주되었다(Mendes, 2008: 17; Castles & Uhr, 2007; Garton, 1990: 99~101; Bryson, 2001: 73).

호주 사회복지체계의 매우 중요한 특성이 이 시기에 형성되었다 해도 과언이 아니다. 첫째, 주지한 바와 같이 캐슬 등이 주목하는 '임금노동자 복지국가'의 가장 큰 특징으로서의 임금압착(*wage compression*)은 이 시기 형성된 상대적으로 높고 선진적인 최저임금(합당한 임금)에 의해 가능한 것이었다. 즉, 최저임금 수준을 끌어올림으로써 전체적인 가구소득의 평등성이 어느 정도 보장되었는데, 이는 유럽 복지국가들이 주로 조세와 사회복지를 통해 달성하고자 했던 재분배의 기능을 상당 부분 대체하는 효과가 있었다. 둘째, 초기 복지제도들, 특히 노령연금제도는 이후 호주 사회복지제도의 수준과 특성을 결정하는 데 매우 중요한 역할을 한 것으로 보인다. 호주의 사회보장지출, 특히 노인 및 유족에 대한 지출은 OECD 국가의 평균에 비해 상당히 낮은 수준인데 그 주요한 원인 중 하나는 자산조사에 기반한 대상자 선정과 급여의 보충성 원칙이다. 이러한 "최소한의 자유재량과 최소한의 잔여성을 강조하는 자산조사체계, 즉 대다수의 일반 호주인에게 정액급여를 제공하고 공동체 규범을 상당히 초과하는 소득과 자산을 가진 사람들만 배제하는 체계"(Castles & Uhr, 1997: 101)는 사회복지제도의 도입기에 형성된 이후 오늘날까지 유지되고 있다.

2) 전간기(1911~1940년)의 사회복지 정체(停滯)

양차 대전 사이인 전간기(戰間期) 동안 노동당이 한두 차례 일시적으로 다수당을 차지하기는 하였지만,[5] 이 시기 정국의 주도권은 자유당과 국민당에게 주어졌다. 이 시기에 연방 정부에 의해서는 어떠한 추가적인 소득보

---

5) 1915~1916년의 휴스(Hughes) 정부와 1929~1932년의 스컬린(Scullin) 정부 때이다.

장급여도 도입되지 않았다. 다만 일부 주에 한하여 새로운 제도가 도입되었을 따름이다. 예를 들면, 퀸즐랜드의 주 정부는 1923년 계절노동자를 지원하기 위해 일시적 실업기간 동안 구호를 제공하는 실업보험제도를 도입했다.[6] 뉴사우스웨일즈주에서는 1927년에 미망인연금과 아동수당이 도입되었고, 1928년에는 직장 산업재해보험[7]이 도입되었다(Herscovitch & Stanton, 2008; Mendes, 2008: 18).[8] 이와 같이, 세계공황에 처해 주 정부 차원에서는 산재보험과 여타 급여의 필요성을 제기하였으나 연방 정부에서의 시행으로는 이어지지 못했다.

연방 정부 차원에서 급여를 확대하려는 시도가 없었던 것은 아니지만 연속적으로 좌절되었다. 1913년 쿡(Cook) 정부에 의해 〈국민보험법〉이 예고되었다. 그러나 독일과 유사한 기여형 보험체계 도입을 선호하는 보수주의자와 당시 비기여형 재원체계를 요구하는 노동운동 간의 분쟁으로 입법화에는 실패했다. 또한, 1920년대 아동보조금이나 가족수당 도입을 놓고 심각한 논의가 진행되었다. 하지만 대다수 왕립위원이 이를 비현실적인 안이라고 권고함으로써 입법에는 이르지 못했다(Castles & Uhr, 2007).

1923년 브루스 페이지(Bruce-Page) 정부와 왕립위원회가 기여형 제도에 다시 관심을 가지기 시작했다. 그 대상 집단은 재난을 당한 사람과 유족

---

6) 이 제도는 1945년에 실업 및 질병수당에 관한 연방제도로 대체되었다(Herscovitch & Stanton, 2008).

7) 근로자보상제도(*workers' compensation*)로 알려진 직장 산재보험은 보험체계를 주축으로 하여 만들어졌으며, 현재도 마찬가지이다. 법에 정해진 비율만큼 노동자들의 기여가 보험의 재원이 된다. 급여는 소득에 연동되며 자산조사를 시행하지 않는다. 뉴사우스웨일즈에 도입된 후 이 모델은 다른 지역으로 퍼져 나갔다(Herscovitch & Stanton, 2008).

8) 그러나 이러한 주 차원의 사회복지제도 확대에 연방 정부의 기여가 전혀 없었던 것은 아니다. 예를 들면, 1933년 설립된 연방급여위원회(Commonwealth Grants Commission)는 자체자원으로 실업구제와 같은 서비스 비용을 충당할 수 없는 작은 주에 추가적인 기금을 제공하도록 설계되었다(Castles & Uhr, 2007).

(과부)에서 근로무능력자와 노인으로 대체되었다. 이때 제출된 4편의 보고서는 실업보험을 제외한 기여형 제도를 제시하며 예방적인 조치를 강조했다. 1928년에는 원래 왕립위원회에서 제시되었던 병자, 근로무능력자, 노인에 대한 급여에 유족, 고아를 추가하는 안건이 제안되었으나 여당, 야당 사용자측의 반대에 부딪혀 회기 내 처리되지 못하면서 도입이 좌절되었다(Herscovitch & Stanton, 2008).

캐슬 등(Castles & Uhr, 2007)에 의하면 이 시기의 사회복지 정체는 무관심이나 입법화 노력의 부재 탓이 아닐 수도 있다. 그는 이 시기, 특히 기여형 급여 도입이 실패한 주요 원인을 두 가지 지적한다. 그 하나는 당시 다수의 노동자가 이동노동자(itinerant workers)였다는 점이다. 사회보험은 안정적인 정규직(regular) 노동자에게 적용됨을 원칙으로 하였기 때문에 노동자들의 기여형 급여에 대한 여론은 좋지 않았다.

사회보험 진전을 지체시킨 또 다른 요인은 피용자 기여가 실질적으로 '생활임금'에 대한 조세를 의미한다는 이유로 기여 원칙을 반대하는 목소리가 있었다는 것이다. 연방 조정법원은 '생활임금'을 '문명화된 삶'을 위해 요구되는 최소한의 소득이라고 규정했다. 그러므로 가처분소득(take home pay)의 감소는 임금소득자 이해 보호를 추구하는 노조에게는 받아들일 수 없는 것이었다. 더구나, 조정 시스템의 특수한 논리로 인해, 생활임금을 설정한 당국이 피용자 보험 기여금을 이유로 기여금만큼 임금을 인상시키려 할 수 있다고 우려한 일부 고용주도 기여형 급여 반대의사를 공유했다.

사회복지에 대한 길고 지루한 논쟁과 법제화 실패는 이 시기를 '사회복지의 공전기' 혹은 '정체기'로 규정짓게끔 했다. 가턴(Garton, 1990: 123)이 1920년대와 1930년대 호주의 사회정책은 다른 서구 국가들과 비교할 때 '낯부끄러운' 수준이었다고 기록하는 것도 이 같은 사회적 · 경제적 배경에 서였다.

3. 제 2차 세계대전 이후 사회복지 발달 과정

1) 노동당 정부(1941~1949년)의 '위대한 시대'

전후 '복지국가의 황금기'(*golden age of welfare state*)는 호주에서도 예외가 아니었다. 호주의 사회복지제도가 본격적으로 발전한 시기는 노동당이 연속해서 집권한 1941년부터 1949년까지 약 10년의 기간이다. 많은 학자들이 이 시기를 호주 복지국가 역사에서의 '위대한 시대'(*the heroic age*)로 일컫는다(Mendes, 2008: 18~19). 이 시기, 특히 1941년과 1945년 사이에 오늘날 호주 복지국가의 기본적 특성을 형성하는 주요 제도들이 도입되었다(Carney & Hanks, 1994).

초기에 이러한 발달에 크게 기여한 것은 자유당의 전신인 통합호주당(United Australia)의 멘지스(Menzies) 정부가 1941년 처음으로 설립한 사회보장 총의회위원회이다. 이 위원회에서는 대체로 합의된 보고서 시리즈를 통해 매우 실질적인 연방 사회서비스급여의 확대를 권고했다. 1940년 멘지스 정부는 연속으로 집권하면서 복지대상자의 확대를 추진하였으며, 1941년 정부 교체 마지막 날 아동수당(*child endowment*)을 도입하였다. 이후 연속 집권에 성공한 노동당 정부도 총의회위원회 보고서를 정책 수립을 위한 참고자료로 활용했다(Mendes, 2008: 18~19; Carney & Hanks 1994, 1994; Castles & Uhr, 2007).

또 다른 차원에서 사회복지제도 발전의 결정적 기반을 마련해 준 개혁은 1942년 전국적으로 단일한 소득세를 부과함으로써 연방 정부에 소득세에 대한 독점권을 부여한 조치이다(Castles & Uhr, 2007). 전시에 노동당 정부가 단행한 이 조치는 호주 복지국가 발달에 매우 중요한 의미를 갖는다. 재정의 중앙 집중은 전후 복지개혁에서뿐만 아니라, 이후 노동당이 1970년대와 1980년대에 재집권하여 주 정부의 사회서비스 기능을 확대할 때에도 매우 중요한 역할을 했기 때문이다.

1941년부터 제 2차 세계대전 말까지 집권한 노동당의 커틴(John Curtin) 정부는 거의 모든 소득보장급여와 의료보장을 연방 정부가 책임지는 것을 목표로 삼았다(Kewley, 1969: 82~95). 커틴 정부는 집권 후 지체 없이 복지제도의 개혁을 추진했다. 이를 위해 1941년에는 사회보장제도의 관리 방식이 통합되어 새로운 사회서비스부가 설립되었다(Herscovitch & Stanton, 2008). 가장 먼저 추진된 정책은 유족연금(widow's pension)으로서 이는 1915년부터 당의 정책이었으며 뉴사우스웨일즈주에서는 이미 1926년부터 시행되고 있던 제도였다. 유족연금제도는 1942년에 전국적으로 실시되었다. 이로써 50세 이상 혹은 자녀가 있는 50세 미만의 여성으로서 유족(과부)의 범주(사실상 혹은 법적인 과부, 방임된 아내, 재혼하지 않은 이혼녀, 남편이 정신병원에 입소한 여성)에 들어가는 이들은 자산조사를 통해 연금 수급의 자격을 지니게 되었다(Carney & Hanks, 1994).

1943년에는 국민복지기금(National Welfare Fund)이 설립되면서 실질적으로 과세액이 증가하였다. 이어서 1944년 커틴 정부는 〈실업, 질병 및 특별급여법〉(Unemployment, Sickness and Special Benefits Act)을 통과시켰다. 실업급여와 질병 관련 급여 역시 정액 방식이었고 일반 세입에서 재정을 충당하였으며 자산조사를 포함하였다. 급여의 수준은 연금보다는 낮았으며, 자산조사는 더욱 제한적이었다. 실업과 관련해서는 일하고자 하는 의지가 있는지, 일할 수 있는 가능성이 있는지에 대한 엄격한 조건들이 반영되었다. 파업에 참여한 사람은 실업수당의 대상이 될 수 없도록 했다. 실업수당과 질병수당의 도입은 완전고용을 재건하고 유지하기 위한 더 큰 정책의 일부분이었으며, 직업알선을 돕는 호주 연방고용서비스청의 설립과 함께 진행되었다(Herscovitch & Stanton, 2008).

이로써 호주 복지국가의 기본 골격이 거의 완성되었다. 멘지스의 연합정권에 의해 도입된 아동수당을 제외하고, 이 시기에 도입된 모든 급여들

은 현재 호주 복지국가의 고유한 양식이 된 정액의 자산조사급여였다. 그
러나 복지제도를 도입하려 한 노동당 정부의 시도가 모두 성공적이었던 것
은 아니다. 대표적으로 노동당의 치플리(Chifley) 정부가 1946년에 약제급
여(*pharmaceutical benefits*)를 법제화하였으며 이어서 1948년에는 〈국민건
강법〉(National Health Act)을 제정하였으나, 전자는 대법원에 의해 무효로
선언되었고 후자의 일부도 무력화되었다. 이 시기 호주에서 의약 관련 제
도들이 연달아 도입에 실패하거나 축소된 것은 주로 의료전문가 집단의 반
대에 기인한 결과이다. 이로써 오늘날 호주 의료보장제도는 미국의 의료보
험제도(Medicare)보다는 포괄적이지만, 유럽에 비해서는 상당히 잔여적
이고 민영화된 형태로 남게 되었다.

2) 자유당 정부(1949~1972년)의 복지 방기(放棄)

노동당 정부의 복지국가 주도권 이후 23년 동안은 자유당·국민당 연립정
부가 연속 집권함으로써 보수의 시기가 도래한다. 실제로 이 시기에는 사
회입법 영역에서 실질적 진전이 거의 없었다. 자유당의 정책은 새로운 자
원을 창출하거나 연방 정부의 책임을 확대하기보다는 현존하는 민간자원
과 제공자에 대한 보조를 강조했다. 이 시기 사회정책은 대개 중산층에게
유리한 신중한 점진주의적 변화로 특징지을 수 있다(Mendes, 2008: 19).
　멘지스 총리 재임기간에 일어난 주요한 사회정책 변화로는 첫 자녀에 대
한 아동수당 확대(1950년), 완전노령연금 수급자와 그들의 피부양자에 대
한 무료 약제 및 의료급여(1951년), 민간보험지출을 보조하는 방식의 〈국
민건강법〉 등을 꼽을 수 있다. 연립정부는 또한 연금수급자에 대한 자산조
사를 관대하게 하고, ACOSS(Australian Council of Social Service)를 비롯
한 사회복지부문의 많은 자원단체에게 보조금을 지급함으로써 민간복지를
활성화시켰다.

그러나 멘지스의 사퇴에 따라 보수당 정부의 정치지도자가 바뀌게 되면서 1960년대 말과 1970년대에 걸쳐 복지정책 추진에 대한 관심이 되살아났다(Carney & Hanks, 1994). 이러한 관심의 결과로 보수당의 연속적인 집권 후반기인 1968년 사회이동성(social mobility)과 전후(戰後) 이민을 고려해서 연금 수급권자의 거주기간 자격조건을 완화하였고, 1972년에는 특정 연금에 대해 해외이주 시의 연계를 추진하였다. 1967년 장애인을 대상으로 보호고용수당(sheltered employment allowance)을 도입했으며, 1969년에는 장애아동수당(handicapped children's allowance), 지역사회에 살고 있는 노인에 대한 재택보호(home care), 의약품서비스(paramedical services) 지원제도가 실시되었다. 1970년에는 무료급식차(meals on wheels)에 대한 보조금이 제공되었다.

멘지스 정부 이후 보수당 정부의 이 같은 부분적인 복지개혁과 새로운 제도의 도입에도 불구하고, 전체적으로 GDP 대비 사회지출은 이 시기 동안 오히려 감소하였다. 복지 프로그램에 대한 지출은 지극히 낮은 수준을 유지했다. 예컨대, 1946년 주당 평균임금의 25%였던 연금액은 1970년 20%까지 하락하였다. 1970년에 GDP 대비 복지지출은 7.37%로 OECD 회원국 평균인 15%의 절반 수준이었으며, 당시 OECD 국가 중에서는 일본(5.72%) 다음으로 낮은 수준이었다.

3) 노동당 정부(1972~1975년)의 사민주의적 개혁 시도

자유당·국민당의 오랜 보수연정 사이에 3년에 불과한 기간이지만 노동당의 휘틀럼(Whitlam) 정부가 집권에 성공하였다. 그는 곧바로 노동당의 급진적 보편주의 개혁안을 제시하였다(Carney & Hanks, 1994). 1972년 연설에서 휘틀럼은 모든 호주인에게 평등한 기회가 보장되어야 한다고 천명하였으며, 낙인이 찍힌 소수에 대한 자선보다는 모든 공동체 구성원에게 가용한 권리로서 복지를 옹호하였다(Whitlam, 1985: 359~360; Mendes, 2008: 26 재인용). 사회보장부 장관에 임명된 빌 헤이든(Bill Hayden)도 용인되기 힘든 정도의 경제적 불평등을 줄이기 위해 부자에게서 빈자에게로 부와 소득의 재분배를 증진해야 한다고 주장했다(Carney & Hanks, 1994).

휘틀럼 노동당 정부는 급진적 개혁안으로 보편적인 최저소득(*guaranteed minimum income*)을 제시하였으며, 퇴직연금(*national superannuation*), 산업재해보험(*national accident compensation*), 국민보건제도(*national health scheme*)에 대한 조사를 단행하였다. 그러나 이러한 야심찬 계획은 엄청난 비용과 근로 유인과의 명백한 배치성으로 인해 좌절되었다. 대신 정부는 현존하는 연금과 급여 수준을 주당 평균소득의 25%까지 인상하는 방안을 채택하였다. 또, 새로운 범주의 모성지원급여(*supporting mothers' benefit*)를 도입하고, 재외 호주인에게도 연금을 지급하기 시작했으며, 고아연금(*double orphan pension*)을 도입했다. 그리고 이전 정부에서 도입된 장애아동수당(*handicapped children's allowance*) 제도를 시행하였으며, 〈노숙인지원법〉(Homeless Person's Assistance Bill)을 발의하였다. 또한 특정 범주의 급여와 연금 간 격차를 축소하고, 노령연금에 대한 자산조사를 폐지하였다. 이와 함께, 클라이언트 불평구제를 위한 독립기구로 사회보장 항소재판소를 설립하였다(Mendes, 2008: 28~29).

3여년의 짧은 집권 기간 동안 이 같은 휘틀럼 정부의 급진적인 복지개혁을 두고, 역사학자 매킨타이어(Stuart Macintyre)는 "이 나라에서 이루어진 최초의 실질적인 사민주의 시도"로 서술했다. 이는 경제에서 더 공정하고 평등주의적인 결과를 증진시키는 데에서 정부의 역할을 증대시켰다는 점에서 그러하였다(Mendes, 2008: 25). 불리한 위치에 있는 집단들의 서비스에 대한 접근성을 증진시키기 위한 시도로 건강, 주택, 도시개발, 교육 영역에서 대규모 정부지출을 투입한 휘틀럼 정부의 노력은 임금 수준 보호에 대한 노동주의적 강조에 한정된 노동당의 전통과는 극히 대조를 이룬다는 것이다(Macintyre, 1986: 138).

그러나 이 같은 휘틀럼 정부의 개혁적 성격에도 불구하고, 정부 정책이 노동시장과 경제에서의 중요한 변화를 가져오는 데에는 실패했다는 비판도 제기된다(Mendes, 2008: 29). 또한 1974년과 1975년의 경기침체로 시작된 완전고용의 종말, 경제성장의 하락, 이로 인한 근로능력이 있는 가구주 가족의 빈곤 증가는 소득보장에 대한 의존성을 심화시켰고, 그 결과로 이후의 신자유주의 개혁이 급물살을 타게 되었다.

4. 1970년대 중반 이후 사회복지의 변화

1) 자유당 정부(1975~1983년)의 사회적 자유주의

프레이저(Fraser) 자유당 정부의 정책은 한마디로 온건한 점진주의로 표현된다(Carney & Hanks, 1994). 프레이저 정부의 복지 어젠다는 개인주의적 자유주의와 사회적 자유주의 경향을 동시에 반영하였다. 한편으로, 정부 정책은 민간지출 유인 제공에 유리하도록 공공부문을 삭감하였고, 큰 정부로 인해 예상되는 의존도 증가를 줄이는 데 기초하였다. 또한 정부는 자력으로 생활할 수 없는 사람들에 대한 온정주의적 동정을 강조하기도 했다(Mendes, 2008: 29).

1975년 집권한 프레이저 정부는 사회보장부문에서 사실상 두드러진 개혁적 성과를 내지 못했다. (노동당이 기초를 마련한) 가족수당 재구축을 빼고는 1976년 자산조사 항목에서 재산을 제외한 것이 가장 중요한 개혁내용이라 할 수 있다. 9) 이 외에도 1977년 장애아동수당이 (소득조사를 통해) 경

---

9) 그러나 이 조치도 1985년 호크(Hawke) 정부 때 원상복귀되었다.

증장애까지 확대되었다. 1977년 모성보호급여(*mother's benefits*) 제도는 아버지에게까지 확대되었다. 그러나 같은 해 의무교육만 마치고 취업하려는 사람에 대한 실업급여 자격은 더 엄격해졌고, 〈실업급여법〉은 전체적으로 더욱 까다로워졌다. '생활비운동'(Cost-of-living Movements)의 연장선에서 연금액의 증액이라는 정부 정책이 1978년 법제화되었지만, 70세가 넘은 노인에 대한 노령연금에 대해서는 소득조사가 다시 부과되었다.

복지지출 증가에 대한 정부의 우려와 복지비용 축소 노력에도 불구하고, 이 기간 동안 복지지출의 감소 수준은 미미하였다. 프레이저 정부 첫해인 1975~1976년 사회복지지출은 GDP의 15.7%였으나 마지막 해인 1981~1982년에 사회복지지출은 GDP의 13.6%로 감소했다. 그나마 이 기간 동안 사회복지지출이 크게 감소하지 않은 것은 일차적으로 1977~1978년과 1982~1983년 경기후퇴로 인해 사회보장급여에 의존하는 사람의 수가 증가했기 때문이다. 특히, 이 기간 동안 실업급여 수급자 수는 16만 700명에서 39만 700명으로 증가하였다(Cass & Whiteford, 1989: 277; Mendes, 2008: 32). 신자유주의적 수사를 구체적인 결과와 부합시키고 복지국가를 축소하려던 프레이저 정부의 실패는 작은 정부 옹호자들을 화나게 했으며, 그 결과 반복지적인 신우파(*new right*)가 출현하기도 했다(Garton, 1990: 168~169)

2) 노동당 정부(1983~1996년)의 표적화된 복지 지향

호크(Hawke)·키팅(Keating) 정부는 노동당 정부였음에도 불구하고 신자유주의와 세계화의 복합적인 이념적 구도에 큰 영향을 받았다. 두 정부는 자유시장적 목표를 지원하는 경제정책과 최소한 원칙으로서 사회정의의 증진에 기초한 사회정책 간의 지속적인 철학적 긴장으로 특징지을 수 있다(Mendes, 2008: 32~33).

한편으로, 노동당은 세금을 낮추고 사회지출을 줄이는 데 기초한 경제적 합리주의 어젠다에 신중하게 순응했다. 10) 동시에 빈곤한 특정 집단의 소득을 증가시키려는 노력도 유지했다. 사회정의를 증진시키는 데 사용된 프레임워크는 '표적화된 복지'였으며, 보편적으로 지급되는 급여의 확대보다는 가장 욕구가 있는 복지 수급자에게 더 많은 부조를 제공하는 것을 목표로 했다.

그 일환으로 노령연금과 가족수당 같이 이전에 보편적으로 지급되었던 급여에 다시 자산조사를 도입했다. 표적화로 인해 대부분의 사회보장 수급자, 특히 연금수급자와 아동을 가진 저소득가족의 실질소득이 상승하였다. 1987년에는 가족급여 패키지(*family package*)를 도입했으며, 이 밖에 한부모에 대한 일자리, 교육 및 훈련제도(*jobs, education and training*), 아동지원제도(*child support scheme*), 메디케어(Medicare), 좋은 도시 프로그램(*better cities program*) 등을 추진했다. 동시에 호크·키팅 정부는 복지사기 방지(*anti-welfare fraud*) 캠페인을 의욕적으로 추진하고, 장기실업자에 대한 의무훈련제도도 도입하였다. 이렇듯, 저소득자급여는 다른 취약 집단의 권리와 생활수준에 대한 공격과 병행되었다(Mendes, 2008).

이와 같이, 호크·키팅 노동당 정부는 전반적으로 일자리 창출과 공정한 소득분배를 위해 시장에 직접적으로 개입하기보다는 — 빈곤과 실업 같은 — 자유시장적 정책의 경제적, 사회적 결과를 완화시키는 데 강조점을 두었다.

---

10) 이러한 전략은 불가피하게 불평등 증가를 초래했다. 1981년에 0.281이던 호주의 지니계수는 1989년에 0.304로 증가하였으며, 2001년에는 다시 0.317로 악화되었다(www.lisproject.org)

3) 자유당 정부(1996~2007년)의 복지 후퇴

1990년대 중반 이후 진행되어 온 호주의 사회보장 개혁의 방향은 한마디로 복지 축소로 특징지을 수 있다. 호주 사회보장의 퇴보는 거시적 맥락에서 전 세계적인 복지국가 위기와 재편에서 유래한다. 완전고용 및 남성노동자 보호에 기반하여 확립되어 온 호주 사회보장제도는 1980년대 후반에 실업률의 급격한 상승과 이에 따른 사회보장 수급자 및 지출증가 등으로 재정 압박을 경험하면서 붕괴하기 시작했다(Smyth, 1998). 많은 사회정책 학자들의 비판에도 불구하고 신자유주의 정치경제학 이론이 호주 사회보장 개혁의 방향을 주도하기 시작했다. 즉, 일을 통한 복지(work-based welfare) 또는 일을 위한 복지(welfare to work) 등 워크페어(workfare) 정책이 기존의 보호적 사회보장 프로그램을 대체하면서, 사회보장급여에 대한 개념은 구호와 권리에서 계약과 의무로 전환된다(Harris, 2001).

호주 사회보장의 퇴보는 정치외교적 관계에 의해서도 설명된다. 호주 사회보장체계는 구빈법적 전통에 기반을 둔 영국보다는 훨씬 평등주의적인 정치사상에 기초해 있지만(Kewley, 1973), 구빈법적 유산에서 완전히 자유로울 수는 없었다. 즉, 자격 있는 빈자에 대한 지원 그리고 열등처우의 원칙 등의 가치들이 사회보장제도 설계에 영향을 미쳐 왔다(Carney, 2006). 복지국가 재편기에 사회경제적 상황이 악화됨에 따라 구빈법적 복지자원 분배는 더욱 지지를 받기 시작했다.

또한, 1990년대부터 본격화된 미국 친화적 외교도 사회보장 축소에 기여했다(Phillips, 2007). 즉, 호주는 미국과 정치, 경제 및 안보 우호관계를 확대하려 애써 왔고, 사회보장에서도 미국의 분절적이고 자유주의적인 가치와 프로그램들이 도입되면서 이제 사회보장 접근 면에서 두 나라 간 별 차이가 없게 되었다(Hoefer & Midgley, 2006). 최근까지 호주도 미국처럼 1인 부모 가구 또는 미혼모 가구를 표적화하여 복지 축소가 진행되었다.

마지막으로 사회보장의 제도적인 요인도 사회보장의 축소를 가속화했다. 호주의 범주적 급여체계와 일반조세에 기반한 재원 충당은 사회보장급여를 받지 못하는 납세자들로부터 큰 지지를 받지 못했다. 가족세제급여와 노령연금에 대한 대중의 지지는 상대적으로 높은 편이나, 실업수당 및 양육급여 등은 지출 축소를 요구하는 정치적 압박으로 인해 급여의 정당성이 약화되어 왔다(Ziguras, 2010). 그 결과로, 대상 표적성의 강화, 소득 및 자산조사의 엄격화 그리고 유효한계세율의 인상 등의 정책적 조치가 지속적으로 적용되었다(Whiteford & Angenent, 2002).

　　복지국가 재편기 이후 진행되어 온 사회보장 개혁은 1996년부터 2007년까지 집권한 자유연립 보수당 정부가 확립한 상호의무제(*mutual obligation*)를 통해 제도적으로 정착된다.[11] 상호의무제는 복지계약주의(*welfare contractualism*)에 입각한 워크페어 정책으로서, 기존의 권리(*entitlements*)에 기반한 복지 대신에 조건부 복지로 변화함을 의미한다(Kinnear, 2002). 상호의무제는 한마디로 정부의 사회보장급여를 받는 사람은 그 대가로 사회를 위해 기여를 해야 한다는 것이다. 근로연령 사회보장수급자를 표적화한 정책으로서, 실업수당과 청년수당을 받고 있는 자에게 적극적인 구직활동과 노동시장에서의 경쟁력 향상을 위한 노력을 요구한다. 상호의무활동에 참여하는 것에 동의함으로써 사회보장급여 수급자격이 발생하며, 상호의무활동에 참여하지 않거나 참여를 증명하지 못할 경우 수급대상자에게는 급여상의 불이익이 부과된다.

　　상호의무제 정책의 대표적인 프로그램은 이른바 '급여를 위한 노동'(*work*

---

11) 상호의무제는 보수당 정부에서 새롭게 입안한 정책은 아니다. 이전 노동당 정부에서부터 이미 '호혜의무제'(*reciprocal obligation*)가 시행되고 있었는데, '직업협정'(*job compact*) 프로그램을 통해 18개월 이상의 장기 실업급여 수급자에게 급여의 대가로 구직활동 요건을 적용하고, 직업훈련 등의 노동시장 프로그램을 제공했다. 보수당 정부의 상호의무제는 호혜의무제를 더욱 엄격화해 노동시장 프로그램 제공을 줄이고 급여 요건을 강화했다.

for the dole) 이다. 이 프로그램에 의하면, 최대 금액의 청년수당을 3개월 이상 수령하고 있는 18∼19세의 연령자 그리고 최대 금액의 청년수당 및 실업수당을 6개월 이상 수령하고 있는 18∼49세 사이의 연령자는 구직 관련 활동 및 프로그램이 인증하는 지역사회활동에 참가해야 한다. 이 프로그램 참가자에게는 2주당 20.8달러의 인센티브 급여가 주어진다. 상호의무제 정책은 현재까지도 호주의 실업 관련 사회보장급여의 근간이 되고 있다.

실업 및 노동시장 분야에 초점이 맞추어져 왔던 호주의 사회보장개혁은 장애인 및 한부모 가구 등 제반급여 대상자에게로 확대되어 추진되었다. 그 결과, 증가 일로에 있던 호주의 근로연령 사회보장수급자는 감소하는 추세로 돌아섰다. 사회보장수급자 감소는 고용증가 등 경제상황의 호전과 함께, 일부 사회보장급여의 만료 및 폐지 그리고 사회보장급여의 자격요건 강화 등이 작용한 결과이다(ABS, 2010). 특히, 실업수당, 청년수당 그리고 양육급여 등 실업 관련 수급자 수의 감소가 특징적 현상이다. 또한 노령연금 수령연령 상향조정 및 노인의 노동시장 잔류 유인책은 비근로연령층의 사회보장수급자 비율의 상승도 억제시키는 효과가 있다.

사회보장수급자의 축소는 그동안 보수당에서 추진해 온 신자유주의적 사회보장개혁의 정책목표가 성공적으로 이루어졌음을 보여 준다. 그러나 충분히 예견되었듯이 정부 사회보장의 감소는 저소득가구의 복지욕구 미충족과 빈부격차 증대를 초래하고 있다(ACOSS, 2007). 예를 들어, 사회보장수급자들의 가처분소득은 비수급자들의 47퍼센트에도 미치지 못하는 수준이며(ABS, 2010), 미충족 복지욕구를 가진 저소득 가구들이 정부 대신에 자선단체나 비정부기관으로 원조를 요청하는 사례도 증가하고 있다. 또한, 각종 실업급여에 부가된 의무사항들도 구직자들의 근로의욕을 향상시키는 데 효과적이지 못했다(Ziguras, 2004). 이뿐만 아니라, 민간의료보험 등 민간복지 지원 확대와 병행하여 추진된 저소득계층 지원감소는 결과적으로 중간계층 복지의 증가로 이어지고 있다(Chenoweth et al., 2005).

5. 맺음말

호주 복지국가는 다중적 영향하에서 형성되었다. 일차적으로 지리적 측면에서 보면, 호주는 미국과 마찬가지로 복지국가 중심지로부터 떨어져 있는 변방이다. 그러나 물리적·지리적 측면과는 달리, 정치사회적 측면에서 호주는 미국과 유사한 조건이 아니었다. 미국은 1775년 영국과의 독립전쟁에서 승리하면서 영국의 영향권으로부터 완전히 벗어났을 뿐만 아니라, 정치·경제적으로도 20세기를 전후하여 영국을 압도하였다. 이에 비해 호주는 1900년 연방 정부가 수립되었지만 여전히 영연방에 속한 국가이며, 정치사회적으로도 영국의 영향을 크게 받은 것이 사실이다. 1920년대 사회보험을 둘러싼 정부와 왕립위원회의 논의 과정에서 영국의 영향력이 상당히 작용한 것에서도 이 같은 정황이 발견된다. 따라서 지리적 독립성에도 불구하고 호주 복지국가는 영국 ― 부분적으로는 유럽대륙 국가 ― 의 영향권으로부터 완전히 벗어나 있었다고 보기는 어렵다. 호주에서 일찍이 노령연금이 각 주별로 도입된 것이나, 매우 포괄적인 사회부조제도가 도입된 것도 이러한 맥락에서 설명이 가능하다. 또한, 1940년대 후반에 ― 비록 이익집단과 우파 정당에 의해 좌절되었지만 ― 치플리 노동당 정부에 의해 보편적 〈국민건강법〉 도입이 시도된 것도 영국의 베버리지 보고서와 NHS(National Health Service) 제도에 자극받은 것이라 할 수 있다.

반면, 국가 위상이라는 측면에서 보면 호주는 영국과도 다른 '독특성'을 지녔다. 호주는 '이민의 나라'인 데다 초기 정착과정에서 미국과는 달리 노예무역이 활성화되지 않았으며 주로 죄수와 신교도들로 구성된 '순수' 영국인의 식민지 국가였다. 이러한 국가적 위상은 복지국가 형성에서 필수적인 평등주의적 연대를 가능케 한 요소였다. 즉, 영국이나 유럽대륙 국가들과는 달리 신대륙에 정착한 백인들 간의 계급투쟁은 상대적으로 미약했으며, 미국과 달리 인종갈등도 거의 존재하지 않았음을 예상할 수 있다.[12]

그 한 예로 유럽대륙 국가에 비해서도 이른 1850년대에 호주의 일부 노조에서는 이미 '8시간 노동'을 쟁취하였으며, 1890년대 초반에는 호주 전역이 조정 재판소나 임금위원회 체계를 갖춤으로써 산업분규조정을 위한 사법적 메커니즘을 확립했다. 이와 같은 산업에서의 연대주의는 이민족 ─ 원주민과 유색인종 ─ 에 대한 차별을 공식화함으로써 복지국가의 제도화에도 크게 영향을 미쳤다고 볼 수 있다. 초기 노령연금에서 원주민과 유색인종을 배제하였는데, 도입 초기부터 매우 포괄적인 무기여 노령연금제도를 정착시킬 수 있었던 이면에도 백호주의의 영향이 있었음을 알 수 있다.

권력자원 동원이라는 관점에서 볼 때도 호주는 미국과 다른 역사적 경로를 걸어왔다고 볼 수 있다. 미국의 정당체계에서 공화당과 민주당은 유럽의 관점에서 볼 때 계급성이 매우 탈색된 정당이라 할 수 있다. 즉, 민주당은 노동자의 이해를 대변한다기보다는 자유주의 이념을 대변하는 정당이라고 보는 편이 옳을 것이다. 이에 비해, 호주의 노동당은 영국 노동당과 유사하게 도시 노동자의 이해를 대변하는 정당으로서 설립되었다. 또한, 비록 주 차원이기는 하지만 퀸즐랜드에서 세계 최초로 노동당 정권이 탄생할 정도로 일찍부터 노동당의 세력이 강했다. 제 2차 세계대전 후에는 집권기간이 비록 자유당에 비해 뒤지기는 하지만 지난 세기 동안 30년 이상을 집권하였다.

이와 같이, 미국에 비해 상대적으로 진보적인 노동당의 집권기간 동안 오늘날의 호주 복지국가를 특징짓는 제도들이 대거 도입되었다는 점은 주지의 사실이다. 펨버턴(Pemberton, 1984)에 의하면, 복지국가의 이정표(*landmarks*)가 되는 9개 제도 중 2개만이 자유당·국민당 연립정부에 의해 도입되었고, 나머지 7개는 노동당 정부가 도입했다. 13) 또한, 1975년 보편

---

12) 계급투쟁이라면 주로 식민지 지배관료와 죄수들 간의 투쟁이었을 것이다. 또한, 초기 골드러시 기간 동안 중국 이민자와 백인 간 인종 갈등이 존재하기는 하였지만, 명시적 백호주의 정책으로 이 문제 역시 크게 부각되지 않았다.

적 국민건강보험체계인 메디뱅크(Medibank)도 노동당에 의해 도입되었으나 자유당 정부에 의해 소멸되었고, 1983년 노동당 정부에 의해 메디케어로 재도입되었다. 이와 같이, 호주의 노동당 정부는 미국에 비해 사회정책 도입에 더 적극적이었다고 볼 수 있다.

호주 연방 정부의 역할과 선거 시스템 또한 미국과는 매우 다른 경로를 거쳤다. 미국과는 달리 호주의 사회보장체계는 대부분 연방 정부에 의해 관리·운영되고 있다. 이와 같이, 호주 연방 정부가 사회보장제도와 관련해서 강력한 통제력을 행사할 수 있었던 것은 일찍이 주 정부에 의해 도입되거나 운영되던 제도들을 중앙 정부로 흡수하였으며, 아울러 재정에 대한 통제 권한도 강화하였다는 점에서 그 원인을 찾을 수 있다.

연방 정부가 재정적 우위를 점하는 데 가장 결정적인 진전이 있었던 것은 전시였다(Castles & Uhr, 2007). 헌법은 호주의 주요한 세원인 관세에 대한 독점권을 연방 정부에 부여하였다. 또한, 1942년에 새로운 전시 노동당 행정부는 전국적으로 단일한 소득세를 부과함으로써 연방 정부에 소득세의 독점권을 부여하였으며, 이러한 조세영역에 주 정부가 세금을 부과하지 않는다는 조건으로 예전 조세수입에 상응하는 액수를 주 정부에 상환하는 조치를 취하였다. 연방 정부가 조세독점권을 확보함으로써 향후 복지국가 진전을 위한 재정적 기반을 확보할 수 있었다.

또한, 호주에서 최근 신자유주의 개혁 정부에 대항해서 새로운 정치적 역할을 수행하는 것은 상원이다(Castles & Uhr, 2007).[14] 1949년 비례대

---

13) 이정표가 되는 제도는 1909년의 노령연금(age pension), 1910년의 장애연금(invalid pensions), 1912년의 모성수당(maternity allowance), 1943년의 유족연금(widow's pension), 1943년의 부인수당(wives's Allowance), 1945년의 실업급여(unemployment benefits), 1945년의 질병급여(sickness benefits), 1945년의 특별급여(special benefits), 1958년의 보충부조(supplementary assistance)이다. 이 중 노령연금과 보충부조는 자유당·국민당 연립정부에 의해 도입되었으며, 나머지는 노동당에 의해 도입되었다.

표제가 도입되면서 상원에 점점 더 많은 소수정당과 무소속 당선자들이 당선됨으로써 권력의 균형추 역할을 행사할 수 있게 되었다. 이는 미국의 승자독식(winner takes all) 방식이 소수정당의 정치참여를 사실상 가로막아 온 것과는 대조적인 결과이다. 요약하면, 연방제 국가임에도 불구하고 사회보장과 관련해서 호주 연방 정부가 강력한 주도권을 유지해 올 수 있었던 것은 일찍이 연방이 지방의 복지제도들을 흡수·통합하는 한편 재정적 재량권을 확보할 수 있었기 때문이다. 또한, 연방 정부의 복지 축소에 의회의 상원이 일정한 비토-포인트(veto point)를 형성한 것도 중요한 요인이다. 최근에는 호주연방위원회(Council of Australian Governments)를 통해 연방 정부와, 주 정부, 지역 정부 간 공공정책의 파트너십을 형성함으로써 효율적 복지전달체계를 형성하고 있는 것도 주목할 만한 점이다.

그러나 전체적으로 볼 때, 호주 사회보장체계는 자산조사에 기반한 선별적 급여 중심으로 운영된다는 특징 때문에 자유주의 복지국가의 범주를 완전히 벗어나기 어렵다. 특히, 복지국가 황금기 이후의 재편 과정에서 근로능력이 있는 저소득층과 실업자 가족에 대한 선별성과 급여제한 그리고

---

14) 1980년 이래 좌파정당이 실질적으로 상원을 장악했다. 호크 노동당 정부하의 의회 개혁은 다수정당의 상원 통제를 더 어렵게 만들었다. 다수정당은 권력균형권을 쥔 소수정당의 선호를 진지하게 받아들임으로써만 실효적인 다수를 행사할 수 있었다. 정부예산과 지출 우선순위에 대한 상원 수정의 대표적인 예는 1994년 키팅 노동당 정부 때이다. 이때 어떠한 정당도 상원 내 다수를 차지하지 못하였다. 권력균형은 다양한 소수정당(호주민주당, 녹색당, 무소속)의 손에 있었으며, 이들 소수 중 누구도 독자적으로 정부의 승리를 보장해 줄 수 없는 상황이었다. 이러한 상황에서, 정부예산에 대한 공식 수정안이 상원 내 공공토론보다는 정부와 소수정당 간 사적 협상을 통해 조정되었다. 호주민주당은 저소득자에 대한 세금공제 수준을 높이고, 정부 건강검진에서 시력검사를 없애지 않는 등의 예산 수정안을 얻어 냈다. 1996년 입각한 하워드 자유당 정부 역시 상원 다수당이 아니었다. 상원의 비여당 정당들은 2002년 의약급여에 대한 사용자 요금을 상승시키려는 제안을 기각시켰다. 또, 장애연금 자격기준을 강화하려는 정부 예산법안을 철회시켰다. 이 두 안 모두 복지지출 삭감을 성공적으로 막아 낸 예이다(Castles & Uhr, 2007).

일을 통한 복지에 대한 강조가 더욱 강화되면서 '깨어지기 쉬운'(fragile) 잔여주의적 복지국가의 속성을 여실히 드러내고 있다. 하지만 여전히 호주의 최저임금은 상대적으로 높은 수준을 유지하고 있으며, 보충적 방식의 '준보편적인 노령연금'에 대해서도 상당한 지지가 유지되고 있다. 이러한 점에서 미국과 같은 '전형적' 자유주의 복지국가 모델에서는 상당히 벗어나 있는 것도 사실이다. 많은 국가들이 호주 사회보장체계의 독특성에 여전히 주목하는 것도 바로 이러한 이유에서이다. 동일한 이유에서, 매우 혼종적 (hybrid) 특성을 지닌 한국 복지국가의 경우에서도 호주의 사례에서 많은 시사점을 얻을 수 있을 것으로 기대된다.

■ 참고문헌

국내 문헌

여유진·정용문(2011). 《호주 사회보장체계 연구》. 서울: 한국보건사회연구원.
한국보건사회연구원(2012). 《주요국의 사회보장제도: 호주》. 서울: 한국보건사회연구원.

해외 문헌

ABS(Australian Bureau of Statistics)(2010). Income support among people of working age. *Australian Social Trends*, 4102.0, 17~21.
ACOSS(Australian Council of Social Service)(2007). *Towards a fairer Australia*. Strawberry Hills: ACOSS.
Bryson, L. (2001). Australia: The transformation of the Wage-earners' welfare state. In Alcock, P., & Graig, G. (Eds.)(2001). *International Social Policy*. New York, NY: Palgrave.
Carney, T. (2006). *Social Security Law and Policy*. Sydney: Federation Press.
Carney, T., & Hanks, P. (1994). *Social Security in Australia*. Melbourne: Oxford.
Cass, B., & Whiteford, P. (1989). Social security policies. In Head, B., &

Patience, A. (Eds.) (1989). *From Fraser to Hawke: Australian Public Policy in the 1980s.* Melbourne: Longman Cheshire.

Castles, F. G. (1985). *The Working Class and Welfare: Reflections on the Political Development of the Welfare State in Australia and New Zealand, 1890~1980.* Sydney: Allen & Unwin.

_____ (2001). A farewell to Australia's welfare state. *International Journal of Health Services, 31*(3), 537~544.

Castles, F. G., & Mitchell, D. (1990). Three Worlds of Welfare Capitalism or Four? Australian National University, Graduate Program in Public Policy.

Castles, F. G., & Uhr, J. (2007). The Australian welfare state: Has federalism made a difference? *Australian Journal of Politics and History, 53*(1), 96~117.

Chenoweth, L., Warburton, J., & Buckley, A. (2005). Carrots or sticks? The use of incentives to achieve social policy goals in Australia. *New Global Development, 21*(1), 1~9.

Deeming, C. (2010). Between worlds: Australian social policy and welfare reform. Social Policy Association 2010 Conference: Social Policy in Times of Change. 2010. 7. 5~2010. 7. 7. Lincoln, UK.

Esping-Andersen, G. (1990). *The Three Worlds of Welfare Capitalism.* Cambridge, UK: Polity Press.

_____ (1997), Welfare states in transition: National adaptations in global economies. *Population and Development Review, 23*(4), 912~914.

_____ (1999). *Social Foundations of Postindustrial Economies.* New York: Oxford University Press.

Garton, S. (1990). *Out of Luck: Poor Australians and Social Welfare 1788~1988.* Sydney: Allen & Unwin.

Harris, P. (2001). From relief to mutual obligation: Welfare rationalities and unemployment in 20th-century Australia. *Journal of Sociology, 37*(1), 5~26.

Herscovitch, A., & Stanton, D. (2008). History of social security in Australia. *Family Matters, 80*, 51~60.

Hoefer, R., & Midgley, J. (2006). *International Perspectives on Welfare to Work Policy.* New York, NY: Haworth Press.

Kewley, T. H. (1969). *Australia's Welfare State.* Melbourne: Macmillan.

_____ (1973). *Social Security in Australia, 1900-72.* Sydney: Sydney University

Press.

Kinnear, P. L. (2002). Mutual obligation: A reasonable policy? In Eardley, T., & Bradbury, B. (Eds.) (2002). *Competing Visions: Refereed Proceedings of the National Social Policy Conference 2001.* Sydney: Social Policy Research Centre, 248~263.

Lloyd, C. (2002). Regime change in Australian capitalism: Towards a historical political economy of regulation. *Australian Economic History Review, 42* (3), 238~266.

Macintyre, S. (1986). The short history of social democracy in Australia. In Don Rauson (Ed.) (1986). *Blast, Budget or Bypass: Towards a Social Democratic Australia.* Canberra: Academy of the Social Science.

Mendes, P. (2008). *Australia's Welfare Wars Revisited: The Players, the Politics and the Ideologies.* Sydney: University of New South Wales Press.

O'Connor, I., Wilson, J., & Setterlund, D. (1999). *Social Work & Welfare Practice.* Frenchs Forest: Pearson Education.

Pemberton, A. (1984). Class conflict and social control in the establishment of the Australian welfare state: Some neglected questions. *Australian Journal of Politics & History, 30* (1), 56~68.

Phillips, R. (2007). Diverse history, shared social issues: The Australian and Korean welfare states. In Phillips, R. (Ed.) (2007). *Generational Change and Social Policy: Australia and South Korea.* Sydney: Sydney University Press.

Saunders, P. (1998). *Defining Poverty and Identifying the Poor.* Social Policy Research Centre Discussion Paper, (84).

Smyth, P. (1998). Remaking the Australian way. In Smyth, P., & Cass, B. (Eds.) (1998). *Contesting the Australian Way: States, Markets and Civil Society.* Cambridge, UK: Cambridge University Press.

Whiteford, P., & Angenent, G. (2002). *The Australian System of Social Protection: An Overview.* Canberra: Department of Family and Community Services.

Whitlam, G. (1985). *The Whitlam Government, 1972-2975.* Sydney: Viking.

Ziguras, S. (2010). Australian social security policy: Doing more with less? In McClelland, A., & Smyth, P. (Eds.) (2010). *Social Policy in Australia: Understanding for Action*, 2nd edition. South Melbourne: Oxford University Press, 158~175.

02

사회보장제도의 기본구조

1. 호주 사회보장제도의 특성

호주 사회보장제도의 특성을 파악하려면 먼저 사회보장의 의미와 구체적 제도 형태를 언급할 필요가 있다. 사회보장(*social security*)은 시대와 국가에 따라 다양하게 이해되지만 넓은 의미에서 '모든 국민이 인간적 삶을 살 수 있도록 정부가 법적 근거에 기반을 두고 현금, 현물, 서비스를 제공해 주는 사회적 제도'로 정의할 수 있다. 이 제도의 구체적 형태는 사회보험, 공공부조, 사회복지서비스, 사회수당으로 구분된다(채구묵, 2015). 한국의 〈사회보장기본법〉은 사회보장의 하위유형을 사회보험, 공공부조, 사회서비스로 한정하지만 오늘날 대부분의 국가는 여기에 사회수당을 더하여 4대 유형으로 범위를 확장하고 있다.

　미국 보험협회에 의하면 사회보험이란 '특정 사고로 인한 손실에 대비하여 사전에 보험자에게 소득을 이전하고 위험 발생 시 보험자는 가입자에게 현금 혹은 서비스를 제공하는 법정제도'이다. 레자(Rejda, 2012)에 의하면 이러한 사회보험의 정의에 부합하려면 다음의 8개 조건을 충족해야 한다.

① 법에 의한 강제적 가입이어야 한다.

② 제도 도입기의 예외적 시기를 제외하면 수급자격은 보험금 납입에 의하여 주어지며 자산조사는 수급 요건에 포함되지 않는다.

③ 급여액 결정 방식은 법에 의해 규정된다.

④ 수급자가 받는 급여 수준은 기여금 액수와 비례적으로 직결되지 않으며 소득계층 간 재분배적 요소가 포함되어 있다.

⑤ 급여충당을 위한 명확한 재원조달계획이 마련되어 있다.

⑥ 급여비용은 기본적으로 가입자 및 가입자의 고용주에 의해 충당된다.

⑦ 제도는 정부에 의해서 운영되거나 최소한 정부의 관리감독을 받는다.

⑧ 공무원만이 아니라 일반 국민이 대상자에 포함된다.

레자가 제시한 사회보험 정의를 준수하면서 위에서 언급한 사회보장의 4대 유형을 고려하면, 호주의 사회보장제도는 형태면에서 사회수당이 존재하지 않고 사회보험제도도 매우 제한적으로 운영되는 가운데[1] 공공부조와 사회서비스가 주축을 이루는 독특한 체계를 구성한다. 사회보험이 기여에 기초하여 수급권을 획득하는 제도라고 한다면 공공부조는 욕구에 기초하여 수급권이 주어지고 재원은 일반조세에 의해 조달되는 제도인데, 호주의 사회보장은 대부분 국가의 일반조세 수입에 의하여 그 비용이 충당되고 있는 것이다.

세계 사회보장의 역사상 비교적 이른 시기인 1908년 공공부조 방식에 의

---

1) 호주에서 사회보험제도가 '매우 제한적으로' 운영된다고 표현한 것은 호주의 메디케어 프로그램을 사회보험제도로 분류할 수 있느냐에 대해 논란의 여지가 있음을 염두에 둔 것이다. 메디케어는 소득에 일정 비율 부과된 목적세를 재원으로 운영되는데 이를 사회보험과 구분되는 국가보건체계로 본다면 호주에는 중앙 정부가 관장하는 사회보험제도가 존재하지 않는다. 하지만 메디케어를 사회보험제도로 본다면 호주의 사회보장체계는 사회보험제도를 구비한 것으로 평가할 수 있을 것이다.

<表 2-1> 한국과 호주의 주요 사회적 위험 영역별 대응제도 비교

구분	한국		호주	
	제도	방식	제도	방식
은퇴	국민연금제도	사회보험	노령연금	공공부조
			퇴직연금	민간보험 가입강제
실업	고용보험제도	사회보험	새출발수당	공공부조
산재	산재보험제도	사회보험	재해급여	민간보험 가입강제
빈곤	국민기초생활보장제도	공공부조	대상별 수당 (장애인, 청년, 자녀양육 등)	공공부조
건강	건강보험제도	사회보험	메디케어	국가공공의료체계

한 노령연금제도를 도입했던 호주 국민들은 이후에도 공공부조 중심의 소득보장체계를 발전시켰으며 나름대로 자신들이 사회보장에 있어 선두 그룹에 속한다는 자부심을 가지고 있다. 그 결과, 사회보험제도가 없는 호주는 외국이라면 사회보험제도가 담당할 소득보장 기능의 상당 부분을 다른 제도에 반영하여 운영한다. 즉, 법제화된 유급질병휴가 등 민간기업이 부담주체가 되는 소득보장제도, 민간보험회사에 의해 운영되는 산재급여와 퇴직연금제도 등이 대표적인 예이다(Herscovitch & Stanton, 2008).

소득보장과 의료보장 영역에서 사회보험제도를 주축으로 삼고 공공부조제도를 보조적으로 활용하는 한국의 사회보장체계와 공공부조제도를 주축으로 삼는 호주의 사회보장체계를 비교하면 <표 2-1>과 같이 정리된다. 두 체계 간에는 다음과 같은 두 가지 차이점이 있다.

첫째, 소득보장의 경우 호주에는 한국의 국민연금제도처럼 전 국민을 대상으로 하는 노후소득보장 사회보험제도가 없으며, 대신 정부가 제공하는 공공부조 방식의 노령연금제도가 기초를 이루고 있다. 이에 더하여 민간보험을 중심으로 퇴직연금제도(superannuation)가 추가적인 역할을 수행한다. 근로자를 대상으로 하는 퇴직연금은 법에 의해 가입이 강제된다.

실업자를 위한 소득보장의 경우에도 고용보험제도와 같은 사회보험 방식에 의한 소득지원제도는 없으며, 공공부조에 의한 실업급여가 지급된다. 산업재해에 따른 소득보장은 각 주 정부가 관리감독권을 가지고 있지만 실제적인 제도 운영은 민간보험회사가 담당하는 각 주별 산재보험제도에 의하여 이뤄진다. 사업주는 산재보험에 가입할 법적 의무를 가진다.

노인, 실업자, 산재대상자를 제외한 나머지 소득지원이 필요한 저소득가구는 인구학적 기준에 따른 개별 공공부조제도의 대상이 된다. 즉, 장애연금, 미망인연금, 청년수당, 한부모 양육수당 등 다양한 형태의 소득지원이 범주별 공공부조제도에 의해 운영되고 있는 것이다.

둘째, 의료보장의 경우 연방 정부가 목적세 수입에 의거하여 전 국민을 대상으로 의료서비스를 제공하는 메디케어(Medicare) 프로그램이 주축을 이룬다. 호주는 메디케어를 위하여 전 국민에게 소득의 2%를 기본세율로 부과하며 고소득층은 1% 더 높은 세율을 적용한다. 저소득층에게는 면제 혜택을 제공한다. 따라서 메디케어는 엄격한 의미에서 사회보험이 아니라 영국과 같은 국가보건체계(national health system)로 분류하는 것이 더 적합하다. 호주 정부는 메디케어에 더하여 민간의료보험의 가입을 적극 권장함으로써 의료보장 영역에서 공공체계와 민간의료를 병렬적으로 활용한다.

2. 사회보장 관련 중앙 정부 조직과 예산 수준

호주 연방 정부의 부처 조직은 수시로 변화해 왔다. 사회보장업무를 주관하는 연방 부처의 명칭도 여러 차례 변경되었다. 그만큼 사회의 환경변화에 민감하게 대응하기 위해 사회보장제도를 끊임없이 개혁해 왔음을 의미한다. 호주에서 중앙 정부 차원의 사회보장제도는 재무부 관할하에 시작되었다. 이후 1941년 생겨난 사회서비스부(Department of Social Services)가 사회보장제도의 주무기관이 되었다. 주무부서의 명칭은 1998년 가족지역사회서비스부(Department of Family and Community Service), 2007년 가족주거지역원주민부(Department of Families, Housing, Community Services and Indigenous Affairs), 2013년 사회서비스부(Department of Social Service)로 개칭된 이후 지금까지 유지되고 있다.

2016년 8월 기준으로, 호주 연방 정부는 18개 부(*department*)로 구성된다. 이 중에서 사회보장업무와 긴밀히 연계된 곳은 5개 부서로, 사회서비스부, 휴먼서비스부, 보건부, 고용부, 교육훈련부이다. 상기 5개 부처 중 사회서비스부가 사회보장 전반에 대한 정책개발과 기획, 연구, 평가를 주도한다. 2004년 창설된 휴먼서비스부는 산하의 센터링크를 통하여 급여지급과 자격관리 등 사회보장 프로그램의 집행을 전담한다. 보건부는 건강보험제도인 메디케어를 관리하며, 의약품제도 및 병의원제도 등을 관할한다. 고용부는 고용제도 전반을 관장하며, 교육훈련부는 학교교육 및 일반 시민의 재교육과 훈련 프로그램을 담당한다. 호주 연방 정부 18개 부처를 열거하면 다음과 같다.

- 법무부(Attorney-General's Department)
- 농업 및 수자원부(Department of Agriculture and Water Resources)
- 방송예술부(Department of Communications and the Arts)
- 국방부(Department of Defence)
- 교육훈련부(Department of Education and Training)
- 고용부(Department of Employment)
- 금융부(Department of Finance)
- 외교통상부(Department of Foreign Affairs and Trade)
- 보건부(Department of Health)
- 휴먼서비스부(Department of Human Services)
- 이민 및 국경수비부(Department of Immigration and Border Protection)

- 산업혁신과학부(Department of Industry, Innovation and Science)
- 인프라 및 지역개발부(Department of Infrastructure and Regional Development)
- 사회서비스부(Department of Social Services)
- 환경에너지부(Department of the Environment & Energy)
- 수상실 및 내각부(Department of the Prime Minister and Cabinet)
- 재향군인부(Department of Veteran's Affairs)
- 재무부(Department of Treasury)

호주 연방 정부의 예산은 일반행정을 비롯하여 국방, 질서·안전, 교육, 보건, 사회보장 및 복지, 주택 및 지역사회시설, 문화오락 등 14개 기능별로 구분된다. 호주 정부의 기능별 예산은 사회보장과 보건을 구분하지만 보건의 주된 내용이 의료보장 프로그램인 메디케어 비용에 해당하므로 사회보장예산에 보건의료예산을 포함하는 것이 타당하다. 2016~2017년 기준 연방 정부 기능별 예산총액 4,526억 5,400만 달러 중에서 사회보장 및 복지예산은 1,596억 5,400만 달러로서 35.3%를 차지한다. 이는 14개 기능별 정부예산 중 가장 큰 비중이다. 여기에 정부지출 중 15.8%를 차지하여 두 번째로 비중이 큰 보건의료예산 716억 3,400만 달러를 합하면 보건복지예산은 연방 정부재정 전체의 절반을 넘는 51.1%를 차지한다.

보건복지예산의 절대액은 매년 조금씩 증가했지만 전체 예산에서 차지하는 비중은 51.4%(2014~2015년), 51.4%(2015~2016년), 51.1%(2016~2017년)로 최근 들어 정체되거나 다소 줄어들었다. 이는 사회보장에 관한 책무성의 강조와 함께 예산 사용의 효율성 제고를 위해 호주 정부가 각별히 애쓴 노력의 결과이다.

사회서비스부가 주로 관장하는 2016~2017년 사회보장 및 복지예산 1,597억 달러의 내역은 〈표 2-3〉과 같다. 노령지원금(39.5%), 아동부양

〈표 2-2〉 호주의 기능별 정부예산 규모

(단위: 백만 달러, %)

기능별 분류	2014~2015년		2015~2016년		2016~2017년	
일반행정	25,169	6.0	22,162	5.1	22,936	5.1
국방	24,612	5.9	26,348	6.1	26,106	5.8
질서 · 안전	4,580	1.1	4,885	1.1	4,851	1.1
교육	31,202	7.4	31,854	7.3	33,133	7.3
보건	67,037	15.9	69,381	16.0	71,634	15.8
사회보장 및 복지	149,107	35.5	154,000	35.4	159,654	35.3
주택 및 지역사회시설	4,940	1.2	5,329	1.2	5,242	1.2
문화 · 오락	3,520	0.8	3,530	0.8	3,350	0.7
연료 · 에너지	6,986	1.7	6,706	1.5	6,705	1.5
농림어업	2,731	0.6	3,063	0.7	2,930	0.6
광산 · 제조 · 건설	3,218	0.8	3,142	0.7	3,129	0.7
교통 · 통신	6,504	1.5	8,575	2.0	11,198	2.5
기타경제 관련	10,680	2.5	9,792	2.3	8,918	2.0
기타	80,049	19.0	85,701	19.7	92,869	20.5
총액	420,335	100	434,469	100	452,654	100

자료: Commonwealth of Australia(2015).

〈표 2-3〉 연도별 사회보장 · 복지예산 내역

(단위: 백만 달러, %)

분류	2014~2015년		2015~2016년		2016~2017년	
노령지원금	57,637	38.7	60,734	39.4	63,057	39.5
제대군인 및 가족지원금	6,790	4.6	6,592	4.3	6,405	4.0
장애인지원금	27,724	18.6	29,545	19.2	34,157	21.4
아동양육가구지원금	38,808	26.0	38,143	24.8	37,084	23.2
실직 및 환자지원금	10,810	7.2	11,515	7.5	11,591	7.3
기타 복지프로그램	1,527	1.0	1,494	1.0	1,529	1.0
호주원주민지원금	2,148	1.4	2,112	1.4	2,161	1.4
일반행정 관리비	3,662	2.5	3,865	2.5	3,671	2.3
총계	149,107	100	154,000	100	159,654	100

자료: Commonwealth of Australia(2015).

지원금(23.2%), 장애인지원금(21.4%) 순의 세 항목을 모두 합한 금액이 1,343억 달러로서, 사회보장 관련 예산 전체의 84.1%를 차지한다. 그다음으로 실직 및 환자지원금[2](7.3%), 제대군인 및 가족지원금(4.0%) 순으로 구성된다. 최근 3년간의 예산내역 변화를 보면 노령지원금과 장애인지원금은 비중과 절대액이 모두 증가하는 데에 비해 아동가구지원금은 비중도 줄고 절대액 자체도 조금씩 줄고 있다.

〈표 2-4〉 급여유형별 소득지원 수급자 수

(단위: 명)

분류	2009년	2011년	2012년	2013년
노령연금	2,117,530	2,225,127	2,282,592	2,356,226
장애연금	757,118	818,850	827,460	821,738
질병급여	6,968	6,705	7,150	7,494
미망인 B연금(widow B pension)	637	566	531	492
부인연금(배우자가 노령연금을 받는 경우)	11,590	9,333	9,117	7,932
부인연금(배우자가 장애연금을 받는 경우)	15,847	11,882	10,200	8,789
돌봄제공자급여(carer payment)	146,870	186,065	205,565	221,954
교육훈련지원금(austudy)	34,175	39,213	41,042	46,039
원주민교육훈련지원금(abstudy)	34,612	37,107	35,942	34,185
학생청년수당(youth allowance, student)	278,664	325,224	271,472	247,656
비학생청년수당(youth allowance, other)	82,907	85,972	83,802	113,840
실업수당(newstart allowance)	520,194	527,480	549,773	660,673
배우자수당(partner allowance)	29,369	17,147	13,945	9,974
미망인수당(widow allowance)	36,086	29,341	28,935	25,681
한부모 아동양육수당 (parenting payment, single)	344,096	326,248	319,582	255,411
양부모 아동양육수당 (parenting payment, partnered)	129,365	117,754	114,342	103,497
긴급급여(special benefit)	5,809	6,385	5,828	5,492
제대군인 소득보조급여	271,546	241,338	226,045	211,427
총 수급자	4,823,383	5,011,737	5,033,323	5,138,500

자료: Department of Social Services(2016).

---

2) 여기에 나타난 환자지원금에 보건부가 관장하는 메디케이드 예산은 포함되지 않는다.

〈표 2-3〉의 "지원금"(*assistance*)은 공공부조 형태로 지급되는 급여를 말한다. 따라서 사회서비스부가 관장하는 사회보장 및 복지예산 중 일반행정관리비(2.5%)와 기타 복지 프로그램(1%)을 제외한 나머지 97.7%가 공공부조제도를 위해 사용됨을 알 수 있다. 특히, 노인, 아동, 장애인을 대상으로 한 소득보장지원금이 전체 사회보장예산의 84.1%에 이른다. 이들 3개 분야가 호주 사회보장비용 대부분을 차지하는 것이다.

소득지원 프로그램 유형별 수급자 수를 보면 2013년의 경우 노령연금(235만 6,226명), 장애연금(82만 1,738명), 실업수당(66만 673명), 청년수당(학생＋비학생, 36만 1,496명), 아동양육수당(한부모＋양부모, 35만 8,908명), 돌봄제공자급여(22만 1,954명) 순이다. 2013년 정부로부터 소득지원을 받은 총 수급자 수 513만 8,500명은 호주의 전체 인구 2,313만 명 중 22.2%를 차지한다.[3]

3. 사회보장제도의 빈곤완화 효과성

소득보장 프로그램으로서 사회보험제도가 없고 공공부조제도만으로 운영되는 호주의 사회보장제도는 빈곤완화에 어느 정도 효과적이라고 평가할수 있을까? 빈곤율을 국제적으로 비교해 보면 호주의 빈곤율은 0.13으로한국의 0.15보다는 낮지만 OECD 평균 0.11보다는 다소 높다. 빈곤율은아이슬란드, 덴마크 등 북유럽 국가군이 가장 낮고, 다음으로 프랑스와 독일 등 서유럽 국가군, 영미계 국가군이 그다음 순임을 〈그림 2-1〉에서 확인할 수 있다. 요컨대 공공부조 중심의 소득보장체제를 갖춘 호주의 사회

---

[3] 여기에 제시된 소득지원 프로그램은 호주 정부가 시행하고 있는 모든 소득지원 프로그램을 망라하는 것이 아니다. 가장 대표적으로는 가족세제급여(Family Tax Benefit)가 목록에서 빠졌다.

보장제도는 빈곤대처 측면에서 그다지 효과적이지 못하다는 것이다.

공공부조 중심의 호주 사회보장제도가 불평등완화 측면에서 그다지 효과적이지 못함을 지니계수를 통해서도 확인할 수 있다. 호주의 지니계수

〈그림 2-1〉 각국의 빈곤율 비교(2013년)

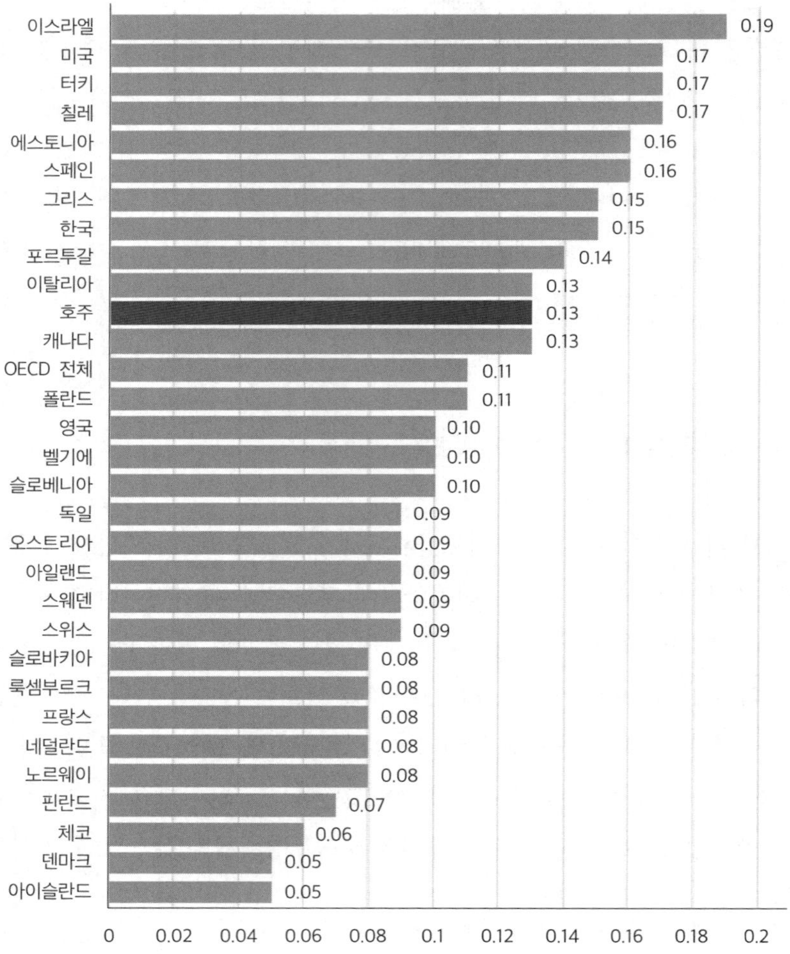

이스라엘 0.19
미국 0.17
터키 0.17
칠레 0.17
에스토니아 0.16
스페인 0.16
그리스 0.15
한국 0.15
포르투갈 0.14
이탈리아 0.13
호주 0.13
캐나다 0.13
OECD 전체 0.11
폴란드 0.11
영국 0.10
벨기에 0.10
슬로베니아 0.10
독일 0.09
오스트리아 0.09
아일랜드 0.09
스웨덴 0.09
스위스 0.09
슬로바키아 0.08
룩셈부르크 0.08
프랑스 0.08
네덜란드 0.08
노르웨이 0.08
핀란드 0.07
체코 0.06
덴마크 0.05
아이슬란드 0.05
0 0.02 0.04 0.06 0.08 0.1 0.12 0.14 0.16 0.18 0.2

주: 호주는 2013년 자료가 없어 2014년 자료값을 투입.
자료: http://stats.oecd.org/.

0.34는 OECD 회원국 평균인 0.31보다 상당히 높다. 〈그림 2-2〉에서 제
시된 바와 같이 호주의 지니계수는 남유럽 국가군 및 영미권 국가들의 지
니계수와 비슷한 수준이다.

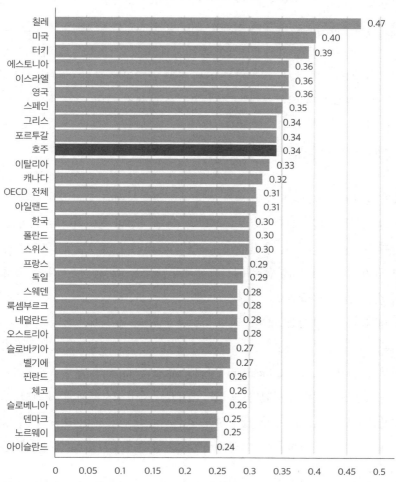

〈그림 2-2〉 각국의 지니계수 비교(2013년)

주: 호주는 2013년 자료가 없어 2014년 자료값을 투입.
자료: http://stats.oecd.org/.

4. 사회보장제도 전달체계

호주의 사회보장제도는 독특한 전달체계를 운용한다. 사회보장제도 전반
에 걸친 기획과 제도설계는 사회서비스부가 담당하지만, 실제 제도운용은
휴먼서비스부에서 담당한다. 휴먼서비스부는 센터링크(Centrelink)⁴⁾라는
기구를 산하에 두고 있으며, 이 기구를 통하여 전국의 국민들에게 사회보
장급여를 제공한다. 전국에 산재한 센터링크 지역사무소는 기본적으로 정
부가 지급하는 각종 사회보장급여의 신청과 지급을 주 업무로 하며, 그 외
에 사회서비스의 연계, 여권발급 업무 등도 담당하는 종합 민원처리기관이
다. 지금부터는 센터링크의 구조와 기능을 상세히 알아본다.

1) 센터링크의 역사

호주 정부는 1970년대 중반 오일쇼크 이후 경기침체와 복지비용 상승에 따
른 정치적 위기감 속에 공공부문 축소와 노동시장의 점진적 규제완화를 포
함한 전반적인 개혁을 추진하였다. 이러한 정치적 맥락에서 1996년 집권
한 하워드(Howard) 연립정부는 재정적자 축소를 위해 공공서비스의 급진
적 개혁을 시도하였다.

　　개혁의 1차 대상은 서비스전달 네트워크의 중복 문제로 오랫동안 비판
받은 사회보장부(Department of Social Security: DSS)와 고용교육훈련청소
년부(Department of Education Employment Training and Youth Affairs:
DEETYA)의 체계 문제였다(곽병훈, 2014). 서비스전달체계 개편의 주된
내용은 DSS의 급여지급을 담당하는 일선조직과 연방고용서비스를 담당하
는 일선조직을 통합하는 것이었다. 논의를 통하여 정책결정의 책임은 중앙

---

4) 센터링크는 호주 중앙 정부가 국민들에게 제공하는 대부분의 공공서비스를 통합적으로
　관리하는 정부기구의 이름이자 프로그램 명칭이기도 하다.

부처가 가지되, 서비스전달을 포함한 정책집행의 책임은 전달체계 담당기관이 가지는 것으로 체계가 정리되었다. 즉, 정책결정과 정책집행을 분리한다는 원칙하에 거대부처였던 DSS의 인원과 조직을 떼어 내고, 여기에 DEETYA의 일부 인원을 흡수하여 1997년 공식명칭으로 '연방서비스전달기관'(Commonwealth Service Delivery Agency), 별칭으로 센터링크라 불리는 서비스전달 전담 기구가 탄생하였다(Halligan et al., 2008).[5]

센터링크는 1997년 7월 실업자와 사회복지수급자에게 중앙 정부의 서비스와 급여를 통합적으로 제공한다는 비교적 단순하면서도 고유한 목적으로 출범하였다. 실업 및 사회복지 관련 업무를 처리하는 데 중점을 두고 출범하였지만 센터링크의 역할은 여기에 한정되지 않았다. 국민들이 가진 복합적 욕구를 한곳에서 충족할 수 있도록 중앙 정부의 개별 부처에서 제공하던 다양한 서비스를 통합적으로 제공하도록 기능의 확대가 이루어진 것이다. 즉, 사회보장 관련 보건복지분야 업무뿐만이 아니라 법무부가 담당하는 재해구호급여와 국가안보 핫라인서비스, 국세청의 조세 관련 정보제공서비스, 농림부의 가뭄조정서비스 등과 같은 대민서비스도 센터링크가 맡아 제공하게 되었다. 그 결과 센터링크의 사명은 '양질의 정부 및 공동체 서비스에 대하여 시민들의 접근이 좀더 용이해지도록 함으로써 국민들의 삶을 향상시키는 것'이 되었다.

---

5) 출범 당시 센터링크는 이전에 사회복지서비스 전달을 담당했던 사회서비스부(Department of Social Service) 산하 기관에서 옮겨 온 2만 1천 명, 실업급여를 담당했던 교육고용훈련청소년부(Department of Education Employment Training and Youth Affairs) 산하 기관으로부터 3천 명, 도합 2만 4천 명의 직원으로 시작하였다. 이 두 기관은 이전에 전국적으로 분산되어 있으면서 상당한 지역에서 중첩적으로 존재하였는데, 센터링크의 이름하에 하나로 통합된 것이다(Halligan et al., 2008).

2) 센터링크의 기능과 성과

호주의 휴먼서비스부는 다른 중앙 정부에서 관장하는 급여의 지급과 행정 서비스를 대행하여 집행하는 부서로, 산하의 센터링크와 메디케어 사무실을 통하여 중앙 15개 기관의 업무를 대행하는 전달자 역할을 수행한다.

휴먼서비스부가 담당하는 대행 업무는 단순한 정보제공에서부터 직접적인 급여지급까지 다양한데, 그 종류는 총 162종에 이른다. 이 중에서도 사회서비스부와 보건부의 업무를 대행하는 것이 중심이 된다. 사회서비스부 대행 업무는 99종 서비스, 급여지급액 1,221억 달러이며, 보건부 대행 업무는 24종 서비스, 급여지급액 369억 달러이다. 이는 휴먼서비스부가 담당하는 대행 업무의 총량 중 업무 종류의 75.9%(123/162개), 급여액의

〈표 2-5〉 휴먼서비스부가 대행한 중앙 정부서비스 종류와 급여액 규모(2014~2015년)

(단위: 개, 억 달러)

파트너 기관	대행 업무 종류	대행 급여액	대행 역할
사회서비스부	99	1,221.0	서비스 + 급여지급
보건부	24	369.0	서비스 + 급여지급
재향군인부	9	38.0	서비스 + 급여지급
교육훈련부	7	9.5	서비스 + 급여지급
법무부	4	1.1	서비스 + 급여지급
농업부	2	0.5	서비스 + 급여지급
산업과학부	3	0.01	서비스 + 급여지급
이민국경수비부	2	2.3	서비스 + 급여지급
인프라 및 지역개발부	1	1.5	서비스 + 급여지급
국세청	3	-	서비스
고용부	1	-	서비스
환경부	1	-	서비스
외교통상부	3	-	서비스
수상실	2	-	서비스
재무부	1	-	서비스
15개 기관 합계	162	1,643.0	

자료: Department of Human Services(2015).

96.8%(159/1,643억 달러)를 차지한다. 이 외에도 재향군인부, 교육훈련부, 법무부 등도 서비스 업무와 급여지급 업무를 센터링크를 통해 제공하고 있다. 이에 비해 국세청, 고용부, 환경부 등은 급여지급 업무는 맡기지 않으며 단순한 정보제공 등 서비스 업무만 센터링크가 대행하도록 하고 있다. 이 대행 업무 중 보건부의 메디케어 관련 업무를 제외한 나머지 업무는 2011년 7월부터 휴먼서비스부의 산하 기관으로 위상이 변경된 센터링크를 통하여 수행된다.

센터링크는 전국적으로 산재된 총 917개소의 관련 기관으로 구성된다. 2010~2011년 기준 313개소의 서비스센터, 25개소의 콜센터, 579개소의 에이전트 및 접근포인트로 구성되며, 근무 인원은 2만 5,233명이다. 센터링크의 업무 성과는 계량적으로 측정, 발표된다. 출범 1년 후 센터링크는 6백만 명의 고객과 3억 회 이상의 접촉을 하였다. 또한 그 과정에서 2천만 건의 전화 응답, 34억 건의 업무 연결을 수행한 것으로 보고되었다. 고객에 대한 정보제공에는 우편, 전화, 인터넷, 개별적 면담, 방문 등의 방법이 사용되었다.

센터링크는 출범 이후 담당하는 업무 범위가 넓어지고 대행하는 중앙부처와 기관의 수도 지속적으로 증가하였다. 출범 후 1년 뒤 발간된 1998~1999년 연간보고서와 센터링크가 휴먼서비스부 산하로 편입되기 직전인 2010~2011년의 연간보고서에 나타난 성과6)를 비교해 보면 〈표 2-6〉과 같다(Centrelink, 1999, 2011).

---

6) 센터링크는 두 기관의 인원이 결합하여 출범한 1997년부터 2011년 6월까지 14년간 독립적인 행정기관으로 존립하였다. 즉, 이 기간 동안 센터링크는 기관대표자가 존재하고 매년 독자적 업무 계획과 예산내역을 담은 기관보고서를 작성하였다. 그러나 2011년 7월 센터링크가 휴먼서비스부의 산하 기관으로 편입된 이후 매년도 업무 계획과 예산은 휴먼서비스부의 예산계획서의 한 부분으로 취급되어 독자적 보고서 형태로 발행되지 않는다. 그 결과 센터링크의 조직과 예산규모, 업무 성과 등의 최신 현황을 파악하는 것이 힘들어졌다.

<표 2-6> 센터링크의 1년간 업무 성과

업무 분류	1998~1999년	2010~2011년
업무를 대행한 파트너기관 수	9개 중앙부처	15개 중앙부처, 29개 기관
지급한 급여액(억 달러)	450	905
고객 수(만 명)	610	710
급여지급 건수(만 건)	920	1,280
신규처리 건수(만 건)	360	370
전화 응답 수(만 건)	1,990	3,700
고객에게 서신 발송(만 건)	8,400	10,900
웹사이트 내방자 수(만 건)	2,890	3,700
가구방문 건수(만 건)	11.6	-
사무실 방문예약 건수(만 건)	650	-
온라인 메일 발송 건수(만 건)	-	1,110
고객 단문메세지(SMS) 발송서비스(만 건)	-	650
온라인 고객 셀프서비스 업무처리(만 건)	-	5,300
고객만족도(%)	-	90.1

자료: Centrelink(1999; 2011).

12년의 기간 차이를 두고 발간된 두 연간 보고서를 통해 센터링크의 업무성과의 변화와 아울러 업무 내용의 변화도 엿볼 수 있다. 첫째, 센터링크를 통해 업무 대행을 의뢰한 중앙부처의 기관 수가 9개에서 15개로 증가했다. 이에 따라 센터링크의 업무 처리량도 증가하였는데 고객 수(610만 명→710만 명), 지급한 급여액(450억 달러→905억 달러), 지급 건수(920만 건→1,280만 건) 등 각 분야에서 이를 확인할 수 있다. 2010~2011년의 고객 수 710만 명은 2011년 호주 인구 2,260만 명의 31.4%에 해당하는 규모이다. 즉, 전 인구의 30% 정도가 매년 센터링크를 통해 각종 급여를 지급받거나 서비스를 제공받는다고 할 수 있다.

둘째, 이 기간 동안 센터링크 업무의 변화도 읽을 수 있다. 초기에는 가구방문과 사무실 방문예약 등이 주요 업무성과 지표로 측정되나 2010~2011년의 연간보고서에는 이 두 지표가 제시되지 않는다. 대신 1998~

1999년 보고서에 없던 온라인 메일 발송 건수, 온라인상 고객의 셀프서비스 업무처리 건수, 고객만족도 점수 등이 2010~2011년 보고서에 새롭게 등장한다. 이는 고객이 직접적으로 내방하거나 공무원이 가구방문을 하는 업무의 비중과 중요성이 줄어들고, 대신 온라인 업무가 강조되었음을 의미한다. 이것은 센터링크가 정보통신기술의 혁신을 효과적으로 활용함으로써 고객의 서비스 접근성뿐만 아니라 업무 효율성 향상에도 주력한 결과이다. 또한 이전에 없던 고객만족도 지표의 등장은 정책집행 과정에서 고객이 느끼는 만족도를 중요시하게 되었음을 말해 준다.

3) 센터링크의 조직구성과 업무 방식

2011년 이전까지, 외형적으로 보면 센터링크는 법정 독립기관이었다. 주요 의사결정권을 가진 독립이사회와 기관 대표자가 존재하고, 소요되는 예산의 대부분을 업무를 위탁하는 기관으로부터 업무 대행 경비로 지급받아 충당하는 식으로 독립성을 가지고 있던 것이다. 이처럼 독립이사회, 기관 대표자, 협약에 의한 재정 충당 등 다분히 독립기관적인 요소를 내포하였음에도 그 독립성은 매우 제한적이었다. 왜냐하면 휴먼서비스부 장관은 센터링크의 목표, 전략, 우선순위, 기능수행 및 성과 등에 관하여 문서화하여 방향을 제시할 수 있는 권한을 가졌으며 센터링크의 책임자는 장관이 제시한 방향을 따라야 할 의무가 있었기 때문이다. 즉, 외형적으로 센터링크는 독립기관으로서의 위상을 가졌지만 실질적으로는 정부의 통제하에 놓인 하급기관으로서의 성격도 갖고 있었다. [7]

---

7) 이러한 특성으로 인해 2011년 7월 센터링크는 휴먼서비스부의 하위기관으로 편입되었으며 이후 독립기관 성격을 상실하였다. 또한 2011년 7월 메디케어 업무가 휴먼서비스부로 통합되면서 일부 지역에서 메디케어 사무실이 센터링크에 통합되고 있지만 대부분의 메디케어 사무소와 센터링크는 별도의 조직으로서 여전히 분립적으로 운영되고 있다.

센터링크가 각종 급여를 지급하는 데 필요한 비용은 그 지급 액수만큼 위탁기관으로부터 받는다. 한편 급여를 제공하는 과정에서 소요되는 행정관리비용은 위탁기관과의 별도 협상에 의하여 지급받으며, 예산의 일부만을 중앙 정부로부터 직접 받는다. 출범 첫해인 1997년 센터링크의 재정 중 정부의 직접적인 예산지원은 5. 17%에 그쳤으며, 나머지 재정은 서비스 제공을 의뢰한 부처들로부터 협약에 의하여 지원받아 확충되었다. 의뢰 부처로부터 예산을 받는 센터링크는 서비스 제공을 통해 사전에 협약된 업무성과를 달성해야 한다는 의무를 가진다. 서비스 제공을 의뢰하는 각 중앙부처는 서비스 구매자, 서비스 제공을 담당하는 센터링크는 서비스 제공자의 위상을 갖게 되며 양자 간에는 협상을 통한 계약관계가 성립된다. 이 계약을 '전략적 파트너십 협약'(Strategic Partnership Agreement) 혹은 '업무 파트너십 협약'(Business Partnership Agreement)이라 한다.

업무 파트너십 협약서는 서비스 제공과 예산지원에 관해 자세한 내용을 담고 있다. 즉, 센터링크가 제공해야 할 서비스, 업무성과 내역, 예산부담, 공동보고서 작성 방식, 위탁기관과 센터링크 두 기관 간 정보공유 방식, 예상치 못한 쟁점 발생 시 대처방안 등을 규정하고 있다. 업무 파트너십 협약은 위탁기관의 의무와 수탁기관의 의무, 양 기관의 공동의무를 면밀하게 규정하는 것이다. 이 협약은 센터링크의 업무성과를 평가하는 준거로도 사용된다.

센터링크는 생활사 방법론(life-events methodology)에 의거하여 업무를 수행한다. 생활사 방법론은 고객의 욕구를 중심에 놓고 위탁부처에서 제공하는 다양한 서비스를 고객에게 통합적으로 제공하는 이른바 원스톱숍(one stop shop) 방식의 서비스 전달모델이다. 원스톱숍은 복합적 욕구를 가진 국민이 한곳에서 필요한 도움을 모두 받을 수 있게 하려는 전달체계 방식이다. 원스톱숍이 가능하려면 자율과 규제에 기반한 협력적 정책집행이 전제되어야 한다. 센터링크는 서비스 집행을 의뢰하는 중앙부처와 공공파트너십을 형성하고 있고, 지역 수준에서는 고객서비스 네트워크(Customer Service Network: CSN)를 구성하고 있다. 지역사회와의 상호작용 메커니즘인 CSN은 방대한 조직 네트워크이다. 센터링크는 지역사회 내 서비스 제공 민간기관과 긴밀한 연계를 맺고 있으면서 고객의 욕구를 해결하는 데 필요할 경우 이들 기관을 활용한다. 이처럼 센터링크는 수직적으로는 공공 파트너십(*public-public partnership*), 수평적으로는 지역사회 내 네트워크 중심의 조정 메커니즘을 구축함으로써 원스톱숍을 가능하게 만든 것으로 평가된다.

<그림 2-3> 생활사 모델

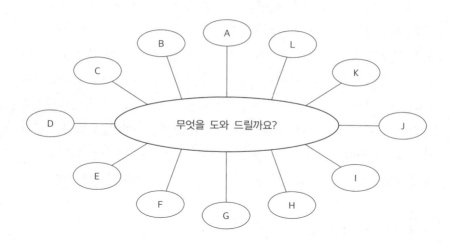

A: 자녀를 키우십니까?
B: 은퇴를 준비하고 계십니까?
C: 학업이나 직업훈련을 계획하시거나 찾으십니까?
D: 어려움에 처해 계십니까?
E: 도움을 줄 사람을 찾으십니까?
F: 일자리를 찾으십니까?

G: 최근 호주로 이주하셨습니까?
H: 환자나 장애가 있으신 분을 돌보고 계십니까?
I: 아프거나 장애가 있으십니까?
J: 누군가 돌아가셔서 도움이 필요하십니까?
K: 집을 떠나 계십니까?
L: 최근 별거나 이혼을 하셨습니까?

자료: Halligan & Wills(2008: 93).

센터링크는 수탁 받은 다양한 서비스를 총 12개 영역으로 구분하고, 센터링크를 찾아온 고객이 필요로 하는 서비스를 통합적으로 제공한다. 이 방식은 고객의 접근성을 강화시키며, 다양한 소득지원제도를 결합하여 고객이 직면하는 복합적 위험을 효율적으로 완화할 수 있는 잠재력을 가지고 있다(Commonwealth Ombudsman, 1999).

센터링크 방문자가 위에 열거된 12개 문항 중 어느 것에라도 해당 사항이 있다고 체크하면 담당자는 관련된 다양한 서비스를 모두 제시해 준다. 서비스를 받기 위해 추가적으로 필요한 자격요건이 있는 경우(예컨대 자산조사)에도 신청자는 센터링크에 단 한 번 보고함으로써 관련된 제반 서비스를 모두 받을 수 있다.

센터링크는 노령연금 등 급여지급 업무는 직접 수행하지만 고용지원서비스 등 서비스 업무는 직접 제공하지 않으며, 대신 담당기관을 연계해 주는 역할을 맡는다. 예를 들어 센터링크는 실업자가 찾아온 경우 자산조사를 거쳐 수급자격 여부를 검토한 후, 요건을 충족할 경우 실업수당을 지급한다. 동시에 센터링크는 구직자의 특성에 맞는 지역사회 내 취업알선기관을 5개 제시하고 구직자가 그중 하나를 선택하여 등록하면 그 기관이 구직자의 취업알선을 지원하도록 한다. 구직기간 동안 센터링크는 구직자에게 주택 임대료를 지원하거나 전화요금을 지원하기도 한다(장지연, 2005).

4) 센터링크에 대한 평가

센터링크의 성과평가는 설립 목적인 고객 중심의 서비스 전달과 효율성 향상의 측면에서 이루어진다. 서비스의 질적 개선을 측정하기 위해 센터링크는 매년 고객만족도 조사를 포함한 고객설문조사를 시행한다. 고객만족도는 매년 꾸준히 상승하여 1998년 65%에서 2010~2011년 90.1%로 25.1%p가 상승하였다. 센터링크는 고객 중심의 전문화된 서비스 제공을 기본으로, 다양한 경로를 통한 고객 피드백에 적극적으로 대응함으로써 고객만족도를 향상시켰다.[8] 이 밖에 지급의 정확성, 접근의 용이성 개선 등도 고객만족도를 향상시킨 주요한 요인으로 지적되는데, 2011~2012년에는 지급 정확성이 97.6%에 달하였다. 1999년 전국적으로 421개소이던 센터링크 지점이 2010~2011년 1천 개소 이상으로 확대되어 운영된다.

효율성 측면에서도 센터링크는 성공적이라 평가된다. 센터링크가 서비스 행정비용을 줄이면 업무를 위탁하는 파트너 기관은 총 운영비의 1%에 해당하는 효율성분담금(efficiency dividend)을 지불한다. 센터링크는 이 지표가 사용된 1997~1998년부터 2002~2003년까지의 기간에 매년 효율성분담금을 지급받았다. 효율성분담금제도가 폐지되고 흑자운영 여부로 효율성을 판정하게 된 2003~2004년 이후로도 센터링크는 대부분의 기간에 흑자운영을 달성하였다. 적자운영이 이뤄진 2007~2008년과 2010~2011년의 경우에도 내부적 요인이 아니라 외부적 요인에 의한 것으로 센터링크 자체의 운영 효율성이 문제시되지는 않았다(곽병훈, 2014).

성공적 업무수행에도 불구하고 미비점은 여전히 남아 있다. 특히, 사각지대의 존재(McDonald et al., 2009)와 서비스를 직접 제공하는 대신 연결에 주력을 두는 센터링크가 서비스를 제공하는 민간기관을 적절히 통제할 방안을 강구할 필요성(장지연, 2005) 등이 주요한 과제로 지적되고 있다.

■ 참고문헌

국내 문헌

곽병훈(2014). "호주 센터링크의 서비스 전달 혁신과 복지거버넌스에 대한 함의". 〈한국비교정부학보〉, 18권 2호, 37~66.

---

8) 센터링크 고객불만사항 해소율은 2010~2011년에 97%에 달했다(Centrelink, 2011).

장지연(2005). "호주의 통합 공공서비스 전달체계: 센터링크(Centrelink)". 〈노동리뷰〉, 50호, 50~57.
채구묵(2015). 《사회보장론》 제3판. 파주: 정민사.

해외 문헌

Centrelink(1999). *Centrelink Annual Report 1998-99*. Canberra: Commonwealth of Australia.
_____(2011). *Centrelink Annual Report 2010-11*. Canberra: Commonwealth of Australia.
Commonwealth of Australia(2015). *Budget 2015-16: budget Strategy and Outlook*, budget Paper No. 1. Canberra: Commonwealth of Australia.
Commonwealth Ombudsman(1999). *Balancing the Risks: Own motion investigation into the role of agencies in providing adequate information to customers in a complex income support system*. Canberra: Commonwealth Ombudsman.
Department of Human Services(2015). *2014-15 Annual Report*. Canberra: Commonwealth of Australia.
Department of Social Services(2014). *Income Support Customers: A Statistical Overview 2013*. Canberra: Commonwealth of Australia.
Halligan, J., & Wills, J. (2008). *The Centrelink Experiment: Innovation in Service Delivery*. Canberra: The Australian National University E Press.
Herscovitch, A., & Stanton, D. (2008). History of social security in Australia. *Family Matters*, *80*. 51~60.
McDonald, C., & Chenoweth, L. (2009). (Re)Shaping social work: An Australian case study. *British Journal of Social Work*, *39*(1), 144~160.
Rejda, G. E. (2012). *Social Insurance and Economic Security*, 7th edition. Armonk, NY: M. E. Sharpe.

기타 자료

OECD Statistics. http://stats.oecd.org.

03

경제여건과 소득분배구조*

1. 머리말

호주는 근대 제국주의 시대(18세기)에 영국 등 유럽의 이민자가 대량으로 유입되면서 그들에 의해 건설된 국가 중 하나이다. 1901년 영연방으로부터 독립하여 오늘날의 호주연방국가(Commonwealth of Australia)가 출범하였다. 인구는 총 2,400만 명(2016년 추정)으로 대한민국의 2분의 1 수준이고 이는 세계 51번째 규모에 불과하지만, 국토 면적은 774만 제곱킬로미터로 한국의 80배이며 세계에서 6번째로 크다. 동부, 특히 남동지역에는 비옥한 농토와 우수한 무역항이 있으며, 이들 지역에 인구와 경제가 집중되어 있다. 멜버른(Melbourne), 시드니(Sydney), 브리스베인(Brisbane) 그리고 아델레이드(Adelaide) 등이 주요한 산업 및 상업도시이다.

호주는 1980년대 후반 심각한 경기침체를 겪은 후에 아시아 경제, 특히

---

* 이 글은 2012년 《주요국의 사회보장제도: 호주》(한국보건사회연구원, 2012)에서 필자가 작성한 "제1부 제5장 소득분배와 사회보장재정"을 수정 보완한 것이다.

중국의 개방과 경제성장 등을 배경으로 1990년 초반부터 최근까지 다른 어떤 선진국보다도 화려한 산업발전을 이룩했다. 물론 1990년대 후반 아시아 경제위기와 침체 등으로 일시적 위기를 겪기도 했지만, 다른 어떤 국가보다도 높고 안정적인 경제성장을 구가하며 1인당 국민소득기준으로는 세계에서 6번째로 부유한 국가가 되었다(Wikipedia, 2016). 이러한 견고한 성장이 이루어진 이면에는 광활한 국토에 산재한 석탄·철광석·구리·석유·천연가스 등 풍부한 자연자원을 바탕으로 발달한 광공업이 있다. 천연자원을 수출하면서 벌어들인 수입은 호주 국부의 큰 원천이 된다. 특히, 석탄 수출은 세계 총 교역량의 29%를 차지할 정도의 규모를 자랑한다.

호주 경제에 대한 국제적 평판은 실로 대단하다. 미국의 저명한 경제학자 폴 크루그먼(Paul Krugman)은 호주 경제를 1990년대 말 아시아 경제위기로부터 크게 상처받지 않은 "기적적인 경제"(a miracle economy)라고 칭송했다(The Economist, 2000. 11. 7). 또 호주는 2000년대 말 미국발 글로벌 경제위기 그리고 최근의 유럽발 국가채무위기 속에서도 크게 흔들리지 않고 안정적인 경제성장을 지속하고 있는 몇 안 되는 국가 중 하나일 정도로 경제체질이 탄탄하다. 1990년대 이래 지금까지 자본과 노동의 통합생산성은 평균 2%에 달하였는데 이는 OECD 국가의 평균보다 2배나 높은 수준이다. 호주 경제는 미국 경제보다도 더 빠르게 성장하고 있다.

물론 호주의 빠르고 안정적인 경제성장과 번영은 풍부한 천연자원이 있는 국토를 가진 '행운' 덕분이기도 하다. 풍부한 천연자원은 남미 국가나 아프리카 국가의 경우처럼 국가 경쟁력을 키울 동기를 빼앗을 수 있다는 점에서 '불행의 씨앗'이 될 수도 있었을 것이다. 그러나 호주는 눈부신 경제성장을 구가해 온 아시아 국가에 대한 적극적인 경제개방과 협력을 통해 이들 아시아 국가를 풍부한 천연자원의 수요처로 활용하면서 성공적인 경제발전을 이룩하였다. 호주가 유럽 시장에서 중국 등 아시아 시장으로 눈을 돌리면서 천연자원의 수요시장을 개척한 주요 이유 중 하나는 아시아의 경제성장에 따른 자원 수요를 충족하는 데에 호주가 지리적으로 가장 경쟁력을 갖추고 있었기 때문이다. 호주와 경쟁관계인 남미 국가의 경우에는 아시아 시장에 필요한 자원을 수송하기 위해 호주보다 2배 이상의 높은 운임비를 부담해야 한다. 예를 들어 브라질에서 상하이까지 물자를 수송하는 데에는 호주에서부터 수송하는 것보다 두 배 이상의 시간이 소요된다.

우호적인 대내외 경제환경과 이를 적시에 활용한 경제정책, 이에 따른 견고하고 지속적인 경제성장 덕분에 호주의 노동시장도 전망이 매우 밝다. 고용률 및 경제활동참가율이 OECD 국가 중 상위권이며 실업률은 상대적으로 낮은 수준을 유지하고 있다(OECD, 2014). 탄탄한 노동시장과 세계 최고 수준의 최저임금제를 통해 1차적 소득분배가 이루어지는 것에 더하여 누진적인 조세제도와 표적형(targeted) 사회보장제도를 결합시킨 복지국가를 발전시키면서 소득분배 상황도 OECD 국가 중 양호한 편에 속한다.

그러나 최근 중국 경제의 고도성장기가 막을 내리면서 주력수출품인 원자재의 가격이 추락하자 호주 경제는 다시 도전에 직면하였다. 이하에서는 경제성장률, 산업구조 그리고 노동시장(고용 및 실업률) 등 호주 경제의 주요 특징과 흐름을 살펴본 다음, 소득분배 상황을 살펴보도록 한다.

2. 경제 및 고용상황

1) 경제성장

본래 호주 경제에는 광활한 국토와 풍부한 천연자원 덕택에 발전한 농업과 광공업 그리고 관광산업 등 이외는 뚜렷한 성장 동력이 없었다. 1970년대 전후로는 주로 유럽 및 북미 국가들과의 무역에 집중하였으며 보호무역과 폐쇄경제를 고수하였다. 1970년대, 1980년대 오일쇼크의 영향으로 북구

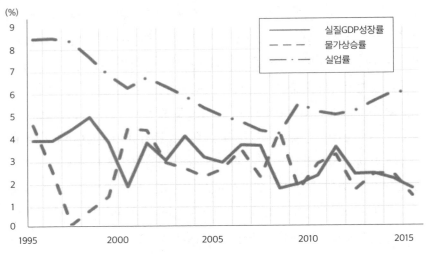

자료: OECD(2016).

선진경제가 어려움에 처하자 호주도 1980년대 초 극심한 경기침체에 직면
했다. 이에 당시 정부는 과감한 개혁과 개방, 규제완화와 건전한 재정정
책, 개방적이고 자유로운 무역과 투자정책 등으로 경제정책의 기조를 바꾸
면서 탄탄하고 건강한 성장의 토대를 마련하였다. 특히, 이전의 서방국가
를 중심으로 한 교역을 대신해, 지리적으로 가깝고 역동적으로 성장하는
동아시아 국가를 향하여 개방 및 협력의 손을 내밀면서 동아시아의 성장력
으로부터 큰 혜택을 볼 수 있었다.

1990년대 이후 중국 경제가 폭발적으로 성장하면서 천연자원 수요가 크
게 늘어났다. 이에 따른 막대한 규모의 광물 수출이 지금까지 호주 경제성
장의 견인차 역할을 해 왔다고 해도 과언이 아니다. 2000년대 초반에는 대
(對) 중국 수출이 10% 미만에 불과했지만 2012~2013년에는 52%에 달할
정도로 호주의 중국향 의존도가 높아진 점에서도 이를 쉽게 짐작할 수 있
다. 나아가 광공업 투자가 폭발적으로 늘어나면서 연관 산업인 금융과 건

<표 3-1> 명목가격 기준 주요 경제지표

	2010년	2011년	2012년	2013년	2014년
GDP(십억 USD)	1,246	1,498	1,555	1,555	1,462
경제성장률 (%)	2.2	3.6	2.6	2.4	2.7
1인당 GDP(USD, PPP)	41,168	41,320	41,670	42,447	42,809
물가상승률 (%)	2.8	3.0	2.2	2.7	1.7

자료: 주 호주 대한민국대사관(2016).

설업 등이 크게 발전하였으며, 이 두 산업은 현재도 호주 경제의 큰 부분을 차지하는 규모이다. 이와 함께 연방 정부는 세계경제의 환경변화에 적극적으로 대응하는 한편, 성장을 가능하게 하는 지속적 구조조정에 최우선 정책목표를 두고 경제를 운영했다. 정부의 과감하면서도 합리적인 개혁 및 개방정책은 호주 경제의 부흥을 이끌었다(OECD, 2016). 그 결과 호주는 1990년대에 OECD 국가 중 가장 빠른 성장을 달성하며 번영을 구가했다. 이는 대부분 1980년대에 이루어진 경제개혁과 아시아를 향한 개방정책의 성과였다.

1980년대 중반의 과감한 경제개혁과 아시아를 향한 경제개방을 통해 호주는 1990년대 전반에 걸쳐 3%대의 고속성장을 기록하였다. 이 시기는 호주 근대 역사상 가장 안정적이고 생산적인 시기였다. 또한 지속적인 성장이 호주를 세계 선진국 반열에 올려놓은 시기이기도 했다. 특히 호주는 다른 선진국들과 달리 1990년대 후반 아시아 외환위기, 2000년대 후반 미국의 금융위기 등 각종 세계경제위기를 빗겨갈 정도로 경제체질이 가장 튼튼한 국가로 성장했다.

2010년에 접어들면서 중국의 경제성장이 둔화되고 원자재 가격이 크게 하락하자 성장세가 주춤하고는 있지만, 호주의 경제성장률은 여전히 2%대 중반 이상이다(주 호주 대한민국대사관, 2016). 경제규모 측면에서 2014년 기준으로 호주의 GDP(명목가격 기준)는 1조 4,620억 USD에 달하여 세계 13번째의 규모를 달성했다. 1인당 GDP (PPP 기준) 는 4만 2,809달러로 최상위 부국 중 하나로 자리 잡았다.

2) 산업구조

호주는 원래 농업 및 목축 등 1차 산업을 중심으로 발전해 온 국가였다. 하지만 1980년대 이후 상황이 크게 달라지기 시작했다. 대아시아 경제개방 정책과 풍부한 천연자원을 바탕으로 광산업이 발전하면서 그 연관 산업인 금융서비스, 관광, 교육, 의료서비스 및 부동산 산업 등이 빠르게 발전했다. 2015년 부가가치창출(GDP) 기여도에서 서비스 산업의 생산량이 80%를 차지하였고, 광산업 8.8%, 제조업 6.8%, 농업 2.5% 등이 그 뒤를 따랐다(ABS, 2016). 전통적으로 높은 인건비 및 물류비용 등으로 인해 제조업은 상대적으로 취약한 편이다. 이처럼 호주의 산업은 기본적으로 서비스업이 주축을 이룬다. 특히, 은행 · 보험 · 재무 등 금융서비스, 컨설팅 · 관광업 등 고부가가치 서비스업이 가장 빠르게 성장하는 산업부문이다.

서비스 산업이 호주 경제의 기축을 구성함에 불구하고, 지난 수십 년간 핵심적인 호주 경제성장 동인은 물론 광산업이었다(Kotra, 2015). 광물 천연자원은 오래전부터 호주의 주력수출품(전체 수출의 57%) 이었다. 전통적으로 제조업이 취약하여 공산품 수요를 수입에 의존한 탓에 만성적인 경상수지 적자국이었던 호주가 일약 수출의존국 내지 큰 폭의 경상수지 호전국으로 변모한 것도 광물 수출에 크게 힘입은 것이었다.[1] 특히, 중국으로의 광물 수출은 기하급수적으로 증가하는 추세이다. 철광석 수출에서는 2010년, 전년도 대비 45.2%이라는 경이로운 수출신장률을 기록했다. 중국은 네덜란드 다음가는 호주 최대의 수출국이자 수입국이 되었다.

---

1) 그러나 경상수지 자체는 여전히 적자구조가 지속되는 중이다.

광산개발 프로젝트에 기초한 중국의 대규모 직접투자가 2010년을 전후로 봇물처럼 밀려들었다. 이를 뒷받침하기 위해 정부가 도로, 통신 등 대규모 인프라를 구축하자 호주는 지속적인 부동산 붐(boom)을 경험했다. 이렇듯이 중국 경제의 급속한 성장과 그에 따른 천연자원 수요의 증가는 호주의 수출을 견인하였다. 이로써 호주는 안정적 성장을 구가하면서 세계 제10대 무역국으로 성장할 수 있었다. 그 결과, 호주는 어떠한 경제위기에도 안정적인 경제성장을 지속할 수 있는 토대를 마련하였다. 1980년대의 저성장과 고실업을 감안하면 1990년대 이래의 견고한 경제성장과 낮은 실업률은 '호주의 기적'이라고 불릴 정도의 성취였다.

　그러나 호주의 자원경제가 지나치게 대중국 수출에 의존하고 있고, 천연자원의 국제가격에 민감하게 반응한다는 우려도 높다(주 호주 대한민국대사관, 2016). 최근 중국의 성장률 둔화로 원자재 수요와 가격이 급락하자 호주의 성장률도 둔화되면서 경기가 위축되는 경향이 보이기 때문이다. 이를 극복하기 위해 호주 정부가 금리를 내리자 USD 대비 AUD(호주달러)의 가치가 폭락했고 이는 수입물가 폭등으로 이어져 내수시장을 압박했다. 더욱이 AUD의 폭락이 다시금 조달비용 상승을 초래함으로써 원래 유약하던 제조업은 더 위축되었다. 이를 만회하기 위해 정부는 현재 부동산 붐을 발판으로 경기를 회복시키려는 노력을 진행 중이다.

　이러한 이유에서 최근 호주의 부동산 가격이 폭등했다. 부동산 버블을 경계하는 목소리도 있으나, 호주는 부동산 건설업의 성장에 힘입어 예상을 깨는 성장률을 여전히 구가하고 있다(Kotra, 2015). 이는 정부와 금융시장에 대한 국내외적 신뢰가 높아 외국으로부터의 투자금이 모이기 때문이다. 특히, 값싼 AUD를 이용한 중국인들의 부동산 투자가 확대되고 있다. 부동산 투자는 최근의 경제성장을 탄탄하게 유지시켜 주는 요인이다. 이와 함께 금융을 비롯한 각종 서비스업이 확대되면서 광산업과 제조업의 위축되는 성장을 만회하고 있다. 2014~2015년 그리고 2015~2016년에 걸쳐 악화될 것으로 예상되었던 성장률이 기대를 뛰어넘는 수준(2% 후반)을 보인 것도 그 때문이다.

3) 고용 및 실업률

저출산, 인구고령화 등으로 인해 대부분의 선진국에서 생산가능인구가 정체되거나 위축되는 추세이다. 이와 달리 호주의 생산가능인구는 해외이민자의 유입 등으로 인하여 지속적으로 증가하는 상황이다. 또한 호주 경제가 그동안 성취하여 온 견고한 성장은 노동시장의 상황을 크게 개선시켜 놓았다.

2013~2014년 기준 호주의 경제활동참가율(64.9%, 15세 이상 인구 대비)은 OECD 평균(60.1%)을 크게 웃돌았다(OECD Database, 2016. 5). 다만 2000년대 말 미국발 금융위기 이후에는 경기가 하강 국면에 접어들면서 경제활동참가율 또한 정체 국면에 접어들었다. 그 사이 실업률은 다소 상승하여 최근에는 5~6% 사이를 오간다. 중국 등을 포함해 세계경제 전체가 도미노 침체기를 맞이하자 실업률도 어느 정도 증가하는 추세이다. 그러나 호주의 실업률은 OECD 평균(2013년 7.9%)에 비해 현저히 낮은 수준을 유지하고 있다.

그 이전까지 호주는 풍부한 천연자원 수출과 그에 따른 경기호황 덕분에 오히려 광산업 등 특정 산업부문에서는 인력난이 일어났다. 이러한 인력난은 임금 상승으로 이어졌으며 오늘날의 전반적인 고임금 경제구조를 만들어 냈다. 게다가 호주의 최저임금 수준 또한 매우 높은데, 최저임금(2015년 주당 656.9달러)은 평균임금(주당 1,145.7달러)의 절반에 달한다(ABS, 2016). 시간제 일자리 등 비정규직이 늘어나는 추세이나 높은 최저임금 덕분에 노동시장의 양극화가 문제시되지는 않는다. 나아가 여성의 경제활동참가율이 빠르게 증가하여 성별 격차가 크지 않다는 점도 특징이다. 이러

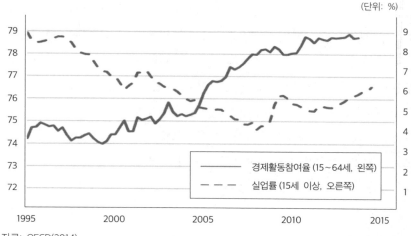

<그림 3-2> 호주의 경제활동참여율과 실업률 추이

(단위: %)

경제활동참여율 (15~64세, 왼쪽)
실업률 (15세 이상, 오른쪽)

자료: OECD(2014).

한 상황은 고른 소득분배에 크게 기여하지만, 제조업의 공동화 등을 심화
시키는 부작용을 낳고 있다.

한편, 높고 고른 임금수준과 함께, 매우 높은 유연성 또한 호주 노동시
장의 주요 특징이다(OECD, 2014). 호주 정부는 2000년대 중반 기업의 해
고를 상당히 자유롭게 만드는 한편, 복지의존성을 줄이고 고용서비스 전달
체계를 개선하는 정책을 강력하게 추진하여 왔다. 특히, 2006년 노동시장
유연성과 근로자 보호를 조화시킬 수 있도록 해고보호제도(정당성 사유 없
이 해고할 수 없는 규정)를 개혁하여 100인 이하 기업에는 이 규정이 적용되
지 않도록 했다.

나아가 근로연계복지(*welfare to work*) 개혁을 통해 한부모, 근로연령층
구직자, 장애인 등을 주 대상으로 적극적인 구직활동의무와 직업전환훈련
의무 등을 다하지 않으면 급여에 불이익을 받도록 하였다. 그리고 구직자
개인별 수요에 맞는 맞춤형 고용서비스를 제공하는 한편, 고용서비스를 민
간기업이 경쟁적으로 제공할 수 있도록 개방하였다.

이러한 노동정책의 결과, 호주에서는 최근까지도 실업률이 줄고 경제활동참여율 및 고용률은 큰 폭으로 상승하였다. 시간제 일자리가 크게 증가하는 등 부작용도 있지만, 시간제 근로가 전일제 혹은 선호하는 형태의 근로로 이전하기 위한 통로로 인식되는 한편 고용 형태 간 임금격차도 크지 않아 심각한 문제가 되지는 않는 상황이다. 호주의 시장지향적 노동시장은 성공적인 모델로 평가받는다. 이러한 형태의 노동시장은 낮은 복지수혜, 낮은 세금, 유연한 해고보호법제, 상대적으로 높은 소득불평등 등을 특징으로 하지만, 사회보장 및 조세제도의 유기적 결합이 노동시장에서의 소득불평등을 크게 완화시켜 주고 있다.

4) 도전과 전망

최근 호주의 제조업이 더욱 부실해지고 그동안의 성장을 뒷받침해 온 광산업 경기의 성장세는 한풀 꺾였다. 나아가 부동산 버블의 위험성까지 대두된다. 이처럼 호주 경제에 적신호가 곳곳에서 나타난다(Kotra, 2015). 그럼에도 불구하고 호주가 견고한 경제성장세를 이어 간다는 사실에 많은 전문가들이 놀라워한다. 이러한 성장은 특히 호주 경제의 유연성에서 비롯되는데, 그 중심에는 호주 및 호주 금융업이 가진 높은 신뢰도와 경쟁력이 있다. 금융 산업은 투명하고 효율적이며 국가재정은 매우 탄탄하다. 이를 배경으로 호주는 늘 국제신용평가사로부터 최고등급을 받아 왔다.

이를 바탕으로 호주는 높은 수준의 재정적 여력 및 유연성을 갖추어 환경변화에 대응할 역량을 갖추었다. 예를 들어, 최근 호주 정부는 광산업의 부진을 타개하고 견고한 경제성장을 이어가기 위하여 건설업과 연관 서비스업의 활황을 이끌어내려 노력하였는데, 이는 무엇보다도 과감한 금리인하와 재정투입이 가능했기 때문이다. 물론 금리인하가 환율 폭락 등에 따른 내수경기의 위축, 제조업의 위축 등 또 다른 부작용을 초래하였지만,

건설업의 활황과 환율 하락에 따른 관광업의 활황세는 그러한 부작용을 만회할 수 있을 정도였다.

반면 금리인하와 환율 하락에 따라 수입물가 및 생산비용이 치솟는 점은 근심거리가 되고 있다. 호주 통계청에 따르면, 2010년대 초반 이래 식료품과 원재료 가격의 상승 등으로 물가상승률이 거의 3% 내외를 유지하고 있다(주 호주 대한민국대사관, 2016). 또 높은 인건비와 물류비용 등으로 인한 제조업의 공동화도 골칫거리 중 하나이다. 대부분의 경우에는 산업 간 균형 있는 발전이 견고한 성장세를 이어갈 바탕이 된다는 점에서, 호주가 1차, 3차 산업의 발전만으로 지속적인 성장을 이어갈 수 있을지 의문이다(〈헤럴드경제〉, 2016. 3. 7). 마지막으로 환율하락에 따른 건설업 활황은 부동산 가격의 폭등을 가져와 버블에 대한 우려도 높아진 상태이다. 호주는 이민자 유입으로 인해 지속적으로 인구가 성장하는 국가이므로 최근 부동산 가격의 상승이 버블 수준은 아니라는 평가도 있다. 하지만 부동산 경기를 통해 성장을 계속 구가하는 데는 분명 한계가 있다.

그럼에도 불구하고 호주는 아직 미개발된 막대한 천연자원(천연가스 등)을 가지고 있고 지속적인 인구 유입으로 경제의 기초가 매우 튼튼하므로 경제성장에 대한 전망도 매우 밝은 편이다. 특히, 국제 원자재 가격이 다시 반등하면 수출과 경제성장이 활성화되고, 그에 따른 세수 증가로 국가재정이 더욱 탄탄해지는 선순환을 예상해 볼 수 있다. 중국 시장 및 원자재 수출에 지나치게 의존하면 이는 호주 경제에 독이 된다는 비판도 제기되지만, 다른 한편에서는 최근의 환율을 이용한 중국인의 호주 관광 및 대호주 투자가 활성화되면 호주 경제에 큰 기회가 된다는 시각도 있다. 광산업 수축이 다른 산업 분야의 활황을 통해 만회된다는 것이다.

한편, 호주의 유연한 노동시장은 세계적 경제위기를 큰 피해 없이 넘기는 데 상당히 기여해 왔다. 최근 자본 중심 광산업의 후퇴, 제조업의 위축 등으로 실업자가 크게 증가하였다. 이에 호주 정부는 고용창출 효과가 큰 건설 및 서비스업 확대에 초점을 두고 산업정책을 펼치면서 실업문제에 적극 대응하고 있다. 노동시장의 높은 유연성은 정부의 이러한 빠른 정책 전환을 가능하게 함으로써 견고한 경제성장을 뒷받침한다. 더욱이 호주의 광산업은 GDP의 8%에 달할 정도로 경제성장에 큰 영향을 미침에도 불구하고 고용비중은 2%에 불과하므로 광산업을 중심으로 한 장기적 침체에서 고용시장은 안정세를 보일 것이라는 전망이 우세하다.

물론 그동안 글로벌 성장 동력원이었던 중국 경제의 성장세가 둔화되면서 당분간 세계 경제의 침체가 이어질 것으로 보인다. 또 최근 미국의 금리 인상 등은 유럽과 아시아 신흥국의 성장을 제약한다. 세계은행 등은 세계 경제의 성장세가 당분간 둔화될 것이라고 경고하고 있다. 이러한 대외적 악조건에도 불구하고, 호주는 여건이 조금만 개선되면 즉시 경제성장의 가속페달을 밟을 수 있는 나라 중 하나로 지목받는다. 유연한 노동시장이 호주의 견고한 경제성장을 뒷받침하고 있는 데다 재정의 높은 건전성은 세계 경기가 회복되는 시점에 호주 경제의 회복탄력성을 더욱 높여줄 것이기 때문이다. 이러한 호주 경제의 신축성은 각종 국제적 경제위기를 통해 이미 증명되었다. 외부의 경제변화에도 불구하고 호주 경제가 계속 성장하면서 낮은 실업률을 유지할 것이라고 전망하는 이유이다.

3. 소득분배 상황

1) 환경여건

호주는 고부담·고복지의 유럽 복지국가군과 저부담·저복지의 영미권 국가군의 사이에 위치한다고 볼 수 있다. 복지가 필요한 곳에 자원을 집중 투입하는 사회보장체계와 누진적 조세제도 그리고 높은 수준의 최저임금제도 등을 잘 결합시킴으로써 사회적 불평등과 빈곤의 수준을 상대적으로 낮게 유지하는 효율적 복지국가라 할 수 있다. 최근에는 선진국 중 탁월한 경제성장을 보여 주는 것에 더하여 인구고령화 시대에 적합한, 상대적으로 유연한 복지국가 유형이라는 점에서도 주목을 받고 있다.

호주의 사회보장급여는 건강보험 등 일부 제도상의 급여를 제외하곤 대부분 소득조사와 자산조사에 기초하는 부조원리에 근거하여 지급된다. 복지대상자를 노인, 장애인 등과 같은 근로무능력자와 실업자 등 근로연령대에 있는 근로능력자로 구분하고, 전자에게는 복지급여수급권을 관대하게 제공하는 반면 후자에 대해서는 엄격하게 제한하여 제공한다. 거의 모든 제도가 부조원리에 기초하여 설계되어 있지만 보편성은 상대적으로 높은 편이다. 예를 들어 소득조사 및 자산조사를 전제로 하는 노령연금의 경우에는 전체 노인의 70% 정도가 지급받을 정도로 보편적이다. 모든 복지급여는 기초생계비를 보장하는 수준의 정액(*flat rate*)으로 설정되어 있다. 나아가 소득조사와 자산조사의 결과에 따라 복지급여를 다시 차등화함으로써 보충성 원리가 충분히 실현되도록 하였다.

호주의 복지급여의 급여액은 전반적으로 낮은 수준이지만 가장 필요로 하는 사람에게 집중적으로 자원을 투입함으로써 빈곤해소 효과가 높다. 게다가 이러한 급여는 대부분 누진적 조세제도를 통해 재원을 조달하므로 재분배 효과도 발생한다. 호주는 근로장려세제(부의 소득세) 등 조세체계를 통해 저소득 근로계층의 소득보장을 강조한다. 이외에 노동 및 임금정책 측면에서도 사회보장적 요소가 강하게 반영되었다. 가족임금 내지 생활임금 개념(가족의 구성에 따라 적절한 생활을 유지할 수 있는 임금수준의 보장)에 기초한 최저임금 결정체계 그리고 정규직과 비정규직 간 평등처우 등은 시장소득의 격차를 완화하는 데에 크게 기여했다.

이처럼 호주의 사회보장제도는 근로계층에게는 시장소득을 통하여 최저생활을 보장하고, 비근로 및 무능력계층의 경우에는 조세와 사회보장급여를 통해 최저생활을 보장함으로써 빈곤문제와 분배문제를 동시에 해결하는 사회시스템을 구축하고 있는 것이다. 호주는 국민복지에 대한 국가 개입의 초점을 저소득층 및 근로무능력층을 대상으로 한 최저수준보장에 맞추고 있으므로 복지 부담이 다른 OECD 국가에 비해 상대적으로 적은 편이다. 그럼에도 불구하고 호주는 다른 선진국과 비교하여 상대적으로 더 평등한 국가로 평가받는다(OECD, 2015).

최근 세계화, 정보화, 인구고령화 등의 특성을 가진 후기 산업사회로 진입하는 대부분의 선진국은 소득분배 악화를 체험하고 있으며 호주도 여기서 예외는 아니다. 그러나 호주는 소득분배지표들이 다소 악화되는 경향임에도 특유의 임금-조세-사회보장체계 덕분에 여전히 상대적으로는 양호한 수준을 유지하고 있다. 더욱이 인구고령화 등으로 인하여 재정적 위험에 직면했지만, 호주는 그 위험이 상대적으로 작아 복지재정이 관리가능하고 지속가능한 수준에 있는 몇 안 되는 국가 중 하나이다. 즉, 내·외부적 환경적 위험에도 불구하고 현재 호주는 상대적으로 분배 악화나 복지재정의 위기 문제로부터 비교적 자유로운 상황이다.

2) 소득분배지표

(1) 소득점유율 및 소득배율

역사적 추이로 볼 때 다른 선진국들과 유사하게 호주에서도 2000년대 후반 미국발 금융위기 이후 전반적으로 소득분배가 조금씩 악화되는 추세이다(ABS, 2015). 먼저, 소득점유율 및 소득배율 측면에서 살펴보자. 가계의 가처분소득 기준 최하위 10%의 소득 대비 최상위 10%의 소득비율(소득배율)은 1990년대 중반(1994~1995년) 3.78배에서 미국발 글로벌 금융위기 직후인 2009~2010년 4.21배로 정점에 달했다(〈표 3-2〉 참조). 그 후 약간 개선되는 추세이기는 하지만 과거 금융위기 이전 수준을 여전히 회복하지

<표 3-2> 소득분위별 소득점유율, 소득배율, 지니계수의 추이

(가구 균등화 가처분소득 기준)

연도		1994 ~1995	1996 ~1997	1999 ~2000	2002 ~2003	2005 ~2006	2009 ~2010	2012 ~2013
소득 점유율 (%)	1분위	7.9	8.3	7.7	7.7	7.8	7.4	7.7
	2분위	12.8	13.1	12.6	12.8	12.7	12.4	12.7
	3분위	17.7	17.8	17.7	17.6	17.4	17.0	17.3
	4분위	23.7	23.7	23.7	23.7	23.0	23.0	23.0.
	5분위	37.8	37.1	38.4	38.3	39.2	40.2	39.4
소득 배율 (배)	P90/P10	3.78	3.66	3.89	4.00	4.05	4.21	4.10
	P80/P20	2.56	2.54	2.64	2.63	2.58	2.70	2.61
	P80/P50	1.55	1.56	1.57	1.57	1.55	1.60	1.97
	P20/P50	0.31	0.61	0.59	0.60	0.60	0.59	0.48
지니계수		0.302	0.292	0.310	0.309	0.314	0.328	0.320

자료: ABS(2015).

못하는 실정이다. 또 가처분소득 기준 소득분위별 점유율 역시 상위 20%의 경우 1994~1995년 37.8%, 2009~2010년 40.2%, 2012~2013년 39.4%로 증가 추세였던 반면, 하위 20%의 경우 1994~1995년 7.9%에서 2009~2010년 7.4%, 2012~2013년 7.7%로 큰 변동이 없었다. '양극화'라고는 보기 어렵지만 일정 부분 고소득층으로의 소득집중이 나타난 것이다(〈그림 3-3〉 참조).

이러한 소득집중 현상은 크게 세 가지 요인에 기인한다. 첫째, 시장소득의 격차가 커졌다. 1990년대 중반 시장소득 기준 상위 10%의 평균소득은 하위 10% 평균소득의 8배 수준이었으나 2008년 글로벌 금융위기를 맞이하며 이 비율은 10배로 치솟았다. 그 후 점차 개선되어 2012년에는 8.8배 수준이 되었다. 이는 OECD 평균인 9.6배, 미국의 18.8배에 비해서는 낮은 수준인데, 이는 노동시장의 비정규직화 추세에도 불구하고 고용 형태에 따른 임금차별을 허용하지 않는 호주의 적극적 보완책 때문으로 풀이된다. 둘째, 과세(부자감세)와 근로계층에 대한 복지급여가 약화된 점도 또 다른 원인이다. 특히, 고소득층에 대한 최고세율이 60%에서 2010년 45%로 크

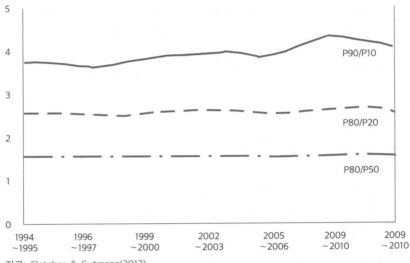

〈그림 3-3〉 소득배율의 역사적 추이

P90/P10

P80/P20

P80/P50

1994~1995 1996~1997 1999~2000 2002~2003 2005~2006 2009~2010 2009~2010

자료: Fletcher & Gutmann(2013).

게 인하되었다. 마지막으로 한부모 가정, 독신가구 및 고령자가구 등 취약
계층의 증가와 같은 사회적 변화도 소득불균등 심화에 한몫했다.

시장소득기준으로는 하위 10%와 상위 10% 간의 소득격차가 8.8배나
되지만 가처분소득을 기준으로 하면 4.21배에 불과하다는 사실에서 호주
의 조세·사회보장체계는 시장소득의 불평등을 50% 이상 상쇄시키는 효
과가 있음을 알 수 있다. 그러나 이러한 상쇄효과 또한 조세와 사회보장 측
면 모두에서 약화되었다(ACOSS, 2015). 조세 측면에서는 2000년 이래 수
차례 개인소득세율이 추가적으로 인하되면서 세율이 하향 평균화됨으로써
조세제도의 누진성이 매우 약화되었다. 사회보장 측면에서는 대부분의 복
지급여가 소득상승률에 미치지 못하는 수준으로만 인상된 것에 더하여 복
지급여 수급요건도 크게 강화되었다. 그 결과 저소득층을 형성하는 복지수
급대상자의 상대적 지위가 상당히 악화되었다.

(2) 지니계수

호주의 소득점유율 및 소득격차가 악화되면서 소득불평등도 지수인 지니계수(*Gini's coefficient*) 또한 지속적으로 상승하는 추세이다(ABS, 2015). 가처분소득 기준의 지니계수는 1981~1982년 0.27에서 1994~1995년 0.302, 2009~2010년 0.328, 2012~2013년 0.320으로 지속적으로 증가해 왔다. 이는 무엇보다도 최근 15년 동안 상위 20% 가구의 소득은 67% 증가한 반면, 같은 기간 동안 하위 20% 가구의 소득은 46%, 중위 가구의 소득은 50% 증가하는 데에 그쳤다는 것에서 기인한다. 호주의 소득불평등도(지니계수 기준)는 OECD 평균에 비해 약간 높지만, OECD 국가 중에서는 양호한 수준이다. 특히 미국과 영국 등의 국가에 비하면 호주의 불평등의 수준은 크게 낮다. 그러나 시간이 지날수록 OECD 국가 중 분배상태가 점점 더 나빠지는 국가로 분류되고 있다.

이는 특히 노동시장 유연화 등에 따른 소득계층 간, 여성과 남성 간 근로

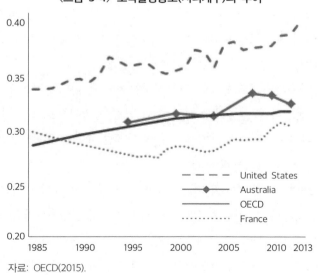

〈그림 3-4〉 소득불평등도(지니계수)의 추이

자료: OECD(2015).

〈그림 3-5〉 소득불평등도(지니계수)의 국제비교

- ■ 지니계수(왼쪽)
- ◇ 상위 10%와 하위 10%의 평균소득 차이(오른쪽)

덴마크 슬로베니아 슬로바키아 노르웨이 아이슬란드 체코 핀란드 벨기에 스웨덴 오스트리아 네덜란드 스위스 헝가리 독일 폴란드 룩셈부르크 한국 아일랜드 프랑스 캐나다 호주 이탈리아 뉴질랜드 스페인 일본 포르투갈 에스토니아 그리스 영국 이스라엘 미국 터키 멕시코 칠레 OECD

자료: OECD(2015).

소득의 격차가 커진 것에도 일부 기인한다. 또 고소득 배우자의 경제활동 참가율이 증가한 영향도 있다. 경제의 지속적 성장과 낮은 실업률로 저소득층의 고용률이 증가한 것은 분배의 악화를 일부 상쇄시키는 요소로 작용했다. 그러나 이는 전반적으로 지니계수의 상승, 즉 분배의 불평등도가 악화되는 것을 막지는 못했다. 나아가 근로계층 사회보장급여 개혁 등으로 가계소득에서 사회보장이 차지하는 비중이 지속적으로 감소하고 있는 데서도 그 원인을 찾아 볼 수 있다(〈표 3-3〉 참조).

전체 국민소득에서 노동소득이 차지하는 비중을 나타내는 노동소득분배율도 다른 선진국과 유사하게 지난 수십 년간 지속적으로 하락한 것 또한 소득분배 악화의 원인이다. 1970년에서 2014년 사이에 호주의 노동분배율은 약 9% 정도 하락하였다(ILO & OECD, 2015). 노동분배율의 하락은 다른 분배지표의 악화로 이어진다. 이러한 노동소득분배율의 하락은 주로 세계화와 기술진보로 설명할 수 있다. 세계화로 노동시장에서의 경쟁이 심화되는 동시에 노동시장의 비정규직화가 초래되어 노동에 대한 보상분이 하락한다는 것이다. 나아가 기술진보로 인한 자동화는 노동수요를 감소시킴으로써 (물론 생산력이 뒷받침되고 기술진보에 적응하는 일부 고숙련 노동자의 수요는 늘기는 하지만) 노동에 분배되는 몫의 감소를 초래한다. 이에 더하여 노동조합의 조직력이 점점 취약해지는 데에서도 노동소득분배율의 하락의 원인을 찾을 수 있다. 호주의 노조가입률은 지속적으로 하락하는 추세이다 (한국보건사회연구원, 2012: 149~150).

〈표 3-3〉 가구 소득구성에서의 변화 추이

(단위: %)

연도	1994 ~1995	1996 ~1997	1999 ~2000	2000 ~2001	2002 ~2003	2003 ~2004	2005 ~2006	2007 ~2008	2009 ~2010
무소득	1.1	0.9	0.9	1.1	1.2	0.6	0.5	0.4	0.5
임/봉급	57.6	56.3	56.7	56.9	58.0	57.7	59.4	61.5	60.8
사업소득	6.1	6.6	6.4	6.4	6.2	6.0	6.0	5.7	4.8
사회보장	28.5	28.6	28.7	28.3	26.6	27.7	26.1	23.2	25.2
기타	6.7	7.6	7.3	7.3	8.1	8.1	7.9	9.2	8.7
계	100.0	100.0	100.0	100.0	100.0	100.0	100.0	100.0	100.0

자료: ABS(2011).

〈그림 3-6〉 주요 선진국의 노동소득분배율 변화 추이(1970~2014년)

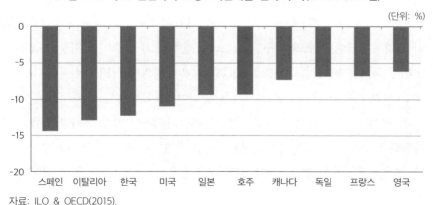

자료: ILO & OECD(2015).

(3) 빈곤율

지니계수 외에 분배 상황을 한눈에 파악할 수 있는 주요 지표 중 하나는 빈곤(전체 인구 대비 소득이 중위소득의 50% 미만인 인구의 비중)이다. 2012～2013년 기준으로 호주의 빈곤율은 약 14.4%에 달했다. 인구규모로 보면 약 250만 명 수준이다(ABS, 2015).

호주의 빈곤율은 1994년 7.6%, 2004년 9.9%, 2006년 11.1%, 2008년 12% 등 지속적으로 높아지는 실정이다. 이는 미국보다는 크게 낮지만 영국보다는 높은 수준이다. 또한 독일, 프랑스 등 고부담·고복지를 지향하는 유럽 국가보다는 매우 높은 수준이며, OECD 평균(9.1%)보다도 상당히 높다.

이러한 빈곤율 증가는 앞서 설명한 소득불평등 심화에서도 기인하지만, 저소득층에 집중한 최저보장을 목표로 하는 사회보장제도의 특성에도 크게 기인한다. 즉, 상대빈곤의 수준을 높게 잡으면 퇴직 전 소득을 보장하려는 유럽대륙 국가에 비해 호주의 빈곤율이 더욱 높게 나타날 수밖에 없다는 것이다(여유진·정용문, 2011). 예를 들어, 호주는 공적연금으로 정액의 기초연금만을 제공하는데, 이는 호주의 노인빈곤율(0.335)이 OECD 국가 중 한국 다음으로 가장 높은 수준을 보이는 가장 큰 이유라고 할 수 있다(〈그림 3-8〉 참조).

가구유형별로 보면, 빈곤층의 40%는 실업자 가구, 31.5%는 주 소득원이 사회보장급여인 노인 가구, 11.4%는 한부모 가구 등이 차지한다(ABS, 2015). 즉, 원주민, 홈리스(homeless), 65세 이상 단신 가구, 한부모 가구, 실업자 가구 등이 빈곤위험에 크게 노출되어 있다.

빈곤위험 노출도를 살펴보면 한부모 가구가 70%, 노인 가구가 50%로 나타나 이들의 빈곤위험이 단연 높음을 알 수 있다. 또한 빈곤인구 중 성인이 76%, 아동이 24%를 차지하여 아동빈곤율이 상대적으로 높은 편이다.

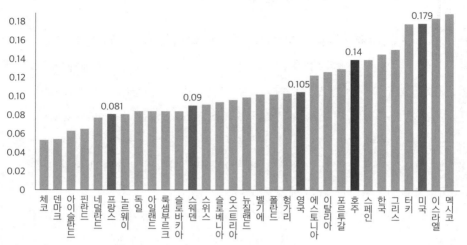

〈그림 3-7〉 빈곤율의 국제비교(2012년)

자료: OECD Database, 2016. 6. 인출.

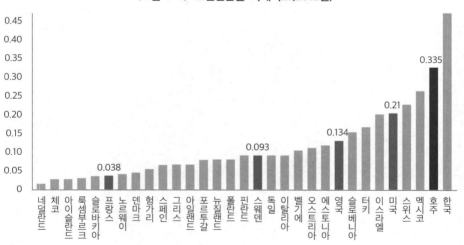

〈그림 3-8〉 노인빈곤율 국제비교(2012년)

자료: OECD Database, 2016. 6. 인출.

3) 자산분배지표

호주의 자산분배지표는 소득분배지표에 비해 더 심각한 상황을 보여준다 (ACOSS, 2015). 호주의 가구당 평균 순자산(*net wealth*, 총자산에서 부채를 제외한 부분)은 220만 달러이다. 소득분위별 자산점유율을 기준으로 보면, 2012년 기준 최상위 20%가 총가구순자산의 60.8%를 점유한다(ACOSS, 2015). 최하위 계층 20%는 총가구순자산의 1%를 점유하며, 이들의 가구당 순자산 평균액은 3만 1천 달러에 불과하다. 최상위 계층과 최하위 계층 간 순자산의 격차는 약 70배에 달한다.

자산분배의 불평등도는 서서히 악화되는 추세다. 상위 20%의 자산점유율은 2003~2004년 59%에서 2005~2006년 61.1%, 2009~2010년 62%

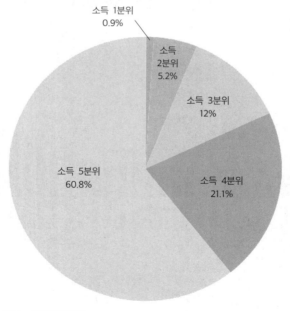

〈그림 3-9〉 소득분위별 가구순자산 점유율(2012년)

소득 1분위
0.9%

소득 2분위
5.2%

소득 3분위
12%

소득 4분위
21.1%

소득 5분위
60.8%

자료: ACOSS(2015).

로 상승한 반면, 같은 기간 하위 20%의 점유율은 1%에서 0.9%로 감소했고 중위계층(40~60%)의 점유율도 12.7%에서 11.9%로 감소했기 때문이다. 상위 1%의 자산점유율이 84%, 하위 1%의 점유율이 0%에 달하는 미국과 비교하면 호주의 자산분배 불평등도는 상대적으로 양호한 편이다. 그러나 호주 국민들은 현재보다 부가 더 균등하게 분배되어야 한다고 인식하고 있으며, 현실은 이러한 인식에 부합하지 못한다.

이러한 부의 집중이 발생하는 가장 큰 요인 중 하나는 이미 앞서 논의한 소득의 집중현상을 들 수 있다. 구체적으로는 소득계층 간 보유자산 종류의 차이가 부의 집중에 큰 영향을 미친 것으로 분석된다(ACOSS, 2015). 먼저 자산소득의 구성 측면에서 볼 때 저소득층(주로 노령계층)의 경우에는 지대(rent)와 이자소득이 상대적으로 많은 반면, 상위계층은 배당, 자본이득이 상대적으로 더 많다(ABS, 2011). 그런데 은행이자율이 거의 고정되어 있거나 하락함에 따라 저소득층의 수입원인 지대와 이자소득은 줄어든

<그림 3-10> 소득분위별 순자산 증가율(2004~2012년)

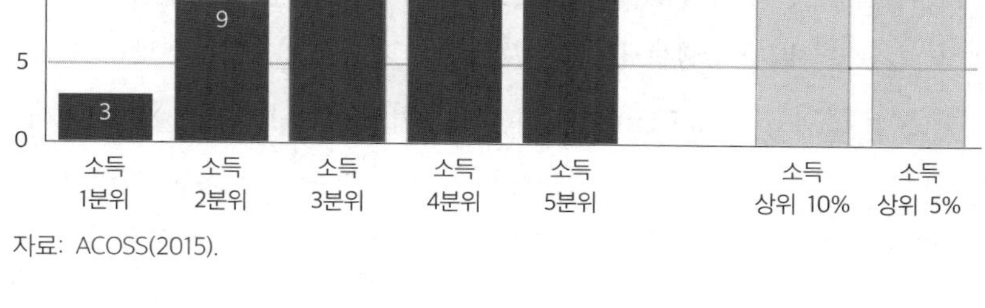

(단위: %)

자료: ACOSS(2015).

반면, 고소득층의 주 수입원인 배당과 자본이득은 주식 및 부동산 등 자산시장이 활황을 경험하면서 크게 증가하였다. 이러한 상황은 계층 간 자산소득의 격차를 크게 벌려 놓았다.

호주의 높은 자가주택보유율은 부의 편중을 다소 완화시키는 역할을 한다. 하지만 퇴직연금자산(금융자산)은 부의 편중을 악화시키는 요인으로 지목된다. 특히, 상위 20%가 퇴직연금자산의 60%를 점유하는 데다 이를 통한 투자수익도 부의 편중을 가속화시켰다. 이 때문에 2004~2012년 기간 동안 최고 소득분위의 평균재산은 무려 28% 증가한 반면, 최저 소득분위의 평균재산은 3% 증가하는 데 그쳤다(〈그림 3-10〉 참조).

4. 과제와 전망

흔히 호주는 저부담-고평등(low-tax egalitarianism) 국가로 분류된다. 작은 정부임에도 불구하고 높은 평등주의를 실현하고 있다는 것이다. 앞서 살펴본 바와 같이 실제 호주의 소득분배 불평등 정도는 사민주의 국가군과 자유주의 국가군의 중간 정도 수준을 유지하고 있다. 그래서 호주의 복지국가 모델은 저부담-저평등(low-spending but high-inequality) 국가로 대표되는 미국과 고부담-고평등(high-taxing but egalitarian) 국가로 대표되는 북유럽의 적정한 대안 모델로 종종 언급된다. 호주 모델은 다른 어떤 모델보다도 성공적이고 지속가능하다고 여겨지기 때문이다(OECD, 2015).

호주는 2012년 기준 GDP의 19.2%를 복지지출(연금, 실업급여, 건강 및 지역서비스 등)에 사용했는데, 이는 OECD 평균치인 25.1%보다 크게 낮은 수준이며(OECD Statistics, 2016), 미국이나 일본보다도 낮다. 멕시코, 칠레, 한국, 터키 등 저소득 국가군만이 호주보다 복지지출 비중을 낮게 유지하고 있을 뿐이다. 대부분 복지선진국에서는 복지지출 비중이 정부지출의 가장 큰 비중을 차지하며, 이는 세금징수 규모를 결정짓는 요소가 된다. 호주에서도 전체 세수의 60%가 사회지출비용에 쓰인다. 그러나 호주는 GDP 대비 복지지출의 비중을 OECD 평균보다 낮게 유지하므로 세금도 낮은 수준으로 유지한다. 2012년 기준 호주의 국가재정수입은 GDP의 27.5%로 OECD 평균치인 35.2%보다 크게 낮은 수준이다. 호주는 OECD 국가 중에서 6번째로 세수가 낮은 국가이다.

이처럼 낮은 복지부담 및 지출로도 상당히 높은 평등을 달성했다는 명성을 얻은 것은 표적형(사회부조형) 복지급여 중심으로 운영되는 특유의 복지제도와 복지지출을 누진적 조세구조와 긴밀하게 연계하여 운영한 데 기인한다. 미국, 일본, 유럽 등이 사회보험형의 소득비례 복지제도를 통해 관대한 급여를 제공하는 것과 달리, 호주는 복지급여를 거의 기초적 보장 수준의 정액급여 형태로 설정하고 이마저도 자산조사를 통해 지급한다. 또이러한 복지지출은 일반국고에서 재원을 조달한다. 호주의 복지시스템은 가장 필요가 큰 사람이나 집단에 대한 표적화된 복지지출을 통해 더욱 효율적으로 빈곤을 완화하고, 동시에 전체 지출과 조세부담을 제한함으로써 그에 따른 경제적 부작용을 최소화하는 데 기여하고 있다.

표적화된 복지지출을 통한 고소득층에서 저소득층으로의 소득재분배는 다른 어떤 OECD 국가에서보다 강하게 이루어지고 있다(ACOSS, 2015). 소득하위 20% 인구가 전체 사회보장지출의 약 42%를 받아가고, 상위 20%는 고작 3%만 받는 구조이기 때문이다. 즉, 최하위계층이 최상위계층에 비해 사회보장지출을 12배 더 받는 것이다. 미국의 경우에는 하위계층이 상위계층에 비해 사회보장지출에서 1.5배 정도를 더 받는 구조이다. 극단적인 사례로 그리스는 상위계층이 하위계층에 비해 2배를, 멕시코와 터키는 5~10배를 더 받는 구조로 되어 있다.

이러한 복지제도의 특징에 기초하여 호주는 OECD 국가 중 가장 목표효율적(target efficient)인 사회보장제도라는 평을 얻어 왔다. 지출 1달러당 소득불평등 완화효과는 미국, 덴마크, 노르웨이보다 50%, 한국보다 2배, 일본과 이탈리아에 비해 2.5배, 프랑스에 비해서는 3배 더 높은 것으로 나타났다.

호주는 지금까지 OECD 국가 중 가장 누진적이라고 할 수 있는 소득세제를 운영했지만, 향후 상황이 달라질 가능성이 있다. 2000년대 수차례에 걸쳐 이루어진 고소득층 대상 세율인하와 평준화가 그러한 누진성을 약화시킬 우려를 높였다. 나아가 호주는 다른 OECD 국가에 비해 중산층이 얇다는 적다는 점도 하나의 취약점으로 꼽힌다. 이는 상대빈곤 개념을 중위소득의 60% 이하로 설정할 경우, 호주의 빈곤율은 관대한 사회보험제도를 운영하는 국가에 비해 월등히 높아진다는 점에서도 확인할 수 있다. 이처럼 호주의 사회보장은 저소득층 빈곤해소에 초점을 두면서 중산층의 소득보장에는 상대적으로 취약하다. 이러한 취약점은 사회보장재정을 건전하게 유지한다는 장점과 비교하면 상대적인 문제일지도 모른다. 그러나 인구고령화 등으로 사회보장재정을 긴축적으로 운영할 수밖에 없어 향후 분배상황이 악화될 가능성은 높아질 전망이다.

■ 참고문헌

국내 문헌

여유진·정용문(2011). 《호주 사회보장체계 연구》(연구 2011-16-2). 서울: 한국보건사회연구원.

한국보건사회연구원(2012). 《주요국의 사회보장제도: 호주》. 서울: 한국보건사회연구원.

해외 문헌

ACOSS(Australian Council of Social Service)(2015). *Inequality in Australia*: *A Nation Divided*. Strawberry Hills: ACOSS.

Fletscher, M., & Gutmann, B. (2013). Income inequality in Australia. *Economic Roundup*, 2, 35~54.

ILO & OECD(2015). The Labour Share in G20 Economies. Report prepared for the G20 Employment Working Group. 2015. 2. 26~2015. 2. 27. Antalya, Turkey.

OECD(2014). *OECD Economic Surveys*: *Australia 2014*. Paris: OECD.

_____(2015). *In It Together*: *Why Less Inequality Benefits all*. Paris: OECD.

_____(2016). *OECD Factbook 2015-2016*. Paris: OECD.

기타 자료

주 호주 대한한국대사관(2016). 호주 개관. http://aus-act. mofa. go. kr/korean/as/aus-act/policy/overview/index. jsp. 2016. 6. 인출.

〈헤럴드경제〉(2016). 갈림길에 선 호주경제, http://news. heraldcorp. com/view. php?ud=20160307000408. 2016. 6. 인출.

ABS(Australian Bureau of Statistics)(2011). Household Income and Income Distribution 2009-10.

_____(2015). Household Income and Income Distribution 2012-13.

_____(2016). ABS Homepage. http://www. abs. gov. au. 2016. 6. 인출.

Kotra(2015). 호주, 2016년 경제전망. http://news. kotra. or. kr/user/globalBbs/kotranews/3/globalBbsDataView. do?setIdx=242&dataIdx=147448. 2016. 6. 인출.

OECD Database(2016). https://stats. oecd. org. 2016. 5. 인출.

The Economist(2000). A Survey of Australia: Miracle Cure. http://www. economist. com/node/359635. 2016. 6. 인출.

Wikipedia(2016). Australia. https://en. wikipedia. org/wiki/Australia. 2016. 6. 인출.

04

인구구조의 변화와 전망

1. 인구규모 및 구조

1) 인구규모

호주의 총인구는 지속적으로 증가하고 있다. 1990년 1,717만 명을 기록했던 인구는 2004년부터 2천만 명을 상회하였다. 이후에도 인구는 꾸준히 증가하여 2015년에는 2,394만 명에 도달했으며, 2016년에는 2,400만 명을 넘어선 것으로 추정된다(ABS, 2016b).

인구규모는 인구의 자연적 증가(출생-사망)와 사회적 증가(유입-유출인구)의 상호작용에 의하여 결정된다. 호주의 인구증가에는 자연적 증가와 사회적 증가 모두가 정(+)적으로 기여했다. 그 기여도는 시기에 따라 상이하다. 1980년대와 1990년대만 해도 출산에 의한 자연증가(*natural increase*)가 인구증가를 이끌었다면, 2000년대 중반부터는 이민에 의한 사회적 증가(*social increase*)가 인구증가를 이끌고 있다. 특히, 출산감소의 영향으로 2000년대 후반에는 전체 인구증가의 30% 수준만이 자연적 증가에 의한

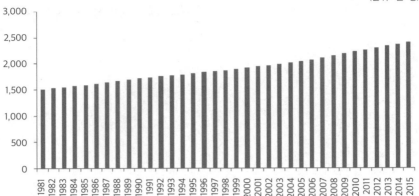

〈그림 4-1〉 호주의 총인구 추이(1981~2015년)

(단위: 만 명)

주: 각 년도 12월 말 기준.
자료: ABS(2014; 2016a).

것이었고, 나머지 70%는 사회적 증가(이민)에 의한 것이다.

호주의 이민 규모는 노동력의 수요와 공급에 의해 결정된다(McDonald, 2011). 실제로 호주의 실업률이 높았던 1980년대나 1990년대에는 순이민율이 높지 않았다(Krockenberger, 2015). 그러나 2000~2010년 기간 동안에는 매년 새로운 일자리가 창출되었다. 이 기간 동안 발생한 고용증가 중에서 12%는 고령자의 노동시장 참여에 의한 것으로, 나머지 88%는 이민을 통한 인구증가에 의한 것으로 설명할 수 있다(McDonald, 2011). 최근에도 여전히 사회적 증가의 기여가 크기는 하지만, 출산의 증가와 이민의 감소로 인하여 자연적 증가와 사회적 증가의 기여도는 거의 비슷한 수준으로 나타났다. 2015년을 기준으로 총인구에 대한 자연적 증가의 기여도는 45.7%, 사회적 증가의 기여도는 54.3%로 나타났다.

인구의 자연적 증가나 사회적 증가 모두 정(+)적으로 나타났기에 인구증가율 또한 정도의 차이만 있을 뿐 양(+)의 방향으로 나타났다. 2008년 이래 인구증가율은 다소의 불규칙성은 있으나 대체적으로 감소하는 추세를 보였다. 2015년 기준으로 인구증가율은 1.38%로 2006년 이래 최저 수준으로 나타났다. 이는 최근에 들어 이민자의 유입이 감소하면서 사회적 증가 역시 과거에 비해 줄어들었기 때문이다.

〈그림 4-2〉 호주 인구증가 요인 분해(1982~2015년)

(단위: 만 명)

자료: ABS(2014; 2016a).

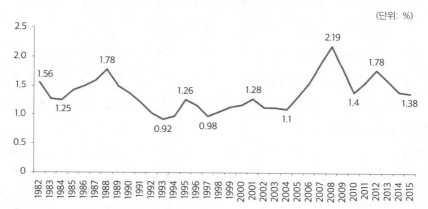

〈그림 4-3〉 호주 인구증가율(1982~2015년)

(단위: %)

주: 각 년도 12월 말 기준.
자료: ABS(2014; 2016a).

2) 인구구조

인구가 계속 증가함에도 불구하고, 호주의 인구고령화는 점진적으로 심화되고 있다. 1937년에 총인구 대비 65세 이상 노인인구 비율이 7%가 되면서 호주는 고령화사회(aging society)에 도달하였다. 그리고 75년만인 2012년에는 이 비율이 14.1%에 이름으로써 호주는 고령사회(aged society)에 진입했다. 2015년, 노인인구 비율은 15.7%로 더 높아졌다. 출산율 감소 등의 영향으로 호주의 인구고령화 속도는 점점 빨라지고 있다.

인구고령화는 호주의 베이비붐 세대(1946~1966년생)가 노인인구에 진입하면서 더욱 가속화될 전망이다. 이들 세대는 높은 혼인율과 출산율, 여성 고학력화 및 높은 노동시장 참여율, 맞벌이가구 등의 특성을 지닌다. 현재 이 세대는 은퇴를 경험하는 중이거나 가까운 미래에 은퇴할 예정인데, 이들의 거주지 선택이 사회적 서비스 배치 등에도 영향을 미칠 전망이다(ABS, 2015d).

지난 20여 년간 인구구조의 변화를 피라미드로 살펴보면, 규모 면에서는 증가하였으나 전체적 구조(shape)는 큰 변화를 보이지 않았다. 이는 호주의 출산율이 인구대체수준 이하로 낮아졌다고는 하나, 남유럽이나 동아시아 국가들과는 달리 1.7명 미만으로 낮아진 적은 없기 때문이다. 참고로 남유럽 국가(스페인, 이탈리아, 그리스 등)나 동아시아 국가(한국, 일본, 싱가포르, 대만 등)의 경우에는 합계출산율이 장기간에 걸쳐 1.5명 미만에 머물렀다. 특히, 한국 등 몇몇 국가에서는 합계출산율 1.3명 미만의 초저출산현상이 지속되었다.

호주 인구의 고령화로 중위연령도 지속적으로 상승하였다. 중위연령은 1994년 35.2세에서 2015년 38.6세로 약 20년 동안 3세 이상이 증가하였다. 이와 같이 중위연령이 상승한 주된 이유로는 인구대체수준 이하의 출산율이 1976년 이래 장기간 지속되어 왔기 때문이다. 요컨대, 젊은 층의

〈그림 4-4〉 호주의 인구피라미드 변화(1990, 2000, 2010, 2015년)

(단위: 만 명)

자료: ABS(2014; 2016a).

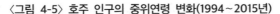

〈그림 4-5〉 호주 인구의 중위연령 변화(1994~2015년)

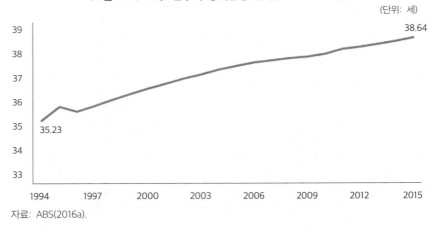

(단위: 세)

자료: ABS(2016a).

이민자가 일정 수준 유지될지라도 출산율이 인구대체수준 이하에 지속적
으로 머무르는 한 근본적으로 인구고령화는 계속 심화될 것이다.

2. 인구 변동 요인

1) 출산

베이비붐 현상으로 호주의 합계출산율은 1961년 3.55명으로 정점에 도달
하였다. 그러나 이후 경구피임약의 보급, 여성의 역할에 대한 법제도 및
태도의 변화로 인한 여성 노동시장 참여 증가 등으로 1960년대와 1970년
대에는 출산율이 빠르게 감소하였다(Edwards, 2002). 특히, 1970년대의
사회경제적 조건들이 가족형성이나 출산에 대한 호주 국민의 태도를 변화
시켰다. 여성들은 고학력화와 노동시장 참여를 통하여 전통적인 성역할에
서 벗어나고자 하였다(Jain & McDonald, 1997). 이에 출산율은 1976년 인
구대체수준인 2.06명까지 감소하였다.

1980년대에는 합계출산율이 1.8~1.9명 수준에서 대체적으로 안정적으로 유지되었다. 그러나 1990년대 초반에 출산율은 다시 감소세로 전환되었는데, 1990년에는 1.91명, 1997년에는 처음으로 1.80명 이하인 1.788명에 도달했다. 1999년에는 20세기의 최저 수준인 1.767명까지 감소했고 2001년에는 1.743명에 이르러 호주 역사상 최저 수준을 기록했다. 40년 만에 출산율이 절반 이하로 감소한 것이다(de Vaus, 2002). 이러한 출산율의 감소는 여성의 고학력화, 경제활동 참여율 증가, 만혼·동거 증가 등에 기인한 것으로 분석된다(de Vaus, 2002; Kippen, 2003).

그러나 2001년부터는 출산율이 반등하기 시작했다. 2008년에는 출산율이 2.023명까지 상승해 거의 인구대체수준까지 회복했다. 2007년과 2008년에 출산율이 증가한 이유는 당시 30~39세의 여성들이 그간 지연하였던 출산을 이행했기 때문으로, 이들의 출산이 당시 전체 출산의 55%를 차지했다(ABS, 2009). 이뿐만 아니라 당시 45~49세 고연령층의 여성을 제외한 모든 가임연령층의 연령별 출산율이 과거에 비해 높게 나타나 출산율 상승을 이끌었다(ABS, 2009). 또한 이 시기에 출산율이 높아진 다른 이유로는 정책 강화의 영향을 들 수 있다. 호주 정부는 2001년에 합계출산율이 최저 수준으로 감소하자 자녀가 있는 가정을 지원하는 정책을 도입하거나 확대하였는데, 대표적인 것이 베이비보너스와 가족조세혜택이다. 이 외에도 경기 회복이나 근로행태의 유연성 증가 등도 출산율 상승에 영향을 미친 것으로 분석된다(The Commonwealth of Australia, 2015a).

그러나 출산율은 2008년에 정점에 도달한 뒤 다시 감소세로 전환하였다. 2014년 기준 합계출산율은 1.799명으로 최근 2~3년간 출산율의 감소는 더욱 빠르게 진행되었다. 최근의 출산율 감소에 대해 인구통계학자인 맥도널드(McDonald)는 과거에 출산을 미루던 30대가 모두 출산을 완료하면서 전체적인 출산이 감소하였기 때문으로 보고 있다(The Sydney Morning Herald, 2015. 10. 30).

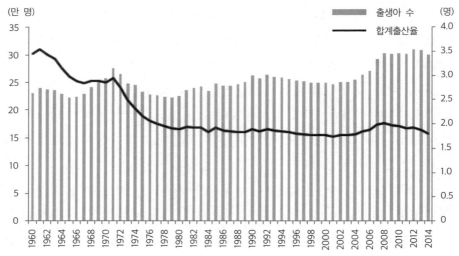

〈그림 4-6〉 호주의 출생아수 및 합계출산율 추이(1960~2014년)

자료: ABS(2015a).

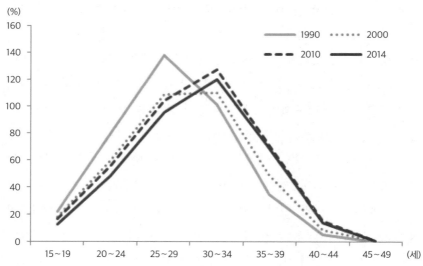

〈그림 4-7〉 가임기여성의 연령별 출산율 변화(1990, 2000, 2010, 2014년)

자료: ABS(2015a).

실제 연령별 출산율을 살펴보면, 출산율이 가장 정점을 이루는 연령이 고연령층으로 점점 이동하고 있으며 전체적인 출산 수준은 감소하고 있다. 특히, 2014년을 2010년과 비교해 보면 전체적 패턴은 동일하나, 45~49세를 제외한 모든 연령층에서 출산율이 감소하였다. 이러한 연령별 출산율의 감소에 따라 전체 출산율도 감소한 것이다(*The Sydney Morning Herald*, 2015. 10. 30).

2) 사 망

호주 인구의 조사망률(인구 1천 명당 사망자 수)은 다소 불규칙하나 감소 추이를 보이고 있다. 조사망률은 2014년에는 6.5명으로 최근 10년간 6.4~6.6명 수준을 유지하고 있다. 조사망률의 감소는 연령별 사망률이 감소하였음을 의미한다. 2014년을 기준으로 1~4세, 5~9세 및 10~14세의 사망률이 가장 낮은 수준을 기록했다(ABS, 2015b).

사망률의 개선으로 기대여명은 꾸준히 증가하여 왔다. 2014년 기준 기대여명은 남성 80.3세, 여성 84.4세로 지난 10년간 남성은 2.2세, 여성은 1.4세가 증가하였다. 현재의 사망률이 지속될 것으로 가정한다면 2012~2014년 출생코호트는 80.3세까지 생존할 전망이다(ABS, 2015b). 호주의 이러한 기대여명은 전 세계적으로도 높은 수준이다.

인구고령화가 진행되면서 평균수명뿐만 아니라 건강수명도 중요한 지표가 되었다. 세계보건기구(WHO)에 의하면, 2015년을 기준으로 호주 국민의 건강수명은 71.9세(남성 70.8세, 여성 72.9세)로 나타났다.[1] 이러한 호주인의 건강수명은 전 세계적으로 높은 편이다.

---

1) WHO, Health Life Expectancy(HALE) Data. http://apps.who.int.

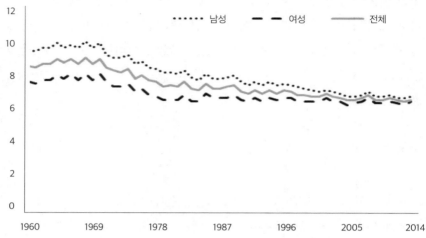

〈그림 4-8〉 조사망률 추이(1960~2014년)

(단위: 1천 명당 사망자 수)

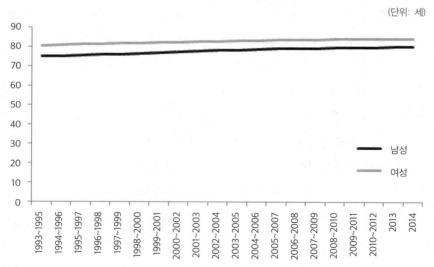

〈그림 4-9〉 기대여명 추이(1960~2014년)

(단위: 세)

자료: ABS(2014; 2015c; 2016a).

3) 국제이동

지금의 호주는 다양한 국가의 이민자들로 구성되어 있으나, 본래는 이민자에게 차별적이었다. 골드러시(*gold rush*)[2] 기간 동안 비영국 및 비유럽 출신의 이민자들이 급격히 증가하자 이들이 임금이나 고용에 위협적인 요소가 될 것이라고 느끼면서 차별적 정책을 펼친 것이다. 당시 제정된 관련법[3]들은 백호주의(*white Australia policy*)의 근간이 되었다(Commonwealth of Australia, 2015b).

1940년대부터는 비영국 출신의 이민, 난민을 수용하려는 노력이 이루어졌다. 1945년에는 최초로 이민부(Department of Immigration)가 설립되었다. 제2차 세계대전 이후 경제개발 및 또 다른 전쟁에 대비하기 위해 인구 수요가 늘어나면서 이민자의 필요성이 증가했다(Phillips et al., 2010). 1950년대에는 30개 이상의 유럽국가로부터 대규모 이민을 받으며 인구 유입을 장려하려 했으며, 1901년 제정된 기존의 〈이민제한법〉(Immigration Restriction Act)을 1958년에 〈이민법〉(Migration Act)으로 개정하면서 호주는 이민정책의 방향을 더 개방적으로 전환하였다.[4] 이러한 비영국 유럽국가로부터의 이민 장려는 다양한 인종의 수용성을 높이는 계기가 되었다.

1966년 호주 정부는 비유럽인 대상 이민정책을 포괄적으로 검토하고 추후 정착민으로서의 적격성, 사회통합능력, 기술 등에 근거하여 이민을 선발하겠다고 발표했다. 이는 인종이나 피부색과 무관한 이민정책을 실시하

---

2) 19세기 금광의 발견으로 중국계를 포함한 이민자들이 급증하였던 시기를 말한다.

3) 1901년의 〈이민제한법〉(Immigration Restriction Act), 1901년의 〈태평양섬노동자법〉 (Pacific Island Labourers Act), 1903년의 〈귀화법〉(Naturalization Act)이 해당된다.

4) The changing face of modern Australia: 1950s to 1970s. http://www.australia. gov.au/about-australia/australian-story/changing-face-of-modern-australia- 1950s-to-1970s.

겠다는 선언으로 볼 수 있다(이규영·김경미, 2010). 1970년대부터는 다양해진 인구 구성에 대응하여 다문화사회를 구현하기 위한 노력이 시작되었다. 1973년에는 백호주의에 근간한 이민정책이 공식적으로 폐기되었고, 휘틀람(Gough Whitlam) 노동당 정부는 이민정책에 존재하는 인종차별주의적 요소들을 제거하고자 하였다.[5] 당시 처음으로 '다문화사회'로서의 호주에 대한 개념이 언급되기도 하였다(Commonwealth of Australia, 2015b).

1980년대 후반부터 호주의 이민 프로그램은 세 가지 형태, 즉 가족이민, 기술이민, 난민 등 인도적 프로그램으로 구성되었다(Phillips et al., 2010). 1990년대 중반부터는 호주의 노동시장에서 수급 불일치가 발생한 분야를 중심으로 필요한 기술을 가진 전문인력, 호주 경제발전에 도움이 되는 사업경험 등을 고려한 기술인력 유인에 초점을 두고 있다. 즉, 호주의 이민정책은 국가의 안보와 발전전략에 따라 계획적으로 운영된다. 초기에 인구증가를 위해 이민을 양적으로 확대했던 것에서 최근에는 전문가와 숙련노동자에 대한 질적 이민선발로 이행한 것이다(이규영·김경미, 2010).

호주의 순국제이동자 규모를 살펴보면, 다소 불규칙적이기는 하지만 2000년대 후반까지 대체적으로 그 규모가 증가하는 패턴을 확인할 수 있다. 이민자 규모는 호주의 경기 흐름에 따라서 변화했다. 경기 불황이 있었던 1970년대 중반과 1990년대 중반의 시기에는 이민자 규모가 작았다(McDonald, 2011).

순이민규모는 2008~2009년 정점에 도달한 뒤 대체적으로 감소하였다. 2014~2015년 기간 동안 순국제이동자 수는 16만 8,200명으로 전년대비 9.8% 감소하였다. 이는 2006년 '12/16개월 규칙'[6]을 적용하여 이동자 규모를 산출한 이래 가장 낮은 수준이다(ABS, 2016c).

---

5) Department of Immigration and Border Protection. Fact Sheet: Abolition of the 'White Australia' Policy. https://www.border.gov.au/about/corporate/information/fact-sheets/08abolition.

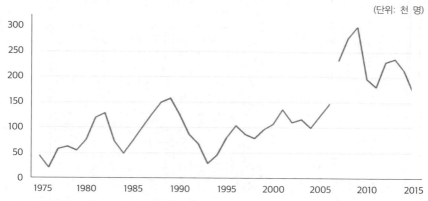

〈그림 4-10〉 순국제이동 추이(1975~2015년)

(단위: 천 명)

주: 각 년도 6월 기준.
자료: ABS(2016c).

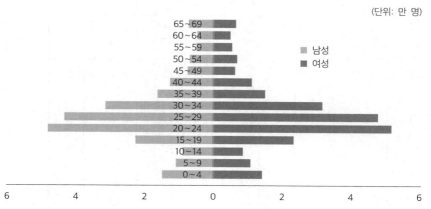

〈그림 4-11〉 순국제이동(유입인구, 2015년)

(단위: 만 명)

자료: Dataset: Net Overseas Migration, Calendar years 2004 to 2015. http://stat.abs.go.au.
2016. 8. 22 인출.

6) 12/16개월 규칙이란 순국제이동자 수를 산정함에 있어 입국인구는 지난 16개월 동안 호
주에 12개월 이상 체류한 인구, 출국인구는 지난 16개월 동안 총 12개월 이상을 국외에
있었던 인구로 정의한 개념이다. 과거 12/12개월 규칙으로 12개월 간 연속적으로 호주에
머무르거나(입국 인구) 국외에 있는 경우(출국 인구)를 산정하던 것에서 변경된 개념이
다(ABS, 2016b).

〈표 4-1〉 호주의 연도별 순국제이동자 수

(단위: 명)

구분	2005~2006	2006~2007	2007~2008	2008~2009	2009~2010	2010~2011	2011~2012	2012~2013	2013~2014 규모	2013~2014 (%)
임시 비자	96,740	143,090	186,530	189,220	106,600	88,140	115,040	122,770	124,870	67.0
직업교육 및 훈련 부문	7,080	16,600	27,350	48,010	15,830	-1,330	1,170	570	1,500	0.8
고등교육 부문	27,260	41,920	57,530	53,960	32,300	12,920	11,550	28,210	52,700	28.3
기타 학생	12,670	19,730	22,820	20,080	16,760	13,430	13,130	12,660	16,160	8.7
임시 기술 근로(Subclass 457)	19,260	26,470	33,410	30,490	11,670	22,890	35,000	25,540	10,890	5.8
방문자	20,590	25,850	28,950	21,490	24,020	25,290	29,200	32,780	33,030	17.7
워킹홀리데이	14,240	16,980	21,360	23,820	18,000	27,900	39,130	38,580	27,360	14.7
기타 임시 비자	-4,350	-4,450	-4,880	-8,650	-11,970	-12,950	-14,120	-15,560	-16,760	-9.0
영구 비자	73,240	79,810	80,940	82,440	70,740	60,910	69,220	68,680	74,930	40.2
가족	26,200	27,990	28,290	30,250	30,130	27,860	29,450	30,140	30,010	16.1
기술	35,950	40,400	44,170	41,030	32,050	24,980	33,310	30,610	32,390	17.4
특별 자격 이민, 인도적 이민	12,080	12,310	9,360	11,550	9,790	9,050	7,590	8,430	13,080	7.0
기타 영구 비자	-990	-890	-880	-390	-1,230	-980	-1,120	-490	-540	-0.3
뉴질랜드 시민(Subclass 444)	22,680	28,950	36,270	29,960	20,640	36,800	44,470	33,890	12,210	6.6
호주 시민	-18,450	-17,160	-20,180	-2,450	-4,260	-8,800	-6,480	-7,330	-19,580	-10.5
기타	-2,370	-1,880	-6,210	710	2,340	3,320	7,160	9,130	-6,040	-3.2
전체	171,840	232,800	277,340	299,870	196,060	180,370	229,410	227,140	186,370	100

자료: ABS, 2016d.

호주의 이민자 중에는 영구 이민자보다 임시 이민자의 비중이 더 크다. 임시 이민자 중 12개월 이상 거주하는 경우에는 호주의 정주 인구로 본다. 임시 이민자는 영구 이민자로 전환할 가능성이 높기 때문에 주의 깊게 살펴야 한다. 단적인 예로 2008~2009년 기간 동안의 이민 프로그램 중 3분의 1 이상은 최초에는 임시 이민으로 왔다가 영구 이민으로 전환한 이민자들로 구성되었다(Spinks, 2010). 특히, 최근으로 올수록 임시 이민자의 규모가 증가하고 있는데, 이는 학생 비자나 기술 이민자의 증가에 기인한다. 영구 이민과 달리 임시 이민의 경우(워킹홀리데이 프로그램 제외) 정부에 의해 정해진 규모가 없고 수요에 따라 탄력적이다(Spinks, 2010).

현재 호주에 거주하는 인구 중 28.2%는 국외 출생자이다. 이들 중 가장 많은 비중을 차지하는 것은 영국 출신 이민자이다. 2015년을 기준으로 호주에 거주하고 있는 영국 출신 이민자 수는 호주 전체 인구의 5.1%이며, 그 뒤로 뉴질랜드(2.6%), 중국(2%), 인도(1.8%), 필리핀(1%), 베트남(1%) 순이다(ABS, 2016c). 이민자 유입은 호주 인구의 연령구조에도 영향을 미친다. 대개 이민자는 내국인에 비해 젊은 계층인 경향이 있으므로 총인구의 평균연령과 인구고령화 비율을 낮추는 역할을 한다. 예로 2015년 기준 이민자(호주 도착 기준)는 전체 중 82.5%가 40세 미만이었으며, 특히 호주 핵심노동인구(25~54세)의 48.9%를 차지했다.

3. 장래 인구 변동

호주의 인구는 미래에도 지속적으로 증가할 전망이다. 호주 통계청에서 2012년에 추계(중위가정)한 결과에 의하면(ABS, 2013), 호주 총인구는 2015년 2,390만 명에서 2050년에는 3,760만 명, 2100년에는 5,330만 명으로 증가할 전망이다. 2081년 총인구 예상치는 4,790만 명으로 2015년

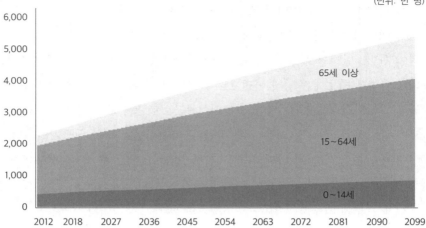

〈그림 4-12〉 호주의 인구 전망(2012~2100년)

(단위: 만 명)

주: 중위가정 추계결과, 각 년도 6월 기준.
자료: Dataset: Net Overseas Migration, Calendar years 2004 to 2015. http://stat.abs.go.au.
2016. 8. 22 인출.

총인구의 두 배로 증가할 전망이다.

유소년인구(0~14세)의 경우 2015년 450만 명에서 2050년에는 640만 명
으로, 2100년에는 860만 명으로 증가할 전망이다. 생산가능인구(15~64세)
는 2015년 1,580만 명에서 지속적으로 증가해 2050년에는 2,330만 명,
2100년에는 3,160만 명에 도달할 전망이다. 그러나 생산가능인구가 총인
구에서 차지하는 비율은 2015년 66.2%에서 2050년 62%, 2100년 59.3%
로 점진적으로 낮아질 전망이다. 이와 같이 총인구 중 생산가능인구의 비율
이 낮아지는 이유는 노인인구(65세 이상) 증가가 상대적으로 빠르게 진행될
것이기 때문이다. 노인인구는 2015년 360만 명에서 2050년 790만 명, 2100
년에 1,310만 명으로 증가할 전망이다.

2015~2050년간 총인구의 연평균 증가율은 1.29%로 나타난다. 동 기
간에 연령대별 인구의 연평균 증가율은 유소년인구의 경우 1.01%, 생산
가능인구의 경우 1.1%, 노인인구의 경우 2.26% 등으로 노인인구의 증가

율이 다른 연령대 인구증가율에 비해 2배 이상 높게 나타난다. 그러나 장기적으로 2015~2100년간 노인인구의 높은 증가율(연평균 1.53%)에도 불구하고, 유소년인구(0.76%)와 생산가능인구(0.81%) 모두 연평균 증가율이 1% 미만으로 낮아져서 총인구의 인구증가율도 연평균 0.94%로 1% 미만일 전망이다. 이는 인구추계에 적용한 합계출산율이 인구 대체 수준

〈표 4-2〉 호주의 인구 전망(2015~2100년)

(단위: 천 명, %)

연도	규모				구성비			
	총인구	0~14세	15~64세	65세 이상	계	0~14세	15~64세	65세 이상
2015	23,941	4,528	15,845	3,568	100	18.9	66.2	14.9
2020	26,037	4,954	16,900	4,184	100	19.0	64.9	16.1
2025	28,099	5,273	17,945	4,881	100	18.8	63.9	17.4
2030	30,107	5,503	19,018	5,587	100	18.3	63.2	18.6
2035	32,047	5,681	20,176	6,190	100	17.7	63.0	19.3
2040	33,924	5,880	21,264	6,780	100	17.3	62.7	20.0
2045	35,768	6,145	22,385	7,238	100	17.2	62.6	20.2
2050	37,594	6,444	23,293	7,857	100	17.1	62.0	20.9
2055	39,394	6,729	24,130	8,534	100	17.1	61.3	21.7
2060	41,163	6,967	25,007	9,189	100	16.9	60.8	22.3
2065	42,882	7,164	25,944	9,773	100	16.7	60.5	22.8
2070	44,527	7,354	26,905	10,269	100	16.5	60.4	23.1
2075	46,107	7,564	27,759	10,783	100	16.4	60.2	23.4
2080	47,621	7,798	28,541	11,282	100	16.4	59.9	23.7
2085	49,089	8,034	29,276	11,779	100	16.4	59.6	24.0
2090	50,527	8,250	30,023	12,253	100	16.3	59.4	24.3
2095	51,934	8,443	30,806	12,685	100	16.3	59.3	24.4
2100	53,297	8,622	31,595	13,080	100	16.2	59.3	24.5

기간	연평균 증가율[%, $r = \dfrac{LN(P_n / P_{n+t})}{t} \times 100$]			
	총인구	0~14세	15~64세	65세 이상
2015~2050	1.29	1.01	1.10	2.26
2015~2100	0.94	0.76	0.81	1.53

자료: Dataset: Net Overseas Migration, Calendar years 2004 to 2015. http://stat.abs.go.au. 2016. 8. 22 인출.

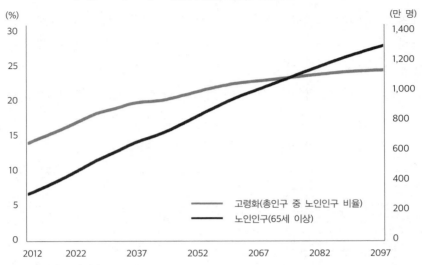

〈그림 4-13〉 호주 노인인구 및 고령화 전망(2012~2100년)

주: 중위가정 추계결과.
자료: Dataset: Net Overseas Migration, Calendar years 2004 to 2015. http://stat.abs.go.au.
     2016. 8. 22 인출.

미만인 1.8명으로 이민자 가정 증가에도 불구하고 장기적으로는 인구증가율을 둔화시키는 작용을 할 것이기 때문이다.

결국 호주 인구의 고령화는 향후에도 계속 진행될 전망이다. 총인구 중 노인인구(65세 이상) 비율은 2015년 14.9%로, 호주는 이제 막 고령사회에 진입하였다. 그러나 25년 후인 2040년에는 이 비율이 20%에 이르러 초고령사회가 될 전망이다. 이후에도 고령화가 계속 심화되어 노인인구 비율은 2060년 22.3%, 2080년 23.7%, 2100년 24.5%에 도달할 전망이다. 85세 이상의 후기 노인인구는 2012년 기준 42만 300명으로 총인구의 1.8%에 불과하나 2061년에는 4.5~6%, 2101년에는 5.6~7.8%까지 높아질 전망이다. 특히, 1947년 베이비붐세대가 85세에 도달하는 2032년에는 그 규모가 더욱 커질 전망이다. 100세 이상의 인구는 2050년 4만 1천 명에 달할 전망인데, 이는 2012년 대비 12배 증가한 수이다(ABS, 2013).

4. 호주 인구의 이슈[7]

호주의 인구는 다른 나라에서의 상황과는 달리 향후에도 계속적으로 증가할 전망이지만, 그럼에도 불구하고 인구대체수준 이하의 출산율이 지속됨에 따라 인구고령화 문제는 피할 수 없다. 비록 인구고령화의 진행 속도가 다른 선진국에 비하여 더디기는 하나, 인구고령화는 호주의 사회·경제 제 측면에서 다양한 영향을 미칠 것으로 전망된다.

호주 인구의 연령구조 변화는 전체 경제활동참여율의 감소를 가져올 것이다. 15세 이상 경제활동가능인구 중 경제활동참가율이 비교적 높은 연령대(15~64세)의 규모는 작아지고, 경제활동참여가 감소하기 시작하는 고연령대(65세 이상)의 규모가 커지기 때문이다. 다른 한편으로는 평균수명의 증가, 기술발달, 육체적 노동이 크게 요구되지 않는 직종의 증가 등으로 노인인구의 노동시장 참여가 활발해질 것이라는 전망도 있다. 이에 따르면 15세 이상 전체 경제활동참여율이 감소하더라도, 65세 이상 고령자의 경제활동참여율은 증가할 것이다. 한편, 호주 정부는 노령연금 수급개시 연령을 점차 상향조정하기 위하여 계획 중이다. 노령연금의 수급개시 연령이 상향된다면[8] 경제활동참여율은 다소 상승할 전망이다(Commonwealth of Australia, 2015a).

인구구조의 변화는 경제성장률에도 영향을 미칠 전망이다. 인구성장의 둔화 및 인구고령화에 따른 노동시장참여율의 감소가 장기간에 걸쳐 경제성장률의 감소를 초래할 전망이다. 2014~2015년을 기준으로 지난 40년간 실질 GDP의 연평균 성장률은 3.1%였으나, 이는 향후 40년간 2.8%로 감소할 전망이다. 1인당 실질 GDP의 연평균 성장률도 향후 40년간 1.7%

---

7) 이하의 내용은 Commonwealth of Australia(2015a)와 Productivity Commission(2013)의 "Chapter 5"를 참고하여 작성하였다.

8) 호주는 노령연금 수급연령을 2023년 67세, 2035년 70세로 상향할 계획이다.

에서 1.5%로 감소할 전망이다(Commonwealth of Australia, 2015a). 과거에는 생산가능인구의 증가, 노동시장참여 증가 및 생산성 증가가 경제성장에 긍정적 영향을 미쳤으나, 미래에는 생산가능인구의 감소, 고령화에 따른 노동시장참여율 감소 등이 성장에 부정적 영향을 미칠 것으로 보인다(Commonwealth of Australia, 2015a).

저출산과 인구고령화는 재정지출에도 영향을 미칠 것이다. 인구고령화로 인하여 건강, 노령연금, 돌봄서비스 등의 분야에서 지출이 증가할 것이

〈표 4-3〉 호주의 연령별 경제활동참여율 전망

(단위: %)

구분	2014~2015	2024~2025	2034~2035	2044~2045	2054~2055
15~24세	66.6	66.7	66.6	66.9	66.9
25~64세	82.3	83.7	84.2	84.5	84.7
15~64세	76.2	78.2	78.8	79.1	79.3
15세 이상	64.6	64.9	64.0	63.4	62.4
65세 이상	12.9	15.9	16.9	16.7	17.3

자료: Commonwealth of Australia(2015a: 18).

〈그림 4-14〉 호주의 실질 GDP와 1인당 실질 GDP의 연간 성장률

(단위: %)

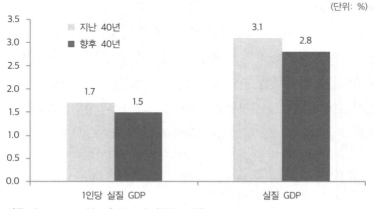

자료: Commonwealth of Australia,(2015a: 27).

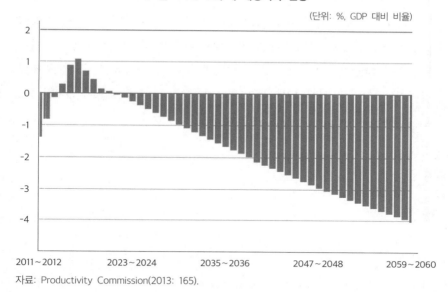

〈그림 4-15〉 호주의 재정격차 전망

(단위: %, GDP 대비 비율)

자료: Productivity Commission(2013: 165).

기 때문이다. 이들 중 건강과 관련한 지출에서는 '인구고령화로 인하여 발생하는 연령 관련 지출'과 '연령과는 관련이 없지만 의료 기술의 발달을 위해 투자한 지출' 모두를 포함하여 볼 필요가 있다. GDP 대비 건강 관련 지출(주 정부 제외) 은 2011~2012년 4. 1%에서 2059~2060년 7%까지 증가할 전망이다. 65세 이상의 노인을 대상[9]으로 지급하는 노령연금의 경우에도 향후 지출 부담이 증가할 것으로 예상된다. GDP 대비 노령연금의 비율은 2011~2012년 2. 7%에서 2059~2060년 3. 7%까지 증가할 전망이다. 노인돌봄서비스에 대한 욕구도 인구고령화에 따라 빠르게 증가하여, GDP 대비 연령 관련 돌봄서비스에 대한 지출의 경우 2011~2012년 0. 8%에서 2059~2060년 2. 6%에 도달할 전망이다(Productivity Commission, 2013) .

한편, 저출산 현상으로 인하여 학령인구가 감소하면서 교육 관련 지출

---

9) 2023년 6월 1일자로 67세로 상향 예정이다.

은 감소할 것이다. 구체적으로는 GDP 대비 교육 지출이 2011~2012년 1.9%에서 2059~2060년 1.7%로 감소할 전망이다. 그러나 이와 같이 저출산 현상으로 일부 분야에서 재정 지출이 감소하기는 하나, 인구고령화와 관련하여 더 많은 재정이 지출되면서 재정격차(*fiscal gap*)는 점차 증가할 것이다. GDP 대비 재정격차는 2049~2050년 3.1%, 2059~2060년 4%로 전망된다(Productivity Commission, 2013).

■ 참고문헌

국내 문헌

이규영 · 김경미(2010). "호주의 다문화주의정책과 이주민 참정권". 〈국제정치논총〉, 50권 1호, 445~468.

해외 문헌

Commonwealth of Australia(2015a). *2015 Intergenerational Report: Australia in 2055.* Canberra: Commonwealth of Australia.

_____(2015b). *A History of the Department of Immigration: Managing Migration to Australia.* Canberra: Commonwealth of Australia.

de Vaus, D(2002). Fertility decline in Australia: A demographic context. *Family Matters, 63*(Spring/Summer 2002), 14~21.

Edwars, R. W. (2002). *Australian Social Trends 2002.* Canberra: Australia Bureau of Statistics.

Jain, S. K., & McDonald, P. F. (1997). Fertility of Australian birth cohorts: Components and differentials. *Journal of the Australian Population Association, 14*(1), 31~46.

Kippen, R. (2003). *Trends in Age-and Parity-Specific Fertility in Australia* (*Working Papers in Demography, No. 91*). Canberra: Australian National University.

Krockenberger, M. (2015). *Population Growth in Australia.* Canberra: The Australia

Institute.

Mcdonald, P. (2011). The determinants of Australia's future demography. In Productivity Commission (Ed.) (2011). *A 'Sustainable' Population?: Key Policy Issues.* Melbourne: Commonwealth of Australia. 9~21.

Productivity Commission (2013). *An Ageing Australia: Preparing for the Future.* Melbourne: Productivity Commission.

기타 자료

ABS (Australia Bureau of Statistics) (2009). 3310.0-Births, Australia, 2008.

_____(2013). 3222.0-Population Projections, Australia, 2012 (base) to 2101.

_____(2014). 3105.0.65.001-Australian Historical Population Statistics, 2014.

_____(2015a). 3301.0-Births, Australia, 2014.

_____(2015b). 3302.0-Deaths, Australia, 2014.

_____(2015c). 33020DO003_2014 Deaths, Australia, 2014.

_____(2015d). 3235.0-Population by Age and Sex, Regions of Australia, 2014.

_____(2016a). 31010DO001_201512-Australian Demographic Statistics, Dec 2015.

_____(2016b). 3101.0-Australian Demographic Statistics, Mar 2016.

_____(2016c). 3412.0-Migration, Australia, 2014-15.

_____(2016d). 34120DO008_201415-Migration, Australia 2014-15.

Phillips, J., Klapdor, M., & Simon-Davies, J. (2010). Migration to Australia since federation: A guide to the statistics. Background Note. Parliament Library. Canberra, 29 October 2010.

Spinks, H (2010). Australia's migration program. Background note. Parliament Library. Canberra, 29 October 2010.

The Sydney Morning Herald (2015). Baby drought as Australia's fertility rate falls to 10-year low. http://www.smh.com.au/national/baby-drought-australias-fertility-rate-falls-to-10year-low-20151029-gklmvc. 2016. 9. 6 인출.

ABS (Australia Bureau of Statistics). Dataset: Net Overseas Migration, Calendar years 2004 to 2015. http://stat.abs.go.au. 2016. 8. 22 인출.

_____. Dataset: Population Projections, Australia, 2012-2101. http://stat.abs.go.au. 2016. 8. 22 인출.

Department of Immigration and Border Protection. Fact sheet: Abolition of the 'White Australia' policy. https://www. border. gov. au/about/corporate/information/ fact-sheets/08abolition. 2016. 9. 6 인출.

WHO. Health Life Expectancy(HALE) Data by Country. http://apps. who. int. 2016. 8. 25 인출.

The changing face of modern Australia: 1950s to 1970s. http://www. australia. gov. au/about-australia/australian-story/changing-face-of-modern-australia-1950s-to-1970s. 2016. 9. 6 인출.

정부재정과 사회보장재정*

1. 정부재정 개관

호주는 유럽으로부터 자유를 찾아 건너온 이민자 사회로서 건설되었다는 역사적 특성을 가지고 있으며, 이들 이민자들의 경제적 자유를 최대한 보장하는 자유방임적 시장경제를 지향하여 왔다(OECD, 2014a). 따라서 경제주체에 대한 정부의 간섭을 최소화하는 것을 국가경제 운영의 주요한 원칙으로 설정하고 있다. 이러한 배경에서 호주는 오래전부터 '작은 정부'를 지향하여 왔으며 정부재정이나 사회보장재정 규모를 최소한으로 제한해 왔다. 예를 들면 사회보장, 특히 비중이 높은 노후보장에 있어서 국가보다 민간의 역할(특히, 사적 퇴직연금)에 방점을 두는 점, 인프라 투자 시 민간의 참여를 원칙으로 하는 점, 대부분의 사회보장급여가 부조 및 보충성의 원리에 의거하여 설계된 점 등이 그러한 정책방향을 잘 대변해 준다.

---

* 이 글은 2012년 《주요국의 사회보장제도: 호주》(한국보건사회연구원, 2012)에서 필자가 작성한 "제1부 제4장 경제와 정부재정"을 수정 보완한 것이다.

1995~2013년의 기간을 OECD 평균치와 비교해 고찰하면, 호주의 정부지출 비중은 35% 내외에서 움직인 반면 OECD 평균은 45% 내외에서 움직여 호주와 거의 10%p 차이를 보였다(〈그림 5-1〉 참조). 호주는 다른 국가와 달리 유리한 경제여건 덕분에 세수를 안정적으로 확보하였고 지출도 억제함에 따라 1990년대 후반부터 2000년대 후반 글로벌 금융위기 직전까지 10년여 동안 재정수지의 흑자기조를 유지해 왔다. 이를 통해 정부

〈그림 5-1〉 호주의 주요 국가재정지표 추이

(단위: %, GDP 대비)

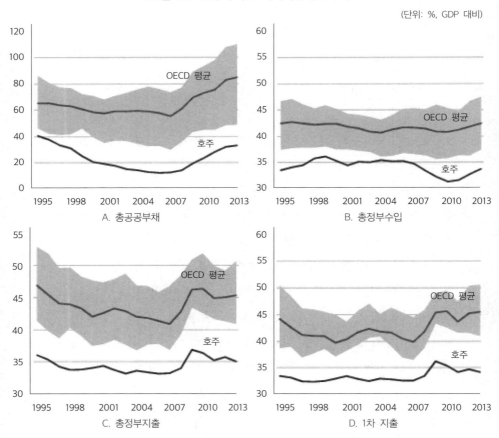

A. 총공공부채

B. 총정부수입

C. 총정부지출

D. 1차 지출

자료: OECD(2014a).

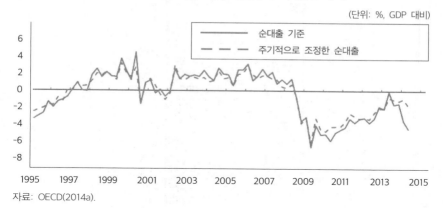

〈그림 5-2〉 호주 일반 정부 경상수지 적자규모 추이

(단위: %, GDP 대비)

자료: OECD(2014a).

부채도 OECD 평균에 비해 크게 낮은 수준을 유지할 수 있었다. 그러나 2000년대 후반 미국발 금융위기가 닥쳤을 때에 조세수입은 크게 감소하는 한편 경기침체를 극복하기 위하여 확장적 재정지출을 추진하면서 재정수지 적자가 크게 확대되었다. 2008~2009년에는 재정수지 적자가 GDP 대비 -2.5%, 2009~2010년에는 GDP 대비 -4.7%에 이르렀다. 하지만 그 이후 적자는 빠르게 축소되어 2012~2013년에는 GDP 대비 -1.1%로 축소되었다(Commonwealth of Australia, 2014).

2000년대 말 글로벌 금융위기 직전까지 정부의 경상 재정수지가 흑자기조를 유지하면서 GDP 대비 정부부채(누적) 역시 지속적으로 감소하였다. 같은 기간 OECD 국가들의 채무가 거의 그대로 유지된 것과는 대조된다. 하지만 호주 역시 글로벌 금융위기를 쉽게 비껴가지 못했다. 금융위기에 따른 경기침체를 극복하기 위해 정부지출을 대규모로 확대하면서 경상적자가 증가했고 부채도 급속히 늘어났다. 2010년을 고비로 경제상황이 호전되자 적자가 줄어들면서 채무 수준도 회복되기 시작했지만, 최근 중국의 경제성장 둔화 등 전반적 세계경제가 침체기에 접어들면서 적자폭(2014년 기준으로 -4.5%)이 다시 확대될 조짐이 있다. 이 때문에 정부부채 규모의

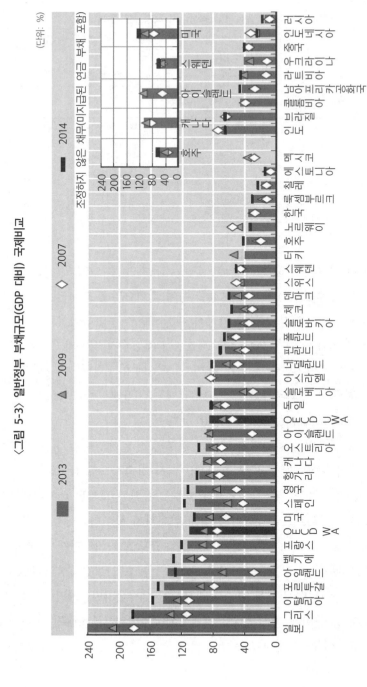

〈그림 5-3〉 일반정부 부채규모(GDP 대비) 국제비교

(단위: %)

주: WA(Weighted Average)는 가중 평균치, UWA(Unweighted Average)는 산술적 평균치.
자료: OECD, 2015.

120

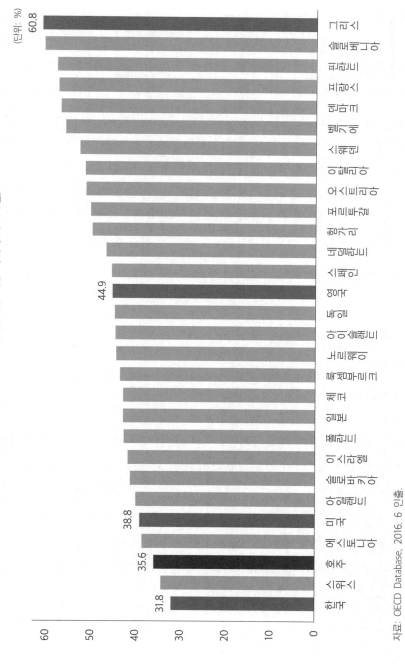

〈표 5-4〉 GDP 대비 국가재정지출 비중 국제비교(2013년)

(단위: %)

자료: OECD Database, 2016. 6. 인출.

증가는 당분간 불가피할 전망이다(Commonwealth of Australia, 2014).

그럼에도 현재 호주 일반 정부 채무규모는 OECD 선진국 평균의 절반도 안될 정도로 적다. 한국과 거의 유사한 수준이며 한국과 함께 OECD 국가들 중에 국가부채가 가장 낮은 국가군으로 분류된다. 더구나 사회보장지출을 포함한 일반 정부지출 비중(GDP 대비)이 2013년 35.6%로 OECD 선진국 중 가장 낮은 국가의 하나로 분류된다.[1] 일반 정부지출 비중은 한국 (30%)보다 약간 높고 영국, 미국 등 영미권 국가보다 크게 낮은 수준을 보이고 있다(OECD, 2014a). 호주는 지출규모 기준으로 측정한 정부규모가 가장 적은 국가군에 속할 뿐만 아니라 경상재정수지 및 국가부채 규모로 측정되는 재정건전성도 OECD 국가 중 최상위권에 위치해 있다(〈그림 5-3〉, 〈그림 5-4〉 참조).

2. 정부재정의 구조

1) 세입구조

호주 일반 정부[2]의 총 세입은 2008년 글로벌 금융위기 직후 크게 위축되었지만 2010년부터 다시 회복세를 보이고 있다. 다만, 최근 경제성장률이 다소 낮아지면서 세수신장률도 한풀 꺾였다. 그러나 2010년대 후반에 이르면 금융위기 이전 수준을 거의 회복할 것으로 호주 정부는 예상하고 있다. 호주의 세수구조에서는 직접세 비중이 매우 높으므로 세수가 경기와 크게 연동된다. 무엇보다도 GDP 중 상당 부분을 차지하는 광산업의 경기는 호

---

1) 여기서 일반 정부란 중앙 정부와 지방 정부 그리고 비영리 공공기관을 포함한다.
2) 여기에서 세입이란 순수 정부부문의 세수를 말한다. 이 경우 2013년 기준 호주의 GDP 대비 세수비중은 27.5%이다(OECD 평균 34.2%).

주 재정수입에 큰 영향을 미칠 수 있는데, 이 부분에서의 위축을 건설업 및 부동산 활황이 상쇄함에 따라 직접세 수입은 크게 감소하지 않았다.

한편, 호주의 세입구조를 다른 선진국과 비교해 보면 다음과 같은 세 가지 차이점을 확인할 수 있다. 첫째, 소득세와 법인세 등 직접세의 비중(전체 세수 대비 57%)이 OECD 국가 평균(33%)에 비해 월등히 높다(〈그림 5-5〉 참조). 호주는 OECD 국가 중 덴마크, 뉴질랜드와 함께 직접세 비중이 가장 높은 국가로 꼽힌다.

둘째, 호주의 경우 사회보험제도가 없으므로 사회보장기여금도 없다. 다만, 사용자에게 부과되는 퇴직연금 부담금(*payroll tax*)이 다른 국가에 비해 다소 높다.

마지막으로, 간접세는 주요 세원의 하나이지만 그중 부가가치세율[2000년 7월부터 기존의 판매세(*sales tax*)를 폐지하고 한국의 부가가치세와 유사한 상품 및 서비스세(*Goods & Services Tax*: GST)로 대체]이 13%로 다른 선진국(평균 19.2%)에 비해 크게 낮아 간접세 부담이 상대적으로 적다.

〈그림 5-5〉 호주와 OECD 국가 간 재정수입 구조 비교(2013년)

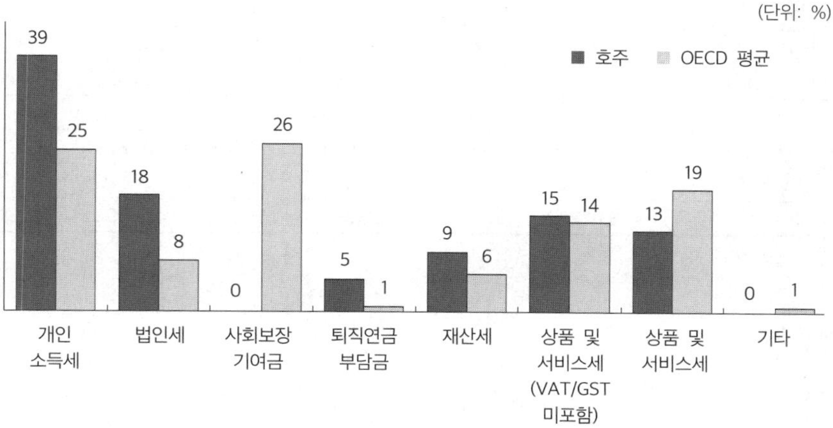

(단위: %)

자료: OECD(2015b).

〈표 5-1〉 호주의 중앙 · 지방 정부의 세수 추이

(단위: 100만 달러)

구분	2009~2010	2010~2011	2011~2012	2012~2013	2013~2014	2014~2015
연방 정부						
소득세	186,660	204,546	230,871	241,728	248,448	258,605
퇴직연금 사용자부담금	507	505	528	646	844	735
재산세	12	13	13	13	15	15
상품 및 서비스세	78,865	81,788	83,377	85,999	92,470	93,120
상품 사용에 대한 세금	2,527	3,196	3,781	11,064	11,339	4,932
총 과세수입	268,570	290,047	318,570	339,450	353,116	357,406
주 정부						
소득세	-	-	-	-	-	-
퇴직연금 사용자부담금	16,797	17,987	19,779	20,796	21,377	22,250
재산세	20,278	21,035	20,368	21,966	26,044	29,465
상품 및 서비스세	9,721	10,251	10,834	11,074	11,208	11,104
상품 사용에 대한 세금	7,968	9,121	8,968	9,741	10,091	10,820
총 과세수입	54,764	58,395	59,950	63,577	68,720	73,640
지방 정부						
소득세	-	-	-	-	-	-
퇴직연금 사용자부담금	-	-	-	-	-	-
재산세	11,607	12,449	13,202	14,027	14,870	15,779
상품 및 서비스세	-	-	-	-	-	-
상품 사용에 대한 세금	-	-	-	-	-	-
총 과세수입	11,607	12,449	13,202	14,027	14,870	15,779
모든 정부						
소득세	186,650	204,537	230,847	241,733	248,438	258,601
퇴직연금 사용자부담금	16,751	17,914	19,692	20,773	21,520	22,240
재산세	31,868	33,467	33,550	35,974	40,906	45,214
상품 및 서비스세	88,586	92,039	94,211	97,073	103,678	104,224
상품 사용에 대한 세금	10,427	12,253	12,699	20,728	21,350	15,686
총 과세수입	334,282	360,210	390,999	416,283	435,892	445,965

자료: ABS(2016).

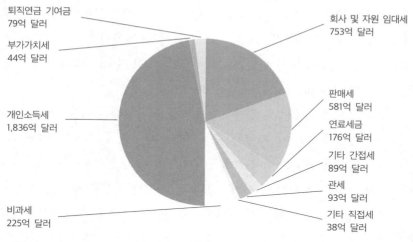

〈그림 5-6〉 호주 일반 정부 세입구조

퇴직연금 기여금
79억 달러

부가가치세
44억 달러

개인소득세
1,836억 달러

비과세
225억 달러

회사 및 자원 임대세
753억 달러

판매세
581억 달러

연료세금
176억 달러

기타 간접세
89억 달러

관세
93억 달러

기타 직접세
38억 달러

자료: Commonwealth of Australia(2014).

통상 연방제 국가에서는 연방 정부와 주(지방) 정부 간 세수관할권을 균형 있게 나누어 가지는 점이 특징이다. 하지만 예외적으로 호주는 전체 세수의 80%를 연방 정부에 귀속시키고 있으며 주 정부 및 지자체는 20% 정도의 세수관할권만을 가진다. 주 정부의 세원 중 절대적인 비중을 차지하는 것은 주 정부 공무원을 위한 퇴직연금의 사용자부담금(*employer's payroll tax*)과 재산세이며, 지방 정부는 재산세에 대한 관할권만 가진다. 글로벌 금융위기 이후 부동산 시장의 활황 등으로 주 및 지자체의 관할하의 재산세는 전체 세원 중에서 가장 강한 증가세를 보였다(〈표 5-1〉 참조).

2) 세출구조

역사적으로 볼 때, 정부의 재정지출 비중은 글로벌 금융위기 시에 정점을 기록한 후 차츰 종전 수준으로 회귀하였다. 정부 또한 이를 위해 각종 지출 절감 정책을 추진해 왔다. 특히, 2012년부터 이어지는 경기 불황으로 재정적자 폭이 커짐에 따라 이를 억제하기 위한 긴축도 추진 중이다. 최근 경기 활성화를 위한 소득세율의 인하 등에 따른 세수 부족을 상쇄하기 위해서도 긴축은 불가피하게 여겨지고 있다. 호주 재무부가 발표한 향후 예산안에 따르면, 2016∼2018년까지 중앙 정부의 지출을 GDP의 25%대 수준으로 줄일 계획이다(Commonwealth of Australia, 2014).

호주 정부는 최근 글로벌 경제위기에 대응하기 위해 일시적으로 적자재정을 용인하였다. 그러나 자금을 주로 미래를 대비한 투자와 그에 따른 고용증진을 위하여 집중한 점이 특징적이다. 즉, 교육, 도로·주택 및 지역사회시설·에너지효율화 등 사회인프라 건설, 일자리창출 지원 등에 집중적으로 투자하였다. 예를 들어, 2009∼2010년에는 주택 및 지역사회시설 분야의 지출을 무려 80% 가까이 늘리고, 에너지효율화 분야의 예산을 전년 대비 45% 증액했다. 반면, 사회보장 및 복지 관련 지출은 오히려 11% 축소했다. 호주는 이런 방법을 통하여 조기에(2015∼2016년 예상) 출구전략을 수행함으로써 예산을 흑자로 전환하겠다는 점을 분명히 하였다.

호주에서는 사회보장(social security and welfare), 보건(health) 그리고 교육(education)이 3대 정부지출 분야로 꼽힌다(〈그림 5-7〉 참조). 호주 재정지출의 구조를 다른 선진국과 비교하여 살펴보면, 전체 지출 중 복지지출(보건복지지출 포함) 비중이 약 50% 정도로 OECD 평균 및 다른 선진국과 유사한 수준이다. 다만, 호주는 다른 OECD 국가들과 비교하여 일반복지 비중이 낮은 데 비하여 건강(보건) 관련 지출 비중은 상대적으로 높은 점이 특징적이다.

또한 복지지출의 비중이 다른 선진국과는 다른 방향으로 변화하여 왔다는 것도 특징적이다. 2007∼2013년 기간 동안 전체 정부지출 중 복지지출의 비중이 호주에서는 0.2%p 줄어든 반면, OECD 평균적으로는 2%p 증가한 점이 눈에 띈다(〈표 5-2〉, 〈표 5-3〉 참조). 이는 그만큼 호주가 사회보장지출을 엄격하게 통제해 왔음을 의미한다고 볼 수 있다.

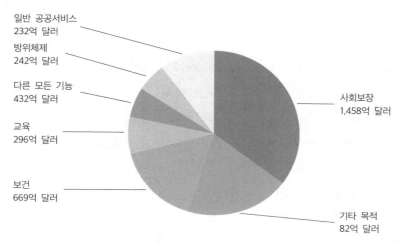

〈그림 5-7〉 지출예산안 내역(2014~2015년)

일반 공공서비스
232억 달러

방위체제
242억 달러

다른 모든 기능
432억 달러

교육
296억 달러

보건
669억 달러

사회보장
1,458억 달러

기타 목적
82억 달러

자료: Commonwealth of Australia(2014).

〈표 5-2〉 전체 정부지출 중 분야별 지출비중 국제비교(2013년)

(단위: %)

구분	공공행정	국방	안전	경제	환경	주거	건강	문화	교육	복지
호주	12.9	3.9	4.7	11.1	2.9	1.7	18.8	2.0	14.4	27.7
한국	17.1	7.8	4.0	16.8	2.4	3.0	12.1	2.2	16.3	18.4
OECD	14.0	3.3	3.9	10.8	1.7	1.4	14.5	2.6	12.1	35.7

자료: OECD(2015a).

〈표 5-3〉 전체 정부지출 중 분야별 지출비중 변화추이(2007~2013년)

(단위: %p)

구분	공공행정	국방	안전	경제	환경	주거	건강	문화	교육	복지
호주	2.3	-0.4	-0.4	-0.9	0.7	-0.6	-0.1	-0.4	-0.1	-0.2
한국	-0.5	-0.1	-0.1	-3.4	-0.6	-0.7	1.6	-0.1	0.7	3.3
OECD	-0.1	-0.6	-0.1	0.1	-0.1	-0.4	0.0	-0.2	-0.5	1.9

자료: OECD(2015a).

3) 재정탄력성

유럽의 복지국가에서와는 달리 호주에서는 사회보장 및 국가재정이 국민경제에서 차지하는 비중이 크게 낮은 데다 국가부채도 가장 작은 수준이다. 사회보장지출은 오히려 지속적으로 줄여나가고 있으므로 사회보장으로 인한 재정의 경직성도 낮다. 아울러 인구고령화 상황도 한국이나 유럽의 복지선진국에 비하면 사실 '문제'로 볼 수 없을 정도로 완만하게 진행되고 있다(한국보건사회연구원, 2012). 따라서 호주는 인구고령화에 따른 재정지출(연금 및 의료비 등)의 증가를 크게 우려할 상황은 아니다.

이러한 정부재정의 건전성은 이미 오랜 기간 유지되었고, 향후로도 당분간은 유지될 전망이다. 이러한 건전성은 기초적 보장에 초점을 맞춘 독특한 사회보장제도와 전통적 자유방임주의 정신에서 기인한다. 최근의 미국발 국제금융위기나 유럽발 국가부채위기 속에서도 선진국 중 가장 빠른 경제회복세 내지 탄력성을 드러낼 수 있었던 것도 여기에서 비롯되었다. 이러한 경제회복세에 힘입은 호주의 정부재정이 재정수지 적자의 감소가 아닌 재정수지 흑자로까지 돌아설 정도로 호전될 것으로 기대된다(〈그림 5-8〉 참조). 호주는 2017~2018년 재정흑자 달성을 목표로 지속적인 긴축재정정책을 추진하고 있다(Commonwealth of Australia, 2014).

물론 위험요인이 전혀 없는 것은 아니다. 특히, 정부재정수입이 국제 원자재 가격에 크게 연동되어 있기에 변동성 위험에 항상 노출되어 있다. 이에 대비하여 호주는 정부재정을 건전하게 유지할 필요가 있다. 이외에도 호주는 지구온난화의 직접적인 영향(대가뭄과 대홍수의 반복 등)을 받고 있다. 이에 호주 정부는 에너지 효율화에 적극적으로 투자를 하고 있다. 그러므로 이러한 요인은 중장기적으로는 경제와 국가재정에 큰 악재요인이 되지 않을 것이다.

호주의 정부재정은 탄력성이 높아 국제 원자재 가격이 반등하는 등 외부

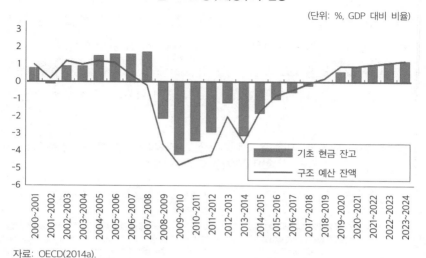

〈그림 5-8〉 정부재정수지 전망

(단위: %, GDP 대비 비율)

자료: OECD(2014a).

여건이 호전될 때에 경제 및 재정 상황도 빠르게 개선될 수 있다. 이러한 잠재적 기회요인이 주기성을 갖는다면, 호주가 정부재정의 안정성과 건전성을 중장기적으로 유지하는 데에는 큰 무리가 없을 것이다.

3. 사회보장재정

1) 호주 사회보장체계의 특징

호주는 다른 선진국들과 달리 거의 모든 사회적 위험에 대해 기초적 보장을 목표로 하는 사회보장체계를 구축하고 있다. 기초적 보장을 넘어선 사회적 위험에 대한 보장은 개인책임 원칙을 강조하는 만큼, 국가의 개입수준이 다른 선진 국가에 비해 상대적으로 낮다. 의료서비스 등 일부 급여를 제외한 대부분 사회보장급여는 소득 및 자산조사(*means tested*) 방식에 기초하여 이루어진다. 이로써 호주는 OECD 국가 중 사회부조원리를 가장 강하게 채택하는 국가로 분류된다(〈그림 5-9〉 참조). 전체 현금급여성 사회보장지출 중 약 78%를 그와 같은 부조원리를 통해 지급한다. 다만, 소득 및 자산조사가 대체로 느슨하다는 점(예를 들어, 골동품, 거주주택, 자동차 등은 자산조사에 포함하지 않는 데다 지급범위가 넓음)에서 상당히 보편적

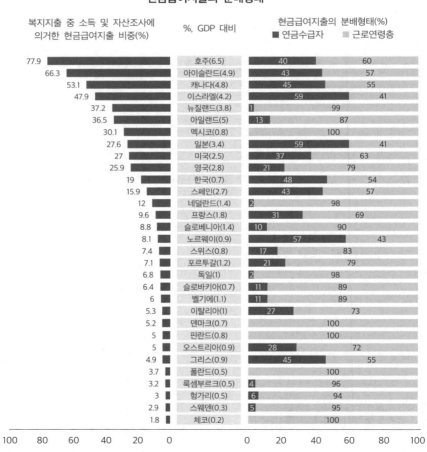

〈그림 5-9〉 전체 복지지출 중 소득 및 자산조사에 의거한 현금급여지출 비중과 현금급여지출의 분배형태

자료: OECD(2014b).

이고 관대한 편이다. 이런 점에서 통상적인 사회부조제도(한국의 국민기초생활보장)와는 구분된다.

사회보장급여는 주로 노인, 장애인, 질환이 있는 자, 간병인, 학생 등 근로능력이 없거나 취약한 계층에게 집중적으로(targeting) 지급된다. 그 외 실업자 및 저소득자 등 근로능력이 있지만 소득이 미흡한 자는 반드시 일자리 탐색 및 직업훈련 등의 자구노력을 전제로 사회보장급여를 제공한다. 사회보장급여의 지급액은 소득에 비례하지 않는 최저보장 수준의 정액 형태로 설정되어 있으며, 이조차도 일부 급여(수당, allowance)를 제외하고는 대부분 소득과 자산 등에 따라 차등화된다. 즉, 개인이 가진 자원이 국가가 설정한 최저소득액보다 적을 경우에 그 차액을 지급하는 방식으로 보충성 원리를 엄격하게 적용한다.

이처럼 호주의 사회보장제도는 부조 및 보충성 원리에 의거하여 설계되었다. 보험 및 소득비례 방식에 의거하여 사회보장재정을 운영하는 다른 국가와 비교하면 재원조달 면에서도 큰 차이가 있다. 호주 사회보장급여의 재원은 보험 방식에서처럼 해당 위험의 보장을 위해 필요한 보험료를 부과하여 조달하는 것이 아니라 거의 대부분을 조세 및 국고에서 충당한다.

다만, 일부 예외적인 제도도 있는데, 그중 하나가 의료서비스 제도이다. 거주권을 가진 모든 사람은 건강보험(medicare health system)에 가입해야 하며, 일종의 목적세 형태(a levy)로 소정의 부담금을 납부해야 한다. 의료서비스는 이러한 부담금과 국고를 통해 재원을 마련하는데, 대부분의 재원은 국고이다.

또 다른 예외는 OECD가 넓은 의미에서의 사회보장급여로 분류하는 의무적 (기업) 퇴직연금제도(Superannuation)이다. 호주는 기초연금만 국가에서 제공하여 퇴직 후의 소득보장이 미흡하였으므로 1990년대부터는 기업퇴직연금을 의무화하였다. 이로써 월 450달러 이상의 소득이 있는 18세 이상 70세 미만의 피용자는 의무적으로 퇴직연금에 가입해야 한다. 그러나 비용부담은 전적으로 사용자의 몫이다. 사용자는 소득의 9%(최저)를 의무적으로 납부한다. 물론 개인(사용자 포함)은 임의로 추가부담을 할 수 있다. 최저 퇴직연금 부담금은 2019년까지 12%로 인상할 계획이다. 자영자는 임의가입이 가능하다.

이러한 예외를 제외하면 호주의 사회보장 재원은 대부분 국고에서 조달되고 회계상으로도 분리되지 않는다. 따라서 지금부터는 지출규모와 구조 그리고 사회보장제도의 재분배 기여도를 살펴보는 데 초점을 두고자 한다.

2) 사회보장지출 규모와 구조

(1) 사회보장지출 규모

OECD에 따르면, 호주의 전체 사회보장지출(순조세복지 및 공공 목적의 사적 복지지출을 제외한 좁은 의미의 사회보장지출)은 2014년 기준 GDP 대비 19%로 OECD 평균(21.7%)보다 낮은 수준을 유지했다. 국가별 순위로 따지자면 하위권에 속한다. 사회보장지출 비중이 낮은 까닭은 앞서 언급한 것처럼 호주가 부조원리에 기초한 기초보장에 초점을 둔 독특한 사회보장체계를 가졌기 때문이다. 더 구체적으로는 사회보장비용 중 가장 큰 부분을 차지하는 노령연금 관련 지출의 비중이 낮은 데서 원인을 찾을 수 있다. 호주의 노령연금 관련 지출(노령＋유족연금)은 2012년 기준으로 GDP의 3.6%이며 이는 OECD 평균(7.9%)의 2분의 1 수준에 불과하다. 이는 사실 연금제도가 미성숙하였거나 공적 부문의 역할이 미약한 멕시코, 한국, 아이슬란드를 제외하고는 가장 낮은 수준이다.

소득비례의 관대한 공적연금제도를 운영하는 유럽국가들과는 달리, 호주는 정액의 기초연금만을 공적연금으로 운영한다. 여기에 더하여 기초연금조차도 보편적 수당 형태가 아니다. 자산조사를 통해 고소득층(전체 노인의 30%)은 수급대상에서 제외하며 급여도 보충적으로 지급함으로써 노

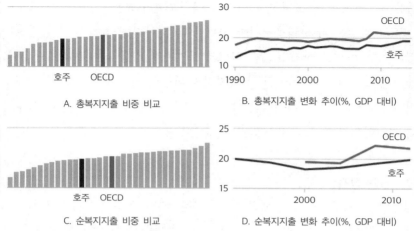

〈그림 5-10〉 호주 - OECD 간 총복지지출 · 순복지지출 추이 비교(1990~2014년)

A. 총복지지출 비중 비교

B. 총복지지출 변화 추이(%, GDP 대비)

C. 순복지지출 비중 비교

D. 순복지지출 변화 추이(%, GDP 대비)

자료: OECD SOCX, 2016. 6. 인출.

령화 관련 지출을 최소화하고 있다. 향후 의무가입 퇴직연금이 성숙하게 되면 이 퇴직연금 소득을 기초연금의 소득 및 자산조사에 포함할 것이므로 노령연금지출은 더욱 낮아질 전망이다. 이렇게 공적인 노후보장 부담이 낮다는 특성은 인구고령화에도 불구하고 호주가 현재의 사회보장재정 건전성을 이후로도 유지하는 데에 중요한 역할을 할 것으로 기대된다.

사회보장지출 규모가 다른 OECD 국가에 비해 비교적 적은 편에 속하지만, 그동안 지속적으로 GDP 대비 사회보장지출 규모를 늘려 온 점은 특이하다(〈그림 5-10〉 참조). 물론 대부분의 OECD 국가도 글로벌 금융위기 이후 늘어나는 복지수요에 대처하기 위해 복지지출을 늘려 왔다. 그러나 독일, 영국, 스웨덴 등은 금융위기 이후 다시 복지지출의 비중을 줄인 반면, 호주는 오히려 그 이후로도 지속적으로 증가시켜 왔다. 이러한 지출규모 증가는 직접적인 복지지출비용 상승보다는 복지 관련 행정비 증가에 기인한다(〈표 5-2〉 참조).

마지막으로, 조세복지 등을 포함한 넓은 의미의 사회복지지출(순조세복지지출 및 공공 목적의 사적 복지지출. 특히, 의무가입의 사적 기업연금 등을 포함한 순복지지출)을 고려하면 협의의 사회복지지출만을 고려했을 때보다 OECD 내 호주의 사회복지지출 순위가 더 높아지는 점에 주목할 필요가 있다(〈그림 5-10〉 참조). 넓은 의미의 복지지출 비중을 비교해 보면 2011년 기준으로 호주와 OECD 간 복지지출 비중의 격차가 더 좁아지기 때문이다. 이러한 특징이 나타나는 이유는 넓은 의미의 사회복지지출에 의무가입 기업연금 지출 등이 반영되었기 때문이다.

(2) 사회보장지출 구조

2012년 기준 부문(보장기능)별 지출구조를 보면, 호주는 북유럽국가나 캐나다, 네덜란드, 뉴질랜드, 영국 등과 함께 현금급여(GDP 대비 8.4%)와 현물급여(9.6%)를 대체로 균형 있게 제공하는 국가로 구분할 수 있다(OECD, 2014b). 대부분의 전통적 복지국가에서는 지출의 경직성이 높은 현금급여가 단연 우세한 비중을 차지하는 것과 대조된다(〈그림 5-11〉 참조). 그만큼 호주 사회보장 지출의 신축성이 높다는 의미이기도 하다. 호주보다 상대적으로 소득수준이 낮은 국가, 예를 들어 한국이나 멕시코 등은 현물급여가 상대적으로 높은 비중을 차지한다. 이는 아직 연금 등 현금급여를 제공하는 소득보장제도가 성숙하지 않았거나(한국 등) 공적연금을 민영화(멕시코 등)한 것이 원인이다.

한편, 1972~1973년 이후 인구고령화 등의 영향으로 연금 등 사회보장(의료서비스 제외)에 대한 지출은 다른 어떤 부문보다 빠르게 증가하는 추세이다. 이는 수급대상자 측면에서, 특히 노인과 피부양자녀를 가진 가족(부모수당 등)에 대한 복지지출이 크게 증가한 데서 기인한다. 반면 실업자 등 근로계층에 대한 지출은 지속적으로 줄어들었다. 이는 호주 정부가 근로계층에 대해서는 단순히 보편적 권리의 복지(*welfare*)보다는 근로연계형 복지(*workfare*)를 강조하는 정책을 지속적으로 추진해 왔기 때문으로 풀이된다.

근로계층에 대한 직접적인 사회보장지출을 억제함으로써 근로유인을 확대하고, 근로계층의 복지의존성(*welfare dependency*)을 최소화하려는 것이다. 근로연령층 중 복지급여 수급자 비중은 글로벌 금융위기에 직면하여 최고

<그림 5-11> OECD 국가의 부문별 사회보장지출 비중(2012년)

(단위: %, GDP 대비 비율)

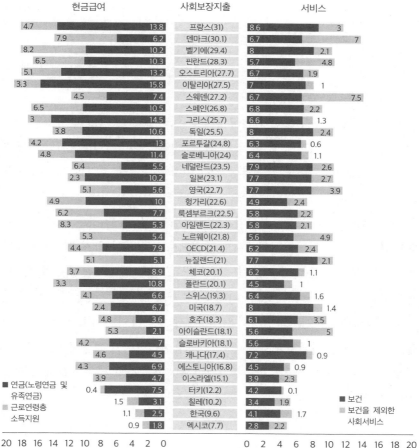

현금급여 (연금 / 근로연령층 소득지원)		사회보장지출	서비스 (보건 / 보건을 제외한 사회서비스)	
4.7	13.8	프랑스(31)	8.6	3
7.9	6.2	덴마크(30.1)	6.7	7
8.2	10.2	벨기에(29.4)	8	2.1
6.5	10.3	핀란드(28.3)	5.7	4.8
5.1	13.2	오스트리아(27.7)	6.7	1.9
3.3	15.8	이탈리아(27.5)	7	1
4.5	7.4	스웨덴(27.2)	6.7	7.5
6.5	10.5	스페인(26.8)	6.8	2.2
3	14.5	그리스(25.7)	6.6	1.3
3.8	10.6	독일(25.5)	8	2.4
4.2	13	포르투갈(24.8)	6.3	0.6
4.8	11.4	슬로베니아(24)	6.4	1.1
6.4	5.5	네덜란드(23.5)	7.9	2.6
2.3	10.2	일본(23.1)	7.7	2.7
5.1	5.6	영국(22.7)	7.7	3.9
4.9	10	헝가리(22.6)	4.9	2.4
6.2	7.7	룩셈부르크(22.5)	5.8	2.2
8.3	5.3	아일랜드(22.3)	5.8	2.1
5.3	5.4	노르웨이(21.8)	5.6	4.9
4.4	7.9	OECD(21.4)	6.2	2.4
5.1	5.1	뉴질랜드(21)	7.7	2.1
3.7	8.9	체코(20.1)	6.2	1.1
3.3	10.8	폴란드(20.1)	4.5	1
4.1	6.6	스위스(19.3)	6.4	1.6
2.4	6.7	미국(18.7)	8	1.4
4.8	3.6	호주(18.3)	6.1	3.5
5.3	2.1	아이슬란드(18.1)	5.6	5
4.2	7	슬로바키아(18.1)	5.6	1
4.6	4.5	캐나다(17.4)	7.2	0.9
4.3	6.9	에스토니아(16.8)	4.5	0.9
3.9	4.7	이스라엘(15.1)	3.9	2.3
0.4	7.5	터키(12.2)	4.2	0.1
1.5	3.1	칠레(10.2)	3.4	1.9
1.1	2.5	한국(9.6)	4.1	1.7
0.9	1.8	멕시코(7.7)	2.8	2.2

■ 연금(노령연금 및 유족연금)
▨ 근로연령층 소득지원

■ 보건
▨ 보건을 제외한 사회서비스

20 18 16 14 12 10 8 6 4 2 0   0 2 4 6 8 10 12 14 16 18 20

주: OECD 항목의 수치는 34개국의 평균치.
자료: OECD(2014b).

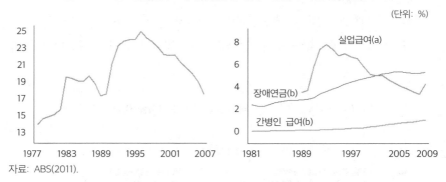

〈그림 5-12〉 근로연령인구 대비 직접적 사회보장급여 수급자 비율 추이

(단위: %)

자료: ABS(2011).

조에 이르렀다가 그 이후 급속도로 낮아졌으며, OECD 평균보다 크게 낮은 수준을 유지하고 있다(ABS, 2011).

호주의 출생률은 양호한 편이고 호주로 이민을 오는 이민자의 수도 지속적으로 늘어나고 있기에 호주 근로인구는 증가하는 중이다. 하지만 정도의 차이는 있더라도 기대수명의 연장 등이 미치는 영향을 고려할 때 인구고령화 문제는 피해갈 수 없다(한국보건사회연구원, 2012). 따라서 인구고령화는 결국 호주의 복지지출 규모와 구조를 변화시켜 놓을 것으로 전망된다. 하지만 호주는 공적·사적연금이 균형적으로 발전하여 왔기에 인구고령화나 경기침체에 대응하여 제도를 상대적으로 신축적으로 운영할 수 있다. 연금지출이 비록 사회보장재정 대비 큰 비중을 차지하는 요소이긴 하나 앞에서 언급했듯이 호주 국민경제(GDP)에서 연금이 차지하는 비중은 크지 않다. 또한 전체 사회보장지출 중 경직적인 현금급여의 비중이 현물급여와 균형을 이루고 있다. 때문에 인구고령화에도 불구하고 호주는 대체로 탄력적이고 건전한 사회보장재정을 유지할 것으로 예상된다.

3) 사회보장재정의 분배효율성

1980년대 중반 이후 호주의 시장소득 분배지표는 지속적으로 악화되었고 현재도 그러한 경향이 지속되고 있다. 하지만 호주는 부조형의 사회보장체계와 누진적 조세제도를 잘 결합시켜 시장소득의 불균형을 효과적으로 제어하는 국가 중 하나이다. 시장소득기준 지니계수가 0.46에 달하지만 세금과 이전지출을 고려한 가처분소득기준 지니계수는 0.32로 크게 낮아진다는 점에서도 이러한 사실을 확인할 수 있다(2012년 기준). 나아가 시장소득기준으로 상위 20%의 소득은 하위 20%의 소득의 12배(소득배율)에 달하지만, 가처분소득기준으로는 5배에 그친다. 이러한 결과는 누진적으로 걷은 세금을 표적화된(targeted) 저소득계층에게 재분배함으로써 나타난 것이다. 높은 직접세 비중과 표적화된 사회보장지출이 서로 상승작용하면서 사회보장지출의 빈곤완화 및 소득분배 효과를 극대화하는 것이다.

재원조달 측면에서 볼 때 호주의 사회보장지출은 거의 대부분 조세로 조달되고 직접세의 비중은 다른 OECD 국가 중에서도 가장 높아 재분배 효과가 크게 발현될 수 있는 구조이다. 특히, 소득세의 경우 일정수준(2012년 7월 기준 연 1만 8,200달러)을 초과하는 소득에 대해 19~45%의 한계세율이 적용된다. 전체적으로 볼 때 하위 20%는 소득의 1%에 상당하는 세금을 부담하는 반면, 상위 20%는 소득의 34%를 세금으로 부담하는 구조이다. 2005~2006년, 하위 20%는 총세수입의 2%(소득점유 6.5%)를 부담하였고, 상위 20%가 59%의 세수를 부담(소득점유 45%)하였다. 물론 이러한 직접세의 누진성은 부분적으로 상품 및 서비스세 등 간접세에 의해 일부 상쇄된다. 하위 20%는 간접세로 소득의 12%를 부담한 반면, 상위 20%는 불과 8%만 부담하였으므로 역진적이다. 이러한 간접세의 역진성을 감안하더라도 전체적 재원조달에서는 여전히 재분배가 강하게 구현된다.

이러한 조세제도의 재분배 효과와 함께 대부분의 사회보장제도를 복지

〈그림 5-13〉 사회보장지출(현금급여)의 소득분위별 귀속률 비교(2011년)

(단위: %)

주: 최저 5분위수는 소득하위 인구 20%, 최고 5분위수는 소득상위 인구 20%를 의미.
자료: OECD(2014b).

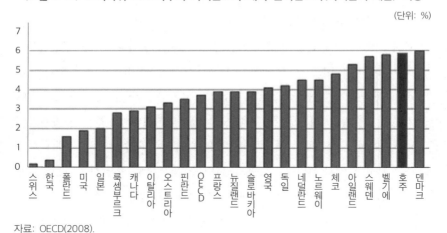

〈그림 5-14〉 소득하위 20%가구의 가처분소득 대비 순이전소득(복지급여-세금) 비중

(단위: %)

자료: OECD(2008).

를 가장 필요로 하는 계층에 집중시키는 방향으로 운영하는 점도 호주 재
분배정책의 효과성을 높이는 요인으로 작용하고 있다. 〈그림 5-13〉에서
보는 바와 같이 호주의 경우 하위 20%가 전체 복지지출(현금급여 기준)의
42%를 가져가는 반면, 상위 10%는 전체 복지지출의 5%도 가져가지 못

(단위: %)

비중	1분위	2분위	3분위	4분위	5분위	전체가구
0~1%	11.8	19.3	39.1	71.6	90.5	45.5
1~20%	5.7	23.3	40.8	24.1	9.3	19.4
20~50%	6.2	24.2	16.4	3.9	0.2	9.7
50~90%	16.0	25.3	2.6	0.4	-	9.1
90~100%	58.4	8.0	1.1	-	-	15.9
계	100.0	100.0	100.0	100.0	100.0	100.0

자료: ABS(2011).

하여 복지지출의 저소득층 귀속률이 가장 높은 국가로 나타나고 있다
(OECD, 2014b). 이는 소득계층별 사회보장급여 의존도로도 확인할 수 있
다. 소득하위 20% 계층의 60%는 거의 전적으로(90% 이상) 사회보장급여
에 생활을 의존하는 반면 상위 20% 계층은 대부분 사회급여에서 배제되는
것으로 나타났다(〈표 5-4〉 참조). 나아가 조세부담을 고려하면 저소득층에
대한 지출의 집중이 더욱 뚜렷해진다. 이를 종합하면, 호주의 소득하위
20% 가구는 OECD 국가 중 가처분소득 대비 순이전소득의 비중(대략
60%에 근접)이 덴마크 다음으로 높은 최상위권 국가로 분류된다(OECD,
2008).

4. 전망과 과제

최근 호주 정부의 예산편성 추세를 보면, 국가재정의 건전성을 강화하기
위해 조세개혁을 통해 세수를 줄이고 복지재정지출을 억제하는 데 초점을
두고 있다. 다시 말해 줄어든 조세수입에 맞춰 지출을 더욱 억제하겠다는
것이다. 복지지출의 억제는 국가의 재정 건전성 제고에는 기여하지만 분배
악화라는 부작용을 초래한다. 최근 실업자 등의 근로계층에 대한 복지급여

수급요건(소득 및 구직요건 등)을 크게 강화하고 연금 수급연령을 67세로 상향하는 조치를 취한 것은 분명 분배를 악화하는 요인이 되고 있다(ACOSS, 2015). 나아가 조세개혁도 분배에 부정적 영향을 미칠 전망이다. 2000년의 간접세(GST)의 도입, 고소득층 개인소득세율의 지속적 인하와 법인세 감면(1993년 39% → 30%, 추가적으로 2013년 29%, 2014년 28%로 인하, 법인세율은 단일세율), 자본이득세율 인하(12년 이상 장기투자 시 최고 2분의 1 절세) 등은 모두 분배에 부정적인 조치였다.

이외에도 최근 호주 정부는 세계경제의 침체에 따른 재정적자를 해소하기 위해 국영기업의 민영화를 과감하게 추진하고 있다. 정부 소유의 보험회사와 전력회사는 물론 국영수송망에 대해서까지 매각 계획을 수립하고 있는데, 그 규모가 1,300억 달러에 달한다(ACOSS, 2011). 호주는 국영기업 매각 수익을 시드니 공항 확장 등 인프라 투자에 활용할 계획이다. 그러나 이러한 민영화도 결국 분배 악화의 한 요인으로 작용한다. 국영자산의 사유화는 대부분의 국민에게는 세금부담 증가를 초래하는 반면, 고소득자에게는 소득과 자산의 증가를 가져다주기 때문이다. 한편 민간의료보험 가입을 활성화하기 위해 보험료 부담에 30%의 세금할인 혜택을 부여한 정책도 고소득자를 위한 혜택이 되고 있다. 그리고 낮은 이자율을 유지하려는 통화정책은 성장률을 제고하고 실업률을 억제하는 데에는 기여하나, 특히 퇴직자 등의 재산소득을 감소시키는 악영향을 미치기도 한다.

이상 제시한 일련의 정책은 분배 악화를 가져온 요인으로 지적된다. 기본적으로 호주는 분배 효과가 강력한 조세-사회보장제도를 결합하여 운영하므로 분배 악화가 급격하게 나타나진 않겠지만 서서히 심화될 조짐이 나타나고 있다(제3장 참조). 이러한 조짐에 대응하여 호주는 최근 고소득층에게 주로 혜택이 집중되는 기업연금 부담금 관련 세제혜택을 축소하였다. 또한 저소득층 세제지원과 퇴직연금 가입 직접보조금의 지급을 확대하는 한편, 자본소득 대상 과세 강화 및 이제까지 소득에 관계없이 부여되었던 각종 세금혜택을 소득에 따라 차등화하는 등의 대책도 추진하고 있다. 그러나 이 또한 국가재정 및 사회보장재정의 긴축적 개편에 따른 분배 악화를 제어하기에는 역부족일 가능성이 높다(ACOSS, 2015).

한편 호주 역시 인구고령화의 영향으로 장기적으로는 재정적자가 발생할 것을 예상하면서 복지국가 축소를 피할 수 없는 상황으로 인식하고 있다. 물론 GDP 대비 사회보장재정의 규모나 전체 국가재정에서 차지하는 비중은 다른 선진국과 비교가 되지 않을 정도로 낮은 수준임에도 불구하고, 복지지출 축소는 항상 호주의 재정개혁 의제에서 높은 순위에 놓였다. 향후에도 그럴 개연성은 높다. 특히, 호주는 엄격한 국가재정 운영준칙을 설정하고 이를 지키도록 법률로 명문화했기 때문에 더욱 그러하다. 이에 의하면 정부는 3년 경기주기에 맞춰 해당 연도의 말에 예산 균형이 달성되도록 노력해야 한다. 나아가 1998년에 제정된 〈공정예산헌장법〉(Charter of Budget Honesty Act)에 따르면 정부는 5년을 주기로 향후 40년간 현 정부 정책의 지속가능성을 점검하는 보고서를 의무적으로 제출해야 한다. 이 또한 장기적 국가재정운영의 건전성을 위한 기초자료로 활용되므로 사회보장재정을 포함한 국가재정 운영에 큰 영향을 미치는 요소로 작용한다.

종합하면 호주의 정부재정 및 사회보장재정은 지금까지 다른 선진국에 비해 매우 건전하게 유지되어 왔다. 인구고령화 위기에 대하여서도 호주의 인구고령화 문제는 다른 선진국에 비해 그 심각성이 높지 않다. 특히 인구고령화로 인한 복지지출, 그중에서도 가장 큰 비중을 차지하는 공적연금(기초연금) 지출 비중이 다른 OECD 국가에 비해 크게 낮으므로 상대적으로 양호한 재정 상태를 유지할 수 있을 것으로 예상된다. 또한 기초연금의 지출비중은 기업퇴직연금의 확충과 발전에 따라 줄어들 여지도 있다. 이처럼 호주의 복지 및 국가재정은 다른 어떤 선진국과 비교하더라도 양호하게 신축적으로 운영될 전망이지만, 분배 악화라는 부작용을 어떻게 효과적으로 극복할 것인지가 최대과제로 남아 있다.

■ 참고문헌

국내 문헌

한국보건사회연구원(2012). 《주요국의 사회보장제도: 호주》. 서울: 한국보건사회연구원.

해외 문헌

ACOSS(Australian Council of Social Service)(2011). A fairer, more efficient Tax and Social Security System. *ACOSS Paper, 178.* 1~30.

_____(2015). *Inequality in Australia: A Nation Divided.* Strawberry Hills: ACOSS.

Commonwealth of Australia(2014), *Budget 2014-15: Overview.* Canberra: Commonwealth of Australia.

OECD(2008). *Growing Unequal?: Income Distribution and Poverty in OECD Countries.* Paris: OECD.

_____(2014a). OECD Economic Survey: Australia 2014. Paris: OECD.

_____(2015a). Government at a Glance 2015. Paris: OECD.

_____(2015b). Revenue Statistics 2015. Paris: OECD.

기타 자료

ABS(Australian Bureau of Statistics)(2011). Household Income and Income Distribution 2009-10.

_____(2016), Taxation Revenue Australia.

OECD(2014b). Social Expenditure Update: Social spending is falling in some countries, but in many others it remains at historically high levels.

OECD Database. http://www.oecd.org. 2016. 6. 인출.

OECD SOCX. http://www.oecd.org. 2016. 6. 인출.

최근 사회보장 개혁동향

1. 머리말

호주의 사회보장개혁은 1980년대 이후 전 세계적으로 진행된 신자유주의적 복지개혁의 전형적인 특징을 보여준다. 동시에 그 구체적 내용에서는 호주 사회보장제도의 특수성도 반영하고 있다.

역사와 이념에 준거를 둔 복지레짐 분류에 따르면 호주는 영국, 미국, 캐나다 등과 함께 자유주의적 복지레짐에 속한다(Esping-Andersen, 1990). 이는 호주에서 사회보장제도 형태로는 공공부조 방식이, 복지공급자로서는 시장의 역할이 강조되는 특징과 긴밀하다.[1] 특히, 대부분의 복지급여가 소득 및 자산조사를 수반하는 표적화된 방식으로 제공된다는 점이 중요한 특징으로 일컬어졌다. 그러나 호주는 다른 자유주의 국가와 달리 임금노동자 복지국가(*Wage Earners Welfare State*)로 불리기도 하였다(Castle, 1985;

---

[1] 호주는 자유주의적 혹은 잔여적 복지체계의 교과서적 예로 일컬어지며(Schut, Vrooman, & de Beer, 2001; Gray, 2011에서 재인용) 세율과 복지수준이 낮고, 노동시장 특성 면에서는 시장주의적인 국가로서 고용유연성이 높은 국가로 알려져 있다.

김형식, 2011에서 재인용). 이는 일자리의 질을 유지하기 위하여 국가가 노동조건에 대해 강력히 개입하였음을, 또한 전통적으로 복지정책에서 일자리가 매우 강조되어 왔음을 의미한다. 즉, 일자리의 질을 유지함으로써 1차적으로 삶의 질을 유지시키는 정책기조가 상당 기간 유지되었다. 이는 호주에서 노동조합이 누렸던 상당한 지위, 조합주의적인 정책결정 방식 등의 영향력에 따른 것이라 할 수 있다.

그레이(Gray, 2011)에 따르면 초기 식민지 건설기부터 임금노동자 복지국가의 건설과 복지개혁이 지속되었고, 이때부터 호주 복지에서 중요하게 다뤄진 이슈는 일과 복지의 관계에 관한 것이었다. 일과 복지의 관계 측면에서 호주 복지개혁의 방향성은 명확해 보인다. 호주의 복지개혁은 전형적으로 근로연계복지(workfare)라는 방향을 구현하고 있다. 개인의 복지에 대한 국가의 책임과 함께, 복지혜택을 받는 개인도 그에 상응하는 책임을 갖고 있음을 강조하는 '상호책임(mutual obligation) 원칙'은 특정 시기의 복지개혁 슬로건으로서뿐만 아니라, 실제 복지정책 운용에도 계속 영향을 미치는 원칙으로서 강조되었다. 그 결과 노동을 조건으로 하는 조건부 급여나 복지수급에 따르는 '의무'를 이행하지 않았을 경우에 가해지는 처벌이 강화되기도 하였다. 소득조사를 통해 공공복지 급여를 잔여적으로 제공하는 데에서 그치지 않고, 이 잔여적 성격을 강화하면서 수급자의 노동의무를 꾸준히 확대시켜 온 것이다. 복지 재편기마다 표방하는 복지정책의 강조점과 슬로건은 정권에 따라 다르지만 복지와 일의 연계를 강조한다는 점에서는 노동당 정부나 자유당 정부가 큰 차이를 보이지 않는다.

복지수급자 개인의 노동의무 강조와 함께, 호주는 대규모 민영화를 통해 돌봄은 물론 고용지원서비스 등 복지서비스 상당 부분을 시장으로 이전하였다. 이러한 점 또한 일관성 있는 정책적 방향이라 할 수 있다. 호주의 민영화는 정부실패론 등을 기반으로 '작은 정부'를 추구하는 한편 선택의 자유와 경쟁을 통해 복지체계의 효율화를 추구하는 신자유주의 이념을 복지정책 차원에서 구현한 대표적인 사례인 것이다.

 이 장에서는 1990년대 중반부터 최근까지 이루어진 호주 복지개혁의 내용을 정리하고 큰 틀에서 호주 복지국가의 변화 방향을 이해하는 데 기여하고자 한다. 호주 복지개혁의 배경에는 정권의 이념 성향뿐만 아니라 노동정치 및 노동정책의 변화도 존재한다. 이른바 임금노동자 복지국가의 주요 요소 중 노동자 보호를 위한 국가의 노동조건 개입, 단체 교섭 강조라는 요소는 신자유주의 초기인 1980년대에 이미 상당히 축소되었다. 물론 경제위기와 실업률의 등락과 같은 경제적인 상황 변화 역시 중요한 맥락을 형성한다. 이에 이 장에서는 호주 복지개혁을 가져온 배경과, 복지개혁의 목적 및 내용 등을 살펴볼 것이다.

2. 복지개혁의 배경

1) 노동정치

호주 복지국가는 임금노동자 복지국가로 불렸지만 복지개혁을 통해 이러한 특성이 상당히 약화되었다. 호주 복지개혁은 노동부문의 변화, 특히 노동조합의 정치적 영향력이 축소되고 노동부문에 대한 국가의 개입 양식이 근본적으로 변화한 것을 그 배경으로 한다.

 복지재편기 이전까지 호주는 사회적 자유주의 질서 아래 연방 단위에서 통제된 노동시장을 운영했다. 생산직 근로자 및 비생산직 근로자 노동조합 양자 모두를 포함하는 주요 연합조직은 호주 노동조합평의회(Australian Council of Trade Union: ACTU)이다. 노동조합평의회는 1927년에 결성되었고 전체 노동조합원의 95%가 소속된 핵심노조이다.

 호주는 연방 차원에서 임금, 휴일, 부모휴가 등과 같은 고용규칙 및 고용계약 조건에 관련된 사항 일체를 다룬다는 점에서 다른 국가와 달랐다. 1980년대 후반까지 위와 같은 사업장 규칙들은 사법기관, 즉 호주 노사관계위원회(Australian Industrial Relations Commission: AIRC) 또는 주 단위 산업재판소에서 다루어졌다. 노사관계위원회에서는 임금수준, 근로시간, 연가, 병가, 해고의 사전 통보, 해고수당 등 기본적인 근로조건 등을 다루었다. 또한 1980년대 중반에는 근로자의 83%가 근로조건에 관한 연방 법원 및 주 법원의 결정, 즉 임금수준 책정 등에 관한 결정을 따랐다(노동부, 2008). 그러나 노동당 집권기인 1990년대 초에 연방 단위 노사협상체계를 기업 또는 작업장 단위 협상으로 전환하는 사안이 주요 이슈가 되었다. 이에 이른바 임금노동자 복지국가의 성립을 정치적으로 뒷받침하던 호주 노동정치의 코포라티즘(corporatism)적 요소에 큰 변화가 일어났다.

호주의 기존 노사협상체계에서는 대체로 산별, 직종별 교섭이 이루어졌다. 호주 노사관계위원회의 중앙 차원 결정이 개별 근로자의 근로조건에 미치는 영향이 매우 컸기 때문에 기업 간 임금격차도 비교적 크지 않은 편이었다. 즉, 중앙 단위의 협상체계가 노동시장에서의 불평등을 억제하는 역할을 하였고, 호주 노동자들의 단결도 용이하게 하였다. 그러나 기존 코포라티즘 체제에 대한 사용자단체의 지속적인 반대가 일어나고, 노사관계위원회 차원에서의 물가와 임금의 연동 등이 계속 문제가 되자 노동조합평의회와 노동당은 1990년 2월에 기업별 교섭에 의한 임금 결정을 가능하도록 하는 것에 합의하였다. 처음에 이를 반대했던 호주 노사관계위원회도 1991년 10월에 결국 기업별 교섭을 승인했다(노동부, 2008). 연방 차원의, 중앙 단위 조정을 통한 노동조건 설정이 호주 복지국가의 핵심적 특징이었으나 여기에 변화가 생긴 것이다.

그러나 노사협상이 개별 기업단위에서 이루어질 수 있는 제도적 토대가 마련되었음에도 당장은 큰 폭의 변화가 느껴지지 않았는데, 그 원인 중 하나는 노사관계위원회가 개별 기업의 노사협약을 '공익'에 부합하도록 관리

감독할 권한을 여전히 행사함으로써 과거의 중앙집중적 노사관계의 틀이 어느 정도 이어졌기 때문이다(김성훈, 2009).

호주 노동정치에 남아 있던 코포라티즘적 요소는 하워드(John Howard) 의 보수연합(자유당-국민당)이 집권한 직후인 1996년, 〈작업장 노사관계법〉(Workplace Relation Act)이 도입되면서 사라졌다.[2] 이는 교섭체계 분권화 및 노동시장 유연화를 촉진시킨 결정적 계기였다. 〈작업장 노사관계법〉은 노동당 정부 시기의 산물인 노사관계위원회의 기능을 약화시켰고, 특히 노동조합을 약화시켰다. 호주의 노동조합 조직률은 1995년 32.7%에서 2004년 22.7%로 약 10%p 감소하였다(노동부, 2008). 〈작업장 노사관계법〉 도입 이후 호주 노동자의 상당수는 기업별 교섭 및 개별계약을 통해 고용계약을 맺게 되었다. 즉, 노동조건이 더욱 분화되고 노동조합으로의 응집력과 정치적 영향력은 약화된 것이다. 이후 노사관계위원회의 기능은 중앙 차원의 노동조건 교섭 및 결정이 아닌 최저수준의 설정으로 바뀌었다. 이에 노사관계위원회는 최저임금을 결정하여 언론에 공표하는 역할을 맡게 되었다. 요컨대 〈작업장 노사관계법〉 도입 이후 본격적으로 교섭의 탈중앙화, 노동조합의 조직력 약화가 이루어진 것이다.

노동정치 면에서 더욱 결정적인 변화를 가져온 것은 2006년 우파 정부하에서 이루어진 워크초이스(WorkChoice), 즉 호주 〈노사관계법〉 개혁이다. 노동부(2008: 273)는 연구자료를 통해 "2005년 12월에 통과된 워크초이스 개혁은 호주 연방 정부 수립 이후 노사관계에 일어난 가장 혁명적 사건 중 하나로 평가된다. 존 하워드 수상은 워크초이스, 노사관계법 개혁을

---

2) 1996년 호주 〈작업장 노사관계법〉의 일부 내용을 소개하면 다음과 같다. 기존에는 중앙 차원의 노사관계위원회에서 임금 등 대부분 근로조건을 정할 수 있었던 데 비해 위원회의 논의 범위가 최저임금 및 최저근로기준에 관한 것으로 한정되었다. 또한 '노조에 가입하지 않을 자유'를 명시하였고, 노동자와 사용자 사이의 개별 근로계약을 도입하였으며, 작업장 협상기간 중에만 파업권을 보장하여, 동맹파업을 차단하였다(노동부, 2008).

통해 과거보다 더욱 강력한 노동시장 탈규제화를 시도했다"라고 설명했다.

김성훈(2009: 41)은 "워크초이스 법안은 개인과 회사가 개별 근로계약을 맺는 절차를 간소화하고, 그 과정에서 외부의 개입이 최소화되도록 했다. 그리고 개인과 회사의 근로계약은 노사협약에 우선하도록 규정함으로써 회사가 마음만 먹으면 사실상 단체로 맺은 노사협약을 무력화시킬 수 있는 가능성을 열어 놓았다. 또한 노사관계위원회의 최저임금 설정권을 박탈하고, 그 위상을 '최소한의 권한만을 가진 자발적인 노사분쟁 중재 조직'으로 격하하면서 기존의 사회안전망 감시기능과 노사분쟁 조정기능도 없앴다. 이 워크초이스 법안을 통해 호주는 급기야 개인과 기업 사이에 일어난 계약관계에 노조 및 정부기관이 개입할 여지가 매우 좁아진, 선진국 중에서도 매우 드문 수준의 시장주의적 노사관계를 가진 사업장 관리국(workplace authority)이 되었다"라고 설명했다.

워크초이스는 1996년 이후부터 정권을 이끈 하워드 총리의 오랜 신념이 맺은 결실이라고 평가된다. 노동시장 탈규제화가 생산성 향상과, 물가상승을 동반하지 않는 고용성장을 가지고 온다는 신념이 그것이다. 이 신념은 2006년 새로운 노사관계법을 도입하면서 정부가 동원한 '자유', '선택', '유연성', '공정성' 등의 미사여구에도 반영되었다. 워크초이스 개혁이 고용주와 피용자의 자유, 선택, 유연성을 동시에 증가시키며, 이는 간접적으로 공정성 확보를 가능하게 하고, 결과적으로 호주의 경제력을 강화시킨다고 정당화되었다. 하워드 총리는 새로운 노사관계법 개혁과 함께 이루어지는 경제성장, 고용창출 및 임금상승, 공정성 확보를 주장했다. 새 노사관계법의 주요 내용은 강력한 노동시장 탈규제화, 기업의 교섭력 증가, 유연성 증가이다.

이러한 노동시장 개혁이 가져온 주요한 결과는 노동조건의 저하였다. 개별적 사업장 협약의 90%가 초과근무 수당을 삭감하고 휴일을 줄였다(노동부, 2008). 그 결과 개별 협약을 맺은 근로자의 임금 및 고용혜택이 단체

협약을 맺은 근로자에 비해 낮은 수준으로 떨어졌다. 개별적 사업장 협약이 도입된 이후 개별 근로자의 협상권은 크게 약화되었다(노동부, 2008). 특히, 불공정해고와 관련해서 법적 논쟁이 지속되었다. 이와 같이 워크초이스를 둘러싼 사회 갈등과 불만은 정권교체의 계기가 되었다.

이후 집권한 노동당은 새로운 노사관계정책을 내놓으며 워크초이스 폐지를 약속했다. 노동당은 1996년 총선 실패 이후 12년 만인 2007년 1월 총선에서 워크초이스에 반대하는 신 노사개혁정책을 제안함으로써 집권에 성공하였다. 그러므로 노동당이 노동정책의 방향 전환을 추진한 것은 당연한 것이었다. 노동당 정부의 노동정책 슬로건은 '공정성과 함께 전진하기'였다. 새롭게 탄생한 정부 부처인 '호주 공정노동부'(Fair Work Australia: FWA)는 노사관계위원회와 사업장 관리국의 책임을 대신 맡아 2010년 1월부터 업무를 수행하였다.

공정노동부는 모든 형태의 단체협약을 평가·승인하는 책임을 맡았는데, 전국적으로 적용해야 하는 최소 수준의 고용 관련 규정(최소 근로계약기준)을 10가지로 증가시켰다. 노동당 정권하에서 기업이 개별 노동자를 위해 지켜야 하는 최소한의 고용조건은 임금, 휴가, 수당, 어린 자녀를 가진 부모의 탄력적 근무시간 운영 등으로 확장되었다(노동부, 2008). 이로 인해 노동시장의 고용조건과 관련된 사회안전망이 강화되었다고 볼 수 있다. 또한 공정노동부는 법적 효력을 갖는 개별협약을 점진적으로 제거하였다. 무엇보다도 공정한 노사관계 확립과 노동을 통한 사회안전망 확보를 위한 노사 관련 연방 정부기구의 역할이 강화되었고, 또한 기업의 부당해고에 대한 처벌이 강화되었다. 즉, 한때 사라졌던 임금노동자 복지국가의 특성 일부를 되살리고자 한 것이다.

이렇게 노동당 정부는 기존의 노동유연화 관련 법안을 수정하는 법안을 잇달아 통과시켰지만 이는 워크초이스를 수정한 것이지 그 기본틀을 바꾼 것은 아니었다. 노동당의 노동개혁은 호주가 지난 20여 년간 점진적으로 진행해 온 노동시장 유연화라는 방향을 완전히 바꾸는 것이라기보다는 이전 보수연합 정부의 지나친 조치를 보완하는 성격이 강한 것이었다(김성훈, 2009). 새로운 정책은 노사관계위원회의 역할을 약화시켰으나 안전망의 역할을 할 일련의 최소한의 공정 고용조건을 정비했다. 기업의 탄력적 근무시간 운영과 노조의 쟁의행위 제약 등을 내용으로 하는 한편, 모든 종류의 노동자가 부당해고에 대한 구제를 신청할 수 있도록 함으로써 부당해고로부터 보호받을 수 있는 법적 장치도 마련하였다.

특히, 노동당의 〈공정노동법〉은 단체협상 등에서 노동조합의 독점적 지위를 인정하지 않았으며, 다른 사업장에서의 협상결과를 준거로 해당 사업장에서의 협상을 이끄는 행위를 인정하지 않았다(김성훈, 2009). 이는 산별, 직종별 노조 단위 연대의 의미를 희석시켰다. 이는 노동당의 개혁이 보수연합 정부의 워크초이스 개혁이 가져온 부작용을 완화시키기 위한 것이며, 노동조합의 힘과 연방 단위의 조정을 회복하여 기존의 코포라티즘적 요소를 복원하려는 것은 아니었음을 의미한다.

2) 인구 및 노동시장 상황

호주의 사회복지는 완전고용 보장, 실업의 단기성 등에 힘입어 노동 기반의 사회복지라는 특성을 가지고 발전해 왔다. 한국보건사회연구원(2012: 144)은 이에 대해 "1960년대와 1970년대 초반까지 실업률은 3% 미만으로 거의 완전고용을 유지하였지만, 1983년 실업률 10%를 정점으로 실업률이 치솟으면서 변화한 노동시장 상황은 기존 사회보장제도 유지에 압박요인이 되었고, 이에 사회보장제도 개편에 대한 본격적인 논의가 진행되었다"라고 설명했다.

그러나 1993년 이후 경제성장 및 생산성이 증대된 결과, 고용도 계속 증가하였다. 특히, 최근 10여 년 동안은 과거에 비해 고용의 성장과 실업률 하락이 두드러졌다. 1979년 이후 1990년대 초에 실업률은 10. 9%로 정점에 달했다가 감소하였다. 이러한 실업률 하락의 결과, 실업급여 수급자는 1996년 81만 2천 명에서 2006년 6월 51만 4천 명으로 감소한 것으로 보고되었다(노동부 국제노동정책팀, 2006). 호주의 실업률은 세계금융위기 직전이었던 2008년에는 35년 사이 가장 낮은 수치인 4. 2%로 떨어졌다가 2012년부터 증가세를 보이면서 2014년에는 6. 1%로 증가하였다. 낮은 수준의 실업률은 복지개혁을 수급조건을 제한하는 형태로 이어갈 수 있는 전제 조건이 되었다. 또한 복지개혁이 노동시장 바깥의 개인들이 노동시장에 참여하도록 촉진하는 것에 초점을 맞출 수 있는 여력을 제공하는 조건으로도 작동한 것으로 보인다.

장기추세로 볼 때 실업률은 안정세를 보였지만 청년실업과 함께 실업의 장기화가 문제로 대두되었다. 15~24세 청년실업률은 장기 감소세를 보이다가 세계경제위기 이후 증가하면서 2014년에는 13. 3%에 달하여 전체실업률과 유사한 변화 패턴을 보였다. 청년실업률은 전체실업률보다 빠르게 증가한 것으로 나타났다. 전체실업률과 청년실업률 사이의 격차는 1990년대 초 8. 6%p로 가장 컸고 2008년에는 4. 6%p로 가장 적었다. 청년실업률과 전체실업률 사이의 격차는 세계금융위기 이후에 전체실업률이 증가하면서 함께 증가하였다. 2014년에 그 격차는 7. 2%p에 달하여 2008년보다도 증가하였다(AIHW, 2015). 또한 1년 이상 실업상태에 있는 장기실업자는 2003년 기준 전체 실업자의 21% 이상을 차지했다(Gray, 2011). 잡네트워크 도입 10년이 경과한 시점에서 전체 55만여 명의 실업급여 수급자 중 절반 이상인 32만 5천여 명이 장기실업자로 알려졌다(김형식, 2011). 이러한 높은 장기실업자 비중은 뒤에 설명한 호주 실업급여 개혁이 장기의존을 줄이는 것에 초점을 맞추고 있는 이유를 일부 설명해 준다.

1990년대부터 경제위기 이전까지 호주의 실업률 하락은 노동시장참여율 증가와 함께 이루어진 성과라는 점에서 인상적이다. 호주의 15세 이상

인구의 경제활동참가율은 1983년 60.4%에서 2008년 기준 65.5%로 증가했다. 물론 경제활동참가율 역시 2008년 경제위기 이후 감소세를 보여 2014년에는 64.7%을 기록했다. 호주의 노동시장참여율 증가를 이끈 원인은 여성의 노동시장참여율 증가로 보인다. 1979년 43.6%였던 호주의 여성 노동시장참가율은 2011년 58.9%로 최고치를 기록해 큰 폭의 증가세를 보였다. 2014년에는 58.6%로 약간 감소했다(AIHW, 2015). 이러한 여성 근로자 증가는 남성 생계부양자모델에 큰 변화를 가져왔을 것으로 보인다. 그러나 여성 노동시장참가율 증가는 시간제와 임시직 근로자의 증가, 즉, 노동시장 유연화와 함께 이루어진 것이어서 필연적으로 노동시장에서의 성별 격차를 수반할 수밖에 없었다. 따라서 근로빈곤에 대한 대응 및 한부모 가족의 소득보장 문제에 대한 관심을 요하는 것이기도 하였다.

또한 실업을 줄이고 실업급여 증가를 막기 위한 일련의 복지개혁을 추진한 결과, 실업급여 수급에서 장애수당 수급으로의 전환이 발생하였다. 고령층 취업기회 감소 또한 이러한 장애수당수급자 수 증가에 크게 기여한 것으로 알려져 있다(김형식, 2011). 이에 따라 호주는 장애수당수급자 수를 줄이고자 실업급여 관련 개혁에 뒤이어 장애수당 수급 자격요건을 엄격히 제한하는 형태의 복지개혁을 계속 시행하였다.

한편 인구와 경제성장이란 면에서 보면, 호주 인구는 2014년 6월 기준 2,350만 명으로 연평균 1.6%씩 증가해 왔으며 2100년까지 계속 증가할 것으로 예측된다. 이러한 호주의 인구성장률은 OECD 국가 중에서는 상당히 높은 편이다. 노령인구 증가율은 전체 인구 증가율보다 훨씬 높다. 1974년에서 2014년 사이 65세 이상 인구는 약 3배 증가하여 350만 명에 이르렀고, 85세 이상 인구는 45만 7천 명으로 6배가량 증가하였다(AIHW, 2015; ABS, 2014에서 재인용). 65세 이상 인구 비율은 15% 수준이다. 기대수명 역시 증가하고 있는데 2013년 기준 65세 여성은 향후에 87세까지, 65세 남성은 84세까지 살 것으로 예측된다. 이러한 높은 수준의 인구고령화와 소득비례 공적연금이 없는 노후소득보장체계 때문에 호주는 노인빈곤에 취약한 편이다. 호주의 65세 이상 노인빈곤율은 2014년 기준 36%이며 OECD 중에서는 한국에 이어 2위이다(OECD, 2015). 또한 호주는 고령인구와 준고령인구의 노동시장참여율이 다른 선진국들과 비교하여 상당히 낮은 편으로 알려져 있다. 요컨대 호주는 이민 등으로 인해 인구 증가세를 계속 유지할 것으로 전망되지만 비교적 큰 폭의 노인인구 증가와 노인의 저조한 경제활동 참여 등으로 인해 복지개혁 압력을 받을 가능성이 있다.

3. 복지개혁의 방향과 내용

1990년대 중반 이후부터 최근까지 호주 복지개혁 추이와 방향을 집권정당의 변화를 따라 살펴보자. 1990년대 중반 이후 복지개혁 시기는 보수연합 정부가 집권한 1996~2007년, 노동당이 집권한 2008~2012년, 다시 보수연합 정부가 집권한 2013년~최근의 세 부분으로 나뉜다. 즉, 해당 기간 복지개혁의 대부분을 주도한 것은 집권기간이 길었던 보수연합 정부이다.

1) 자유당-국민당 연립정부의 복지개혁(1996~2007년)

호주 복지체제의 핵심적 변화는 1996~2007년 사이 장기간 집권한 우파정부 시기에 이루어졌다. 당시 집권한 자유당-국민당 정부는 개인의 자유와 선택의 자유, 근로의무, 가족, 국가경쟁력 등을 강조함으로써 신자유주의적 복지이념에 충실한 방향의 복지개혁을 이끌었다. 이 시기 주요한 복지 개혁은 크게 보면 두 가지로서, 1997년의 센터링크 및 잡네트워크 도입, 2006년의 '복지에서 노동으로'(welfare to work) 개혁이다.

(1) 센터링크와 잡네트워크 도입(1997년)

1990년대 초중반 당시 실업률이 빠르게 높아진 가운데, 호주의 복지에 대해 다음과 같은 문제점 및 개혁 방향이 논의되었다. 복지개혁이 필요한 핵심적 이유는 "필요 이상으로 많은 사람들이 복지제도에 의존하고 있으며, 복지와 일의 관계가 더욱 강화되어야 하며, 사회복귀를 위한 수급자와 국가의 상호책임이 더욱 강조되어야 한다"는 것이었다(김형식, 2011: 57). 또한 복지비용 절감에 더하여 전반적인 복지서비스의 중복 및 공백, 지속성의 결여, 사각지대 존재, 전달체계의 관료주의화 등의 문제도 해결하겠다는 의도 또한 공공연하게 표명되었다.

1996년 하워드 연립정부는 경제정책, 산업관계, 세제, 사회복지제도에 대한 급진적 개혁을 추진하였다. 보수연합 정부는 수급자의 근로의무 강조, 민영화-경쟁체제 도입을 내용으로 하는 복지개혁을 추진하였다. 이는 효율성 제고를 명목으로 하되, 그 수단이 민영화 및 시장기제 도입이라는 점에서 신자유주의적인 방향을 뚜렷이 하는 것이었다. 그러나 이러한 보수연합 정부의 복지개혁은 사실상 1980년대에 집권한 노동당 정부의 복지정책 방향으로부터의 단절이라기보다는 계승이란 측면 역시 가지고 있음을 부인할 수 없다.[3]

자유당 정부는 1997년 센터링크(Centrelink)와 잡네트워크(Job Network)의 도입을 통해 고용지원서비스 분야의 전면적 민영화를 단행하였다. 1997년 6월부터 서비스를 시작한 센터링크는 각종 사회보장 및 사회서비스를

---

3) 1996~2007년 사이 집권한 자유당-국민당 보수연합 정부의 상호의무원칙에 의한 조건부 급여로의 전환은 새롭게 제기된 것은 아니었다. 노동당 정부 역시 사회보장지출을 최대한 줄이고자 노력하였다. 이전 노동당 정부에서부터 이미 상호의무의 원칙을 적용하여 직업협정(Job Compact) 프로그램을 통해 장기실업급여를 18개월 이상 수급한 자에게 구직활동 요건을 적용하고 직업훈련 등 노동시장 프로그램을 제공하였다. 보수연합 정부의 상호의무원칙은 이를 더욱 엄격화함으로써 급여요건을 강화하였다.

한곳에서 해결하도록 하는 기관이자, 근로연계 복지정책을 수행하는 핵심 정부기관이다. 즉, 센터링크는 수급자와 각종 소득보장제도, 고용지원서비스를 비롯한 온갖 종류의 정부계약서비스를 통합적으로 연결해 주는 일종의 허브 역할을 하는 조직이다.

센터링크는 수급자의 상황을 평가해 대상자에게 적용되는 급여나 서비스를 선정하고 잡네트워크에 의뢰하여 연결하는 기능을 한다. 센터링크는 소득보장, 고용지원, 기타 사회서비스 등을 통합적으로 연결해 준다는 점에서 원스톱 서비스를 통해 수급자의 편리성과 복지 효율성을 제고한 사례로 제시되곤 한다. 또한 센터링크는 단순한 연결이 아니라 수급자에 대한 사례관리센터로 기능하는 것으로 알려져 있다. 수급자 개개인의 탈수급 장애요인을 측정하고, 직업능력평가(*job capacity assessment*) 등을 통해 적합한 기관을 연결해 준다는 것이다.

센터링크의 도입은 전달체계의 효율화라는 관점에서 소개되고 평가되곤 하지만,[4] 국가의 기능변화라는 면에서 볼 때에 센터링크는 단순히 효율성을 제고한 것이 아니라 복지와 관련된 국가의 기능을 직접적인 제공에서 정보제공, 수급자 상황 평가 및 범주구분, 민간서비스 기관으로의 의뢰로까지 전격적으로 변화시킨 사례이기도 하다. 즉, 센터링크는 복지에 관한 국가역할을 직접제공(*provision*)에서 중계(*mediation*)로 변화시켰다는 점에서도 주목해 볼 만하다.

잡네트워크가 도입되면서 기존의 공공 고용지원서비스는 폐기되었고, 외부계약(*contract-out*)을 통해 민간기관이 수급자에게 관련 서비스를 제공하면 정부가 그 비용을 지불하게 되었다. 이를 통해 호주 정부는 고용서비스의 직접 제공자가 아닌 구매자로서 역할을 하게 되었고, 고용지원서비스 제공 기능은 완전히 민간으로 넘겨졌다. 연방 정부는 과거의 고용지원제도

---

4) 정무성(2003) 등을 참고하기 바란다.

를 폐지하였고, 경쟁적 입찰과 계약을 통해 민간의 고용전문업체들을 선발하여 계약을 맺었다. 여기에는 영리사업자들은 물론 구세군 등을 비롯한 자선단체들, 비영리 민간기관들도 포함되어 다양한 고용서비스를 제공한다.[5] 이렇게 연방 정부가 계약을 통해 재정지원을 하는 고용지원서비스 네트워크에는 약 360개의 기관이 포함된다(Gray, 2011).

이러한 서비스 민영화를 통해 정부는 거대한 복지 관료제를 제거하고 복지의 효율성을 높이고자 하였다. 이에 고용지원서비스를 제공하는 민간기관의 관리자들은 신공공관리론의 성과주의하에서 기업처럼 기관을 운영할 것을 요구받고 수급자들을 고객으로 간주하게 되었다. 실제 서비스를 제공하는 민간기관뿐만 아니라 센터링크 자체도 "시민을 고객으로 간주하고 고객의 욕구에 중심을 두고 있으며, 과정이 아닌 결과에 초점을 맞추고 있다"(정무성, 2003: 109)고 평가받는다. 이들 민간고용지원 서비스기관들이 정부로부터 지속적으로 재원조달을 받는 것, 즉 이들의 재정적 존립은 이들 조직의 구체적 성과 입증에 달려 있다. 취업성공률 및 고객만족도 등이 그 예일 것이다. 잡네트워크에 연결된 기관들은 고용 성과에 따라 평가되며 기본 사례관리 혹은 집중적인 사례관리를 할당받는다.

이는 민간기관들, 특히 비영리 민간기관들의 핵심정신을 자선, 사회정의 등으로부터 영리기업과 같은 효율성으로 바꾸도록 만들었다. 초기에 잡네트워크와 결합하였던 민간조직 중 다수는 바로 이러한 이유로 이후 잡네트워크와의 연결을 철회하기도 하였다(Gray, 2011). 콘시딘(Considine, 2001; Chenoweth, 2008에서 재인용)은 잡네트워크의 민간조직 중심 운영, 결과 중심적인 평가 및 재정지원에 따르는 전체 시스템상의 문제점으로서 네트워크에 연결된 기관들의 내부 운영이 '블랙박스'라 불릴 만큼 매우 불

---

5) 단, 장기실업자, 즉 12개월 이상 취업을 하지 못한 사람들과 심각한 문제를 가진 사람들은 집중적인 맞춤형 지원제도(Intensive Support Customized Assistance)로 이전된다(Chenoweth, 2008).

투명해졌다는 것을 지적한다.

잡네트워크의 기관들은 서비스를 받는 수급자들을 고용가능성 정도에 따라 평가하며, 기본적 혹은 집중적 사례관리를 할당받는다. 즉, 이 기관들은 수급자들을 노동능력과 구직의 적극성, 고용지원 등에 대한 순응성에 따라 평가했는데, 마치 과거 구빈법 시대에 자격 있는 빈자와 자격 없는 빈자를 구분하듯이 훈육을 필요로 하는 자들을 가려내기 시작한 것이다.

이러한 사회서비스 민영화에 이어 건강보험 부문도 민영화가 이루어졌다. 정부는 민간건강보험에 대한 리베이트 도입을 통해 민간건강보험 가입을 촉진했다. 그 결과 1998년경에는 인구의 약 30%가 민간의료보험에 가입했다(국민연금공단, 2005). 이 민간보험은 주로 치과, 안과, 물리치료 등 부차적 치료와 민간병원 입원, 공공병원에서의 의사 선택 등을 보장한다. 이는 1996년에 연립정부가 민간보험 가입 시 세제혜택을 제공하고 국가의료보건제도에서의 치과치료 보장을 축소한 것과 맞물려 있다.

당시 호주의 복지, 노동, 보건의료부문 개혁방향을 요약하면 공공부문에서 민간으로의 사회보장기능 이전, 고용지원서비스와 복지급여의 연계 강화, 이와 관련된 선별성의 강화였다고 할 수 있다. 이는 실업자 지원비용 감축과 실업급여 수급자 수의 감소를 가져왔다. 고용의 증가와 실업률 하락의 결과 실업급여 수급자는 1996년 81만 2천 명에서 2006년 6월 51만 4천 명으로 감소했다. 그러나 같은 기간 동안 한부모 양육수당(*parenting payment single*)과 장애연금(*disability support pension*) 수급자가 동시에 크게 증가했다(노동부, 2006).

(2) '복지에서 노동으로' 개혁(2006년)

보수연합 정부의 집권 말기인 2006년에는 '상호의무원칙'에 기초하여 수급자의 노동의무를 강조하는 대규모 복지개혁이 이루어졌다. '복지에서 노동으로' 개혁이다. 이 개혁이 전면적으로 내세운 핵심적인 원칙은 '상호의무원칙'(mutual obligation)이다. 호주 복지체계 전반에 관한 정부위원회의 평가보고서인 맥클루어 보고서(The McClure Report)[6]는 '상호성의 틀' 혹은 '책임과 의무를 사회권 및 급여와 대응시키는 공동의무'를 호주 복지개혁의 원칙으로서 공식적으로 제시했다(Braithwaite & Mitchell, 2002; Gray, 2011에서 재인용).

2006년 7월 1일부터 '복지에서 노동으로' 개혁이 시행되면서 정부 프로그램 혹은 노동시장에 대한 참여가 의무화되었고 이에 대해 보상을 하는 방식으로 지원이 이루어지게 되었으며, 고용서비스 강화가 패키지로 묶여 시행되었다. 그 배경 중 하나는 신자유주의적 복지개혁에도 불구하고 계속된 복지지출의 증가였다. OECD의 자료(Social Expenditure Database)에 따르면 호주의 공공사회지출 비율은 1990년 GDP의 14%에서 2003년 18%로 증가하였다(Gray, 2011). 또한 앞에서 언급한 것처럼 실업급여 수급자는 감소했으나 부모수당 및 장애연금 수급자는 계속 증가했으며, 고령자 노동시장 참여가 새로운 과제로 대두되기 시작한 것 또한 복지개혁의 배경으로 들 수 있다.

'복지에서 노동으로'의 핵심은 '참여 의무화'(participation requirement)이다. 예를 들면 가장 어린 자녀의 연령이 6~15세인 부모는 이전까지는 별다른 의무 없이 부모 양육수당(parenting payment)을 받았지만, 제도가 바뀌면서 주당 최소 15시간 이상의 시간제 근로를 하거나 구직활동 및 고용서비스

---

[6] 호주 정부는 1999년에 복지개혁에 대한 자문그룹을 만들어 복지체계를 재검토했다. 그 결과물이 맥클루어 보고서이다.

에 참여해야 수당을 받을 수 있게 되었다. 2006년 7월 1일 이후 소득보조를 희망하는 부모는 양부모 가정일 경우 자녀가 6세가 되었을 때, 한부모 가정일 경우 자녀가 8세가 되었을 때 소득보조 신청권이 소멸되며, 대신 표준 실업급여 신청권을 갖게 되었다(노동부, 2006).

그레이(Gray, 2011)에 따르면 이러한 상호의무제, 특히 한부모에 대한 '복지에서 노동으로' 개혁의 확대는 복지 관련 운동가들의 반발을 가장 많이 야기한 정책 중 하나이다. 이와 관련하여 새 시스템은 몇 가지 약점을 가지고 있다. 첫째, 호주에서는 방과 후 아동을 돌볼 곳이 제한적일 뿐만 아니라 아동돌봄 비용도 매우 높으므로 저소득층으로서는 아이를 맡기고 일을 하는 것이 그다지 경제적 이점을 갖지 못한다는 점이다. 둘째, 새 제도는 여성들이 소득보조제도의 지원요건을 충족시키기 위해 적합하지 않은 형태의 일을 받아들이도록 만든다는 점이다(Gray & Collins, 2007).

상호의무제 적용에 따른 참여 강제는 자녀돌봄 부담이 있는 부모뿐만 아니라 장애인에게도 적용되었다. 장애인은 2006년 복지개혁 이전에는 2년간 주당 30시간 이상 일할 수 없을 경우에는 별도의 의무 없이 장애수당(disability support pension)을 지급받았다. 그러나 2006년 7월 1일 이후부터는 장애수당 수급요건으로 첫째, 주당 15시간 일을 하거나, 둘째, 구직활동 및 고용지원서비스 참여 등의 상호의무활동을 이행할 것이 요구되었다. 신규수급자에 대한 장애급여 수급조건은 더 엄격했다. 2006년 7월 이후 신규로 장애수당을 청구하는 사람에 대해서는 최대 2년치 수당을 지급하며, 장애수당 수급 이후 2년이 경과한 이후에는 주당 15시간 이상 일할 수 없는 경우에만 장애수당을 계속 지급하고, 주당 15~29시간 노동이 가능하다고 평가된 경우에는 장애수당이 아니라 새출발수당(Newstart) 또는 청년급여(youth allowance)를 신청하도록 규정하였다. 새로운 제도 운영을 위해 장애인의 노동능력에 대한 새로운 직업능력평가(job capacity assessment)가 도입되었다. 이를 도입한 주된 취지는 능력에 걸맞은 활동(노동)을 하도록 유도하는 것이었으며, 수급자격 평가 및 적절한 서비스, 프로그램을 결정하기 위한 목적을 갖고 있었다(노동부, 2006). 요컨대 장애수당 신규 수급자는 15시간 미만의 근로능력을 가진 사람들로 제한되었다.

한부모, 장애인과 더불어 중고령자(50~64세) 역시 복지개혁에서 상호의무 대상이 되었다. 기존에 중고령자에게는 다른 실업자에 비해 완화된 구직활동 조건이 적용되었으나, 개혁 이후 이러한 구분은 사라졌다. 2006년 7월 이전의 중고령자는 수급조건으로 시간제 노동을 하거나, 자원봉사 활동을 하거나, 구직활동 및 고용지원서비스에 참여할 의무만 갖고 있었다. 그러나 복지개혁 이후 2006년 7월부터 중고령자도 여타 구직자와 마찬가지로 광범위한 구직활동을 하도록 요구받게 되었다(노동부, 2006).

그밖에 고용서비스 기관에 연결된 이후에만 실업급여를 지급하거나, 30개월 이상 급여를 받고 있는 장기실업자의 구직활동 참여기록을 평가하여 해당 실업자가 근로회피자로 판명되면 수당조건으로서 연간 10개월 주당 25시간의 근로(work for the dole)에 의무적으로 투입하고, 30개월 이상 장기실업자를 고용하는 사업주에게는 보조금을 지급하는 등의 조치가 이루어졌다(노동부, 2006).

'복지에서 노동으로' 개혁은 상호의무원칙에 따라 고용서비스에 대한 순응을 요구하며, 의무의 위반, 즉 비순응에 대한 처벌 조치를 도입했다는 점이 특징적이다. 이 개혁에서 호주는 경고를 받고서도 반복적으로 고용서비스에 불참하거나 혹은 적합한 직업소개에 불응한 대상에게는 실업급여 지급을 8주간 중단하기로 하였다. 의무원칙을 따르지 않는 경우, 즉 비순응에 대한 처벌조치를 도입한 것은 상당한 비판을 받았다. 이러한 처벌조치 도입은 민간복지단체에 대한 긴급지원 신청을 크게 증가시키는 결과를 낳았다고 알려져 있다(Gray, 2011). 반면 엄격한 요건심사(activity tests)에 대한 순응의 증거가 확실한 경우에는 여전히, 혹은 어떤 경우에는 과거보다 더욱 관대한 급여가 제공되었다(Castles & Uhr, 2007: 117).

이러한 복지개혁의 중요한 효과 중 하나는 기존에는 노동이 수급조건으로 요구되지 않았던 집단, 즉 실업자로 간주되지 않았던 어린아이가 있는 부모, 장애인, 고령자 등에게 노동의무를 부과함으로써 이들을 구직활동을 해야 하는 새로운 범주의 실업자로 만들어 낸 것이다. 이렇게 복지수급자에 대한 노동의무의 광범위한 확대 적용은 어떤 의미에서는 구빈법의 복귀라고 평가할 만하다. 복지수급 대상자를 사회적 돌봄이 필요한 '자격 있는 자'와, 복지의존 문화에 젖어 있어 노동의무 등의 훈육을 필요로 하는 '자격 없는 자'로 구분해 낸다는 점에서 그러하다.

2) 노동당 정부의 복지개혁(2008~2012년)

2008년 집권한 노동당 정부의 복지정책 방향 전환은 자유당에서 노동당으로의 집권정당 교체 자체가 기존 복지개혁에 대한 국민들의 반감을 보여준다는 점에서 어느 정도 예견된 것이었다. 그러나 노동당 정부의 집권기는 짧았고, 이들의 개혁 방향은 기존 복지개혁 기조와 완전히 반대편에 있는 것은 아니었다. 오히려 이전과 이후 보수연합 정부가 주도한 복지개혁의 연장선상에 놓고 보는 것이 더 적절해 보인다.

노동당 복지정책의 핵심은 '더 강한 지역사회'(*stronger community*)와 '사회통합'(*social inclusion*)이다. 전자는 공동체주의에 입각하여 소속감과 연대의식을 제공하고 지역사회의 강화를 추구하는 것이며, 후자는 개인의 역량강화를 통한 배제의 극복을 추구하는 것을 의미한다. 노동당은 핵심 사회정책 방향으로 '사회통합-사회의 조화'를 채택하였다. 이 사회적 지원정책은 노동시장으로부터 배제된 실업자를 지원하고, 복지의존보다 취업이 더 바람직한 것이 되도록 만드는 것을 목표로 제시하였다(Saunders, 2011: 179; 김형식, 2011). 이는 자유당 정부 시기 복지에 대한 개인의 의무를 강조하는 대신 노동시장에서 경쟁력이 약한 개인에 대한 지원은 거의 전무하였다는 비판(Saunders, 2011)에서 비롯된 것이다.

2010~2011년, 노동당 정부는 장애연금 수급신청 과정에 대한 수정안을 제시했다. 이에 따라 2012년 7월부터 8시간 이상 근로능력을 가진 35세 미만 장애연금 수급자의 수급조건이 변화하였다. 또한 2013년 1월에 정부는 활성화조치의 일환으로 한부모 급여 수급자들을 새출발수당(Newstart Allowance) 제도로 이동시켰다(Whiteford, 2016. 4. 21).

노동당 정부는 2011년에 고용지원서비스 수급절차 위반에 대한 제재를 강화하였다. 인터뷰 등 약속 위반 시 센터링크의 급여를 일시정지하고 위반이 계속될 경우 급여정지는 물론 정지된 급여의 제공을 금지하는 것 등이었다. 다시 고용지원서비스 관련 과정에 들어서는 경우에는 급여가 재개되지만 중단되었던 만큼의 급여는 주지 않는다. 총리는 이러한 개혁조치를 발표하며 구직자들도 직업을 가진 자들과 마찬가지의 의무를 가져야 한다면서 "일할 수 있는 사람은 일해야 한다. 우리는 순응을 기대한다"고 언급함으로써 다시금 '상호의무원칙'을 강조하였다. 이에 대해 규칙을 다시 지키는 경우에도 급여를 회복시켜 주지 않는 것은 지나치게 가혹하다는 비판이 제기되었다(*The Austrlian*, 2010. 8. 12). 2000년 이후 호주에서는 복지급여 수급자에 대한 제재 건수가 연간 2만 5천여 건에서 약 30만 건으로 크게 증가하였다. 호주 사회서비스청(ACOSS)은 규칙위반에 대한 제재조치가 강화되었음에도 불구하고 약속위반 관련 제재비율이 35~45%로 유지되었다고 지적하였다(Whiteford, 2016. 4. 21). 이전 보수연합의 복지개혁인 '복지에서 노동으로'가 반복적 위반에 제재를 가한 것과 비교하면, 노동당 강화한 제재는 첫 위반부터 제재를 실행하였으므로 이전 개혁보다 더욱 엄격한 것이었으며, 이전 보수연합의 개혁과 연장선상에 있는 것이었다.

또한 같은 시기에 다른 측면에서도 수급조건 강화조치가 이루어졌다. 특정 연령대 미취학 아동 부모에 대해 복지급여 수급조건으로서 자녀의 건강검진(*healthy kids check*)을 도입하였다. 노동당은 이 조치가 취학 전 발달

장애 등을 조기발견함으로써 저소득층 아동의 복지에 기여할 것으로 기대하였다(*The Austrlian*, 2010. 8. 10).

한편 잡네트워크를 통한 고용지원서비스 개혁은 지속적인 경제성장 기간 동안 준비된 구직자들이 노동시장에 재진입하는 데에는 상당한 도움을 주었다. 하지만 소외·취약계층 구직자들의 역량을 강화하고 이들의 장기적 사회통합을 돕는 데에는 한계가 있음을 드러냈다. 잡네트워크 도입 즈음인 1998년 당시 실업률은 7.7%이었는데 2008년 기준 실업률은 4.2%로 상당히 낮아졌다(AIHW, 2015). 그럼에도 불구하고 과거에 비해 더 많은 구직자가 불리한 위치에서 장기실업을 경험하고 있다는 것이 계속 문제로 제기되었다. 잡네트워크의 고용지원서비스를 받는 구직자 중 5년 이상 수혜를 받는 사람의 비중이 2004년 18%에서 2008년 3월 기준 29%로 증가하였다는 사실은 이러한 주장을 뒷받침한다.

또한 2003년 7월에는 취업망에 접수된 사람 중 20% 이하가 아주 취약한 계층으로 분류되었는데 2008년 3월 기준으로는 등록된 구직자 중 취약계층의 비중이 29%로 증가하였다(Gray, 2011). 노동당 정부는 새로운 고용서비스 모델을 제안하였는데, 이는 적극적 고용정책을 통해 노동시장 내 인력부족 문제를 해결하는 한편, 소외된 집단의 실업자에게 고용지원서비스를 집중적으로 제공함으로써 그들이 노동시장에서 더욱 주변화되는 것을 막기 위한 것이었다.

노동당 정부는 잡네트워크가 취약 실업자가 직업능력을 개발하도록 지원하는 데 미흡하다고 비판하고 2009년 7월, 지속가능한 잡서비스 네트워크(Job Service Network)로 개편하였다. 잡서비스 네트워크는 단순히 취업을 촉진하는 것이 아니라 대상자가 지속가능한 일자리에 취업할 수 있도록 지원하는 것이 목적이다. 또한 복합적인 문제를 가진 구직자에게 맞춤형 고용복지서비스를 제공하는 데 역점을 두었다. 잡서비스 네트워크는 이전의 잡네트워크에 비해 정부 규제를 강하게 받았다. 또한 민간의 고용지원서비스기관이 각 유형의 구직자들에게 반드시 제공해야 하는 '서비스 보장' 내용도 규정되었다(한국보건사회연구원, 2012).

3) 자유당-국민당 연립정부의 복지개혁(2013년 이후)

호주 연방 정부는 2014년 5월 초긴축 예산안을 발표했다. 재무부장관 대변인은 "호주의 천연자원 붐은 소멸되고 있다. 향후 10년간 복지의존은 증가할 것이기에 자유당-국민당 연립정부는 전임 노동당 정부의 부채 6,670억 달러를 상환해야 하고 공동체가 필요로 하는 서비스도 제공해야 한다"고 밝혔다. 이어 "가장 시급한 것은 사람들이 일터로 돌아가 복지의존을 탈피하게 만드는 것"이라고 덧붙였다(〈한호일보〉, 2014. 6. 16).

　그러나 자유당-국민당 정부의 복지의존 탈피에 대한 강조는 호주에서 복지급여에 기대 살고 있는 사람들의 비중이 크게 감소한 가운데 나온 것이다. 수급자 수는 물론 가계소득에서 급여가 차지하는 비중도 감소하였다. 1996년에는 16~64세 사이의 경제활동연령대 인구 중 거의 25%가 소득지원급여(새출발수당, 청년수당, 장애연금, 한부모수당, 돌봄자수당 등)를 받아 수급자 비율의 정점을 기록하였으나 2014년에는 이 수치가 16.8%로 떨어졌다(Whiteford, 2016. 4. 21).

　2014년 발표된 멜버른 응용경제사회연구소(Melbourne Institute of Applied Economic and Social Research: MIAESR)의 '호주의 가계소득 노동역동성 조사'(Household Income and Labour Dynamics in Australia Survey) 보고서에 따르면 지난 10년간 가계소득에서 정부의 복지혜택이 차지하는 비율은 24.4%에서 21.3%로 감소했다. 특히, 고령층, 저소득층, 한부모 가계의 복지급여 의존 정도는 급격히 줄어들었다. 가구소득 조사에 따르면 1990년대 중반에서 2013~2014년 사이에 주 소득원이 공공복지급여라고 답한 한부모 가구의 비중은 60%에서 40%로 크게 감소하였다. 2011년 조사에서는 복지보다는 고용에 의지한다는 한부모의 비중이 더 높았다.

높은 수준의 의존이라 부를 수 있는 경우, 즉 소득의 90% 이상을 복지급여에 의지하는 가구의 비중도 40%에서 약 20%로 감소하였다. 또한 노동연령대에 속하면서 일정한 유형의 복지혜택을 수령하는 가계에서 생활하는 사람의 비율은 2001년 41.3%에서 2014년 34.7%로 감소하였다 (MIAESR, 2014). 2000년 이후 한부모의 평균소득은 실질가치로 49% 증가하여 전체 인구의 소득증가 수치인 44%보다 더 높았다. 2013년 OECD 보고서에 따르면 8세 이상 자녀를 둔 한부모 급여 수급자 및 6세 이상 아동을 둔 양부모 수급자 수는 호주의 복지개혁으로 인해 각각 51%와 55% 감소하였다. 장애연금제도도 변화에 영향을 받아 신규 급여신청이 38% 감소하였다(Whiteford, 2016. 4. 21). [7]

복지수급을 이른바 '의존'이라고 한다면, 이러한 최근의 경향은 호주에서 개인의 국가에 대한 의존이 상당히 감소했으며 그동안 진행된 호주의 복지개혁이 이에 영향을 미쳤음을 보여준다. 물론 실업률 감소와 마찬가지로, 개인의 복지의존율 감소도 복지개혁뿐만 아니라 경제 생산성 증가 및 천연자원 붐에 따른 가계소득 상승의 영향을 일부 받았을 것으로 해석할 수 있다.

그럼에도 새출발수당 프로그램으로 옮겨진 12만 명의 한부모는 상대적 빈곤선 아래에 있는 것이 명확하다(Whiteford, 2016. 4. 21). 이들이 계속 한부모 양육수당(*parenting payment single*)을 받을 수 있었다면 새출발수당 수급자가 된 현 상태에 비해 덜 빈곤하였을 것이다. 즉, 복지개혁은 명확한 지출 축소를 가져왔지만 이로 인한 문제점 역시 존재한다. 자선단체와 NGO 등에 긴급구호를 요청하는 경우도 늘었고 빈부격차도 커지고 있다.

---

7) 복지수급률 및 복지급여의 중요도 감소 관련 내용은 주로 화이트포드(Whiteford, 2016. 4. 21)를 인용하였다.

앞서 언급한 바와 같이 2014년 긴축예산 기조에 따라 가족에 대한 복지 혜택 감축과 청년에 대한 장애수당 재검토 등을 통해 30억 달러 이상의 예산을 절감하는 복지개혁 수정 법안이 연방 하원을 통과하였다. 이 복지개혁 법안은 노인보건카드(Seniors Health Card)를 위한 소득 자격평가에 과세 전 퇴직연금 소득을 포함시켜 문턱을 높였고, 주요 도시를 이동하는 학생들을 위한 장학금을 폐지하는 내용을 담았다(〈한호일보〉, 2014. 10. 2).

이 법안은 또한 가족세제혜택(FTB) 수혜 대상 가계의 주소득자 연소득 한도를 15만 달러에서 10만 달러로 하향 조정했고 가족세제혜택의 대가족 보조금(large family payment) 수급 기준을 자녀 3명에서 4명 이상으로 강화했다. 개혁의 내용에는 35세 이하의 장애연금(disability support pension) 수급자를 재조사하는 것도 포함되어 있었다(〈한호일보〉, 2014. 10. 2). 또한 연금과 관련해서는 공적연금 수급개시연령을 2017년 7월부터 2년마다 6개월씩 높여 2023년까지 67세로 상향 조정하려던 계획을 2035년 70세까지 상향하도록 추가로 조정하는 안, 각종 연금급여가 평균임금 대신 물가에 연동되도록 하는 안, 주당 8시간 이상의 근로능력이 있는 35세 이하 장애연금 수급자에게 장애인 고용지원 프로그램이나 교육·훈련 등에 의무적으로 참여하도록 하는 안 등이 통과되었다(Vision Australia, 2014). 장애연금 수급자에 대한 이러한 기준은 이전보다 대폭 강화된 것이다.

2015년 호주 정부가 발표한 복지정책 기조는 향후 복지제도 구성안을 담은 "더 나은 고용 및 사회적 성과를 위한 새로운 시스템"(A New System for Better Employment and Social Outcomes)이라는 제목의 보고서(The Reference Group on Welfare Reform, 2015)에서 일부 짐작할 수 있다. 이 보고서는 향후 호주 복지개혁에서 고용에 더욱 초점을 맞춰야 한다고 주장하고 있으며, 제도의 간결함을 확보하여 노동유인을 높이는 것, 재정적·경제적·사회적 지속가능성을 높이는 것 등을 추구해야 한다고 주문한다. 자문그룹은 무엇보다도 노동능력 있는 사람들에 대한 노동유인을 제공하는 복지시스템에 대한 자문을 요청받았다.

보고서는 향후 호주 복지개혁의 기조로 네 가지를 제시하는데 ① 지역사회 역량 강화, ② 고용주에 대한 지원 확대, ③ 개인과 가족의 역량 강화, ④ 급여범주를 간소화하여 더 간단하고 지속가능한 소득보장체계의 구축하는 것이 여기에 포함된다. 지역사회 역량 구축은 기업, 자선조직, 정부와 자발적 조직을 포함한 커뮤니티 사이의 연계를 강화하는 것으로서 사회적 기업, 기업의 사회적 책임 등에 대한 강조를 포함한다. 고용주에 대한 관여(지원)는 고용주들이 장애인 등에게 직업을 제공하도록 촉진하고 고용량을 유지하도록 지원하는 맞춤형 서비스를 강조하는 것이며, 개인과 가족의 역량 강화란 장기적인 복지급여 의존을 지양하도록 하기 위한 것이다. 소득보장체계의 구축은 자산 조사장치 등의 개선과 공평성 제고를 통해 일을 하는 것에 대해 명확한 보상을 제공하는 방향으로 단순화하는 것을 말한다(The Reference Group on Welfare Reform, 2015).

호주의 새로운 복지개혁 기조는 과거 보수연합 정부의 복지개혁 기조인 '복지에서 노동으로의 전환' 및 전통적인 가족의 강조와 함께, 노동당이 강조한 시민사회 및 공동체의 역할 확대를 모두 포괄하고 있다. 이 보고서에 따르면 호주 정부의 복지정책 기조는 향후에도 일에 대한 강조, 가족, 기업, NGO 등의 역할 확대라는 기존의 방향에서 크게 벗어나지 않을 것으로 보인다.

4. 맺음말 및 전망

호주는 신자유주의적인 복지개혁과 노동개혁을 동시에 진행했다. 이에 대해 라미아와 웨일즈(Ramia & Wailes, 2006: 61)는 "신자유주의는 임금노동자 복지국가 및 그 통합된 사회적 보호 메커니즘에 의해 설정된 잔여적 복지 시스템의 심장부를 강타했다. 그러나 그 변화는 호주의 노조운동에 의해 지지되었고, 이는 연방 및 산업 차원으로부터 기업 수준으로 교섭의 탈중앙화를 용이하게 만들었다"고 진단했다. 개혁 과정을 추적해 볼 때 노동당은 물론 노동조합 당사자가 이러한 개혁 흐름을 그 시작점에서부터 지지했으며, 이후 신자유주의 시기 노동당이 짧은 집권기에 실시한 개혁도 그러한 큰 흐름을 벗어나지 않는다는 것을 확인할 수 있었다. 이는 호주의 복지개혁을 둘러싼 정치적 역동을 보수 정부와 노동당 사이의 관계뿐만 아니라 호주 사민주의 세력 및 노동운동 내부의 변화 그리고 국제적인 이념적 지형 변화에 따른 영향을 고려하여 살펴볼 필요가 있음을 의미한다.

보수연합 정부와 노동당 정부가 각각 그동안 추진한 복지개혁의 핵심내용은 수급자의 의무 강조, 민영화를 통한 국가역할의 변화로 요약된다. 상호의무원칙에 기반하여 복지수급의 조건으로서 노동의무가 강조된 주 대상이 1990년대까지는 실업자였으나, 2000년대부터는 어린 자녀를 둔 한부모, 장애인 등 기존에 노동의무가 부과되지 않던 집단에게까지 의무 강조가 확대되었다는 점은 주목할 만하다. 그러나 높은 보육서비스 비용 때문에 경제활동참여 기반이 취약하기에 필연적으로 이러한 정책에 대한 비판이 제기된다. 또한 수급자의 노동의무 수행과 관련한 제재가 강화되는 경향 역시 주목할 만하다. 호주에서 복지는 더 이상 권리가 아니며 강력한 의무를 수반하는 국가로부터의 '수혜'로 개념화된 것으로 보인다.

호주의 복지개혁은 소득조사에 더해 다방면의 근로능력조사 및 구직노력조사 등이 이루어지고 여기에 복지수급 혹은 처벌이 따라 붙으며, 그 조사 대상자를 광범위하게 확장해 왔다. 이는 과거 구빈법 시대에 시행되던, 가치 있는 빈자(deserving poor)와 구제할 가치 없는 빈자(undeserving poor)를 구분하여 노동의무를 부과하던 복지를 20~21세기에 다시 출현시킨 것으로도 해석 가능하다. 복지개혁과 경제호황의 결과로 복지수급자 수는 점차 줄어들고 복지지출 역시 효율화된 가운데, 오히려 복지체제는 전근대적인 방향으로 가고 있는 것은 아이러니하기도 하다.

한편 복지수급 조건으로 노동의무를 강력히 부과함에 따라 나타나는 실질적인 문제, 즉 '일자리의 질에 대한 질문'은 계속하여 과제로 남는다. 불안정한 일자리에 취업하도록 압박받는 상황에서, 빈곤층은 근로를 통해 빈곤을 탈출하는 대신 근로빈곤층이 되고 마는 상황이 복지제도 본연의 목적이라 보기는 어렵기 때문이다. 또한 농촌과 지방도시 등 취업기반이 취약한 지역에서는 이러한 정책을 통한 빈곤 및 불평등 해소가 어렵다는 것 (Chenoweth, 2008)도 또 다른 문제이다.

한편 호주의 사회서비스 민영화, 특히 고용지원서비스의 민영화는 매우 전격적인 것으로서 세계적으로도 흔치 않은 사례이다. 이는 앞서 언급한 것처럼 신공공관리이론의 성과주의를 이론적 배경으로 하며, 현실에서도 효율을 추구하는 성과주의적 방식으로 복지제도가 작동하도록 만들었다. 이는 국가의 역할이 재정지원자와 중개자로 변화하고 있음을 압축적으로 보여주는 것이기도 하다. 최근 들어 민간의 서비스 제공과정에서 투명성을 확대하고 서비스의 질을 제고해야 한다는 요구가 높아지면서 국가의 관련 규제가 강화된 바 있다. 그러나 부분적인 규제 강화가 복지국가 후퇴기의 호주에서 국가의 역할변화를 근본적으로 뒤집는 것은 아니다.

이러한 방향의 복지개혁을 추구해 온 호주가 실업률을 낮게 유지하고 경제활동참여율을 높임으로써 경제위기에 비교적 잘 대응하였다. 이는 호주 복지개혁에 대한 전면적 반론을 어렵게 한다. 공공부문 복지수급을 제한시키면서 민간부문 긴급지원 등에 대한 의존이 많아졌다고 하더라도(Gray, 2011) 이것으로는 설명되지 않는 노동시장에서의 성공적 취업이 증가한 것도 사실이다. 특히, 노동이 경제적 빈곤뿐만 아니라 사회적 배제로부터 벗어나는 데에도 중요한 매개가 될 수 있다는 점에서 이 결과는 의미가 있다.

그러나 이와 함께 반드시 고려할 점은 1990년대 중반 이후 지금까지의 호주 복지개혁이 안정적 경제성장을 바탕으로 단행되었다는 것이다. 경제

상황이 나빠질 때는 축소 위주 복지개혁의 부정적 여파가 크게 나타날 수 있다. 축소 위주의 복지개혁 흐름을 이어온 호주는 2008~2009년의 세계 금융위기 상황에서는 오히려 복지지출을 크게 증가시킨 바 있다. 이후 호주에서 유사한 방향의 급진적 개혁은 당분간 쉽지 않을 것이다. 이는 한국에서도 호주와 유사한 형태로 복지과 노동을 개혁하고자 고려한다면 먼저 개혁의 조건, 특히 경제 상황을 반드시 고려해야 함을 보여준다. 구조조정 등으로 인한 고통과 소비부진, 저성장이 예상되는 상황에서는 이러한 복지개혁의 부정적 효과가 커질 수 있기 때문이다.

또한 향후 예상되는 기술 및 산업구조 변화로부터 영향을 받아 노동 또한 변화를 겪을 것인데, 이러한 변화는 호주가 일련의 복지개혁에도 불구하고 삶의 질을 유지하기 위해 중요한 임금, 고용조건 등을 현재와 같은 형태로 유지할 수 있을 것인지 의구심을 갖게 한다. 화이트포드(Whiteford, 2006)에 따르면, 축소지향적 복지개혁에도 불구하고 호주에서 삶의 질이 높을 수 있는 것은 노동이 여전히 삶의 질을 유지하고 사회적 보호를 얻는 효과적인 수단이며, 최저임금제와 고용보장 등을 통해 고용보호 수준을 아직 높게 유지하고 있기 때문이다. 그러나 일련의 노동개혁으로 노조의 힘은 약해졌고 높은 수준의 고용보호가 유지될 수 있을지는 불분명하다.

문제는 다른 선진국들과 마찬가지로 호주에서도 탈공업시대 산업구조 변화 과정에서 노동에 대한 수요가 근본적으로 변화하는 가운데, 노동조합의 힘과 국가 차원의 조절이 뒷받침되지 않고는 고용의 질을 유지하기 상당히 어려울 것이라는 점에 있다. 이는 복지수급 조건으로서 유급노동을 계속 엄격히 요구하는 것이 지속가능한 방향일지 의구심을 갖게 만든다. 유급노동의 질이 나빠지는 경우 그리고 노동 수요 증가가 경제성장 정도를 계속 밑도는 경우에, 복지수급 조건의 엄격화 및 복지 축소는 국민들의 평균적 삶의 질을 크게 떨어뜨릴 가능성이 있다. 이에 향후 호주의 복지개혁 추이는 산업, 노동부문의 변화 추이와 함께 지켜볼 필요가 있다.

■ 참고문헌

국내 문헌

김성훈(2009). "세계 경제위기와 호주 노동당 정부의 개혁정책". 〈국제노동브리프〉, 7권 1호, 36~45.

김형식(2011). "호주의 복지정책개혁론". 〈사회정책연구〉, 43집, 47~74.

노동부(2008). 《선진국의 노동시장 개혁사례 연구》. 세종: 노동부.

노동부 국제노동정책팀(2006). "호주노동정책동향".《국제노동정책동향 자료집》. 서울: 노동부.

여유진(2012). "호주 사회보장체계의 특성 및 시사점". 〈보건·복지 Issue & Focus〉, 136호, 1~8.

정무성(2003). "전달체계의 연계를 통한 사회복지서비스 효율성 강화 전략: 호주 Centrelink 사례를 중심으로". 〈한국비영리연구〉, 2권 2호. 99~123.

한국보건사회연구원(2012). 《주요국의 사회보장제도: 호주》. 서울: 한국보건사회연구원.

해외 문헌

AIHW(Australian Institute of Health and Welfare) (2015). *Australia's Welfare 2015(Australia's welfare series no. 12. Cat. no. AUS 189)*. Canberra: AIHW.

Chenoweth, L. (2008). Redefining welfare: Australian social policy and practice. *Asian Social Work and Policy Review*, 2, 53~60.

Castles, F. (2001). A farewell to Australia's welfare state. *International Journal of Health Services*, 31(3), 537~544

Castles, F., & Uhr, J. (2007). The Australian welfare state: Has federalism made a difference?. *Australian Journal of Politics & History*, 53(1), 96~117.

Esping-Andersen (1990). *The Three Worlds of Welfare Capitalism*. Cambridge, UK: Polity Press.

Gray, A., & Collins, P. (2007). The interplay of welfare to work and work choices. *An Interdisciplinary Journal of Women's Liberation*, 33(1), 126~140.

Gray, M. (2011). The changing face of social welfare and social work in Australia. *ERIS Web Journal*, 2/2011, 3~16.

MIAESR(Melbourne Institute of Applied Economic and Social Research) (2014).

Families, Incomes and Jobs (Volume 9: A Statistical Report on Waves 1 to 11 of the Household, Income and Labour Dynamics in Australia Survey). Melbourne: MIAESR.

Ramia, G., & Wailes, N. (2006). Putting wage-earners into wage-earners' welfare states: The relationship between social policy and industrial relations in Australia and New Zealand. *Australian Journal of Social Issues*, *41* (1), 49~68.

Saunders, P. (2000). Issues in Australian welfare reform. In Saunders, P. (Ed.) (2000). *Reforming the Australian Welfare State*. Melbourne: Australian Institute of Family Studies.

_____ (2011). *Down and Out: Poverty and Exclusion in Australia*. Bristol: Polity Press.

The Reference Group on Welfare Reform (2015). *A New System for Better Employment and Social Outcomes: Report of the Reference Group on Welfare Reform to the Minister for Social Service*. Canberra: Department of Social Services.

기타 자료

국민연금공단(2005). "호주연금제도조사". http://english. nps. or. kr/html/download/ worldwide/data_pdf/report/05_09_01_australia. pdf. 2016. 2. 20 인출.

〈한호일보〉(2014. 10. 2). 복지 개혁법안 하원 통과… 가족 세제혜택 줄어든다. http:// www. hanhodaily. com/news/articleView. html?idxno=42974. 2016. 2. 19 인출.

〈한호일보〉(2014. 6. 16). 호주 국민 복지 의존율 감소했다. http://www. hanho- daily. com/news/articleView. html?idxno=42084. 2016. 2. 19 인출.

OECD (2015). Pensions at a glance 2013. http://www. oecd. org/pensions/public- pensions/OECDPensionsAtAGlance2013. pdf. 2016. 6. 20 인출.

The Australian (2010. 8. 12). Labor toughens welfare rule. http://www. theaustra- lian. com. au/national-affairs/labor-toughens-welfare-rules/news-story/001f44 c74d3eeea11084e444e2089708. 2016. 2. 20 인출.

The Australian (2010. 8. 10). Welfare Payments linked to child care checks. http://www. theaustralian. com. au/national-affairs/welfare-payments-linked- to-child-health-checks/news-story/f96a6250cb36c262551fd20986ed6d36. 2016. 2. 20 인출.

Vision Australia (2014). Proposed changes to social security for people with a disability.

http://www. visionaustralia. org/about-us/public-policy/working-with-government/proposed-changes-to-social-security-for-people-with-a-disability. 2016. 5. 20 인출.

Whiteford, P. (2006). The welfare expenditure debate: Economic myths of the left and the right revisited. https://www. aspc. unsw. edu. au/sites/www. aspc. unsw. edu. au/files/uploads/aspc_historical_conferences/2005/paper7. pdf. 2016. 3. 28 인출.

_____(2014). The Nature of Australia's Social Expenditure. Presentation at the future of welfare conference 30 October 2014, Melbourne. Crawford School of Public policy. 2016. 3. 28 인출.

_____(2016. 4. 21). Ideas for Australia: Welfare reform needs to be about improving well-being, not punishing the poor. *The Conversation.* https://theconversation. com/ideas-for-australia-welfare-reform-needs-to-be-about-improving-well-being-not-punishing-the-poor-56355. 2016. 6. 20 인출.

센터링크 홈페이지. https://www. centrelink. gov. au.
호주 통계청 홈페이지. https://www. abs. gov. au.
Australian Institute of Health and Welfare 홈페이지. https://www. aihw. gov. au.
Centre for Independent Studies 홈페이지. https://www. cis. org. au.

제 **2** 부   소득보장제도

제 7 장   공적연금제도

제 8 장   고용보험제도 및 고용정책

제 9 장   산재보험제도

제 10 장   가족수당제도

제 11 장   공공부조제도

공적연금제도

1. 호주 노후소득보장체계

호주의 '연금제도'를 논하려면 먼저 연금(*pension*)의 의미를 파악할 필요가 있다. 연금을 '일정 연수, 수명 또는 영구기간에 걸쳐서 매년 또는 어떤 규칙적 간격을 두고 이루어지는 지불'로 폭넓게 정의하면 보험 방식에 의한 연금과 공공부조 방식에 의한 연금이 모두 포함된다.

한국에서는 연금이라고 하면 의례히 보험 방식에 기초한 정기적 지급금을 의미하는 것으로 받아들이는 경향이 있다. 《사회학복지학사전》(이철수, 2013)이 "연금이란 피용자(被傭者) 또는 국민이 소정의 기여금을 일정기간 납부하고 퇴직하거나, 노령·장애 혹은 사망 등의 보험사고가 발생하였을 때, 일정 기간마다 계속하여 지급받는 급여"로 정의한 것이 단적인 예다. 보험 방식에 기초한 연금지급의 현대적 시원은 비스마르크에 의해 1889년 제정된 독일의 노령폐질보험제도이다(이준영·김제선·박양숙, 2015).

공공부조 방식에 기초한 연금의 대표적 예는 1908년 시행된 영국의 노령연금(*old age pension*)이다. 1908년 영국은 자산조사와 도덕성조사를 거쳐 선정된 빈곤한 70세 이상의 노인에 대해 매주 5실링의 노령연금을 지불하였다. 당시 노령연금 지급에 사용된 재원은 국가의 일반조세 수입으로 충당되었다(원석조, 2013).

호주 노후소득체계는 공공부조 방식의 노령연금과 보험 방식의 퇴직급여가 2대 축을 이루고 있다. 여기에 개인의 임의저축을 추가하여 이른바 3층 혹은 3기둥체제(*three pillars*)로 평가하기도 하지만(Nielson, 2010) 노후소득보장을 위한 3개 층위 중에서 1층의 노령연금과 2층의 퇴직연금이 노후소득보장의 중심을 이룬다.

첫 번째 층인 노령연금(*age pension*)은 자산조사를 거쳐 선정된 빈곤 노인을 대상으로 국가 일반재원을 사용하여 지급된다. 시행 역사가 길고 대상 범위가 넓어 최후 안전망으로서의 위상을 가졌지만 지급수준의 적정성이 확보되지 않아 노령연금 단독으로는 노후소득보장이 미흡한 실정이다.

두 번째 층인 퇴직연금(*superannuation*)[1]은 기여금 납부가 법에 의해 강제되며 일정 요건을 구비하면 일시금 혹은 연금이 지급되는 소득보장제도이다. 기여금 납부가 강제되며 적립된다는 점에서 공적연금의 성격을 띠지만, 기여금으로 형성된 자산을 운용하는 주체가 국가가 아닌 민간금융기관이며 가입자 간에 소득재분배 효과가 전혀 없다는 측면에서 보면 사회보험이 아니라 민간보험적 성격도 강하다. 그러나 기여단계에서부터 기금운용, 급여지급에 이르는 전 과정을 국가가 면밀하게 기획하고 통제하는 퇴직연금제도는 국가가 관장하는 노령연금제도와 결합하여 호주 노후소득보

---

1) 호주의 'superannuation'은 여러 갈래로 번역된다. 일시금 수급 비율이 높았던 시절에는 이를 '퇴직급여'로 번역하는 경우가 많았으나, 작금에 들어 일시금보다 매월 정기적으로 급여를 받는 경우가 많아지면서 퇴직연금으로 번역하는 사례가 늘고 있다. 그러나 정작 호주에서는 superannuation에서 지급하는 정기적 급여를 가리키는 용어로서 pension 대신 'income stream'이란 단어를 법률적·공식적으로 사용하며, 이를 pension이라고 지칭할 경우에도 super-pension이란 용어를 사용함으로써 공공부조에 의한 age pension과는 구분하려는 노력을 기울인다.

장체계가 원활하게 작동하게 하는 한 축을 이루고 있다. 이러한 배경하에서, 호주의 '연금제도'를 다루는 이 장에서는 노후소득보장체계의 두 축인 공공부조 방식의 노령연금과 보험 방식의 퇴직연금을 논의한다.

2. 노령연금제도

1) 호주 노령연금제도의 역사적 발전과정[2]

호주에서 노령연금은 애초에 연방 정부가 아닌 주 정부에 의해 시작되었다. 1900년 뉴사우스웨일즈(New South Wales) 주가 자산조사에 기초한 노령연금을 도입한 것이 시초이다. 최초의 노령연금액은 연간 26파운드였으며 재원은 일반조세수입으로 충당되었다. 뒤이어 빅토리아(Victoria) 주와 퀸즐랜드(Queensland) 주에서도 노령연금이 도입되었다.

1901년 개정 헌법은 연방 정부에게 노령연금과 장애연금 관련 입법권을 부여하였다. 이에 따라 연방 정부는 1908년 〈장애 및 노령연금법〉(Invalid and Old Age Pension Act 1908)을 제정하여 1909년 시행에 들어갔다. 연금 수급권은 개인의 성향, 인종, 연령, 주거기간, 자산 등을 모두 고려하여 주어졌는데, 연령요건은 남녀 모두 65세부터였다. 급여액으로는 연간 26파운드를 주 단위로 균분하여 지급하였다.

1910년 여성에 대해서는 수급가능 연령을 60세로 하향 조정하였고, 뒤이어 1912년에는 거주하는 주택을 자산조사 항목에서 제외하였다. 1960년대 들어서면서 자산조사(*means test*) 내용에 소득조사(*income test*)와 더불어 주택을 제외한 나머지 재산을 대상으로 한 재산조사(*asset test*)를 추가하

---

2) 호주 노령연금제도의 발전과정은 닐슨(Nielson, 2010)의 문헌에 기초하여 작성되었다.

였다. 1960년대 후반에는 연령요건을 충족하는 노인세대 중 대략 70% 정도에게 노령연금을 지급하였다. 이후 75세 이상 노인을 대상으로는 자산조사가 생략되었고(1973년), 곧이어 1975년부터 70~74세 노인에 대하여서도 자산조사가 생략되었다.

1975년에는 연금 급여액을 주급 평균소득의 25%로 정하여 이를 기준으로 연금액이 매년 재조정되도록 하였다. 1976년부터 1년에 2회 자동적으로 연금액이 조정되도록 하였고 노령연금을 위한 재산조사를 폐기하였다. 1978년에는 연금액 조정을 연 1회로 단축하고 11월에 조정을 실시했다.

〈표 7-1〉 노령연금제도 변천 과정 주요 연혁

연도	발생한 사건	주요 내용
1900년	노령연금제도 도입	자산조사에 기초 뉴사우스웨일즈주에서 도입
1908년	〈장애인 및 노령연금법〉	연방 정부 입법 남녀 모두 65세부터 수급
1910년	수급 연령 하향 조정	여성의 노령연금 수급연령을 60세로 하향 조정
1912년	자산조사 요건변화	거주하고 있는 주택을 자산조사에서 제외
1960년대	자산조사 요건변화	자산조사를 소득조사 + 재산조사로 구분
1973년	자산조사 요건변화	75세 이상 고령자 자산조사 폐지
1975년	자산조사 요건변화	70~74세 자산조사 폐지
	연금액 기준선 설정	주급 임금 평균액의 25%를 연금액으로 설정
1976년	연금 재산정 횟수 변경	연 2회 자동으로 연금액 조정
	자산조사 요건변화	자산조사 중 재산조사를 폐지
1978년	연금 재산정 횟수 변경	연 1회 연금액 조정
1979년	연금 재산정 횟수 변경	연 2회 연금액 조정
1984년	자산조사 요건변화	자산조사 시 재산조사를 부활
1994년	수급연령 상향 조정	여성의 노령연금 수급연령을 60세에서 65세로 단계적으로 상향 조정
1997년	연금액 기준선 변경	정규노동 주급 임금 평균액의 25%를 연금액으로 설정
2009년	연금액 기준선 변경	남성 노동자 주급 임금 평균액의 27.7%(단신), 41.76%(부부)를 연금액으로 설정
	연금액 재산정 지표 변경	소비자물가지수 대신 연금수급자 생활비지표를 도입
	연금 수급연령 상향 조정	2024년까지 수급연령이 67세가 되도록 단계적 조정

자료: Nielson(2010).

1979년에는 연금액 조정을 연 2회로 다시 늘렸고 5월과 11월에 조정을 실시하였다. 1984년에는 노령연금의 재산조사를 재도입하였으며, 1994년에는 여성의 노령연금 수급 가능 연령을 기존 60세에서 단계적으로 65세까지 늘리도록 결정하였다. 1997년에는 노령연금액이 '정규노동 주급 임금 평균액'(average weekly ordinary time earning)의 25% 수준이 되도록 공식화하여 결정하였다.

2009년에는 노령연금 관련 여러 가지 개혁이 이뤄졌다. 첫째, '남성노동자 주급 임금 평균액'(Male Total Average Weekly Earnings: MATAWE)의 25% 수준이던 노령연금 수급액 기준점을 독신의 경우 27.7%, 부부의 경우 41.76% 수준으로 조정하는 안이 채택되었다. 둘째, '연금수급자 생활비지표'(Pensioner and Beneficiary Living Cost Index: PBLCI)가 도입되었으며, PBLCI가 '소비자물가지수'(Consumer Price Index: CPI)보다 높을 경우에는 연금액 재산정 시 CPI 대신 PBLCI를 반영하도록 규정되었다. 셋째, 65세인 연금 수급연령을 2017년부터 점진적으로 상향 조정하여 2024년에는 67세가 되도록 법제화되었다.

2) 노령연금제도 현황

(1) 수급요건

노령연금을 받으려면 연령, 거주, 자산의 세 가지 요건을 충족해야 한다. 첫째, 연령이 기본적으로 65세 이상이어야 한다. 그러나 〈표 7-2〉에 정리된 바와 같이 수급개시 연령은 단계적으로 상향 조정되어 1957년 1월 1일 이후 출생자부터는 67세 이상이 되어야 노령연금을 받을 수 있다.

둘째, 거주요건으로서 노령연금을 청구하는 시점에 호주에 거주하고 있어야 하며, 또한 적어도 10년 이상 호주에 거주한 이력이 있어야 한다. 또는 청구일 기준으로 그 직전 2년(102주) 이상 부부가 함께 호주에 거주하였

<표 7-2> 출생년월일별 노령연금 수급가능 연령

출생년월일	노령연금 수급가능 연령(세)
1952. 6. 30 이전	65
1952. 7. 1~1953. 12. 31	65.5
1954. 1. 1~1955. 6. 30	66
1955. 7. 1~1956. 12. 31	66.5
1957. 1. 1 이후	67

자료: Department of Human Services(2016).

으며 배우자의 사망으로 독신이 된 경우에도 노령연금을 청구할 수 있다.

셋째, 자산요건으로서 다음 규정의 소득조사와 재산조사 기준을 충족하여야 한다. 먼저 소득조사의 경우 일정 기준선 이하의 소득자는 노령연금 전액이 지급된다. 노령연금 전액이 지급되는 소득기준선은 가구 형태에 따라 다르다. 독신은 2주 기준 164달러이며, 부부는 292달러이다.

기준을 초과하는 소득이 있으면 노령연금액은 감액된다. 기준선을 초과하는 소득 1달러당 독신의 경우 50센트, 부부가구의 경우에는 각자 25센트씩(부부합계 50센트) 연금액이 줄어든다. 2009년 9월 19일 이전부터 노령연금을 받아 왔다면 이들에게는 이행기 연금수급자(*transitional pensioners*) 규정이 적용되며 감액비율은 초과소득 1달러당 각각 40센트, 20센트이다.

수급자의 소득이 어느 정도로 높아졌을 때에 연금수급을 탈피하는지 파악하려면 해당 수급자가 받는 모든 급여를 감안하여야 한다. 노령연금 수급자는 대부분 연금보조금(*pension supplement*)과 에너지보조금(*energy supplement*)을 추가적으로 받는다.

예를 들어 다른 소득이 없는 독신 노인의 경우 매 2주마다 노령연금 797. 9달러, 연금보조금 65. 1달러, 에너지 보조금 14. 1달러를 합한 877. 1달러를 지급받는다. 이 수급자가 일을 하게 되어 소득이 발생할 경우 2주 기준 소득이 164달러 이하이면 급여삭감이 없으며, 164달러를 초과할 때부터 초과액의 50%에 해당하는 금액만큼 삭감된 급여가 지급된다. 이 경

<표 7-3> 가구 형태별 소득수준별 연금 수급액과 수급탈피 소득수준

구분		소득수준	연금 수급액	수급탈피 소득수준
독신가구		164달러 이하	기본연금액 전액	1,918.2달러
		164달러 초과	기본연금액 - 0.5 × (소득 - 164달러)	
부부	공동주거	292달러 이하	기본연금액 전액	2,936.8달러
		292달러 초과	기본연금액 - 0.5 × (소득 - 292달러)	
	질병별거	292달러 이하	기본연금액 전액	3,800.4달러
		292달러 초과	기본연금액 - 0.5 × (소득 - 292달러)	

주: 1인당, 매 2주, 2016년 12월 기준 금액.
자료: Department of Human Services(2016).

우 소득수준이 1,918.2달러가 되면 급여가 0이 되어 연금을 비롯한 각종 보조금 지급에서 벗어나게 된다.

수급자의 가구 형태에 따라 기본연금액이 다르므로 급여에서 벗어나는 소득기준점(*cut-off point*, 무급여 소득금액) 역시 가구 형태에 따라 달라진다. 독신가구의 경우 2주간 소득이 1,918.2달러이면 노령연금 수급액이 0이 된다. 부부가구의 경우 함께 살고 있으면 2주간 가구소득이 2,936.8달러 이상이 되면 수급에서 벗어나고, 부부가 질병으로 인해 별거하고 있는 경우라면 가구소득수준이 3,800.4달러 이상이면 수급액이 0이 된다.

노령연금액은 수급자의 재산수준에도 영향을 받는다. 노령연금 전액, 즉 기본연금액(*basic rate*)을 받을 수 있는 최대 재산가액은 가구 형태와 주택소유 여부에 따라 다르다. 독신이며 주택을 소유하고 있는 경우 기본연금액을 받을 수 있는 재산가액 기준은 20만 9천 달러이고 무주택자의 재산가액 기준은 36만 500달러이다. 호주의 공공부조제도에서는 자산조사 시 거주하고 있는 주택은 제외하고 나머지 재산으로 가액을 산정한다.

재산가액이 기본연금액을 받을 수 있는 수준을 초과하면 초과된 재산가액 천 달러당 매 2주 지급되는 연금이 1.5달러씩 감액된다. 이 감액규정은 이행연금에도 동일하게 적용된다. 재산가액이 증가함에 따라 연금지급액

<표 7-4> 기본연금액을 받을 수 있는 최대 재산가액(2016년)

(단위: 달러)

가구 형태	주택 소유자	무주택자
독신	209,000	360,500
부부공동	296,500	448,000
분리거주 부부공동	296,500	448,000
1인만 수급권, 부부공동	296,500	448,000

자료: Department of Human Services(2016).

<표 7-5> 연금수급에서 벗어나는 재산가액(2016년)

(단위: 달러)

가구 형태	주택 소유자	무주택자
독신	793,750	945,250
부부공동	1,178,500	1,330,000
분리거주 부부공동	1,466,000	1,617,500
1인만 수급권, 부부공동	1,178,500	1,330,000

자료: Department of Human Services(2016).

은 점진적으로 감소한다. 연금지급액이 0이 되는 재산가액은 <표 7-5>에 제시된 바와 같다. 예컨대 독신이면서 주택을 소유한 사람인 경우 재산가액이 79만 3,750달러 이상이 되면 노령연금 수급권을 상실한다.

(2) 급여수준

노령연금은 2주 단위로 지급된다. 2016년 12월 기준 노령연금의 기본액 (*basic rate*)은 독신 노인의 경우에는 2주당 797.9달러, 부부가구인 경우에는 노인 1인당 601.5달러이다. 독신의 노령연금 수급자는 이에 더하여 연금보조금 65.1달러와 에너지보조금 14.1달러를 합한 최대 877.1달러를 매 2주 단위로 지급받을 수 있다.

부부가구를 이루는 노인의 경우 노령연금 외에 추가적으로 받는 연금보조금은 49.1달러이며 에너지보조금은 10.6달러이므로 매 2주 노인 1인당 받는 최대급여액은 661.2달러이다. 따라서 함께 살고 있는 노인부부의 경

<표 7-6> 노령연금 수급자가 받는 급여 내역(2016년)

(단위: 달러)

가구 형태		노령연금	연금보조금	에너지보조금	최대 합계액
독신		797.9	65.1	14.1	877.1
부부	공동주거	601.5	49.1	10.6	661.2
	질병별거	797.9	65.1	14.1	877.1

주: 1인당, 매 2주 단위 금액.
자료: Department of Human Services(2016).

우 2주 단위로 받는 노령연금 및 관련 보조금의 합계액은 1인당 661. 7달러이며 가구 전체를 보면 이 금액의 2배인 1, 322. 4달러가 된다. 부부가 질병으로 별거하여 각자 다른 집에서 살고 있는 경우에는 각자 독신가구와 동일한 연금액 및 관련 보조금을 받는다. 노령연금을 비롯한 각종 급여는 수급자의 은행계좌로 입금된다.

(3) 노령연금 수급자 특성

2013년 기준으로 노령연금 수급자 235만 6, 226명은 전체 65세 이상 인구 321만 7, 520명[3]의 73. 2%에 해당하는 규모이다. 이는 노령연금이 노후소득 보장기제로서 중요한 역할을 수행함을 말해 준다. 그러나 1960년대 후반에 노령연금 수급자 비율이 이미 전체 노령인구의 70%를 수준이었던 것을 감안하면 수급자의 절대 수는 증가했지만 비율은 크게 늘지 않았음을 알 수 있다. 수급자를 성별로 나눠 보면 남성에 비해 여성의 수급자 수가 많고 수급비율도 높다.

인구고령화로 노령연금 수급자는 매년 지속적으로 늘어났다. 2003년 186만 명 수준이던 수급자 수는 계속 늘어나 2008년 200만 명을 초과하였고 2013년 기준 235만 6천여 명에 이르렀다. 노령인구의 72% 내외를 차지하는 노령연금 수급자 수는 인구고령화에 따라 향후에도 지속 증가할 것

---

3) 2013년 6월 인구통계(ABS, 2013: 37~38. Table 7)를 참조했다.

<표 7-7> 65세 인구 성별 구성과 노령연금 수급자 수(2013년)

(단위: 명, %)

구분	65세 인구(A)	노령연금 수급자(B)	수급자 비율(B/A)
남	1,485,806	1,047,216	70.5
여	1,731,714	1,309,010	75.6
합계	3,217,520	2,356,226	73.2

자료: 인구자료는 ABS(2013: 37~38. Table 7), 연금수급자 자료는 Department of Social Services(2014).

<그림 7-1> 연도별 노령연금 수급자 수 변화

(단위: 만 명)

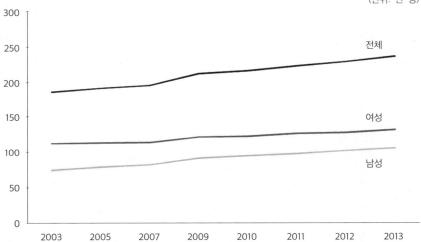

자료: Department of Social Services(2014).

<표 7-8> 노령연금 수급자 특성별 구성비(2013년)

(단위: 명, %)

특성	하위집단	해당 인원	구성비
주택보유 상태	주택소유자	1,766,926	75.1
	무주택자	342,959	24.9
연금 수급액	기본연금 수급자	1,390,152	59.1
	감액연금 수급자	959,775	40.8
	지급보류 · 기타	2,212	0.1
합계		2,352,139	100

자료: Department of Social Services(2014).

<표 7-9> 사회보장 수급유형별 빈곤율(2013~2014년)

(단위: %, 명)

사회보장 수급유형	빈곤율	구성비	빈곤인구 수
실업수당	55.0	21.5	321,300
청소년수당	51.8	2.3	34,300
양육급여	51.5	23.3	347,200
돌봄급여	24.3	8.2	121,900
장애연금	36.2	19.1	284,500
노령연금	13.9	25.7	383,200
전체 수급자	27.8	100	1,492,500

주: 중위소득 50% 빈곤기준선.
자료: ACOSS(2016: 13).

으로 예상된다.

노령연금 수급자 중 75.1%는 주택을 보유하고 있으며 24.9%는 무주택자이다. 소득조사와 재산조사를 거쳐 기본연금 전액을 받는 수급자 비율이 59.1%이며, 감액된 연금을 받는 수급자 비율은 40.8%이다.

<표 7-9>는 다른 소득 없이 각종 사회보장 프로그램으로부터 받는 급여를 주된 가구 수입원으로 삼는 집단의 빈곤율이다. 실업수당(55%), 청소년수당(51.8%), 양육급여(51.5%) 등을 주된 수입원으로 삼는 집단의 빈곤율은 모두 50%를 상회한다. 나머지 급여 수급자의 빈곤율은 장애연금(36.2%), 돌봄급여(24.3%), 노령연금(13.9%) 순으로 나타난다. 노인을 대상으로 하는 노령연금 수급자 집단의 빈곤율이 13.9%로 가장 낮은데, 이는 노령연금을 비롯한 노후소득 보장체계가 다른 집단을 대상으로 한 체계에 비하여 잘 작동함을 보여 준다.

3. 퇴직연금제도

1) 호주 퇴직연금제도 의의와 발전 과정

오늘날 호주 퇴직연금(*Superannuation*)의 기원이 되는 호주 기업연금의 역사는 1860년대까지 거슬러 올라간다(Borowski & Olsberg, 2007). 뉴사우스웨일즈은행(Bank of New South Wales)이 1862년 시행한 기업연금 프로그램은 호주 퇴직연금제의 효시로 평가된다. [4] 당시 기업연금은 장기 근속한 후 퇴직하는 근로자에게 사용자가 임의로 제공하는 퇴직수당의 성격을 가졌다.

기업주가 임의로 제공하는 퇴직연금이었지만, 호주 정부는 1915년 세법을 통해 기업주가 부담한 기여금 전액을 대상으로 세제혜택을 부여하였다. 1922년 연방 정부 공무원을 대상으로 한 퇴직연금제도 도입을 계기로 퇴직연금제가 빠르게 확산되었지만 산업 전반이라는 측면에서 보면 여전히 근로자의 일부만이 혜택을 입을 수 있었다. 예컨대 1974년에는 전체 임금근로자 중에서 32.2%(남성 40.8%, 여성 16.5%)가 퇴직연금제에 가입해 있었는데, 이들은 대부분 고임금의 전문직, 대기업의 관리직, 공무원, 금융기관 종사자, 국방 관련 종사자 등과 같은 사회적 특혜 집단에 속해 있었다(Gunasekera & Powlay, 1987).

1983년 이전까지 고임금 근로자와 관리자에게 편향적이었던 퇴직연금 관련 세제혜택을 개선하였다. [5] 그 결과 54세 이전에 퇴직연금기금으로부터 일시금을 수령할 경우 수령액의 30%를 과세하고, 55세 이후에 일시금으로 수령하면 첫 5만 달러까지는 15%, 나머지 금액은 30%를 과세하는 것으로 변경되었다.

---

4) 이는 미국 최초의 기업연금제로 평가되는 1875년 아메리칸 익스프레스의 기업연금보다 13년 정도 이른 시기이다(Employee Benefit Research Institute, 1980: 3).

호주의 임의적 기업연금이 강제 퇴직연금으로 법정화된 것은 〈1992년 퇴직연금법〉(The Superannuation Guarantee Act 1992)에 의해서이다. 이 법은 모든 사용자에게 규정된 최저요율 이상의 퇴직연금 기여금을 납부할 의무를 규정하였다. 최저요율은 1992년 3%에서 시작하여 2002년까지 단계적으로 9%로 인상될 것으로 예고되었다.

이 법에 의해서 퇴직연금은 정부가 제도설계 및 운영 전반을 주도하는 사회보장의 한 분야로 편입되었다. 또한 대부분의 근로자들이 퇴직연금의 혜택을 받을 수 있게 됨으로써 퇴직연금은 노후소득보장체계의 중요한 한 축을 담당하게 되었다.

1992년 이후에도 좀더 투명한 제도운영과 노후 소득의 안정적인 보장을 도모하기 위해 수차례의 법 개정이 이뤄졌다. 특히, 2010년 호주 정부는 장기간에 걸친 최저기여율 인상 계획을 발표하였다. 즉, 기존 9%였던 최저기여율을 2013년에는 9.25%로 인상하고, 그 이후에도 단계적인 인상을 거쳐 2025년까지 최저기여율을 12%로 올리겠다는 것이었다. 이 계획에 따라 2016년에는 9.5%의 최저기여율이 적용되었다.

---

5) 1983년 이전까지 퇴직연금 관련 조세 규정은 사업주가 부담하는 퇴직연금 기여금 전액을 손비처리 하고, 근로자가 부담하는 기여금에 대해서는 개인별 한계세율을 적용하여 소득세를 부과하되 기금을 찾을 때 면세가 되도록 하였다. 퇴직연금기금의 투자수익금을 대상으로는, 수익발생 시에는 세금을 면제하였으나 이 수익금을 찾을 때에는 세금을 부과하였다. 연금 형태로 받는 퇴직연금에 대해서는 다른 소득과 마찬가지로 취급하여 소득세를 부과하였다. 그러나 퇴직금을 일시금으로 받으면 일시금 총액의 5%만을 과세소득으로 산정하고, 여기에 한계세율을 적용하였다. 개인별 최고 한계세율인 60%가 적용되더라도 일시금의 5%에 대해서만 과세되었으므로 일시금 전체에 대한 과세율은 3%에 그친 것이다. 그 결과 고임금 관리자들은 임금을 대신하여 사업주가 부담하는 퇴직연금 기여금 형태로 보수를 받아 조세를 감면 받는 사례가 자주 발생하였다(Warren, 2008: 12).

2) 퇴직연금제도 가입 및 수급요건

(1) 가입자격과 기여금 부담

호주의 사용자는 자신이 고용한 18~70세의 근로자를 위하여 최저기여율 이상의 퇴직연금 기여금(*superannuation contribution*)을 부담하여야 한다. 그러나 고용한 근로자의 임금이 월 450달러 미만이면 이를 부담하지 않아도 된다. 반대로 근로자가 18세 미만일지라도 근무시간이 주당 30시간을 초과한다면 사업주는 퇴직연금 기여금을 부담하여야 한다. 70세를 초과하되 근로가능검사(*work test*)를 통과한 근로자가 한 달에 40시간 이상 근무를 한다면 사업주는 해당 근로자를 위해 퇴직연금 기여금을 납부할 수 있다. 70세 초과자에 대한 기여금 납부는 의무가 아닌 임의사항이다.

1992년에 퇴직연금 의무가입이 법적으로 규정되기 직전(1991년), 근로자의 퇴직연금 가입률은 이미 77.6%에 달해 있었다. 가입이 법정화된 직후(1993년) 전체 근로자의 88.5%가 퇴직연금제에 가입하였으며, 이후 가입률은 크게 신장되지 않은 채 90% 내외에 머물고 있다.

〈표 7-10〉에 정리된 바와 같이, 근로자의 퇴직연금 가입이 의무화된 1992년 이후 자영자와 사업주의 퇴직연금 가입률은 신장되지 않았으며, 오히려 다소 낮아졌다(41.7→36.1%). 그러나 최근의 '2013~2014 소득 및 주택조사'에 의하면 자영자 중 퇴직연금계정을 가지고 있는 비율이 78.4%로 높게 나타났다. 다만 이 조사는 현재 자영업을 하고 있으나 과거에 근로자로서 일을 하면서 퇴직연금에 가입하였던 계정을 그대로 보유한 경우도 퇴직연금계정을 보유한 자영자로 포괄하고 있다. 때문에 처음부터 자영자 지위를 유지해 온 자영자 및 사업주의 퇴직연금 가입률은 정확하게 포착하지 못하였음을 유의할 필요가 있다.

사용자가 부담하는 최저기여율은 퇴직연금이 법정제도로 바뀐 1992년 3%에서 시작하여 2002년까지 매 1~2년마다 1%p씩 지속적으로 증가해

<표 7-10> 연도별 집단별 퇴직연금 가입률 추이

(단위: %)

| 연도 | 근로자 | | | | | 자영자 · 사업주 |
	정규직	비정규직	전체	남	여	
1974	-	-	32.2	40.8	16.5	7.8
1982	-	-	48.9	57.5	32.2	25.3
1988	61.7	20.0	54.5	65.7	39.0	34.3
1991	84.8	49.8	77.6	82.1	71.8	41.7
1993	93.2	70.9	88.5	90.5	86.0	41.7
1995	94.4	71.6	89.4	91.1	87.2	36.1
2000	97.5	81.5	92.2	93.1	91.2	-
2005	95.6	78.2	90.4	91.1	89.6	-
2010	94.4	79.2	89.8	89.3	90.4	-
2011	94.6	79.9	90.1	90.0	90.3	-
2012	94.1	80.2	89.9	89.5	90.3	-

자료: Swoboda(2014).

2002년 9%에 도달하였다. 〈표 7-11〉에 정리되어 있는 바와 같이 11년간 9%를 유지하던 최저기여율은 2013부터 연 0.25%p씩 두 차례 상승하여 2014년 9.5%에 도달한 후 2021년까지 이 수준을 유지할 예정이다. 이후 최저기여율은 2021년 7월 1일에 10%로 인상되고, 그 후 매년 0.5%p씩 인상되어 2025년 7월에는 12%까지 인상될 예정이다. 최저기여율이 지속적으로 상승하는 이유는 시간이 지날수록 자본수익률은 낮아지는 데 반해 잠재적 퇴직연금 수급자의 평균수명은 점차 더 길어지기에 수급자의 적정한 노후소득보장을 위해서는 더 많은 기금 적립이 필요하기 때문이다.

사용자는 매 분기 다음 달의 28일까지 해당 분기 퇴직연금 기여금을 기금에 적립하여야 한다. 즉, 1년에 4회, 사용자는 근로자가 지정한 기금의 근로자 개인 계좌에 퇴직연금 기여금을 납부해야 한다. 만약 사용자가 납부기일을 어기거나, 과소납부 또는 미납할 경우 이에 따른 근로자의 피해를 방지하기 위하여서 미납된 부분을 정부가 대납해 준다. 대신 정부는 미납된 금액과 이자, 부수적으로 발생한 행정비용을 합산한 금액을 사용주에게 부과해 차

<표 7-11> 퇴직연금 법정 최소기여율 변화과정과 향후 계획

연도	지속기간(년)	법정 최소기여율(%)
1992. 7. 1~1994. 6. 30	2	3.0
1994. 7. 1~1995. 6. 30	1	4.0
1995. 7. 1~1996. 6. 30	1	5.0
1996. 7. 1~1998. 6. 30	2	6.0
1998. 7. 1~2000. 6. 30	2	7.0
2000. 7. 1~2002. 6. 30	2	8.0
2002. 7. 1~2013. 6. 30	11	9.0
2013. 7. 1~2014. 6. 30	1	9.25
2014. 7. 1~2021. 6. 30	7	9.5
2021. 7. 1~2022. 6. 30	1	10.0
2022. 7. 1~2023. 6. 30	1	10.5
2023. 7. 1~2024. 6. 30	1	11.0
2024. 7. 1~2025. 6. 30	1	11.5
2025. 7. 1 이후	-	12.0

자료: Warren(2008); CPA Australia Ltd.(2016).

후에 징수한다.

사업주가 부담하는 퇴직연금 기여금 대상이 되는 임금의 최대한도는 2016년 기준 분기당 4만 9,430달러, 연간 19만 7,720달러다. 이 금액을 초과하는 부분의 임금에 대해서는 사업주에게 퇴직연금 기여금 부담 의무가 없다.[6] 기여금 대상이 되는 임금의 최대한도는 매년 전체 근로자의 급여평균액에 연동하여 변화된다. 자영업자는 퇴직연금기여의 의무가 없다. 그러나 자영업자도 임의로 퇴직연금 기여금을 납부할 수 있다. 자영업자 연간소득 중 피용자로서 번 소득이 10% 미만이면 자영업자가 납부한 퇴직연금 기여금은 조세감면 혜택을 받을 수 있다.

저소득 근로자 및 사업소득자를 대상으로 정부는 연간 최대 500달러 범위 내에서 퇴직연금 기여금을 매칭으로 부담해 준다. 이 제도는 사업주가

---

[6] 2016년 최저기여율이 9.5%이므로 사업주가 법적으로 부담해야 하는 근로자 1인당 최대 퇴직연금 기여금액은 18,783.4달러(197,720 × 0.095 = 18,783.4)이다.

부담해 주는 퇴직연금 기여금 외에 근로자가 추가적으로 퇴직연금기금에 적립을 할 경우 근로자가 부담한 적립액과 동일 액수를 정부가 추가 적립해 주는 제도이다. 단, 여기에는 몇 가지 제약이 따른다. 정부가 추가 부담해 주는 기여금 액수는 연간 최대 500달러이다. 저소득의 범위는 2016∼2017년 기준 연간 3만 6,021달러 이하이며, 이 기준에 해당되면 근로자나 사업소득자가 퇴직연금에 추가 납부하는 기여금과 동일한 액수(총 500달러 이내에서)를 정부가 추가 납부해 준다. 소득이 연간 3만 6,021달러를 넘어서면 초과소득 1달러당 0.033달러씩 정부매칭 액수가 줄어들며 소득이 연간 5만 1,021달러가 되면 정부매칭 기여금이 0이 된다. 저소득 근로자들로 하여금 자신의 퇴직연금기금을 더 적극적으로 많이 적립하도록 유도하기 위한 인센티브 정책이다.

(2) 퇴직급여 수급요건

개인계정에 적립된 퇴직연금 적립금과 투자수익금을 합하여서 퇴직 후 연금 혹은 일시금 형태로 지급받게 된다. 그러나 특별한 경우가 아니면 퇴직을 하더라도 보존연령(preservation age)에 도달할 때까지는 적립된 퇴직연금기금을 인출할 수 없다. 이전에는 보존연령이 일률적으로 55세이었으나 2016년 이후 2년마다 1세씩 보존연령이 증가했다. 그 결과 1964년 7월 1일 이후 출생자는 보존연령이 60세이다. 이들이 60세에 도달하는 2024년 이후 보존연령 60세가 유지될 예정이다.

보존연령에 도달하기 이전의 퇴직연금 적립금 인출은 사망, 영구장애, 불치의 질병이환, 심각한 재정적 궁핍 등 특별한 경우로 한정된다. 이때에도 각각 별도의 증명서 제출과 심사를 거쳐야 한다.

2005∼2015년의 10년간 퇴직연금의 수급 변화를 보면 수급액은 해가 지날수록 늘어났다. 즉, 2005년 321억 5,200만 달러이던 지급액이 2015년에는 거의 3배 수준인 930억 7,400만 달러 수준으로 증가하였다.

<표 7-12> 출생시기별 보존연령과 보존연령 도달 연도

출생연월일	보존연령(세)	보존연령 도달 연도(년)
1960. 6. 30 이전	55	2015
1960. 7. 1~1961. 6. 30	56	2016
1961. 7. 1~1962. 6. 30	57	2018
1962. 7. 1~1963. 6. 30	58	2020
1963. 7. 1~1964. 6. 30	59	2022
1964. 7. 1 이후	60	2024

자료: CPA Australia Ltd(2016).

<표 7-13> 연도별 퇴직연금기금의 급여별 내역

(단위: 백만 달러, %)

구분	2005년		2010년		2015년	
	금액	비율	금액	비율	금액	비율
일시금	21,811	67.8	29,694	51.1	35,161	37.8
연금	10,341	32.2	28,365	48.9	57,913	62.2
합계	32,152	100	58,060	100	93,074	100

자료: APRA(2014; 2016).

수급 형태 면에서는 일시금에서 연금 중심으로 급여 형태가 변화되었음을 알 수 있다. 2005년의 경우 일시금 수급 비율이 67.8%로서 연금 수급액보다 2배 정도 많았다. 그러나 2010년 일시금 수급액은 전체 수급액의 절반 수준인 51.1%로 줄었고, 2015년에는 일시금 수급액 비율이 37.8%로서 연금 수급 비율 62.2%의 절반 수준으로 줄었다.

3) 퇴직연금기금

(1) 퇴직연금기금의 종류

사용자의 기여로 조성되는 퇴직연금기금(*Superannuation fund*)은 신탁의 형태이다. 즉, 기금은 가입자를 대신해 투자자산을 관리하고 가입자의 수익자 이익(*beneficiary interest*)을 위해 최선을 다할 의무를 진다. 이러한 기금은 5개 유형으로 구분되는데 근로자는 자신이 선호하는 기금을 자유롭게 선택할 수 있다. 근로자는 자신이 선택한 기금에 계좌를 개설하고 이 계좌에 사용자가 기여금을 납부하게 된다. 하나씩 살펴보면 다음과 같다.

첫째, 기업형 기금(*corporate fund*)은 종업원을 위해서 회사가 자체적으로 설립·운영하는 기금이다. 1860년대 기업연금이 출현할 무렵부터 존재해 온 퇴직연금 기금의 원형이지만 최근으로 올수록 그 수가 줄고 있다.

둘째, 산업형 기금(*industry fund*)은 특정산업에 속하는 근로자의 퇴직자산 관리를 위해 산업 단위로 설립된 기금이다. 현재는 다른 산업의 근로자들도 가입자가 될 수 있는 개방체계로 변환되어 운영되지만 이 역시 기업형 기금처럼 최근 들어 그 수가 줄고 있다.

셋째, 공공형 기금(*public sector fund*)은 공공부문 근로자가 가입할 수 있는 기금이다. 공직에 취업하며 가입된 자는 공직을 떠난 이후에도 계속 기여금을 납입할 수 있다. 연방공무원 기금, 주공무원 기금, 교수 기금 등이 대표적이다.

넷째, 소매형 기금(*retail fund*)은 은행, 증권, 보험사, 자산운용사 등 금융회사들이 영리를 목적으로 운영하는 기금으로서 소규모기업, 자영업자, 일반 개인 등이 많이 가입한다.

다섯째, 소형 기금(*small fund*)은 가입자가 4명 이하인 기금을 말한다. 가입자들이 스스로 수탁자가 되어 기금의 설립 및 운영에 대한 책임을 지며 운용방법이 다른 유형의 기금에 비해 자유롭다. 이 유형의 기금은 다른 유형에 비해 기금 수가 월등히 많으나, 관리하는 총 계좌 수는 많지 않다.

(2) 퇴직연금기금 운영현황

2015년 6월 기준 5개 유형의 퇴직연금기금 총수는 55만 9,547개이며 이 중 소형 기금이 55만 9,286개(99.95%)로서 숫자적으로는 절대 다수를 차지한다. 그러나 계좌 수로 보면 전체 2,997만 8천 개 중 소매형 기금에서 관

<표 7-14> 기금유형별 관리운영 현황

구분	기금 수(개)	계좌 수(천 개)	총자산(10억 달러)	계좌당 평균자산(천 달러)
기업형	34	346	53.9	146
산업형	43	11,303	434.1	36
공공형	38	3,524	350.6	97
소매형	146	13,571	536.5	39
소형	559,286	1,054	592.0	562
합계	559,547	29,978	1,967.0	64

주: 2015년 6월 기준.
자료: APRA(2016: 6), Table 3.

리하는 계좌가 1,357만 1천 개(45.3%)로 가장 높은 비율을 차지한다.

퇴직연금기금의 2015년 총자산은 1조 9,670억 달러로서 동년도 호주 GDP 1조 6,200억 달러의 121%에 달한다. 계좌당 평균자산은 6만 4천 달러이지만 기금유형에 따라 큰 차이가 있다. 계좌당 평균자산이 가장 많은 곳은 소형 기금으로서 56만 2천 달러이고, 가장 적은 곳은 산업형 기금 계좌의 3만 6천 달러이다.

(3) 퇴직연금 관련 세제

퇴직연금제도는 기금부담, 기금운용, 급여 세 단계에서 세제가 적용된다. 첫째, 기금부담 단계에서 사업주가 부담하는 법정 기여금은 전액 기업의 손비로 처리된다. 근로자는 자신이 받을 임금의 일부를 기여금으로 납부할 수 있는데 이를 세전 급여공제(salary sacrifice)라고 한다. 퇴직연금기금은 사용자가 부담한 법정기여금과 근로자가 부담한 급여공제액을 합한 금액의 15%를 기여세(contribution tax)로서 국세청에 납부한다. 기여세율 15%가 적용되는, 즉 인정 기여금(concessional contribution) 한도액은 2016년 기준 연간 3만 달러이다. 근로자는 자신이 받은 임금에 대하여 소득세를 납부한 이후 세후 소득을 사용하여 추가적으로 퇴직연금 기여금을 납부할 수 있다. 이를 비인정 기여금(non-concessional contribution)이라 하며 이미 소

<표 7-15> 퇴직연금 기여단계에서 적용되는 세율

기여금 구분	기여주체	기여한도	기여세율
인정 기여금	사용자	연간 3만 달러(3만 5천 달러)	15%
	근로자	(사용자 기여금 포함) 연간 3만 달러(49세 미만) 연간 3만 달러(49세 이상)	15%
비인정 기여금	근로자	연간 18만 달러	0%

자료: CPA Australia Ltd(2016).

득세를 납부한 세후소득으로 납부한 것이므로 이에 대해서는 기여세가 부과되지 않는다. 다만 비인정 기여금 역시 한도가 있으며, 2016년 기준 연간 18만 달러이다(CPA Australia Ltd., 2016).

둘째, 적립된 퇴직연금기금을 운용하는 단계에서 발생하는 투자수익에 대해서는 15% 과세가 이뤄진다. 즉, 운용수익금 중 15%는 조세 납부를 위해 제외하고 나머지 금액만 근로자 계좌에 입금된다.

셋째, 퇴직연금기금으로부터 일시금 혹은 연금 형태로 지급받을 때도 과세가 이뤄진다. 이때 과세율은 적립된 기금의 비과세 항목 비율, 수급자의 연령, 수급액 크기, 수급 형태(일시금 혹은 연금) 등에 따라 달라진다.

수급 시 과세여부와 과세율을 보려면 먼저 적립기금의 내역 중 비과세부문과 과세부문의 구성비를 알아야 한다. 비과세부문(tax-free component)은 적립기금 중 세후소득으로 근로자가 부담했던 기여금, 정부에 의한 공동기여금 등으로 형성된 기금 부문으로서 이에 기초하여 지급되는 급여에는 과세를 하지 않는다.

적립기금 중 과세부문(taxable component)은 사용주가 부담했던 기여금, 세전 급여공제 형태로 근로자가 부담했던 기여금, 자영업자가 조세감면을 받았던 기여금 등으로 형성된 기금이다. 과세부문 적립 기금은 조세 측면에서 다시 적립할 당시 이미 조세를 납부한 부문(taxable component-taxed element)과 조세를 납부하지 않은 부문(taxable component-untaxed element)의

〈표 7-16〉 적립기금 성격별·연령별 일시금 수급 시 부담하는 조세율(2016년)

적립기금 성격	수급자 연령	수급액(천 달러)	부과세율(%)
조세를 납부한 기금	보존연령 미만	전체 액수	20
	보존연령~60세 미만	195[1] 이하	0
		195 초과액	15
	60세 이상	전체 액수	0
조세를 납부하지 않은 기금	보존연령 미만	1,415[2] 이하	30
		1,415 초과액	45
	보존연령~60세 미만	19.5 이하	15
		195~1,415	30
		1,415 초과액	45
	60세 이상	1,415 이하	15
		1,415 초과액	45

주 1) 2016~2017년에 적용되는 '저율한도액'(low rate cap).
　　2) 2016~2017년에 적용되는 '비과세 계획한도액'(untaxed plan cap).
자료: Australian Taxation Office(2016).

두 종류로 구분된다. 과세부문에 기초하여 지급되는 각종 급여(일시금 혹은 연금)에는 기본적으로 조세가 부과되는데, 적립할 당시에 이미 조세를 납부하였는지 여부에 따라 수급 시 과세율이 달라진다.

　과세부문의 적립금을 일시금으로 수령할 경우 적립기금의 조세 납부 여부, 수급자의 연령, 일시금 규모에 따라 부과되는 조세율의 차이를 살펴보면 〈표 7-16〉과 같다. 예컨대 적립 시 조세를 이미 납부한 기금으로부터 일시금을 받는 60세 이상의 수급자의 경우 조세부담률이 0%이다. 그러나 동일한 수급자가 만약 조세를 납부하지 않은 기금으로부터 일시금을 받을 경우 그 액수가 141만 5천 달러 이하이면 15%의 조세를, 이를 초과하는 액수에 대해서는 45%의 조세를 부담한다.

　과세부문의 적립금을 연금 형태(*super income stream* 또는 *super pension*)로 수급할 경우에 부담하는 조세는 다음과 같다. 연금으로 수급할 때도 일시금 수급과 유사하게 적립기금의 조세납부 여부와 수급자의 연령에 따라 부담하는 조세율이 다르다. 조세를 이미 납부한 기금으로부터 연금을 받을 경우

〈표 7-17〉 적립기금 성격별 연령별 연금 수급 시 부담하는 조세율(2016년)

적립기금 성격	수급자 연령	부과세율
조세를 납부한 기금	보존연령 미만	한계세율
	보존연령~60세 미만	한계세율 - 15%
	60세 이상	0%
조세를 납부하지 않은 기금	보존연령 미만	한계세율
	보존연령~60세 미만	한계세율
	60세 이상	한계세율 - 10%

자료: Australian Taxation Office(2016).

수급자가 60세 이상이면 연금에 대한 조세부과는 없다. 그러나 수급자가 보존연령(*preservation age*) ~60세 미만이면 개인의 소득세에 부과되는 한계세율에 15%를 감면한 세율이 적용된다. 보존연령 미만의 연금수급자에 대해서는 개인의 소득세에 부과되는 한계세율이 연금에도 부과된다.

적립 시 조세를 납부하지 않은 기금으로부터 연금을 받을 경우 수급자의 연령이 60세 이상이면 개인 소득세에 적용되는 한계세율에서 10%를 감면한 세율이 연금에 적용된다. 60세 미만 수급자에게는 개인 소득세의 한계세율이 연금에도 적용된다.

참고문헌

원석조(2013). 《사회복지발달사》. 제2판. 고양: 공동체.
이준영·김제선·박양숙(2015). 《사회보장론: 원리와 실제》. 제3판. 서울: 학지사.
이철수(2013). 《사회복지학 사전》. 고양: 혜민북스.

ACOSS(Australian Council of Social Service)(2016). *Poverty in Australia 2016*. Strawberry Hills: ACOSS.
Borowski, A., & Olsberg, D.(2007). Retirement Income Policy for A Long-lived

Society. In Borowski, A., Encel, S., & Ozanne, E. (Eds.) (2007). *Longevity and Social Change in Australia*. Sydney : UNSW Press.

Department of Social Services (2014). *Income Support Customers: A Statistical Overview 2013*. Canberra: Commonwealth of Australia.

Employee Benefit Research Institute (1990). *Fundamentals of Employee Benefit Programs*, 4th edition. Washington, D. C.: Employee Benefit Research Institute.

Gunasekera, M., & Powlay, J. (1987). *Occupational Superannuation Arrangements in Australia (Backgroud/Discussion Paper No. 21)*. Canberra: Department of Social Security.

기타 자료

ABS (Australian Bureau of Statistics) (2013). Australian demographic statistics, June 2013.

APRA (Australian Prudential Regulation Authority) (2014). Statistics: Annual Super-annuation Bulletin (October 2012, revised version).

_____ (2016). Statistics: Annual Superannuation Bulletin (June 2015).

Australian Taxation Office (2016). Key superannuation rates and thresholds.

CPA Australia Ltd. (2016). Superannuation Guide, 2015-2016.

Department of Human Services (2016). A guide to Australian government payments, 20 September - 31 December 2016.

Nielson, L. (2010). Chronology of superannuation and retirement income in Australia.

Swoboda, K. (2014). Major superannuation and retirement income changes in Australia: A chronology. http://www.aph.gov.au/About_Parliament/Parliamentary_Departments/Parliamentary_Library/pubs/rp/rp1314/SuperChron.

Warren, D. (2008). Australia's Retirement Income System: Historical Development and Effects of Recent Reforms. Melbourne Institute Working Paper No. 23/08.

08

고용보험제도 및 고용정책

1. 호주의 고용보험제도

1) 호주의 실업급여제도

(1) 호주 실업급여제도의 특징

호주의 사회보장제도는 대부분의 다른 OECD 국가들과 비교하여 독특한 특징을 보인다. 호주 정부가 제공하는 대부분의 사회보장급여는 노사가 기여하는 보험료에 의해 재원을 조달하기보다는 일반조세에서 재원을 조달한다. 호주의 사회보장제도는 정액의 급여를 제공하며 대부분의 급여는 소득조사 혹은 자산조사를 거쳐서 지급이 된다. 다른 선진국에 비해 소득지원 금액의 수준은 최저한도의 생활수준을 제공하는 정도로 낮은 편이지만, 제도의 적용대상이 매우 포괄적이라는 특징을 가진다. 호주의 사회보장제도에서 연금과 급여의 차이는 중요하다(Davidson & Whiteford, 2012). 일반적으로 연금이 급여에 비해 지원 금액의 수준이 더 높고, 연금에 대한 소득·자산조사는 급여에 대한 소득·자산조사에 비하면 좀더 관대하게 규정되어 있다.

호주의 핵심적인 실업자 대상 소득지원제도는 고용(실업) 보험이 아니라 실업부조이다. 따라서 호주의 실업급여제도는 일반조세에서 재원을 조달하고, 자산조사를 거쳐 정액의 급여를 제공하며, 지급기간에 제한이 없다. 또한 다른 선진국들은 2층 혹은 3층의 형태로 실업자에 대한 사회안전망 체제를 갖추고 있지만, 호주는 뉴질랜드와 마찬가지로 실업부조만으로 실업자 사회안전망을 구성한다. 1)

최근 황덕순(2011)은 선진국을 대상으로 실업자 사회안전망의 구성과 유형화를 시도했다. 2) 이 연구에서는 한국을 포함한 14개 국가를 대상으로 실업보험, 실업부조, 사회부조로 이어지는 실업자 사회안전망의 구성과 유형을 분석하고 있다. 여기에 더해 복합형 복지체제의 성격을 가지는 네덜란드를 포함시킨다면 비교대상 국가는 모두 15개국이 된다.

이들 15개국을 대상으로 2011년 기준 실업자 사회안전망의 구성과 상대적 역할에 따른 유형화를 시도한 것이 〈표 8-1〉에 정리되어 있다. 여기서 실업보험은 주로 노사가 기여하는 보험료에 의해 재원이 조달되는 실업급여제도를 말한다. 한국 고용보험의 실업급여가 여기에 속한다. 실업부조는 일반조세에 의한 재원조달 방식으로 자산조사를 거쳐 실업자에게 급여를 지원하는 제도이다. 따라서 실업부조는 일반적으로 실업보험급여 수급요건 미충족자나 실업보험급여를 소진한 자를 대상으로 제공된다. 반면에 사회부조는 실업자 보호가 우선적인 목표라기보다는 최저한도의 생활을

---

1) 호주에서는 정부의 소득지원을 필요로 하지만 어떤 특정 급여대상의 범주에도 속하지 않는 자들을 대상으로 특별급여(special benefit) 제도를 운영한다. 특별급여는 다른 나라의 사회부조와 유사하다고 생각되지만, 수혜인원은 매우 적은 편이다. 2013년의 사회보장제도 수급자 통계자료를 보면 특별급여의 수급자 수는 5,492명에 불과했다(Department of Social Services, 2014).

2) 이하의 논의는 유길상·김동헌·정주연·강금봉·김용주·김우진(2012)의 연구보고서 제4장에 바탕을 두고 있다.

구분		실업보험	실업부조	사회부조	국가
1층형	UI	○	-	-	이탈리아
	UA	-	◎	-	호주, 뉴질랜드
2층형	UI-UA	○	◎	-	독일, 영국
	UI-SA	○	-	◎	덴마크, 일본, 한국, 미국, 네덜란드
3층형	UI-UA-SA	○	◎	○	핀란드
	UI-UA-SA	○	○	◎	스웨덴, 스페인, 프랑스, 오스트리아

주: UI는 실업보험, UA는 실업부조, SA는 사회부조를 의미. 이탈리아의 경우 실업부조와 전국적
   사회부조가 없고, 지역 수준에서 사회부조가 제공됨. 실업부조와 사회부조 중에서 더욱 중요한
   제도를 ◎로 표시. 네덜란드는 필자가 추가함.
자료: 황덕순(2011).

보장하는 것을 목표로 한다.

실업부조와 사회부조의 기능은 국가별로 다르다. 특히, 근로능력이 있는 자가 사회부조제도에 포함되는지 여부에 따라 실업자 사회안전망의 구성이 달라진다. 예를 들어, 독일과 오스트리아는 실업보험-실업부조-사회부조 3층의 실업자 사회안전망 체제를 가지고 있었다. 하지만 독일에서 하르츠 개혁을 통해 실업부조와 사회부조가 통합되면서 근로능력이 있는 자는 사회부조 대상에서 제외되었다. 이런 변화로 인해 독일의 실업자 사회안전망은 이제 실업보험-실업부조로 이어지는 2층의 형태를 갖췄다.

〈표 8-1〉은 실업자 사회안전망을 6가지 유형으로 세분화하고, 각 유형에 속하는 대표적 국가를 보여준다. 이 표에서는 실업부조가 실업보험의 수급요건을 충족하지 못하는 자를 대상으로 하고 지급기간에 제한이 없는 경우 사회부조에 비해 더 중요한 기능을 하는 것으로 간주한다. 아울러 독일, 영국과 같이 실업보험과 실업부조의 2층 사회안전망을 구성한 국가들은 근로능력이 있는 자를 사회부조의 수급대상에서 제외한다. 이러한 실업자 사회안전망의 유형에 의하면 한국은 실업보험-사회부조라는 2층의 실

업자 사회안전망을 갖췄고, 호주는 실업부조라는 1층의 실업자 사회안전
망을 갖췄다.

(2) 호주 실업부조제도의 개요

호주에서 실업자를 대상으로 하는 실업급여제도는 크게 두 가지, 새출발수
당(Newstart Allowance: NSA)과 청년수당(Youth Allowance: YA)으로 구성
된다. 새출발수당은 22세 이상이며 노령연금 수급연령 이하인 실업자를
대상으로 한다. 청년수당은 16~21세의 실업자 혹은 16~24세의 전일제
학생·도제를 대상으로 한다. 새출발수당은 청년수당에 비해 상대적으로
넓은 연령대의 실업자를 대상으로 하기에 수급자 수와 지출규모에 있어 좀
더 중요한 비중을 차지한다. 먼저 호주 실업급여제도의 역사적 변화를 간
단히 살펴본 후, 현행 새출발수당과 청년수당에 대해 구체적으로 살펴보기
로 하자.

호주에서는 1944년 제정된 〈실업 및 상병급여법〉에 의해 1945년에 실
업급여제도가 도입되었다(김태홍, 2012).[3] 이 실업급여제도는 1991년에
큰 변화를 겪었는데, 실업급여제도가 구직수당(Job Search Allowance: JSA)
과 새출발수당으로 변경되었다. 구직수당은 12개월 미만 구직자를 대상으
로 하며, 새출발수당은 12개월 이상 연방고용서비스에 실업자로 등록을
한 장기실업자를 대상으로 하였다. 1990년대 초반의 실업률 급증에 대응
하여 1994년 3월에는 60~65세 미만 중고령자 실업자를 대상으로 하는 중
고령수당(Mature Age Allowance: MAA)이 도입되었다. 중고령수당은 한시
적으로 도입되어 2003년 10월 20일부터는 신규 지급이 중단되었고, 2008
년 10월에는 제도가 중단되었다.

1996년 10월에는 다시 제도 개편이 이루어져, 구직수당 수급대상자 중

---

3) 호주 실업급여제도의 역사적 변화과정에 대한 상세한 논의는 김태홍(2012), 류기철·황
   준욱·박혁(2003), Davidson & Whiteford(2012) 등의 연구를 참조하기 바란다.

<표 8-2> 호주 실업급여제도의 변화

연도	내용
1991	• 기존의 실업급여제도가 구직수당(JSA)과 새출발수당(NSA)이라는 2층의 구조로 변경됨. • 구직수당은 12개월 미만 구직자, 새출발수당은 12개월 이상 장기실업자를 대상으로 함.
1994	• 1994년 3월 24일부터 60~65세 미만 실업자 대상의 중고령수당(MAA) 도입. • 1994년 10월 구직수당, 새출발수당 등을 수급하는 자의 배우자를 대상으로 하는 배우자수당(PA)이 도입됨.
1995	• 1995년 1월 1일부터 18세 미만 실업자를 대상으로 하는 청년훈련수당(YTA)이 도입됨.
1996	• 1996년 10월 20일부터 구직수당이 새출발수당에 흡수되어, 18세 이상 모든 구직수당 수급자들은 새출발수당 제도에 편입됨.
1998	• 1998년 7월 1일부터 청년훈련수당과 여러 청년소득지원제도가 통합되어 현재의 청년수당(YA)으로 출범함.
2003	• 2003년 10월 20일부터 중고령수당의 신규 지급이 중단되었고, 2008년 10월에는 제도가 중단됨. • 2003년 10월 20일부터 배우자수당의 신규 지급이 중단됨.
2012	• 2012년 7월 1일부터 청년수당(기타) 신규 신청자의 대상 연령이 20세에서 21세로 증가하고, 새출발수당 신규 신청자의 대상 연령은 21세에서 22세로 증가함.

자료: 김태홍(2012)과 Department of Social Services(2016)를 참조하여 재구성.

에서 18세 이상 실업자는 새출발수당, 18세 미만 실업자는 청년훈련수당 (*Youth Training Allowance*: YTA)으로 통합되었다. 그리고 1998년 7월에는 청년훈련수당과 여러 청년소득지원제도가 하나의 제도로 통합되어 현재의 청년수당제도가 출범하였다. 2012년 7월부터는 청년수당 실업자의 대상 연령이 20세에서 21세로 조정되었다.

새출발수당과 청년수당의 지급을 위한 거주요건은 동일하다. 즉, 수당을 수급하기 위해서는 호주 국민 혹은 영주권자이면서 호주 내에 거주하여야 한다. 신규 이주민의 경우에는 104주의 대기기간을 충족해야만 한다. 새출발수당을 수급하는 자는 정기적으로 구직활동을 해야 하며 적절한 일자리에 취업할 의사가 있다는 것을 보여줄 의무가 있다. 이러한 의무를 구직활동심사(*activity test*) 혹은 참여요건(*participation requirements*)이라고 한다. 새출발수당의 대기기간은 7일이다. 즉, 수당에 대한 신청이 접수된 후 통상적으로 1주일의 기간이 경과한 뒤에 수당이 지급된다. 새출발수당을

<표 8-3> 새출발수당의 기본 급여율

(단위: 달러)

유형	최대급여액
자녀 없는 독신	527.6
부양자녀 있는 독신	570.8
60세 이상인 독신(9개월 연속 수당 지급 이후)	570.8
기혼(각각)	476.4
부양자녀 있는 주부양자인 독신	737.1

주: 2016년 3월 20일부터 6월 30일 기준, 단위기간은 2주.
자료: Department of Social Services(2016).

받기 위해서는 소득조사와 자산조사를 거쳐야만 한다.

2016년 기준 새출발수당과 청년수당의 기본 급여액은 〈표 8-3〉과 〈표 8-4〉에 각각 정리되어 있다. 4) 새출발수당의 기본 급여액은 통상적으로 매년 3월 20일과 9월 20일, 청년수당의 기본 급여액은 1월 1일에 소비자물가 지수에 연동되어 조정된다. 급여는 2주(fortnight)마다 은행계좌에 입금된다. 18세 미만이며 독립적이지 않다고 판단되는 수급자는 부모 혹은 후견인에게 급여가 지급된다. 새출발수당의 경우 자녀가 없는 독신에게는 최대 527.6달러, 부양 자녀가 있는 독신에게는 570.8달러가 지급된다. 60세 이상인 독신이 9개월 이상 연속하여 수당을 받는 경우에는 기본 급여액이 570.8달러이다. 한편 기혼 수급자에게는 각각 476.4달러가 지급된다. 5) 부양 자녀가 있는 주부양자인 독신의 경우에는 737.1달러가 지급된다.

청년수당의 기본 급여액을 보면, 자녀가 없는 독신에게는 연령과 거주 형태에 따라서 237.1~433.2달러가 지급된다. 구체적으로, 18세 미만이며

---

4) 새출발수당과 청년수당은 500달러 한도까지 선불로 지급받을 수 있다. 기본 급여액 이외에 수급자가 처한 여건에 따라 다양한 종류의 추가적 급여가 지급될 수 있다(Davidson & Whiteford, 2012). 예를 들어, WfD(Work for the Dole) 프로그램과 특정 승인된 활동에 참여하는 구직자에게는 추가적으로 2주당 20.8달러의 급여가 지급된다.

5) 기혼은 배우자(partner)가 존재하는 경우를 말하며, 반드시 법적으로 혼인한 상대를 의미하지는 않는다.

<표 8-4> 청년수당의 기본 급여율

(단위: 달러)

유형		최대급여액
자녀 없는 독신	18세 미만, 집에 거주하는 경우	237.1
	18세 미만, 집을 떠난 경우	433.2
	18세 이상, 집에 거주하는 경우	285.2
	18세 이상, 집을 떠난 경우	433.2
자녀 있는 독신		567.6
부양자녀 있는 주부양자인 독신		737.1
자녀 없는 기혼		433.2
자녀 있는 기혼		475.7

주: 2016년 3월 20일부터 6월 30일 기준, 단위기간은 2주.
자료: Department of Social Services(2016).

집에서 거주하는 경우에는 237.1달러, 18세 미만이며 집에서 떨어져서 생활하는 경우에는 433.2달러가 지급된다. 또한 18세 이상이며 집에서 거주하는 경우에는 285.2달러, 18세 이상이며 집에서 떨어져 생활하는 경우에는 433.2달러가 지급된다. 자녀가 있는 독신에게는 567.6달러가 지급되며, 부양자녀가 있는 주부양자인 독신의 경우에는 737.1달러가 지급된다. 한편 자녀가 없는 기혼 수급자의 기본 급여액은 433.2달러이고, 자녀가 있는 기혼 수급자의 경우에는 475.7달러이다.

새출발수당을 포함하여 실업자 대상의 급여는 소득조사와 자산조사를 거쳐서 지급된다. 2016년 기준 새출발수당의 소득조사제도는 <표 8-5>에 정리된 것과 같다. 우선 가족 상황에 관계없이 수급자가 스스로 번 소득이 2주당 102달러 이하일 때는 수당의 삭감이 이루어지지 않는다. 이를 소득자유영역(*income free area*)이라고 부르는데, 수급자가 수당의 삭감 없이 스스로 벌 수 있는 최대한의 소득금액을 의미한다.[6] 수급자가 스스로 번 소득이 102달러를 초과할 경우 그 초과금액에 삭감률(*taper rates*)을 적용하여

---

6) 류기철 외(2003)의 연구는 "무삭감 최대가득 소득금액"이라고 부르고 있다.

<표 8-5> 새출발수당 소득조사

(단위: 달러)

가족 상황	소득자유영역	무급여 소득금액
자녀 없는 독신	102	1,021.00
부양자녀 있는 독신	102	1,094.17
부양자녀 있는 주부양자인 독신	102	1,552.75
부양자녀 있는 주부양자인 독신(상호의무요건 면제)	102	1,974.75
60세 이상인 독신(9개월 연속 수당 지급 이후)	102	1,104.50
기혼(각각)	102	934.17

주: 2016년 3월 20일부터 6월 30일 기준, 단위기간은 2주.
자료: Department of Social Services(2016).

지급액을 삭감한다. 구체적으로 살펴보면, 스스로 번 소득이 102~252달러인 구간에서는 1달러당 수당금액이 50센트씩 감액이 된다. 스스로 번 소득이 252달러를 초과하는 구간에서는 1달러당 60센트가 감액되도록 설계되어 있다.[7]

스스로 번 소득수준이 증가하면 감액 역시 계속되어 수당이 0에 이르게 되는데, 새출발수당을 0이 되게 만드는 최소한의 소득금액을 무급여 소득금액(*cut-out points*)이라고 부른다. 무급여 소득금액은 배우자와 자녀의 유무에 따라 달리 정해진다. 예를 들어, 자녀가 없는 독신 수급자의 무급여 소득금액은 1,021달러이며, 부양자녀가 있는 독신 수급자의 무급여 소득금액은 1,094.17달러로 정해져 있다.

한편 기혼 수급자는 개별적으로 소득조사를 받게 된다. 따라서 기혼자의 소득이 무급여 소득금액을 초과하지 않는 한도 내에서는 배우자가 수급하는 수당금액에 영향을 미치지 않는다. 다만 어느 한 배우자의 소득이 무급여 소득금액을 초과하게 되면, 그 수준을 초과하는 소득에 대하여 다른

---

7) 부양자녀가 있는 주부양자인 독신(상호의무요건 면제 포함) 수급자의 경우에는 자유영역이 102달러이고, 이를 초과하는 소득에 대해서는 1달러당 수당금액이 40센트가 감액이 되도록 설계되어 있다.

배우자의 수당에서 일반적으로 1달러당 60센트가 감액된다.

호주에서는 소득조사와 관련하여 근로 크레디트(working credit)라는 독특한 제도를 운영한다. 이 제도는 새출발수당 혹은 청년수당을 수급하는 구직자가 취직하여 소득이 발생할 경우 소득조사의 대상이 되는 소득금액을 감소시켜 더 많은 급여를 받을 수 있도록 한다. 구체적으로, 수급자의 총 소득이 2주당 48달러 미만이면 자동적으로 그 금액만큼 1달러당 1근로 크레디트가 축적이 된다. 이 제도하에서 1크레디트는 1달러와 동일하게 간주된다. 새출발수당 구직자는 최대 1천 크레디트까지 모을 수 있는데, 1크레디트당 소득자유영역이 1달러 늘어나는 효과를 보게 된다.[8] 예를 들어, 150크레디트를 가진 수급자는 자유영역을 초과하여 150달러만큼 추가적으로 수당금액 삭감이 없이 소득을 벌 수 있다.

일반적으로 수당과 연금의 자산조사 한도는 서로 다르게 규정되어 있다. 새출발수당의 자산조사 한도는 〈표 8-6〉에 나타나 있다. 여기서 자산이란 수급자 소유의 자산을 말하지만, 주택은 자산조사에서 제외된다. 가족 상황과 주택 소유 유무에 따라 새출발수당의 자산조사 한도는 차이를 보인다. 예를 들어, 독신이며 주택을 소유한 자의 자산조사 한도는 20만 2천 달러이며, 독신이지만 주택을 소유하지 않은 자의 자산조사 한도는 34만 8,500달러에 달한다. 신청자의 보유자산이 자산조사 한도를 초과하면 수당이 전혀 지급되지 않는다.

아울러 유동자산조사도 실시한다. 그 한도는 독신의 경우 5,500달러, 부부 혹은 자녀가 있는 독신의 경우에는 1만 1천 달러이다. 새출발수당과

---

8) 이 제도하에서 청년수당 구직자는 최대 3,500크레디트까지 획득할 수 있다. 청년수당 수급자 중에서 전일제 학생 혹은 도제는 근로 크레디트가 아니라 소득뱅크(income bank)의 대상이 된다. 소득뱅크제도에서는 2주당 총 소득이 433달러 미만인 경우에 크레디트가 축적되며, 전일제 학생은 최대 1만 800크레디트, 도제는 최대 1천 크레디트까지 획득할 수 있다.

<표 8-6> 새출발수당의 자산조사 한도

(단위: 달러)

가족 상황	주택 소유자	무주택자
독신	202,000	348,500
부부(합산)	286,500	433,000
병으로 별거 중인 부부(합산)	286,500	433,000
한 배우자만 수급자(합산)	286,500	433,000

주: 2016년 3월 20일부터 6월 30일 기준, 단위기간은 2주.
자료: Department of Social Services(2016)

청년수당의 유동자산조사 한도액은 동일하다. 수당 신청자의 유동자산이 이 한도액을 초과한다면 1주에서 13주까지의 유동자산 대기기간이 적용된다(Davidson & Whiteford, 2012). 9)

청년수당 신청자의 독립적 지위가 인정되지 않는 경우에는 부모소득조사의 적용을 받지만, 독립적인 신청자라면 개인소득조사의 적용을 받는다. 통상적으로 22세 이상이거나 특정 기준을 충족시키는 경우에는 독립적인 지위가 인정된다. 2016년 기준 청년수당 수급자의 소득자유영역은 2주당 143달러이다. 스스로 번 소득이 143~250달러인 구간에서는 1달러당 수당금액이 50센트씩 감액된다. 스스로 번 소득이 250달러를 초과하는 구간에서는 1달러당 60센트가 감액된다. 학생 및 도제 수급자의 소득자유영역은 2주당 433달러이다. 이들의 소득이 433~519달러인 구간에서는 1달러당 수당금액이 50센트씩 감액된다. 스스로 번 소득이 519달러를 초과하는 구간에서는 1달러당 60센트가 감액된다.

독립적인 청년수당 수급자의 소득조사에 적용되는 무급여 소득금액 역시 배우자와 자녀의 유무에 따라 달리 정해진다. 한편 기혼 수급자는 개별

---

9) 통상적인 1주의 대기기간을 포함하여 대기기간의 적용 대상인 신청자가 특별히 경제적 어려움을 겪고 있다고 판단되는 경우에는 곤궁규정을 적용하여 대기기간이 단축될 수도 있다(류기철 외, 2003).

<표 8-7> 독립적인 청년수당 수급자의 소득조사

(단위: 달러)

가족 상황		소득자유영역	무급여 소득금액
독신, 18세 미만, 집에서 거주	학생과 도제	433	849.00
	구직자	143	562.50
독신, 18세 이상, 집에서 거주	학생과 도제	433	930.34
	구직자	143	643.84
독신 혹은 기혼, 자녀 없음, 외지에 거주	학생과 도제	433	1,181.00
	구직자	143	894.50
기혼, 자녀 있음	학생과 도제	433	1,253.00
	구직자	143	966.50
독신, 자녀 있음	학생과 도제	433	1,408.67
	구직자	143	1,122.17

주: 2016년 3월 20일부터 6월 30일 기준, 단위기간은 2주.
자료: Department of Social Services(2016).

<표 8-8> 새출발수당과 청년수당의 소득조사제도 비교

구분	새출발수당 (독신, 자녀 없음)	새출발수당 (독신, 자녀 있음)	청년수당(구직자) (독신, 자녀 없음)	청년수당(학생·도제) (독신, 자녀 없음)
기본급여액	527.6달러	570.8달러	433.2달러	433.2달러
소득자유영역	102달러	102달러	143달러	433달러
삭감률	• 102~252달러 구간은 50% 삭감 • 252달러 초과 구간은 60% 삭감	• 102~252달러 구간은 50% 삭감 • 252달러 초과 구간은 60% 삭감	• 143~250달러 구간은 50% 삭감 • 250달러 초과 구간은 60% 삭감	• 433~519달러 구간은 50% 삭감 • 519달러 초과 구간은 60% 삭감
무급여 소득금액	1,021달러	1,094.17달러	894.5달러	1,181달러
근로 크레디트[1]	최대 1,000 (2주당 소득이 48 달러 미만인 경우)	최대 1,000 (2주당 소득이 48 달러 미만인 경우)	최대 3,500 (2주당 소득이 48 달러 미만인 경우)	• 학생: 최대 10,800 • 도제: 최대 1,000 (2주당 소득이 433 달러 미만인 경우)

주 1) 청년수당(학생·도제)의 경우 소득뱅크라고 부름.
 2) 2016년 3월 20일부터 6월 30일 기준, 단위기간은 2주.
자료: Department of Social Services(2016)를 참조하여 재구성.

적으로 소득조사를 받으며, 배우자의 소득이 무급여 소득금액을 초과하지 않는 한도 내에서는 수급자의 수당금액에 영향을 미치지 않는다. 다만 배우자의 소득이 무급여 소득금액을 초과하게 되면, 그 초과 소득에 대해 기혼 수급자의 수당이 일반적으로 1달러당 60센트씩 감액된다. 이상의 논의를 바탕으로 〈표 8-8〉에서는 대표적인 유형의 새출발수당 및 청년수당의 소득조사제도를 비교하고 있다.

(3) 호주의 실업자 소득지원 현황

최근 호주의 실업자 소득지원 현황을 살펴보기에 앞서 2003년 이후 사회보장 소득지원급여 수급자 수의 전반적인 추이부터 살펴보기로 한다. 〈표 8-9〉에는 2003년부터 2013년까지의 전체 사회보장 소득지원급여 수급자의 추이가 정리되어 있다. 2003년 485만 7천 명이었던 전체 수급자 수는

〈표 8-9〉 호주 사회보장 소득지원급여 수급자 추이

(단위: 천 명)

연도	청년수당 (학생/도제)	청년수당 (기타)	새출발수당	배우자수당	중고령수당	미망인수당	노령연금 등 소득지원	전체 수급자
2003	305	87	512	103	41	43	3,765	4,857
2004	297	85	483	91	33	45	3,781	4,815
2005	285	80	454	72	21	44	3,820	4,776
2006	271	76	438	60	12	44	3,763	4,664
2007	264	69	418	46	5	40	3,731	4,572
2008	257	65	399	38	1	39	3,783	4,582
2009	279	83	520	29	-	36	3,876	4,823
2010	297	88	554	24	-	34	3,947	4,944
2011	325	86	527	17	-	29	4,027	5,012
2012	271	84	550	14	-	29	4,085	5,033
2013	248	114	661	10	-	26	4,081	5,139

주: 각 급여 유형별로 천 명에서 반올림한 수치. 중고령수당은 2003년 9월부터 신규 수급이 중단, 이후 당시 수급자격을 가진 수급자들의 수급이 완료된 2009년 이후에는 수급자가 없음.
자료: Department of Social Services(2016)의 〈표 1〉 자료를 참조하여 재구성.

<표 8-10> 노동시장 급여 수급자 추이

(단위: 명)

연도	새출발수당	청년수당(기타)	청년수당(학생)	청년수당(도제)	배우자수당	미망인수당
2014	741,051	112,705	239,768	7,055	8,289	25,674
2015	774,072	109,165	232,088	5,676	5,790	22,151
2016	767,908	97,846	229,689	4,271	4,004	18,472

주: 각 연도 6월 기준.
자료: Department of Social Services(2016)의 <표 1> 자료를 참조하여 재구성.

지속적으로 감소하여 2007년에는 457만 2천 명으로 감소하였다. 2007년 이후에는 다시 수급자 수가 꾸준히 늘어나는 추세를 보여 2013년에는 전체 수급자 수가 513만 9천 명에 달했다.

청년수당 수급자 수를 보면 2003년 39만 2천 명이었던 전체 수급자 수는 지속적으로 감소하여 2008년에는 32만 2천 명이 되었다. 하지만 2008년 이후 다시 급증하여 2011년에는 41만 1천 명에 달했다. 이후 수급자 수는 다소 감소하여 2013년에는 36만 2천 명을 기록했다. 청년수당 수급자가 전체 사회보장 소득지원급여 수급자에서 차지하는 비중은 7%이다.

새출발수당 수급자의 경우에도 2003년 51만 2천 명이었던 수급자 수는 지속적으로 감소하여 2008년에는 39만 9천 명으로 감소하였다. 하지만 2008년 이후 다시 수급자 수가 급증하여 2013년에는 66만 1천 명에 달했다. 2013년 기준 새출발수당 수급자가 전체 사회보장 소득지원급여 수급자에서 차지하는 비중은 12.9%에 달했다.

최근 3년간의 노동시장 급여 수급자의 추이는 <표 8-10>에 정리되어 있다. 새출발수당 수급자는 2014년 6월 기준 74만 1천 명에서 2016년 6월 기준 76만 8천 명으로 증가하였다. 반면에 청년수당 수급자 수는 감소 추이를 보였다. 특히, 청년수당(기타) 수급자는 2014년 6월 기준 11만 3천여 명에서 2016년 6월 기준 9만 8천 명으로 감소하였다.

새출발수당 및 청년수당 수급자들 중에는 실제로 구직활동을 하지 않고

<표 8-11> 새출발수당 구직자 현황

분류	남성	여성	전체
단기 새출발수당 구직자	94,486(36.8)	48,606(26.7)	143,092(32.6)
장기 새출발수당 구직자	162,073(63.2)	133,769(73.3)	295,842(67.4)
전체 새출발수당 구직자	256,559(100)	182,375(100)	438,934(100)

주: 2016년 6월 기준. 괄호 안은 % 수치.
자료: Department of Social Services(2016)의 〈표 2〉 자료를 참조하여 재구성.

<표 8-12> 청년수당(기타) 구직자 현황

(단위: 명, %)

분류	남성	여성	전체
단기 청년수당(기타) 구직자	17,573(45.5)	14,272(42.3)	31,845(44.0)
장기 청년수당(기타) 구직자	21,023(54.5)	19,443(57.7)	40,466(56.0)
전체 청년수당(기타) 구직자	38,596(100)	33,715(100)	72,311(100)

주: 2016년 6월 기준. 괄호 안은 % 수치.
자료: Department of Social Services(2016)의 〈표 3〉 자료를 참조하여 재구성.

있는 자들이 포함되어 있다. 따라서 새출발수당 및 청년수당(기타) 수급자
들 중에서 2016년 6월을 기준으로 급여를 수급하고 구직활동 의무가 부여
된 자들만을 분류하여 각각 새출발수당 구직자와 청년수당(기타) 구직자라
고 부르기로 하자(Department of Social Services, 2016).

새출발수당 구직자의 규모는 남성이 25만 7천 명, 여성이 18만 2천 명으
로 전체 43만 9천 명이다. 전체 새출발수당 구직자 중에서 단기 구직자의
비중은 32.6%이고 12개월 이상 장기 구직자의 비중은 67.4%이다. 성별
로 보면 남성 구직자 중에 장기 구직자의 비중은 63.2%이고, 여성의 경우
이 수치가 73.3%에 이른다. 여성의 장기 구직자 비중이 상대적으로 더 높
음을 알 수 있다.

청년수당(기타) 구직자의 규모는 남성이 3만 9천 명, 여성이 3만 4천 명
으로 전체 7만 2천 명이다. 전체 청년수당(기타) 구직자 중에서 단기 구직자
의 비중은 44%이고 12개월 이상 장기 구직자의 비중은 56%이다. 그리고

〈표 8-13〉 성별·연령별 구직자 현황

(단위: 명, %)

	남성		여성		전체	
	구직자	비중	구직자	비중	구직자	비중
18세 미만	2,733	0.9	3,012	1.4	5,745	1.1
18~20세	26,703	9.0	23,804	11.0	50,507	9.9
21~24세	42,053	14.2	27,239	12.6	69,292	13.6
25~29세	42,079	14.3	21,617	10.0	63,696	12.5
30~39세	67,546	22.9	38,680	17.9	106,226	20.8
40~49세	56,837	19.3	51,376	23.8	108,213	21.2
50~59세	40,696	13.8	38,360	17.8	79,056	15.5
60세 이상	16,509	5.6	12,001	5.6	28,510	5.6
전체	295,156	100	216,089	100	511,245	100

주: 2016년 6월 기준.
자료: Department of Social Services(2016)의 〈표 6〉 자료를 참조하여 재구성.

성별로 보면 남성 구직자 중에서 장기 구직자의 비중은 54.5%이고, 여성의 경우 이 수치가 57.7%를 차지하여 여성의 장기 구직자 비중이 다소 높게 나타났다.

앞에서 살펴보았듯이 2016년 6월 기준 새출발수당 구직자 수는 43만 8,934명, 청년수당(기타) 구직자 수는 7만 2,311명으로 이들을 모두 더하면 전체 구직자 수는 51만 1,245명이다. 전체 구직자 중에서 단기 구직자는 174,937명으로 34.2%, 장기 구직자는 336,308명으로 65.8%를 차지하고 있다.

〈표 8-13〉에는 전체 구직자를 성별, 연령별로 분류하여 그 특성을 파악할 수 있다. 우선 전체 구직자 중에서 남성이 57.7%인 29만 5천 명이고, 여성이 42.3%인 21만 6천 명이다. 연령계층별로 보면 20대(21~29세)가 가장 높은 비중을 차지하고, 그다음은 40대, 30대의 순이다. 성별로 구분하여 보면 남성은 20대의 비중이 가장 높고, 그다음은 30대, 40대의 순이다. 반면에 여성의 경우에는 40대의 비중이 가장 높고, 그다음은 20대와 30대의 순으로 남성과는 다른 구성비를 보여준다.

<표 8-14> 구직자의 성별 근로소득 현황

(단위: %)

분류	남성	여성	전체
근로소득 없음	83.8	73.8	79.6
근로소득 있음	16.2	26.2	20.4
0.01~62달러	0.6	0.7	0.6
62.01~142달러	1.6	2.2	1.8
142.01~236달러	2.2	3.0	2.5
236.01~316달러	1.7	2.5	2.0
316달러 초과	10.2	17.8	13.4
전체	100	100	100

주: 2016년 6월 17일에 끝나는 2주간의 근로소득. 이 표에서의 남성 구직자 인원은 29만 4,376명,
여성 구직자 인원은 21만 5,408명, 전체 구직자 인원은 50만 9,784명.
자료: Department of Social Services(2016)의 <표 8> 자료를 참조하여 재구성.

<표 8-14>를 살펴보면 모든 구직자가 수당에만 의존하지는 않는다는 것
을 파악할 수 있다. 전체 구직자 중에서 79.6%는 근로소득이 없이 수당에
만 의존하지만 나머지 20.4%는 스스로 번 소득이 있으며, 2주간의 근로
소득이 316달러를 초과하는 구직자의 비중도 무려 13.4%에 이른다. 성별
로 구분해 보면 남성 구직자 중에서 근로소득이 있는 자의 비중은 16.2%,
여성 구직자의 경우에는 26.2%로 여성의 근로소득자 비중이 남성보다 훨
씬 높게 나타났다. 이는 여성 구직자가 남성 구직자에 비해 파트타임 근로
를 더 많이 하고 있음을 반영한다.

2. 호주의 고용서비스

1) 호주의 고용서비스 개혁

1990년대 후반 이후 선진국 고용서비스 개혁의 중요한 특징 중 하나는 서비스 제공의 시장화와 경쟁의 도입이다.[10] 고용서비스의 효과성과 효율성을 제고하기 위해 이른바 준시장을 도입하고, 고용서비스의 일부 혹은 전부를 민간서비스기관에게 위탁하는 국가들이 늘어났다. 물론 고용서비스의 시장화와 민간위탁의 정도는 국가별로 차이가 나타나지만, 2000년대 들어 다양한 복지국가체제에서 민간위탁이 확대되는 추이를 보이는 것은 분명하다.

고용서비스의 시장화와 민간위탁은 미국·영국·호주 등 자유주의적 복지국가에서 가장 활발하게 추진되고 있다. 하지만 이들 선도적 국가들에 뒤이어 독일, 덴마크 등의 선진국에서도 고용서비스의 시장화와 민간위탁을 단계적으로 확대하는 추세이다. 한국에서도 적극적 노동시장정책의 한 축을 담당하는 고용서비스의 효율성을 제고하기 위해 서비스 제공의 시장화에 관심을 보였다(김승택·노상헌·Daniel Finn, 2015; 이덕재·오성욱, 2013; 이승렬, 2013). 이런 측면에서 고용서비스의 시장화에서 선도적 국가라고 평가받는 호주의 고용서비스 개혁사례는 주목의 대상이다. 이런 배경하에 호주 고용서비스 개혁의 역사적 전개과정을 살펴보기로 한다.

호주에서는 연방 고용서비스기관(Commonwealth Employment Service)이 1946년에 설립된 이후 1997년까지 연방 고용서비스기관의 300여 개 지

---

10) 이 장의 2의 내용은 김동헌(2015)의 호주 사례연구를 바탕으로 내용을 수정·보완한 것이다. 여기에서는 호주의 고용서비스와 전달체계를 다룬다. 김태홍(2012)은 호주의 최저임금제도를 중점적으로 소개한다. 호주의 전반적 고용정책에 관해서는 OECD(2012) 보고서를 참조하기 바란다.

방사무소에서 고용서비스를 제공하고, 실업자 대상의 소득지원업무는 사회보장부에서 담당하는 체제를 유지하였다(유길상 · 김동헌 · 어기구 · 강금봉 · 최석규, 2011).

호주 정부는 1994년에 일하는 국가(*working nation*)라는 새로운 근로연계복지 전략을 제시하면서, 고용서비스에 시장원리를 도입하고 고용서비스의 민간위탁사업을 본격적으로 추진하였다. 일하는 국가의 핵심 사업인 직업협정(*job compact*) 프로그램은 18개월 이상 장기실업자에게 사례관리 서비스를 제공하여 취업이나 훈련으로 이행할 수 있도록 하는 것이다. 고용서비스의 전달체계도 개편하였는데, 연방 고용청의 지방사무소에서 구직자에 대한 취업알선 업무를 담당하되 집중적인 서비스의 일부에 대해서는 민간의 고용서비스 기관에 위탁을 하게 되었다.

1996년 새롭게 집권한 하워드 정부는 '일하는 국가' 정책은 비용이 많이 들고 비효과적이라는 점에서 실패하였다고 주장하고, 1996~1997년도 예산안에서 노동시장정책 전달체계의 대대적 개혁안을 발표하였다. 이 개혁안의 핵심은 소득지원 및 고용서비스의 전달체계를 단일화하고 고용서비스 준시장을 도입하는 것이었다.

이 개혁안에 따라 호주는 1990년대 후반 '전례가 없는 급진적인 개혁'이라고 평가를 받을 만큼 전면적으로 고용서비스의 민간위탁을 시도하여 전세계의 주목을 받게 되었다. 당시 호주의 고용서비스 개혁은 제한적 · 선택적 수준에서의 민간위탁이 아니라 전면적 아웃소싱을 통해 고용서비스의 준시장을 도입한 보기 드문 사례였다.

호주는 공공서비스의 효율성 제고를 위해서 1997년 6월에 센터링크(Centrelink)라는 기관에서 각종 대민서비스를 통합적으로 제공하도록 전달체계를 혁신하였다. 1997년 이후 개별 정부부처 · 기관은 정책 개발에 초점을 두고, 센터링크는 원스톱 고용복지서비스센터로서 각종 공공서비스를 통합적으로 전달하는 기능을 담당하고 있다(장지연, 2005).

〈표 8-15〉 고용서비스 개혁의 유형

유형	해당국가
공공직업안정기관을 민영화하여 민간고용서비스기관 간의 경쟁을 통해 고용·훈련·고용복지서비스의 질적 개선 도모	호주, 네덜란드 등
지역파트너십에 의한 민관컨소시엄 형태의 직업안정기관을 구축하여 파트너기관의 직원들이 컨소시엄 형태의 직업안정기관에 직접 파견되어 고용·훈련·고용복지서비스를 원스톱으로 제공	미국, 캐나다 등
지역파트너십에 의한 고용·직업훈련·고용복지서비스 전달체계의 혁신을 하면서도 전통적인 공공직업안정기관의 기본 틀은 유지하며 각 파트너들은 직업안정기관의 요청 시 각자의 사무실에서 필요한 서비스를 전문적으로 제공	영국, 독일 등

자료: 유길상(2006).

센터링크는 새출발수당, 청년수당 등 복지급여를 지급하고, 구직자의 구직활동을 점검하며, 취업 난이도에 따라 구직자의 유형을 분류하는 등 소득지원 및 고용서비스 연결 창구로서의 역할을 담당한다. 그러나 센터링크가 구직자를 대상으로 직접 고용서비스를 제공하는 것은 아니다. 센터링크는 민간의 고용서비스 네트워크인 잡네트워크에 소속된 기관에 구직자를 소개하는 기능을 수행한다. 즉, 새출발수당, 청년수당 수급자는 최초 구직등록을 한 뒤에 해당 급여를 신청하지만, 고용서비스는 센터링크가 소개해 주는 잡네트워크 기관으로부터 받게 되는 시스템이다.

2) 잡네트워크 시기(1998~2009년)

호주의 '잡네트워크'(Job Network: JN)는 구직자를 대상으로 직접 고용서비스를 제공하는 취업지원 네트워크이다. 고용노사관계부가 고용서비스의 구매자 역할을 담당하고, 민간의 고용서비스 기관이 잡네트워크의 일원으로 구직자에게 고용서비스를 제공하면 그 비용을 대신 지급한다.

잡네트워크 사업은 공개입찰 방식으로 진행되었으며, 선정된 기관은 고용노사관계부와 3년 정도의 계약을 체결했다. 잡네트워크 기관 선정을 위한 입찰은 1997년 중반에 시작되어 1998년 2월에 선정결과가 발표되었다.

1차 사업의 계약기간은 1998년 5월부터 2000년 2월까지였다. 2차 계약기간은 2000년 2월부터 2003년 6월까지였다. 3차 계약기간은 당초에는 2003년 7월부터 3년간이었다. 하지만 호주 정부는 2005년 5월 양호한 성과를 달성한 기관들에 한정하여 계약을 연장한다는 계획을 발표했고, 이 기관들과 2006~2009년 기간까지 계약을 연장했다.

1차 계약기간에는 306개 기관이 1,404개 지점에서, 2차 계약기간에는 205개 기관이 2,114개 지점에서, 3차 계약기간 초기에는 109개 기관이 986개 지점에서 서비스를 제공했다. 잡네트워크 시장의 경쟁이 치열해지면서 시간이 지날수록 고용서비스를 제공하는 기관의 수가 감소했다.

잡네트워크의 시장점유율을 살펴보면, 3차 계약기간 이후에는 공공부문의 역할이 급격하게 감소했고 민간의 영리기업과 비영리부문(구세군 등 주로 종교단체)이 각각 절반 정도의 시장점유율을 차지했다. 1996년 하워드 정부가 단행했던 고용서비스 개혁 이전에도 호주에서는 이미 종교단체와 민간의 영리기업이 고용서비스 전달체계에서 어느 정도 역할을 담당했다.

1998년 잡네트워크 도입 이후 이전 연방고용청의 성과에 비교해 현저한 비용절감과 실적상승 효과가 나타났다(Caldwell, 2005). 1991~1994년 기간에 실업부조 수급자 1명당 고용성과를 달성하는 데 소요되는 비용은 8천 달러 수준이었다.[11] 1998년 5월 잡네트워크의 도입 이후 이 고용성과 비용은 4천~6천 달러 수준으로 하락했고, 2003년 7월 적극적 참여 모형이 도입된 이후에는 3,500달러 수준까지 하락한 것으로 나타났다.

1차 및 2차 계약(1998~2003년) 기간에 민간의 고용서비스기관은 취업알선, 구직훈련, 집중지원이라는 3가지 종류의 서비스를 제공했다. 하나씩 살펴보면 다음과 같다. 첫째, 취업알선은 센터링크에 구직등록을 한 대부

---

11) 고용성과는 구직자가 실업부조 수급자인 경우에는 13주 동안 연속적으로 근무하여 평균적으로 급여액의 70% 이상이 절약되는 것을 의미한다. 구직자가 수급자가 아닌 경우에는 취업 후 연속하여 13주 동안 주당 평균 15시간 이상 근무하는 요건을 말한다.

분의 구직자에게 제공되는 가장 기본적인 고용서비스로 구인정보를 입수하여 구인자가 원하는 적절한 구직자를 소개시켜 주었다. 둘째, 구직활동 훈련은 주로 3~12개월 동안 실업상태에 있는 구직자를 대상으로 15일 동안 이력서 작성, 면접상의 요령 등 구직기술을 제고하는 훈련을 제공했다. 셋째, 집중지원은 심각하고 복합적인 취업 장애를 겪는 구직자를 대상으로 최대 12~15개월 동안 맞춤형 지원서비스를 제공했다.

1차 및 2차 계약기간 동안 고용노사관계부 내부에서 이 제도의 효과에 대한 지속적인 평가연구가 진행되었고, 호주 생산성위원회(Productivity Commission, 2002)와 OECD(2001)도 독립적으로 평가보고서를 출판했다. 이들 평가연구로부터 얻은 정책학습을 바탕으로 3차 계약기간이 시작되는 2003년 7월부터는 적극적 참여 모형(active participation model)이라는 새로운 서비스 모형을 실시했다.

3차 계약기간 동안에 시행된 활동적 참여 모형은 간단하고 신속한 서비스를 지향하면서, 실업기간과 개인 상황에 맞게 서비스의 강도가 심화되는 연속적 서비스를 제공했다. 활동적 참여 모형의 주요 특징은 더욱 간단하고 신속한 서비스 제공, 일자리 정보와 취업알선 서비스의 개선, 취약계층에 대한 집중지원 확대, 구직자 계좌의 실시, 확실한 서비스 보장, 보완적 고용·훈련 서비스로의 연계 강화 등이다.

3) 잡서비스 오스트레일리아 시기(2009~2015년)

기존의 잡네트워크 제도에서 보여준 성과에도 불구하고 취업 우선을 지나치게 강조한 나머지 취약계층 대상의 고용서비스 제공과 직업능력의 개발에는 다소 소홀하다는 비판이 노동당과 일부 학자들에게서 줄기차게 제기되었다. 기존의 고용서비스 모형으로는 실업률 증가와 기술부족의 확대, 취약계층과 장기실업자가 급증하고 있는 노동시장의 상황에 대처하지 못한다는 문제점이 제기되었다.

2007년 11월 총선에 패배함으로써 11년간 집권했던 하워드 총리가 물러나고, 러드 총리가 이끄는 노동당 정부가 출범했다. 당시 노동당 정부는 총선 기간 동안 '호주의 숙련향상'(Skilling Australia)이라는 정책 슬로건으로 평생학습과 숙련향상을 중시하는 노동시장 정책방향을 제시했다. 실제로 정부부처의 개편이 이루어지면서 고용노사관계부(DEWR)의 명칭이 교육고용노사관계부(DEEWR)로 변경되었다.

새롭게 집권한 노동당 정부는 기존의 잡네트워크가 취약계층의 직업능력개발을 지원하는 데에 미흡하다고 비판하고, 2009년 7월부터 잡네트워크를 '잡서비스 오스트레일리아'(Job Services Australia: JSA)로 개편하였다. 새로운 고용서비스 모형인 JSA의 목적은 구직자의 직업능력을 제고하여 단순히 취업을 촉진하는 데에 그치는 것이 아니라, 지속가능한 일자리에 취업할 수 있도록 지원하는 것이었다. 또한 실업자 및 비경제활동인구의 취업을 촉진하고, 심각한 취업 장애를 가진 구직자를 위한 맞춤형 고용·복지서비스를 제공하는 데에 역점을 두었다.

JSA는 기존의 적극적 참여 모형과 비교하면 유사한 부분이 많지만, 이전에 비해 민간의 고용서비스 기관이 가진 재량권이 줄어들고 정부의 통제와 규제가 강화되었다는 점이 특징이다. 새로운 고용서비스체계에서 구직자는 취업 장애에 따라 4개의 유형(*stream*) 중의 하나로 분류가 되는데, 민간기관이 각 유형에 속하는 모든 구직자에게 반드시 제공해야 하는 서비스 보장이 정해져 있다. 12)

구직자의 유형은 1997년에 개발된 구직자 분류지표(Job Seekers Classi-fication Instrument: JSCI)라는 통계적 프로그램을 통해 구직자의 취업 장

---

12) 각 구직자 유형에 대한 서비스의 내용과 위탁비 지급구조는 유길상(2014)의 연구를 참조하기 바란다.

애 및 장기 실업의 위험성을 진단하여 결정된다. 구직자 분류지표는 장기 실업의 가능성이 높은 구직자를 선별하여 집중적인 맞춤형 서비스를 제공하려는 목적으로 도입된 실업자 프로파일링 프로그램이다. 1998년 도입 당시에는 장기 실업의 가능성과 연관된 평가항목이 18개였는데, 주기적인 통계적 보완작업을 통해 평가항목이 조정되었다. 연령과 성, 교육수준 등 각 평가항목에 대해 구직자의 취업을 어렵게 하는 정도에 따라 일종의 가중치 점수를 부여하는 방식으로 평가가 이루어진다. 이 점수가 높은 구직자일수록 장기 실업의 위험성이 높은 구직자이다.

구체적으로는 구직자의 구직자 분류지표 점수가 0~19점일 경우 제1유형으로 분류된다(OECD, 2012; 이승렬, 2013). 제1유형은 취업이 준비되어 있는 취업가능집단으로, 신규 구직자의 53% 정도가 여기에 속한다. 점수가 20~28점이면 제2유형, 29점 이상이면 제3유형으로 분류된다. 제2유형과 제3유형은 제1유형보다 취업에 어려움을 겪을 가능성이 높은 집단이다. 제2유형의 신규 구직자 비중은 22%, 제3유형의 신규 구직자 비중은 10% 정도이다. 구직자 분류지표 점수와 상관없이 심각한 장애 등을 보고하는 구직자는 고용서비스평가(Employment Services Assessment)라는 추가적 진단을 통해 취업에 가장 어려움을 겪을 것으로 판단되는 제4유형으로 분류된다. 신규 구직자의 15% 정도가 이 유형에 속하는 것으로 나타났다. 호주에서는 이 구직자 유형에 따라 위탁비용 수준을 다르게 설정하여, 단계가 올라갈수록 더 많은 위탁비용을 지급한다. 이는 민간 고용서비스기관이 취업에 어려움을 겪는 집단에 더 많은 관심을 가지고 고용서비스를 제공하도록 유도하는 재정적 인센티브라고 볼 수 있다.

호주의 고용서비스 평가시스템에서 찾아 볼 수 있는 한 가지 특징으로 별 평점(star ratings) 제도가 있다. 이는 이용자의 합리적 선택, 고용서비스 기관 간의 경쟁을 통한 품질 향상을 유도하기 위한 것이다. 별 평점 제도는 잡네트워크 기관들의 성과를 평가하는 프로그램으로 당시 고용노사

<표 8-16> 호주의 별 평점 배정 방식

별 평점	비율
☆☆☆☆☆	전국 평균의 140% ≤ 기관 점수
☆☆☆☆	전국 평균의 120% ≤ 기관 점수 ≤ 전국 평균의 139%
☆☆☆	전국 평균의 81% ≤ 기관 점수 ≤ 전국 평균의 119%
☆☆	전국 평균의 51% ≤ 기관 점수 ≤ 전국 평균의 80%
☆	기관 점수 ≤ 전국 평균의 50%

주: 예를 들어, 어떤 기관의 성과점수가 전국 평균의 140% 이상이면 별 5개의 평점을 배정.
자료: http://docs.employment.gov.au/node/31825.

관계부는 6개월마다 기관들의 성과를 상대적으로 평가한 정보를 온라인에
공개하였다. 이전 제도하에서는 회원사의 성과점수를 별 한 개에서 별 다
섯 개까지 0.5개 단위로 평가했으며, 별의 숫자가 다섯 개에 가까울수록
성과가 높은 것을 의미하였다. 별은 미리 정해진 평점 분포에 따라 고정된
비율로 할당되었다. 즉, 상위 5%에 해당하는 기관은 별 다섯 개를 받고,
상위 70%까지는 적어도 별 세 개를 받을 수 있도록 분포를 정했다.

2012년 7월부터 2015년 6월까지 적용된 별 평점 제도에서는 지난 3년간
의 개별 기관 성과점수를 전국 평균 성과점수와 비교하여 <표 8-16>과 같
이 별 한 개에서 다섯 개까지 평점을 배정한다. 이 제도는 JSA 서비스기관
의 성과를 주기적으로 평가하고, 기관별 사업 할당 몫을 재조정하기 위한
자료로 활용된다. 이 제도의 도입과 별 평점의 일반 공개는 서비스기관의
지속적 성과 개선에 긍정적 영향을 미친 것으로 평가된다.

4) 잡액티브 시기(2015년 7월 이후)

호주 연방 정부의 현행 고용서비스 프로그램은 2015년 7월 1일에 도입된
'잡액티브'(Jobactive) 프로그램이다. 잡액티브 프로그램은 2009년 7월 1일
부터 2015년 6월 30일까지 운영되었던 JSA를 대체하는 새로운 고용서비스
모형이다.

호주 고용부는 2011년 이후 여러 번에 걸쳐 JSA 프로그램에 대한 평가연구를 수행하였다. 이들 평가연구와 자문보고서는 JSA 프로그램이 이전의 잡네트워크에 비해 직업능력개발 성과는 높은 편이지만 고용성과는 다소 저조하다고 비판했다. 또한 여전히 행정적으로 번거로운 절차(red tape) 비용이 상당한 수준임을 문제점으로 지적하였다. 이런 JSA 모형의 단점 때문에 고용서비스 모형의 개혁이 필요하다는 주장이 지속적으로 제기되었다. 이런 배경하에서 잡액티브 모형에 대한 개발이 2012년 12월부터 시작되었고, 2015년 3월에 새로운 고용서비스 민간위탁 계약이 이루어졌다. 호주 고용부는 이 프로그램을 추진하기 위해 향후 5년 동안 약 73억 달러의 예산을 배정하였다.

잡액티브 프로그램의 특징은 구직자에 대한 활성화 정책이 이전보다 더욱 강화되었다는 점이다. 잡액티브 모형에서는 구직자 및 서비스 유형 분류가 기존의 4개에서 3개로 통합됐고, 구직활동 요건이 강화되었으며, 구직자와 서비스기관 간의 취업계획 수립이 도입되었다. 기존의 JSA에서는 구직자 유형이 4개였지만, 새로운 모형에서는 A, B, C의 3개 유형으로 분류가 된다. A유형의 구직자는 기존의 제1유형과 같이 경쟁력이 있고 취업이 준비되어 있는 취업가능계층이다. B유형은 기존의 제2유형, 제3유형을 통합한 것으로 어느 정도 취업에 어려움을 겪을 가능성이 높은 취업애로계층을 의미한다. 마지막으로 C유형은 마약 또는 알코올 중독과 같이 심각한 고용문제를 가진 구직자 유형이다. 이전과 마찬가지로 구직자 유형 분류는 구직자 분류지표를 통해 주로 이루어지고, C유형에 속하는 구직자는 근로능력을 결정하는 고용서비스평가를 통해 분류된다.

잡액티브 프로그램이 시행되면서 새출발수당 수급자에 대한 구직활동요건은 더 엄격해졌다. 특히, 30세 미만 구직자에 대한 '급여를 위한 노동'(WfD)에의 참여요건이 강화되었다. 이전 제도에서는 30세 미만 구직자의 경우 12개월 이후부터 의무적으로 WfD 프로그램에 참여해야 했지만, 새로운 제도하에서는 6개월 이후부터 의무적으로 참여해야 한다. 또한 30세 미만 구직자의 경우, 이전에는 1년에 6개월 동안 주당 15시간을 참여하면 되었지만 새로운 제도에서는 주당 25시간으로 근로시간이 늘어났다. 이런 정책 변화로 인해 일각에서는 잡액티브 제도에 대한 비판이 만만치 않게 제기되는 실정이다.

　호주의 새로운 고용서비스 모형이 출범한 이후 아직 2년 정도의 시간이 지났을 뿐이므로 개혁의 성과는 우리 모두 관심을 가지고 지켜보아야 할 것이다.

■ 참고문헌

국내 문헌

김동헌(2015). "고용서비스 민간위탁의 해외 사례연구". 김혜원·오민홍·김동헌·박혁 편(2015). 《고용서비스 민간위탁 효과 평가 및 개선방안》. 세종: 한국노동연구원.

김승택·노상헌·Daniel Finn(2015). 《우리나라의 고용서비스 선진화 어디까지 왔나?》. 세종: 한국노동연구원.

김태홍(2012). "고용보험 및 고용정책". 《주요국의 사회보장제도: 호주》. 서울: 한국보건사회연구원.

류기철·황준욱·박혁(2003). 《호주의 실업자 지원정책》. 서울: 한국노동연구원.

유길상(2006). "고용서비스 전달체계의 발전 추세와 시사점: 호주, 미국, 영국사례를 중심으로". 〈사회보장연구〉, 22권 4호, 1~25.

_____(2014). "고용서비스 민간위탁조건의 국제비교와 시사점". 〈노동정책연구〉, 14권 1호, 93~130.

유길상·김동헌·어기구·강금봉·최석규(2011). 《고용서비스 전달체계 해외사례연구》. 천안: 한국기술교육대학교 HRD연구센터.

유길상·김동헌·정주연·강금봉·김용주·김우진(2012). 《외국의 근로빈곤정책연구》.

세종: 고용노동부.

이덕재・오성욱(2013).《고용서비스 혁신 동향과 호주 및 한국의 경험》. 서울: 한국
고용정보원.

이승렬(2013). "2012년 OECD 보고서에서 읽는 호주의 고용서비스 전달체계". 〈국제
노동브리프〉, 11권 10호, 30~43.

장지연(2005). "호주의 통합 공공서비스 전달체계: 센터링크(Centrelink)". 〈노동리
뷰〉, 2005년 3월호, 50~57.

황덕순(2011). "실업자 사회안전망의 유형화와 실업급여 관대성의 국제비교". 사회정
책연합 공동학술대회 발표논문. 23~24.

해외 문헌

Caldwell, J. (2005. 7). Employment services in Australia, Paper presented at the
International Seminar on Employment/Unemployment Insurance Celebrating
the 10th Anniversary of the Korean Employment Insurance, Seoul.

Davidson, P., & Whiteford, P. (2012). An overview of Australia's system of
income and employment assistance for the unemployed. *OECD Social,
Employment and Migration Working Papers*, 129, 1~140.

Department of Social Services(2014). *Income Support Customers: A Statistical
Overview 2013*. Canberra: Commonwealth of Australia.

OECD(2001). *Innovations in Labour Market Policies: The Australian Way*. Paris:
OECD.

_____ (2012). *Activating Jobseekers: How Australia Does It*. Paris: OECD.

Productivity Commission(2002). *Independent Review of the Job Network: Inquiry
Report*. Melbourne: Productivity Commission.

기타 자료

Department of Human Services(2016). A guide to Australian government pay-
ments, 20 March-30 June.

Department of Social Services(2016). Labour Market and Related Payments: A
Monthly Profile, June 2016.

09

산재보험제도

1. 호주 산업재해보험제도의 발달

호주는 1788년 영연방의 식민지로 개척되기 시작하면서부터 서양의 역사
에 편입된다. 이후 1823년 뉴사우스웨일즈주의 독립을 시작으로 1890년
사우스오스트레일리아주가 독립하면서 호주의 모든 지역이 자치권을 갖게
되었다. 그리고 연방체제의 필요성을 느낀 호주는 1901년에 6개 지역이 모
여 6개 주로 구성된 연방국가를 구성함으로써 다시 태어났다. 영연방 내의
자치령으로서 오스트레일리아 연방이 된 것이다. 따라서 영국이 영연방 소
속국가들의 정치적 자율성을 보장한 1942년 〈웨스트민스터법〉이 나오기
전까지 호주는 영국의 제도와 정치를 거의 그대로 답습하였다. 이는 사회
보장제도에서도 크게 다르지 않았다.

　호주의 산재보험제도는 주별로 도입되었다. 1902년 웨스턴오스트레일
리아주를 시작으로 1918년 태즈메이니아주에 이르기까지 약 17년에 걸쳐
서 6개 주에서 산재보험제도가 도입되었다. 또한 같은 시기에 특수직역에
대한 산재보험제도도 시작되었다. 구체적으로는 1911년에 선원을 위한 산

재보험이, 1912년에 공무원 대상의 산재보험이 도입되었다. 6개 주 이외의 지역으로서는 1931년 노던 준주, 1946년 오스트레일리아 수도 준주에서 산재보험이 도입되었으며, 이로써 호주의 산재보험이 제도적으로 완성되었다. 현재 호주에는 11개의 산재보험제도가 있다. 우선 6개의 주와 2개의 지역(준주)에 각각 산재보험제도가 있고, 연방 차원의 3개 제도가 있는데 이는 각각 공무원, 선원, 군인에 대한 것이다.

20세기 중에 산재보험제도는 극적으로 변화하였다. 도입 초기 호주의 산재보험제도는 1897년 도입된 영국의 산재보험제도를 기반으로 하였지만, 이후 사회경제적 변화와 고용주·노동조합 등 이해당사자 간 힘의 균형, 정부의 성격 등에 따라서 크게 변화한 것이다. 이 장에서는 호주 산재보험의 변화를 다음 5단계로 나누어 설명하고자 한다. 제1단계는 19세기 말부터 1925년까지, 제2단계는 1920년대 중반부터 1970년까지이다. 제3단계는 1970년부터 1980년대 중반, 제4단계는 1980년대 후반부터 1990년대 중반까지이며, 제5단계는 1990년대 중반 이후이다. 1)

1) 산재보험과 무과실 책임주의의 성립(1800년대 말~1925년)

산재보험제도가 시행되기 이전에는 산재로 인한 비용을 거의 전적으로 노동자와 그 가족들이 부담하였다. 작업 중 재해를 입은 근로자들이 보상을 받기 위해서는 고용주의 과실을 근거로 민사소송을 하는 수밖에 없었다. 민사재판에서 보상 판결을 받기 위해서 노동자는 재해의 원인에 사업주의 과실이 있다는 것을 증명해야만 하였다. 당시 민법은 산업재해에 대한 책임을 사업주에게 묻기 위해서는 다음 세 가지 원칙에 해당하지 않아야 함을 규정했는데, 작업장 사고에서 이 세 경우를 모두 제외하기란 쉽지 않았

---

1) 시대구분 및 설명과 관련된 내용은 대부분 Purse(2005)에서 발췌·요약하였다.

기 때문에 사람들은 이를 "치명적 삼위일체"라고 부르곤 했다.

첫 번째 원칙은 동료 근로자의 잘못으로 재해를 입었을 경우에는 사업주에게 법적 책임을 묻지 않는다는 것이다. 두 번째 원칙은 근로자가 어떤 사업장에서 일하겠다고 고용주와 계약을 하면, 근로자는 고용에 따르는 일반적 위험에 따르는 책임을 암묵적으로 받아들였다고 가정한다는 것이다. 이 원칙에 따르면 작업장에서의 건강과 안전에 대한 기본적 책임은 근로자 자신에게 있다. 세 번째 원칙은 재해의 원인에서 근로자에게 아주 사소한 과실이라도 있었을 경우 고용주가 보상책임을 지지 않는다는 것이다. 이러한 원칙은 19세기 초반 영미법에서 유래된 것으로서, 당시 유행하던 이념인 '자유방임'의 원칙에 부응하며 계약법적 자유를 강조한 것이다.

영국에서 산업재해에 대한 사용자의 책임을 묻는 〈고용주책임법〉이 등장한 것은 1880년이 처음이었다. 호주 식민지에서는 1882년부터 1895년 사이에 시작되었다. 산업화로 인한 폐해가 심화되고, 특히 생명이나 신체 일부를 작업 중에 잃었음에도 근로자가 스스로 피해를 모두 부담해야 하는 사례가 많아지면서 이를 개선하라는 사회적 압력이 거세지기 시작했다. 노동계급이 급성장하고 노동당의 발달하면서 그 영향으로 나타난 최초의 입법적 결과가 바로 〈고용주책임법〉이다. 이 법은 이른바 '치명적 삼위일체' 원칙을 바꾸기 위해 만들어졌다. 하지만 산재가 발생할 경우 고용주가 부담을 더 많이 지도록 하지는 못하였다.

1900~1925년 사이에 호주 주 정부와 연방 정부는 전국적으로 〈산재보험법〉을 입법하였다. 산재보험제도는 작업과 연관된 부상이나 사망이 발생했을 때 산재를 당한 근로자와 그 가족을 위해서 소득대체, 의료보장, 부수적 비용을 제공하기 위해서 만들어졌다. 〈산재보험법〉은 무과실 책임주의에 근거한다. 무과실 책임주의란 노동자에게 과실이 있건 없건 사업자가 자신의 작업장에서 벌어진 재해에 대해서 보상한다는 것으로서, 근로자가 산재보험급여를 받기 위해서는 재해가 작업(근로)과 관련이 있다는 것

만 증명하면 된다. 이 원칙은 근로자들의 노동으로 이익을 보는 사람은 바로 고용주이기 때문에 고용주가 총 노동비용을 부담해야만 한다는 것, 그리고 여기에는 작업 중 재해와 관련된 비용도 포함된다는 생각을 근거로 한다. 무과실 책임주의로의 변화는 지금까지의 산재보험 변화 중 가장 핵심적인 것이었다. 또한 호주에서는 산재보험제도를 도입하면서 이전부터 있었던 민사소송에 대한 근로자의 권한은 그대로 유지했다. 이는 같은 영미법 계열인 미국이나 캐나다와는 다른 선택이었다.

초기 〈산재보험법〉은 '위험한' 일을 하는 근로자만 적용대상이었다. 산재보험을 받기 위해서는 재해가 업무 중에 발생해야만 했고(업무수행성), 업무기인성이 있어야만 했다. 사망사고의 경우에는 근로자의 가족이 고인의 이전 3년간의 주 평균소득과 같은 양의 급여를 일시금으로 받았다. 부상을 당한 근로자들은 3일에서 2주 사이의 대기기간을 거친 후 주 평균소득의 50%를 지급받았다. 그리고 혜택을 받을 수 있는 의료비용은 제한되었다.

또한 여성근로자의 산재는 대부분 간과되었다. 이는 당시 가부장적 성역할을 전제로 한 사회정책적 접근이 이루어졌기 때문이었다. 〈산재보험법〉은 1차적으로는 특정 고위험산업에 있는 남성근로자를 보호하고, 이후 다른 산업에 있는 남성근로자를 보호하였다. 실제로는 상당히 많은 여성이 유급노동에 종사했고 위험한 일을 하는 경우도 상당히 많았지만, 여성근로자는 산재보험의 적용범위에 포함되지 않았다. 초기 사우스오스트레일리아주의 많은 법조항들은 고의적으로 명확하게 '남성노동자 산재보상법'이라고 명시하였다. 이러한 경향은 1970년대 여성해방운동이 일어나기까지 지속되었다.

적용대상의 확대 및 급여범위의 확대 등 초기 산재보험제도가 개선되기 시작한 것은 노동조합이 발달하고 노동당의 성립이 이루어졌던 1915년 이후의 일이다. 퀸즐랜드주의 라이언(Thomas Ryan) 노동당 정부는 1916년에 최초로 주가 독점적으로 운영하는 산재보험을 도입하였다. 뉴사우스웨일즈주의 랭(John Lang) 노동당 정부는 1926년에 산재보험을 당연적용으로 하고, 동료 근로자의 과실도 고용주가 책임지도록 했다. 또한 통근재해를 도입하였고, 이의제기를 맡을 기관으로 산재보험위원회를 설립하였다.

2) 점진적 제도발달(1925~1970년)

1925~1970년까지 산재보험제도는 지속적으로 고용주 입장에서 개편되었다. 이는 1929년 대공황 및 1930년대 초반 대량실업 등으로 노조의 교섭력이 약해진 것과 무관하지 않다. 제2차 세계대전 이후 케인즈식 복지국가가 채택되면서 호경기와 함께 거의 완전고용이 이루어졌지만, 당시 연방 및 각 주의 정권은 보수당이 차지했다. 보수당은 이후 20~30년 동안 집권에 성공했다. 이러한 정치경제적 요인 때문에 산재보험제도는 단편적 개선 이상을 이루기 어려웠다. 이 시기 산재보험제도에서 일어난 중요한 변화는 수급조건의 완화, 출퇴근재해의 도입, 휴업급여의 증가, 세 가지이다.

첫째, 수급조건이 이전보다 완화되었다. 이전의 법에서 업무수행성과 업무기인성이 있어야 재해보상이 가능했다. 1926년 뉴사우스웨일즈주에서 개혁성향의 랭 노동당 정부는 산재보상과 업무수행성 및 기인성 간의 관계를 단절하는 법안을 통과시켰는데, 이는 1929년 보수당 정권이 들어서면서 곧 폐지되었다. 이후 수급조건은 1940년이 되어서야 다시 완화되었다. 완화된 수급조건은 뉴사우스웨일즈주를 선두로 빅토리아주 등에서 도입됐다. 이후 태즈메이니아주를 제외한 호주 전역의 〈산재보험법〉에 완화된 수급조건이 도입되었다. 그러나 법조문이 아닌 실제 적용에서 이 원칙이 받아들여진 것은 1960년 대법원의 판례가 성립된 이후였다.

둘째, 출퇴근재해를 산재의 적용범위로 포괄하기 시작하였다. 뉴사우스웨일즈주의 랭 정부가 1920년대 중반 출퇴근재해에 대한 보상을 도입했지만 마찬가지로 보수 정부에 의해서 곧 폐지되었다. 1940년대 중반 이후 출퇴근재해는 다시 산재보험의 개혁 과제로 등장하여 1946년 빅토리아주에서 처음 도입되었고, 이후 호주 전 지역으로 확대되었다.

셋째, 휴업급여의 수준이 증가하였다. 그러나 그 속도는 매우 늦었다. 뉴사우스웨일즈주에서 휴업급여의 소득대체율은 1926년 67%에서 1971년 80%로 증가하여, 13%p 증가하기까지 무려 45년이 걸렸다. 사우스오스트레일리아주에서 휴업급여의 소득대체율은 1920년대 중반 50%였는데 1960년대 후반이 되어서야 67% 수준이 되었다. 1970년대까지 휴업급여의 소득대체율이 100%인 지역은 없었다. 이 기간 동안 휴업급여 수준은 증가했지만 고용주가 부담하는 산재보험료율은 임금의 1% 미만이었다.

3) 급격한 개혁(1970년~1980년대 중반)

1970년~1980년대는 호주 산재보험제도가 급격하고 지속적으로 개혁된 시기이다. 1970년대 초반부터 산재보험 급여의 개선이 추진되기 시작했고 몇몇 주에서는 눈에 띄는 법적 성과를 얻었다. 이는 노동시장의 인력 부족, 노동계급의 전투성 증가, 개혁성향의 노동당 집권 등이 맞물려서 이루어진 성과이다. 이 당시 이루어졌던 산재보험의 개혁 중 중요한 것으로는 크게 다음 세 가지를 들 수 있다. 첫째, 급여 수준의 인상 및 급여 유지기간의 연장. 둘째, 사업주의 보험료 부담비용의 급격한 증가 및 민영 보험기관의 보험료 인상. 그리고 마지막 셋째로는, 보험료 및 행정비용 인상과 이에 맞선 정부의 대응, 몇몇 주에서 이루어진 급여제공 기간의 무제한 연장을 꼽을 수 있다.

첫째, 휴업급여 수준의 증가 및 총급여의 증가를 통해서 피재근로자를 위한 보상수준이 높아졌다. 태즈메이니아주, 사우스오스트레일리아주, 웨스턴오스트레일리아주 등 당시 개혁성향의 노동당 정부가 집권한 지역에서는 법 개정을 통해서 산재보험 휴업급여를 평균소득의 100%까지 인상했다. 뉴사우스웨일즈주, 빅토리아주, 퀸즐랜드주와 같이 보수당 정권이 유지된 지역에서는 휴업급여 수준이 낮게 유지되었지만, 노동조합이 고용주와 직접 협상을 하여 보충급여를 받게 됨으로써 결과적으로는 피재근로자가 받을 수 있는 휴업급여 수준이 높아졌다. 보충급여는 통상 6개월에서 24개월까지 지급되는데, 이를 통해서 피재근로자는 산재보험급여를 피재해 이전 수입과 동일한 수준까지 받을 수 있게 되었다.

웨스턴오스트레일리아주는 법을 개정하여 피재근로자가 받을 수 있는 급여의 총량을 확대했다. 1971~1980년 사이에 웨스턴오스트레일리아주에서 받을 수 있는 휴업급여의 총량은 11,777달러에서 48,027달러로 4배이상 증가했다. 호주의 다른 지역에서도 비록 법 개정이 이루어지지는 않았지만 휴업급여 총량이 상당한 증가한 것은 마찬가지였다.

둘째, 이러한 급여수준 및 총급여의 증가는 고용주의 산재 관련 비용을 극적으로 증가시켰다. 산재보상에 든 총비용은 1970년 전국 임금총액의 0.8%에서 1984년에는 2.3%까지 거의 4배 가까이 증가하였다. 그러나 피재근로자에 대한 보상급여는 산재보험비용 급등의 한 원인에 불과했다. 비용의 증가를 가져오는 근본적 원인으로 근로자의 건강 및 안전관리 문제를 해결하지 못하는 열악한 작업장 수준, 피재근로자의 직장복귀를 돕는 직업재활이 부재한 것 등이 지적되었다. 그리고 이러한 결함은 과도한 재심청구와 피재근로자에 대한 보상지급 지연 등에 의해 심화되었다.

또한 이 시기 각 민간보험사에서 필요로 하는 행정비용은 나날이 증가하여 피재근로자에게 보상을 지급하기 위한 제도의 운영비용이 상당한 수준이 되었다. 1970년대 후반 피재근로자에게 1달러를 지급하는 데 드는 운영비용은 뉴사우스웨일즈주에서 38센트, 사우스오스트레일리아주에서는 39센트였다. 상황은 다른 주에서도 유사해서 1990년대 초반 빅토리아주에서 보험금 1달러당 운영비용은 39센트였다. 반면 산재가 공공보험으로 운영되는 퀸즐랜드주에서는 1달러당 운영비용이 겨우 6센트에 불과했다.

민간보험사는 인위적으로 낮은 보험료를 제시하여 시장 점유율을 높인 후 곧 보험료를 과도하게 인상하는 식의 주기를 반복했다. 이로 인한 고충은 보험사와 교섭할 능력이 없는 중소기업이 더 심하였으며, 산재보험료 인상으로 인해 폐업을 하는 기업까지 발생했다. 이러한 과정에서 대중의 인식이 변화하자 민간에 산재보험을 맡기는 것의 위험성에 대한 비판이 일어났다. 노동당 정부가 추구한 산재보험제도 개혁이 대중에게 널리 받아들여질 수 있었던 것은 민영보험사의 보험료 인상 및 과도한 운영비에 대한 대중의 반감과 함께, 노동조합과 개혁주의적인 정부가 제시한 개혁안에 대응하여 고용주들이 산재 비용을 근로자에게 전가할 수 있는 능력이 줄어들었기 때문이라고 볼 수 있다.

셋째, 각 주의 개혁안을 보면 다음과 같다. 빅토리아주의 케인(John Cain Jr.) 노동당 정부는 1985년, 산재보험제도를 대대적으로 개혁하였다. 새로운 산재보험제도는 공공보험 방식이고 직업재활을 포함하였다. 작업장 건강 및 안전에 대하여 상당한 수준의 개혁을 제시하였고, 새로운 이의해결 제도를 도입하였다. 새로운 산재보험제도의 특성 중 하나는 중대재해를 입은 근로자에게 지속적인 급여를 주도록 했다는 점이다. 이는 이전 제도에서 총급여액이 최대 수령액에 이르면 일단 주별 급여를 임의적으로 중단하였던 것에 비추어 볼 때 중요한 변화였다. 이러한 임의적 중단은 특히 부상 때문에 조기 직장복귀가 어려운 근로자에게는 큰 어려움이었다. 새 제도하에서는 적절한 일자리로 복귀하기 어려운 피재근로자에게 평균 주 소득의 80%에 해당하는 금액이 지속적으로 제공되었다. 그러나 피재근로자가 민법상 손해배상을 청구할 권리는 비경제적인 손실에만 한정되었다.

사우스오스트레일리아주에서도 유사한 종합적인 개혁 패키지가 채택되었고, 1986년 배넌(John Bannon) 노동당 정부의 법안이 통과되었다. 이 법안 또한 중대재해를 입은 근로자에게 지속적인 급여를 보장하는 대신 손실에 대한 배상을 민사소송을 통해 청구하는 것은 제한되었다.

뉴사우스웨일즈주에서는 산재보험을 1987년 공적 산재보험제도로 바꾸었는데 그 개혁과정은 덜 광범위했다. 그 이유는 비록 토대는 달랐지만 피재근로자에 대한 지속적 급여제도가 이미 시행 중이었다는 것에 일부 기인했다. 26주 동안은 판정받은 주당 급여액이 지급되지만, 그 이후로는 일련의 법정 액수가 지급되는데, 그 수준은 빅토리아주나 사우스오스트레일리아주보다 현저히 낮았다.

퀸즐랜드주의 산재보험제도는 가장 낙후된 것으로 볼 수 있었다. 매우 보수적인 비엘케 피터슨(Johannes Bjelke-Petersen)의 연립정부는 피재근로자에 대한 보상급여의 양을 강력하게 통제하였기 때문에 산재보험의 비용압박이 상당히 약했다.

이러한 사례는 개혁의 속도가 각 주별로 상당히 달랐고, 이는 주별 세력의 조직화 정도, 제도적 구조, 집권당의 정치적 구성 등의 영향을 받았음을 잘 보여 준다. 이후 진행된 반개혁과정에서도 이러한 요인이 적용된다.

4) 신자유주의의 확산과 급격한 반개혁(1980년대 후반~1990년대 중반)

이 시기는 1980년대 후반부터 1990년대 중반까지이다. 이때 일어난 가장 큰 변화는 수급자격의 후퇴였다. 이 과정은 빅토리아주, 사우스오스트레일리아주, 뉴사우스웨일즈주 등 광범위하고 전면적인 개혁이 일어났던 주에서 가장 크게 나타났다. 반면 강력한 개혁이 이루어지지 않았던 웨스턴 오스트레일리아주, 태즈메이니아주, 퀸즐랜드주에서는 반개혁 과정의 영향도 다소 작게 나타났다.

1980년대 중반까지 빅토리아주, 사우스오스트레일리아주, 뉴사우스웨일즈주의 산재보험제도는 휴업급여가 무한정으로 지급되는 '무한책임' 모델을 따르고 있었다. 이 모델에서 피재근로자에 주는 급여의 양은 의료처치 기간과 직장복귀 능력에 따라서 달라진다. 이는 휴업급여의 양이 엄격히 제한되어 있고, 중대재해를 당한 근로자는 종종 사회보장급여를 받아야만 하는 전통적인 '유한책임' 모델과는 대조적인 것이다.

무한책임 모델에 내재한 도전 중의 하나는 휴업급여 기간과 휴업급여 총량의 증가를 막기 위해서는 산재보험제도가 더 효율적으로 운영되어야만 한다는 점이었다. 그렇지 못하면 고용주의 산재보험 부담이 급속히 증가하게 된다. 당시에는 직업재활과 작업장 내의 건강 및 안전에 대한 관심을 높임으로써 산재보험 비용을 낮출 수 있을 것이라고 여겼지만, 이 시도는 결국 실패로 돌아갔다. 직업재활, 작업장 건강 및 안전 확보에서의 실패는 무한책임 모델 산재보험제도의 운영 실패와 합쳐져서 새로운 비용압박을 만들었다. 우파의 산업적·정치적 영향력을 강화하는 데 결정적으로 도움을 준 것은 바로 신자유주의를 기초로 하는 정책기조의 출현과 함께 1980년대 후반에 닥쳐온 불황이었다.

신자유주의적이고 반개혁적인 산재보험제도 수정은 1987년 보험료가 전체 임금의 3.8%였던 뉴사우스웨일즈주에서 최초로 나타났다. 주의 노동당 정부는 높은 산재보험비용이 뉴사우스웨일즈주에 대한 투자에 장애가 된다는 경영 측의 근거 없는 주장을 인용하면서 산재보험제도를 수정하였다. 정부는 노동자가 민법을 통해서 고용주의 과실을 고발할 권리를 폐지하고, 심각한 부상을 당한 노동자를 위한 주당 급여를 대폭 낮추는 법안을 도입하였다.

빅토리아주에서도 산재보험제도의 문제점을 이유로 노동자의 수급자격이 제한되었다. 케인 노동당 정부는 1987년에 부수적인 제한을 도입했고 1989년에는 더 많은 변화가 뒤따랐다. 이 개혁에는 부분장애가 15% 이상인 장기 수급자의 평균 주당 급여를 80%에서 60%로 줄이는 조치가 포함되었다. 평균 보험료 또한 2.5%에서 3.3%로 증가하였는데, 경영계는 정부의 입법 패키지를 널리 비판하였다. 이로 인해서 산재보험제도는 더 큰 변화가 필요하다는 압박을 받았다. 고용주 집단과 그 정치적 대변자들이 제기하는 주요 문제 중 하나는 빅토리아주의 산재보험료가 산재보험제도 운영자들의 요구만 반영해서 다른 주의 산재보험제도에 비해서 경쟁력이 없다는 점이었다.

이러한 문제제기는 1992년 10월 급진적 보수주의자인 케네트(Jeffrey Kennett) 정부가 선출되면서 시작되었다. 당시 뉴사우스웨일즈주의 평균 보험료는 월급의 1.8%에 불과하였다. 케네트 정부가 전례 없는 이념적 열정을 가지고 산재보험제도의 틀을 바꾸려 한 것은 이러한 배경과는 상반되는 것이다. 새로운 산재보험제도하에 급여의 수급자격은 엄격해졌고, 출퇴근재해는 폐지되었다. 덧붙여 3단계의 하향조정이 있었다. 여기에는 주당 급여수준을 조금씩 낮추는 것과 심각한 재해를 당한 근로자라 할지라도 2년 후에는 급여를 받지 못하도록 하는 조치도 포함되어 있었다. 그 결과 보험료는 크게 낮아져서 1994년 중반까지 평균 보험료는 2.4%에 불과하였다. 그러나 이것도 충분하다고 받아들여지지 않았다. 따라서 빅토리아주의 고용주를 위해서 산재보험료를 낮추기 위한 추가적인 조치가 취해졌는데, 그중 하나는 1997년 피재근로자가 재해로 인한 피해를 두고 고용주와 민사소송을 할 권리를 폐지한 것이다.

사우스오스트레일리아주에서는 1987년 3%였던 산재보험료가 1992년 3.8%로 증가하자, 노동당 정부에서 1992년 고용주에 대한 피재자의 민사소송권을 폐지하였다. 이후 신자유주의 연립정부는 더 격렬한 후퇴를 추구하였다. 이러한 시도 대부분은 폐기되었다. 하지만 출퇴근재해는 엄격히 제한되었고 '인정급여'가 채택되었다. 인정급여란 중대재해를 입은 근로자에 대해서 2년간의 휴업급여를 지급한 후 가상적인 직업으로부터 소득을 얻을 것이라는 가정하에 일정 소득을 인정한 후 나머지 금액에 대해서만 휴업급여를 지급하는 것이다. 이를 통해서 휴업급여는 인위적으로 축소되었다.

다른 주에서의 후퇴는 다소 덜 심각했다. 그 이유 중 하나는 웨스턴오스트레일리아주, 퀸즐랜드주, 태즈메이니아주에서 운용하는 휴업급여는 기간이 이미 정해져 있었기 때문에 비용압박이 덜 했다는 것이다. 그러나 이들 주에서는 민사소송에 대한 제한이 없었다. 지속적인 휴업급여가 제한되자 피재근로자가 고용주 과실을 두고 민사소송을 제기하는 사례가 점차 증가하였고, 그 결과 민사소송과 판결을 통한 손해보상금이 극적으로 증가했다. 1982년 웨스턴오스트레일리아주에서 민사소송을 통해 지급된 손해배상금은 전체 배상금의 8%를 차지하였지만, 10년 후 이 비중은 30%까지 증가했다. 퀸즐랜드주와 태즈메이니아주에서도 유사한 패턴이 나타났다.

웨스턴오스트레일리아주에서 보수당 정부는 피재근로자가 민사소송을 할 권리를 제한하기 위해서 일련의 입법을 시도하였다. 또한 추가적으로 보상의 수급자격을 더 엄격히 했고, 주당 급여를 낮추었으며, 출퇴근재해에 대한 요구를 폐지시켰다.

퀸즐랜드주의 산재보험제도는 두 번에 걸쳐서 개정되었다. 첫 번째 개혁에서 노동당 정부는 20%의 장애 조사를 도입하고 노동자가 소송 결정을 번복하지 못하도록 함으로써 노동자의 민사소송 권리를 엄격히 제한하였다. 두 번째 개혁은 1996년 정권이 교체된 이후에 이루어졌다. 경영계가 주축이 되어 산재보험제도를 면밀히 검토하였고, 이를 토대로 1996년에 광범위한 새 법안이 도입되었다. 개정된 내용 가운데에는 보상의 수급자격을 엄격히 하는 것과 출퇴근재해에 대한 요구를 제한하는 것이 포함되어 있었다.

태즈메이니아주에서는 반응이 다소 달랐다. 민사소송이 극적으로 증가했지만, 보수당 정권인 그룸(Raymond Groom) 정부는 민사소송을 제한하는 정책을 세우지 않았다. 대신에 3단계의 제도 급여 하향화를 통해서 주당 급여를 낮추고, 통근재해에 대한 요구를 철폐하고, 스트레스 관련 질병과 직업병 요구에 대한 수급자격을 제한함으로써 고용주의 비용을 더 낮추는 것을 선택하였다.

5) 고용 형태의 다양화와 근로자성의 문제(1990년대 후반 이후)

1990년대 중반 이후 이러한 산재보험제도의 후퇴과정은 정체기를 맞게 된다. 그 이유로는 1995년부터 각 주에서 보수주의 정부가 정권을 잃음으로써 산재보험제도에 덜 적대적인 정책 환경이 발달했다는 것을 들 수 있을 것이다.

그러나 이 시기에도 호주의 산재보험제도는 근로자보다는 고용주에게 더 유리한 방향으로 점진적으로 변화했다. 1996년 6월부터 10년에 걸쳐 호주 전역에서 고용주가 부담하는 산재보험 평균 비용은 약 20% 감소하였다. 그리고 이 과정에서 신자유주의의 발달이 불러온 임금근로자의 수축과 다양한 비임금근로자의 등장은 산재보험제도의 보호대상이 어디까지인지, 즉 근로자성과 관련된 논의를 낳았다.

2. 호주 산재보험의 적용대상

1) 적용대상 인구 범위

호주에서 산재보험을 받으려면 우선 근로자로 인정받아야 한다. 각 주에서는 독립계약자 등 보호가 필요한 비임금근로자가 증가함에 따라 이들을 어떻게 보호할 것인가에 대한 논의가 지속되었다. 이에 따라서 만들어진 것이 임금근로자와 독립계약자에 대한 구분이다.

호주에서 전통적 임금근로자에게는 당연히 산재보험이 적용되지만, 이 외의 범주에 대해서는 일부 특별한 업종의 종사자만 근로자로 간주된다. 특히, 5일 미만의 임시근로자는 산재보험의 적용대상에서 제외되는 경우가 많은데 이는 한국의 산재보험제도와 다르다. 이외에도 공식경로(직업소

개소의 소개)를 거치지 않고 개인적으로 고용된 근로자는 산재보험을 적용받지 못하는 경우가 많다. 그러나 자원봉사자, 특히 소방·재난구조 등 공공영역에서 일하는 자원봉사자는 봉사활동에서 재해가 발생할 경우 산재보험에 의해 보호를 받는다는 점, 여기에 더하여 스포츠 선수의 산재를 보호한다는 점에서 한국의 산재보험제도와는 다르다.

전통적으로 임금근로자의 범주는 고용계약을 하고 업무를 수행하는 근로자인데 이들은 모든 주에서 산재보험의 적용을 받는다. 파견근로자도 산재보험을 적용받지만 이때 고용주는 이들 근로자를 고용한 파견기업이지 사용기업이 아니다. 〈그림 9-1〉은 호주 수도 준주 〈산재보험법〉에서 적

〈그림 9-1〉 호주 수도 준주의 적용범위 근로자 판별 방식

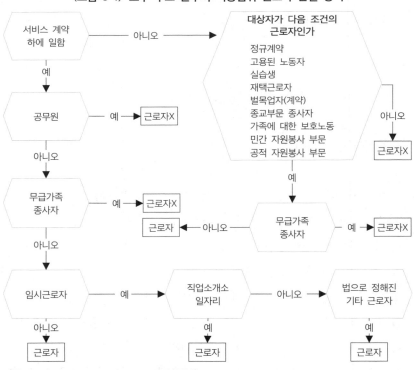

자료: Workers Compensation Act 1951(2016).

주 이름	적용범위	근로자로 간주되는 경우
빅토리아	• 고용주를 위해 업무를 수행하고 있거나, 고용계약을 한 개인 • 고용계약은 명시적인 것뿐만 아니라 암묵적 계약, 구두계약, 서면계약이 모두 포함됨 • 고용계약 근로자는 아니지만, 〈산재보험법〉 3조에서 근로자로 간주되는 경우	실습생, 인턴, 조합 고용인, 방문판매자, 벌목업 계약자, 자가용 운전자(대리운전), 지입차주 배달원, 계약자, 공동경작 농부, 종교단체 고용인, 공공기관의 근로자, 시의원, 과수원 등 일용직, 경마기수 · 경주용 자동차 운전자 · 기타 스포츠 운전자, 재택근무자
뉴사우스 웨일즈	• 근로자란 고용주와 맺은 서비스(혹은 실습) 계약을 맺고 근로하는 사람 • 계약은 명시적인 것뿐만 아니라 암묵적 계약, 구두계약, 서면계약이 모두 포함됨 • 근로자에 포함되지 않는 사람은 아래와 같음: 경찰, 5일 미만 1회에 한해서 임시 고용된 사람, 고용주의 사업목적 외로 고용된 사람, 일반적인 근로시간 이외의 종교 혹은 자발적인 단체의 업무를 위하여 고용된 직원으로 연 700달러 이하의 보수를 받는 사람, 스포츠 조직에 등록되어 〈스포츠 상해보험법〉(Sporting Injuries Insurance Act 1978)의 혜택을 받는 사람	• 재택근무자, 기타 계약자 • 외판원, 수금원, 파견근로자, 위탁 운전 기사, 위탁 선박항해사, 농업 종사자, 벌목업 종사자, 판매원, 광업 종사자, 경마기수, 캐디 및 골프장 종사자, 소방관, 과수원 임시 종사자, 복싱 · 레슬링 선수 및 심판, 연예인, 자원 구급대원, 종교 종사자, 실습생
웨스턴 오스트 레일리아	• 고용인이든 그렇지 않든 근로계약 하에 노동을 하는 사람 • 〈산재보험법〉 103조 a항에 의한 이유로 근로자인 사람 • 자영업자, 과거에 노동자였던 사람(피재 사망자의 법적 대리인 포함)	사망근로자의 법정대리인, 경찰관, 종교 종사자, 광업 종사자, 경마기수, 공공기관 종사자
퀸즐랜드	• 근로계약자 • 근로소득세 원천징수를 받는 사람	공동경작 농부, 판매원, 계약에 의한 근로자, 파견회사 및 지주회사
사우스 오스트 레일리아	• 고용주와 서비스제공(혹은 실습)에 대한 계약을 하고 일하거나, 계약을 한 자 • 계약은 명시적인 것뿐만 아니라 암묵적 계약, 구두계약, 서면계약이 모두 포함됨 • 도급 계약자도 포함됨	• 빌딩의 벽체나 유리 작업자, 청소, 의회 운전사, 택시 및 자가용 운전자, 대중 교통 운전자, 연예인, 재택근로자, 기수, 종교 종사자 • 자영업자, 자원봉사자 중 소방 · 해상 구조대 · 긴급구조 봉사자
태즈 메이니아	• 고용주와 서비스제공(혹은 실습)에 대한 계약을 하고 일하거나, 계약을 한 자 • 계약은 명시적인 것뿐만 아니라 암묵적 계약, 구두계약, 서면계약이 모두 포함됨 • 〈산재보험법〉 3조 1항에서 근로자로 간주되는 사람	연 100달러 이상의 업무 위탁자, 경찰 · 소방활동 · 구급서비스 자원봉사자, 항만 하역업 종사자, 판매원, 수금원, 자가용 기사, 택시운전사, 기수, 종교 종사자, 훈련프로그램 참가자

자료: Safe Work Australia(2016).

용을 받는 근로자를 판정하는 방식을 정리한 것이다. 이를 보면 산재보험 적용범위가 어떻게 되는지 알 수 있다. 각 주의 기본적인 산재보험 적용범위는 이와 크게 다르지 않다고 볼 수 있다.

〈표 9-1〉은 주요 주별 산재보험 적용범위나 임금근로자에 포함되지 않지만 근로자로 간주되어 산재보험을 적용받는 집단을 정리한 것이다. 이 표를 보면 매우 위험한 일에 종사하는 경우, 직업훈련 또는 그 일환으로 실습생으로서 기업에 근무한 경우, 과수원의 수확기 운용 등으로 일시적으로 일하는 근로자, 계약을 통한 재택근무자, 종교인 및 종교단체 고용인, 캐디, 배달원 등 다양한 영역의 종사자를 근로자로 간주하여 산재보험의 적용범위로 포괄한다. 이렇게 적용범위를 열거하는 방식을 사용하는 이유는 근로 형태가 변화함에 따라 임금근로자로 구분하기 어려우나 산재보험이 필요한 영역이 앞으로도 계속 생겨날 것이기 때문에 이러한 집단을 유연하게 포괄하기 위한 것이라고 설명할 수 있다. 호주에서 근로자로 간주하는 영역을 추상적으로 규정하는 대신 구체적 업종을 열거한 것은 한국 산재보험제도의 특수 형태 근로종사자에 대한 언급과 유사한 측면이 있다. 그러나 그 내용을 보면 각 주마다 다소간의 차이는 있지만 한국의 특수 형태 근로종사자보다는 범위가 넓다고 생각할 수 있다.

2) 적용대상 재해 범위

(1) 산재의 정의와 업무수행성 및 업무기인성과의 관계

'업무수행성'과 '업무기인성' 중 무엇을 요구해야 하는지는 산업재해의 인정과 관련된 오랜 논쟁거리이다. 호주의 산재보험은 초기에는 업무수행성과 업무기인성을 둘 다 만족시킬 경우에 한해서만 산재를 인정하였지만, 이후 제도가 발달하면서 1960년 이후에는 업무수행성과 업무기인성 둘 중 한 조건만 만족시키면 산재로서 인정하게 되었다.

〈표 9-2〉 호주 산재보험제도의 재해에 대한 정의와 업무상 질병의 업무기인성

주 이름	산재에 대한 정의	업무상 질병의 업무기인성
뉴사우스웨일즈	• 업무수행성 또는 업무기인성 • 업무상 질병은 ① 업무수행 중 질병에 걸려야 하며, 질병에 걸리는 것이 고용의 주된 요소일 때, 성과 업무 기인성이 있을 때, ② 업무수행 중 질병이 악화, 가속화, 가중, 퇴화되며, 이 과정에서 고용이 주된 요소일 때 인정(광산근로자 외의 경우에 진폐증은 업무상 질병에 포함되지 않음)	업무기인성이 없는 경우 업무상 질병으로 인정받기 어려움
빅토리아	업무수행성 또는 업무기인성	다음 질병은 업무기인성을 입증하지 않으면 업무상 질병으로 인정하지 않음: ① 심장마비, 뇌졸중 ② 업무수행 중 걸린 질병 ③ 기왕증의 재발, 악화, 가속화, 가중, 퇴화
퀸즐랜드	업무수행성 또는 업무기인성	업무기인성이 있거나 업무가 발병의 상당한 기여요소일 경우, 정신질환이나 정신적 장애일 경우(2013년부터 시행)
웨스턴 오스트레일리아	업무수행성 또는 업무기인성	업무기인성이 있거나 업무가 발병의 상당한 기여 요소일 경우
사우스 오스트레일리아	업무수행성 또는 업무기인성	업무기인성이 있거나 업무가 발병의 상당한 원인요소일 경우: 정신질환 관련 상해에서만 인정함
태즈메이니아	업무수행성 또는 업무기인성	업무상 질병은 고용이 상당한 혹은 가장 중요한 발병 기여요소일 경우에만 해당됨. 이는 기왕증의 재발, 악화, 가속, 가중, 퇴화일 경우도 해당됨

자료: Safe Work Australia(2016).

(2) 출장과 휴게시간의 보장범위

출퇴근재해에 대한 보상은 대체로 이루어지지 않고 있다. 초기에는 출퇴근 재해를 인정하는 주가 있었지만, 재정위기를 겪으면서 점차 이를 인정하지 않는 방향으로 변화하였다. 사우스오스트레일리아주와 태즈메이니아주, 퀸즐랜드주 등 몇몇 주에서는 출퇴근 시 일어난 사고에 대해서도 일부 보장해 주지만, 이 경우는 모두 고용주의 지시 혹은 고용주의 관할(예를 들자면 출퇴근 버스) 하에서 사고가 났을 경우만 출퇴근재해로 인정한다. 이는

한국과 유사한 방식이다. 한편 호주와 달리 한국에서는 그간 출퇴근재해를 인정하지 않던 것에 대한 헌법재판소의 위헌판결 이후, 이를 인정해 주는 방향으로 제도를 개선하자는 논의가 존재한다.

〈표 9-3〉 출퇴근재해, 출장, 휴게시간재해에 대한 보장범위

주 이름	출퇴근재해	출장	휴게시간 (사업장 내)	휴게시간 (사업장 밖)
뉴사우스웨일즈	• 다음에 해당될 경우 보장됨: - 경찰관, 긴급의료진, 소방관, 긴급서비스 자원봉사자 - 석탄광업 종사자 또는 진폐보상 신청자 • 2012년 이후 피재근로자는 출퇴근 사고와 업무 간에 실질적이고 상당한 인과관계가 있는 경우에만 보장대상 해당	보장됨	보장됨	보장됨
빅토리아	보장되지 않음	보장되지만 상당한 제약이 있음	보장됨	보장됨
퀸즐랜드	보장되지만 상당한 제약이 있음	보장됨	보장됨	보장됨
웨스턴 오스트레일리아	보장되지 않음	보장됨	보장됨	• 법에 다루지 않음 • 정황이나 민법에 의해 보장
사우스 오스트레일리아	• 통상 보장되지 않음. • 출퇴근 사고가 업무와 실제적이고 상당한 인과관계가 있을 때는 보장	보장됨	사용주 관할하 휴게시간일 경우 보장됨	보장되지 않음
태즈메이니아	• 보장되지는 않지만 상당한 예외조항 있음 • 고용주의 요구로 가고 있을 때, 고용주의 관할하에 출퇴근이 이루어질 때 등	보장됨	보장됨	보장되지는 않지만 상당한 예외조항 있음

자료: Safe Work Australia(2016).

(3) 장해와 장해판정

만일 어떤 근로자가 산재를 당하게 되면 일단 병원으로 옮겨져 급성기 의료 치료를 하게 된다. 의료진의 처치와 수술 등으로 피재근로자의 처지는 산재를 당했던 당시보다 좋아지는 것이 일반적이다. 이렇게 지속적으로 치료를 하다보면 더 이상 상태가 호전되지도 않고 가까운 시일 내에 악화될 가능성도 많지 않은 정체기가 나타난다. 이렇게 치료지속 여부와 관계없이 더 이상의 신체적 변화를 기대하기 어려워지면 치료가 종료되었다고 보고 장해판정을 내린다. 〈표 9-4〉는 호주의 각 주에서 어떠한 때에 장해판정을 내리는지 설명한 것이다. 또한 산업재해에서 장해의 판정은 일반적 신체부위 및 그 효용의 상실만을 의미하는 것은 아니다.

〈표 9-4〉 장해의 의미와 장해판정

주 이름	장해의 의미와 영구장해 판정 방법
뉴사우스웨일즈	장해판정은 의사가 피재근로자의 상태가 더 이상 좋아지거나 변화하지 않을 것이라고 판단할 때 이루어진다. 이는 피재근로자의 상태가 잘 유지되고 향후 12개월간 처치 여부와 관계없이 상태가 변화하지 않을 것이라고 판단할 때 실시된다.
빅토리아	• 장해판정은 상처가 안정된 후, 부상부위에 치료 혹은 수술을 한 후 더 이상의 증상의 변화가 없을 때 실시된다. • 영구장해인가 부분장해인가를 구분하는 법적 정의는 없다.
퀸즐랜드	• 장해란 근로자의 신체부위가 상실되거나 그 효용성이 상실된 경우를 말한다. • 영구장해란 지속적이고 변하지 않는 상태로 의학적인 처치 혹은 수술로 호전 가능성이 없는 상태를 말한다. • 2013년부터 가이드라인에 따라서 영구장해의 정도를 평가한다.
웨스턴 오스트레일리아	• 영구장해, 부분장해를 가르는 법적 정의는 없다. • 영구장해 정도는 판정 가이드라인(The WorkCover Guidelines)에 따라서 %로 표시된다.
사우스 오스트레일리아	직장복귀 사우스오스트레일리아 장해평가 가이드라인(The Return To Work SA Impairment Assessment Guidelines)에 있는 정의는 다음과 같다: 여러 관련법에서 영구적이라는 의미는 장기간 그리고 언제까지라고 확정할 수 없는 기간이지만, 이것이 영원히 지속된다는 의미는 아니다. 그러나 가까운 미래에는 지속되는 것을 의미한다.
태즈메이니아	영구장애의 판정을 위한 산재처리 가이드라인(The WorkCover Guidelines)에 있는 정의는 다음과 같다: 그 문제가 일정기간, 변동 없이, 지속적으로 치료와 관계없이 잠재적으로 변화의 가능성이 없음이 보여야 한다.

자료: Safe Work Australia(2016).

3. 호주 산재보험제도의 급여내용

지금부터는 피재근로자가 받을 수 있는 급여의 유형과 양을 살펴보기로 한다. 피재근로자의 의료요양 중에 피재근로자 본인 및 그 가족이 경제적으로 어려움을 겪지 않도록 휴업급여가 지급되고, 적절한 시기에 안전하고 지속적으로 직업재활과 기타 필요한 서비스를 받게 된다. 급여의 종류로는 휴업급여, 의료급여, 완전장해급여, 장제급여, 기타급여가 있다.

1) 휴업급여

휴업급여는 기간이 정해진 급여로서 재해를 입기 전의 소득에 기반을 두고 그 수준을 정한다. 휴업급여는 피재근로자의 소득손실을 보충하기 위해서 지급되지만, 장해의 정도에 따라 수급자격에 제한이 있다. 휴업급여는 산재로 인한 소득상실의 정도, 혹은 완전장해 정도에 따라서 급여액이 달라진다. 휴업급여의 소득대체율과 지급기간은 주별로 다르지만, 일반적으로는 평균소득 증가에 따라 변화한다.

피재근로자는 일시금을 받을지 주별로 받을 것인지 선택할 수 있다. 일시금을 받기 위해서는 피재근로자와 사업주가 서로 동의해야 하고, 이는 정착급여, 급여의 현재가치 혹은 대체급여 등을 참조하여 결정될 수 있다. 만일 피재근로자가 일시금을 받기로 하면, 사업주의 책임과 휴업급여는 중단된다. 그러나 여러 주에서 이 휴업급여가 의료급여 및 관련 비용의 지급에는 영향을 미치지 못한다고 법적으로 명시한다. 휴업급여의 소득대체율, 지급기간 등은 주별로 다르다.

〈표 9-5〉와 〈표 9-6〉은 각 주의 기준소득과 시간의 경과에 따른 소득대체율의 변화를 살펴본 것이다. 각 주의 휴업급여 수준이 어떻게 변화한 것인가에 대해서는 보수당과 사민당 정부의 역할, 급여수준과 민사소송권 간

<표 9-5> 휴업급여의 기준소득에 포함되는 소득

주 이름	초과근로수당 포함 여부	상여금 포함 여부
뉴사우스웨일즈	○ (최초 52주 동안)	×
빅토리아	○ (최초 52주 동안)	×
퀸즐랜드	○	○
웨스턴오스트레일리아	○ (최초 13주 동안. 14주 이상은 ×)	○ (최초 13주 동안. 14주 이상은 ×)
사우스오스트레일리아	○	○
태즈메이니아	× (약간의 예외 존재)	×

자료: Safe Work Australia(2016).

<표 9-6> 휴업급여의 소득대체율(영구장해 판정 이전)

주 이름	0~13주 (완전불능)	14~26주 (완전불능)	27~52주 (완전불능)	53~104주 (완전불능)	104주 이상 (완전불능)
뉴사우스웨일즈	95% 이하	80% 이하	80% 이하	80% 이하	80% 이하
빅토리아	최대 95%	최대 80%	최대 80%	최대 80%	최대 80%(130주 후 근로 능력 테스트 대상)
퀸즐랜드	85%(산별 협약에 따라 100%)	85%(산별 협약에 따라 100%)	75% 혹은 70%의 QOTE[1]	75% 혹은 70%의 QOTE[1]	• 노동능력 손상 - 15% 이상: 75%의 NWE[1] 혹은 70% QOTE[2] - 15% 미만: 단일 비율의 연금
웨스턴오스트레일리아	100%	100%	100%	100%	100%
사우스오스트레일리아	100%	90%	80%	80%	80%(130주 후 직업 능력평가 대상)
태즈메이니아	100%	100%	90%	• 53~78주: 90% • 79~104주: 80%	80%

주 1) 직전 1년 동안의 평균 주당 소득을 의미.
　　2) 퀸즐랜드 전일근로 일반 시급(Queensland full-time adult's ordinary time earnings)을 의미.
자료: Safe Work Australia(2016).

의 거래 등에 따라서 달라졌음을 이미 앞서 확인한 바 있다.

휴업급여는 기준소득을 토대로 계산하는데 기준소득에는 임금 이외에 초과근로수당이나 상여금을 넣어서 계산할 수 있다. 각 주별 차이를 보면 초과근로수당의 경우 일정기간 동안은 기준소득 계산에 포함시키는 주가 대부분이다. 상여금이 포함되는 경우는 퀸즐랜드주, 웨스턴오스트레일리아주, 사우스오스트레일리아주이다. 이는 퀸즐랜드주와 사우스오스트레일리아주의 휴업급여 액수가 태즈메이니아주의 휴업급여보다 높다는 것을 의미한다.

각 주별로 휴업급여의 소득대체율을 살펴보면 다음과 같다. 뉴사우스웨일즈주와 빅토리아주는 기준소득 계산에 상여금을 넣지 않는다. 그리고 휴업급여 개시 이후 13주까지는 소득대체율이 최대 95%이지만, 14~52주까지는 80% 이하로 휴업급여액수가 떨어진다. 그리고 53~104주까지는 초과근로수당을 제외하고 임금만이 기준소득이 되고, 소득대체율은 80%이다. 53주 이후부터는 소득대체율이 14~52주와 동일하게 80%이지만, 기준소득이 더 낮아지기 때문에 피재근로자가 받을 수 있는 소득은 더 낮아진다.

퀸즐랜드주는 기준소득에 임금뿐만 아니라 초과근로수당과 상여금이 포함되어서 기준소득 자체가 다른 주보다 높다. 퀸즐랜드주에서는 휴업급여 개시일부터 26주까지는 소득대체율이 85%이지만, 노조의 산별 협약에 따라서 100%까지 받을 수 있다. 27~104주까지는 기준소득의 75%를 받거나 퀸즐랜드주에서 전일제로 일하는 일반인 시급의 70%를 받을 수 있다. 그리고 104주가 넘으면 노동능력 손상 정도가 15%를 넘는 경우는 이전과 동일한 휴업급여를 받고 노동능력 손상 정도가 15% 이하이면 일정비율의 연금을 받는 것으로 바뀐다.

웨스턴오스트레일리아주의 경우에는 최초 13주까지 임금, 초과근로수당, 상여금이 모두 기준소득에 포함되고 소득대체율은 100%이다. 14주부터는 기준소득이 임금만으로 바뀌며 소득대체율은 여전히 100%이지만 피재근로자들이 실제로 받는 휴업급여는 이전보다 낮아진다.

사우스오스트레일리아 주는 기준소득에 임금, 초과근로수당, 상여금이 모두 포함된다. 그리고 휴업급여 수급기간 전체 동안 소득대체율이 100%이다. 가장 관대한 급여 형태이지만, 제도 자체에 직장복귀의 유인이 없기 때문에 직업재활 및 복귀에 더 관심을 갖는다.

태즈메이니아주는 사우스오스트레일리아주와는 많이 다르다. 오직 임금만이 기준소득이 될 뿐, 초과근로수당이나 상여금은 포함되지 않는다. 휴업급여 개시일부터 26주까지의 소득대체율은 100%이지만, 실제 휴업급여의 양은 사우스오스트레일리아보다 적을 것으로 보인다. 그리고 27~78주까지는 소득대체율이 90%로 낮아지고, 79주부터는 다시 80%로 낮아진다.

〈표 9-7〉 장애판정을 받았을 경우 일시금 정도

(단위: 달러)

주 이름	수령가능한 일시금의 최대액
뉴사우스웨일즈	• 2015년 8월 5일 이전 재해: 220,000 + 척추손상 시 5% 추가 • 2015년 8월 5일 이후 재해: 577,050 + 척추손상 시 5% 추가
빅토리아	571,760
퀸즐랜드	3,014,928 + 356,745(영구적 손상 시 간병비)
웨스턴오스트레일리아	217,970 + 163,478(특별한 상황에 한하여 지급)
사우스오스트레일리아	• 경제적 손실: 357,426 • 비경제적 손실: 482,014
태즈메이니아	343,010

자료: Safe Work Australia(2016).

2) 투약, 입원 및 기타 의료급여

입원비 및 약제비 지급은 피재근로자가 필요한 의료서비스 및 재활서비스에 접근할 수 있도록 함으로써 회복을 돕는다. 대부분의 작업장 재해는 상당한 투약과 입원치료가 필요하다. 산재보험제도는 투약 및 입원, 이에 수반되는 건강 관련 지출을 포괄한다. 가정 지원, 간병, 차량이나 가정의 개조 등과 같은 기타 서비스를 지원받는 피재자도 상당수 있다.

의료급여는 장해판정 이전까지는 무제한이지만, 장해판정 이후는 어느 정도 제한되는 경우가 있다. 사우스오스트레일리아주, 태즈메이니아주에서는 휴업급여 중단 후 52주 또는 1년까지로 기간을 한정하지만, 폐질 정도가 심할 경우에는 무제한으로 급여를 지급한다. 뉴사우스웨일즈주는 폐질의 정도에 따라서 기한을 달리 정한다. 웨스턴오스트레일리아주는 의료급여를 일정액으로 정하였으며, 퀸즐랜드주는 투약에는 제한을 두지 않되 병원 입원에는 제한을 두었다. 이렇듯 각 주별로 기준이 다양하다.

〈표 9-8〉 의료급여의 제한

주 이름	휴업급여 종료 이후 의료급여의 제한
뉴사우스웨일즈	20% 이상의 폐질은 무제한, 11~20% 폐질은 5년까지, 11% 미만은 2년까지
빅토리아	휴업급여 중단 후 52주까지
퀸즐랜드	투약은 제한 없음. 입원은 4일까지(합당한 이유가 있으면 그 이상)
웨스턴오스트레일리아	65,391달러까지, 특별한 상황일 경우 5만 달러 추가
사우스오스트레일리아	제한 없음. 경미한 부상자는 휴업급여 중단 후 1년까지, 배상이 완료된 1년 후까지
태즈메이니아	제한 없음. 경미한 부상자는 휴업급여 중단 후 1년까지, 배상이 완료된 1년 후까지

자료: Safe Work Australia(2016).

3) 사망급여

모든 주에서 사망재해가 발생할 경우 사망급여를 지급한다. 사망근로자의 배우자나 부양가족은 급여 수급자격이 있고, 장례비용과 생활비를 지급받을 수 있다. 사망급여의 수준과 수급 방식은 각 주별로 다르다. 그리고 사망 일시금 외에도 소득활동이 없는 배우자[2]나 학령기 자녀가 있는 경우에는 생활비를 충당하기 위하여 매주 급여를 받을 수 있다. 사망급여는 일시금과

〈표 9-9〉 각 주별 사망 관련 급여액수

주 이름	일시금	주당 급여	부가급여
뉴사우스웨일즈	750,000달러	자녀 1인당 134.3달러	장의비: 최고 15,000달러
빅토리아	578,760달러	소득활동 없는 배우자: 최대 241달러 (최초 13주까지 소득의 95%, 최대 2,130달러, 14주~3년까지 소득의 50%, 최대 2,130달러, 5명의 자녀가 있으면 1,420달러)	• 장의비: 최고 14,135달러 • 상담비: 6,120달러
퀸즐랜드	589,875달러 (부가적으로 전업 주부 15,770달러, 16세 이하 자녀 혹은 학생 1인당 31,520달러)	• 6세 이하 자녀가 있는 배우자: 116.6달러 (QOTE의 8%) • 16세 미만 아동이 있을 경우: 아동 1인당 145.7달러(QOTE의 10%)	합리적인 수준의 장의비
웨스턴 오스트레일리아	298,810달러	16세 이하(학생은 21세 이하) 자녀가 있을 경우 아동수당 57.1달러	장의비: 최고 9,642달러
사우스 오스트레일리아	482,014달러	• 전업주부: 사망근로자 기준소득의 50% • 고아가 된 자녀: 사망근로자 기준소득의 25% • 고아가 아닌 자녀: 사망근로자 기준소득의 12.5%	장의비: 10,172달러
태즈메이니아	343,009.95달러	전업주부, 보호가 필요한 파트너는 2년간 완전폐질자의 휴업급여와 같이 수급. 26주까지 소득대체율 100%, 26주~78주까지 소득대체율 90%, 79주부터 소득대체율 80%. 부양자녀는 123달러	• 장의비: 9,500달러 • 상담비: 4,000달러

자료: Safe Work Australia(2016).

---

2) 여기에서 소득활동을 전혀 하지 않는 배우자란 전업주부이거나 질병 등으로 소득활동을 하지 않는 경우로 이해할 수 있다.

장의비, 주당 급여 모두 뉴사우스웨일즈 주가 가장 높았다. 사망과 관련된 급여가 가장 낮은 곳은 웨스턴오스트레일리아주와 태즈메이니아주이다.

4) 연금과 산재보험 급여 간의 관계

이번에는 연금과 산재보험 급여와의 관계를 살펴보자. 산재보험의 휴업급여는 재해로 인해서 일을 하지 못하게 됨으로써 발생하는 소득의 손실을 보전하기 위한 방안이다. 노령연금 또한 고령으로 인하여 일을 못해서 발생

<표 9-10> 노령연금과 휴업급여의 지급

주 이름	퇴직급여
뉴사우스웨일즈	• 퇴직연령은 다른 필요 요건을 충족시킬 대상으로서, 〈연방 사회보장법 1991〉 (Commonwealth Social Security Act 1991)하에서 노령연금을 받을 자격이 되는 사람의 나이를 의미한다. • 2012년 10월 1일 이전에 제기된 신청에 대해서, 만약 재해가 퇴직연령 이전에 일어났다면 휴업급여는 근로자가 퇴직연령 이후 최대 12개월까지 지속된다. 2012년 10월 1일 이후에는 노령연금을 받는 연령이 되면 휴업급여는 중단된다. 만일 재해가 퇴직연령 혹은 그 이후 발생했다면, 휴업급여는 재해 후 13개월까지 받을 수 있다. 〈진폐법〉하에서 보상을 받는 피재근로자는 퇴직급여의 대상이 아니며, 사망에 이를 때 까지 지속적으로 보상을 받을 수 있다.
빅토리아	• 일반적으로, 65세 이하 혹은 일반 퇴직연령은 아래의 상황만 예외로 한다. • 만약 퇴직연령 130주 이전부터 재해가 발생하거나 퇴직연령 이후 재해가 발생하는 경우, 피재근로자는 최대 130주까지 휴업급여를 받을 수 있다. • 만약 퇴직연령 이후에 발생한 재해로 인한 폐질이 이후 10년 이상 지속될 경우 혹은 입원치료로 인하여 폐질이 발생한 경우, 피재근로자는 최대 13주까지 휴업급여 수급이 가능하다.
퀸즐랜드	법 조항 내에 퇴직급여에 대한 언급 없음.
웨스턴 오스트레일리아	퇴직급여에 대한 언급 없음. 나이제한은 2011년 10월 1일에 삭제되었다.
사우스 오스트레일리아	근로자가 산재를 당한 경우 연령과 무관하게 산재보상을 받는다. 퇴직연령 2년 이내에 혹은 그 후에 산재를 당한 경우는 최대 2년까지 휴업급여를 받을 수 있다. 2년 동안의 소득보전 이후에도 피재근로자는 투약, 입원, 여행 및 재활비용과 비경제적인 손실에 대한 일시금에 대한 수급자격이 있다.
태즈메이니아	재해가 64세에 혹은 그 이전에 발생했다면, 휴업급여는 65세에 중단된다. 64세 이후 재해가 발생한 경우 재해 후 1년간 휴업급여를 받을 수 있다. 근로자가 65세 이후에도 계속 근로를 지속했을 경우 급여 지급을 계속할 것을 허가할 수 있다.

자료: Safe Work Australia(2016).

254

하는 소득상실을 보전하기 위해서 만들어졌다. 이 경우 노령연금 개시연령을 전후해서 산재를 당했을 경우, 언제까지 휴업급여로 소득을 대체해야 할 것인가는 주요 논쟁거리이다. 즉, 피재근로자의 상실소득 보전을 위해서 산재보험제도를 우선 이용해야 할 것인가, 연금개시 연령이 되면 노령연금으로 소득보전 기능을 해야 할 것인가가 주요 논점인 것이다.

호주에서는 연금개시 연령 1~2.5년 정도 전에 재해를 당했을 때, 연금개시 연령 이후 일정기간(0~13개월 사이) 경과 후에는 휴업급여 대신 노령연금급여를 받는 것을 원칙으로 하는 주들이 있다. 뉴사우스웨일즈주, 빅토리아주, 태즈메이니아주가 바로 그러한 주이다. 이렇게 노령연금과의 연계를 강조한 주의 대척점에 있는 주는 퀸즐랜드주와 웨스턴오스트레일리아주이다. 이 두 주에서는 피재근로자에게 주는 휴업급여를 노령연금 수급 여부와 관계없이 산재보험의 틀 내에서 지급한다. 이와 유사한 제도를 운영하는 주가 사우스오스트레일리아주이다.

5) 민사소송 권리

법정 산재보험제도 도입 이전에 피재근로자가 보상을 받기 위해서는 고용주를 민사소송 하는 수밖에 없었다. 만일 피재근로자에게 소송권이 있으면 이를 통해서 여러 손실을 보상받을 수 있었는데, 이때 받을 수 있는 액수에는 상한이 없었다. 각각의 재판이 개별적으로 평가되어야 했고, 재판에 이긴다는 보장은 없었다. 이는 법정 수급자격이 법에 명기된 것과는 다른 것이다. 그러나 법정 무과실 책임원칙의 산재보험제도가 도입되고 재판과 관련한 모든 이해당사자의 비용을 낮추는 급여가 생기면서 민사소송에 대한 권리는 눈에 띄게 제한되었다. 몇몇 주에서는 민사소송권을 폐지하거나, 일정 수준 이상의 업무능력 상실이 있을 때만 민사소송을 가능하게 하거나, 피재근로자가 민사소송을 할 수 있는 손해의 유형을 제한하거나, 민사

<표 9-11> 분쟁해결 기관과 민사소송 가능 여부

주 이름	분쟁해결 기관	민사소송 가능 여부
뉴사우스웨일즈	주보험관리국(State Insurance Regulatory Authority: SIRA), 산재보상위원회(Workers Compensation Commission), 산재처리 독립 심리부(WorkCover Independent Review office)	○
빅토리아	빅토리아 노동안전(WorkSafe Victoria), 재해보상 조정서비스 (Accident Compensation Conciliation Service: ACCS), 의료전문가 판결위원회(Medical Panels Magistrates) 또는 카운티 법원	○ (제한적)
퀸즐랜드	퀸즐랜드 노사관계위원회 산재보상관리부(Worker's Compensation Regulator of Queensland Industrial Relations Commission), 노동재판소(Industrial Magistrate, Industrial Court)	○
웨스턴 오스트레일리아	조정 및 중재서비스(Conciliation and Arbitration Services)	○ (제한적)
사우스 오스트레일리아	사우스오스트레일리아 고용위원회(South Australian Employment Tribunal), 대법원(Supreme Court), 사우스오스트레일리아 직장복귀 보험료율 심리위원회(ReturnToWorkSA Premium Review Panel)	○ (제한적)
태즈메이니아	노동자 재활 및 보상위원회(Workers Rehabilitation and Compensation Tribunal), 대법원	○ (제한적)

자료: Safe Work Australia(2017).

소송으로부터 받을 수 있는 금액에 제한을 두었다.

이 모든 제한에도 불구하고, 상당수의 피재근로자는 여전히 민사소송을 하기 원한다. 만일 피재근로자가 민사소송을 하기로 했다면, 고용주나 산재보험 운영기관에 지금까지 받은 법정 급여를 상환해야만 한다.

4. 호주 산재보험제도의 관리운영체계 및 재원

1) 관리운영체계

호주는 산재보험제도가 주별로 구성된다. 주 또는 공공기관이 관리운영하는 주도 있지만 대체적으로 민간보험사가 관리운영하는 것이 주요한 특징

〈표 9-12〉 호주의 산재보험제도 정책결정 및 현행법규

주 이름	정책기관	현행법규
뉴사우스웨일즈	주보험관리국(SIRA)	• 노동자보상법 1987(Workers' CompensationAct 1987) • 작업장 재해관리 및 노동자보상법 1998(Workplace Injury Management and Workers compensation Act 1998)
빅토리아	• 빅토리아 노동안전 (WorkSafe Victoria) • 빅토리아 산재처리국 (Victorian WorkCover Authority)	작업장 재해 재활 및 보상법 2013(Workplace Injury Rehabil- itation and compensation Act 2013)
퀸즐랜드	노사관계국(Office of Industrial Relations)	노동자보상 및 재활법 2003(Workers' Compensation and Rehabilitation Act 2003)
웨스턴 오스트레일리아	웨스턴오스트레일리아 산재처리(WorkCover WA)	노동자보상 및 재해관리법 1981(Workers' Compensation and Injury Management Act 1981)
사우스 오스트레일리아	사우스오스트레일리아 직장복귀(ReturnToWorkSA)	• 사우스오스트레일리아 직장복귀공단법 1994(Return to Work Corporation of SouthAustralia Act 1994) • 사우스오스트레일리아 고용위원회법 2014(South Australia Employment Tribunal Act 2014) • 직장복귀법 2014(Return To Work Act 2014)
태즈메이니아	• 법무부(Department of Justice) • 태즈메이니아 노동안전	노동자 재활 및 보상법 1988(Workers' Rehabilitation and Compensation Act 1988)

자료: Safe Work Australia(2017).

〈표 9-13〉 호주 산재보험제도의 관리운용기관

주 이름	관리운용기관
뉴사우스웨일즈	• 7개의 민간부문 대행기관을 통해 대부분의 임금근로자를 포괄하는 명목상의 보험회사 • 3개의 민간부문 보상청구 관리기관을 통해 대부분의 공공부문 근로자를 포괄하는 자가보험공단 • 56개의 자가보험사(self-insurance), 6개의 특화보험사(specialised insurers)
빅토리아	• 5개의 민간부문 기관, 38개의 자가보험사
퀸즐랜드	• 퀸즐랜드 산재처리, 28개의 자가보험사
웨스턴 오스트레일리아	• 8개의 민간부문 보험회사 • 25개의 자가보험(사용자 제외) • 웨스턴오스트레일리아 보험위원회(Insurance Commission of Western Australia)
사우스 오스트레일리아	• 2개의 민간부문 보험회사, 70개의 민간 자가보험사 • 44개의 왕립(주 정부) 자가보험사[Crown(State Government) self-insurers]
태즈메이니아	• 7개의 민간부문 보험회사, 10개의 자가보험

자료: Safe Work Australia(2017).

이다. 산재보험제도가 전체 사회보험체계와 분립되어 운영되며 산재보험
제도의 관리운영 주체는 국가기관뿐만 아니라 민간보험사도 해당된다. 또
한 일정 조건을 충족하는 회사에서 개별적 보험을 시행하여 피재근로자에
대한 동일한 정도의 보상이 가능하다면 산재보험제도 대신 이를 사용할 수
있도록 하는 자가보험제도를 운영한다. 자가보험제도란 회사가 보험주가
되는 제도로서 계약에 의한 적용제외(contract-out) 제도로 볼 수 있을 것이
다. 호주 이외에 이러한 제도가 가능한 국가는 미국을 들 수 있다.

　그러나 민간이 산재보험제도의 관리운영 주체가 될 수 있을지라도, 산
재보험정책을 수립하고, 요양 및 보상의 기준을 설정하는 것은 모든 국가
에서 정부의 책무이다.

2) 재원 및 요율체계

호주 산재보험의 관리운용에서 요율 결정은 민간기관이 아닌 공공기관에
서 한다. 각 주별로 있는 산재보험요율 결정기관의 대부분은 공공기관이지
만 웨스턴오스트레일리아주와 태즈메이니아주에서는 주의 관리하에 허가
받은 민간보험기관이 요율산정 작업을 한다. 각 주별 산재보험 요율을 보

〈표 9-14〉 요율 결정기관과 평균 요율

주 이름	보험료율 결정기관	평균 요율(%)	
		2013~2014	2014~2015
뉴사우스웨일즈	주보험관리국(SIRA)이 관장하는 보험기관	1.67	1.45
빅토리아	빅토리아 노동안전	1.31	1.31
퀸즐랜드	퀸즐랜드 산재처리	1.44	1.19
웨스턴오스트레일리아	웨스턴오스트레일리아 산재처리가 관장하는 인가된 보험기관	1.25	1.21
사우스오스트레일리아	사우스오스트레일리아 직장복귀	2.48	2.42
태즈메이니아	태즈메이니아 보험처리가 관정하는 인가된 민간 보험기관	1.60	1.58

자료: Safe Work Australia(2017).

면 사우스오스트레일리아주가 가장 높고, 다음은 뉴사우스웨일즈주와 태즈메이니아주였으며, 웨스턴오스트레일리아주, 빅토리아주, 퀸즐랜드주의 요율은 상대적으로 낮은 편이다. 각 주별 요율의 차이는 앞에서 살펴본 휴업급여의 소득대체율과 지급기간의 차이로 설명할 수 있을 것이다.

5. 한국제도와의 비교 및 함의

산재보험제도는 근로자가 작업 중 재해를 입었을 때 소득보전을 위하여 급여와 병원비 및 의료 관련 비용을 지급하고, 장애·사망 시에는 이에 대한 보상금을 지급하며, 더 나아가 작업환경 개선 및 직업재활을 하는 등 직업 관련 재해에 대응하기 위한 보장제도이다. 산재보험제도의 구조는 전체 사회보장제도와의 관계, 적용대상 근로자의 범위, 포괄하는 장애의 범주 및 요건, 각 급여의 지급요건 및 수준, 관리운영 주체, 자발적 산재보험제도 허용 여부 등으로 나누어서 살펴볼 수 있다. 다른 국가의 산재보험제도와 비교해 볼 때 호주의 산재보험제도는 다음과 같은 특징이 있다.

우선 산재보험제도가 다른 사회보험제도와 연계되어 있는지, 아니면 단독으로 있는지 살펴보면, 호주의 산재보험제도는 사회보장제도로서 사회보장위원회의 관리를 받기보다는 민간보험회사와 각 주의 공공기관이 운영 및 요율결정을 맡고 있다. 급여의 지급 또한 민간보험회사를 통해서 이루어지는 곳이 더 많다. 따라서 사회보험적 영역이라기보다는 고용주의 책임보험에 가까운 성격을 갖는다.[3] 한국의 산재보험은 사회보험체계 내에

---

3) 산재보험제도가 사회보험체계 내에 있으면서 공공부문이 이를 전담하는 국가는 프랑스, 일본, 독일, 오스트리아, 영국, 한국, 대만, 스페인, 스웨덴, 이탈리아, 그리스, 노르웨이, 룩셈부르크, 아일랜드, 아이슬란드, 멕시코, 헝가리, 체코, 폴란드, 터키 등을 들 수 있다. 이와 대조적으로 산재보험이 사회보험체계에서 분리되어 민간보험사들이 이를 맡

있으며 근로복지공단이라는 공공기관이 그 운영을 맡는다는 점에서 호주의 산재보험과는 차이가 있다. 더욱이 호주는 자가보험이라는 것을 운영하여, 회사의 개별보험이 산재보험과 동등하거나 더 나은 보호를 제공할 경우 공공에서 운영하는 산재보험제도에서 적용제외를 할 수 있도록 한다는 점에서도 한국과는 차이가 있다.

호주 산재보험의 적용대상 근로자를 보면, 임금근로자 외에도 계약에 의한 노무제공자도 보호를 받을 수 있도록 하였다. 또한 독립계약자의 성격이지만 보호가 필요한 직종을 골라서 특별보호를 한다. 이외에도 실습생, 공공부문 자원봉사자에 대한 보호제도를 둠으로써 다양한 고용 형태로 일하는 사람들을 보호한다. 이러한 면은 한국 산재보험제도의 특례제도와 비교하여 살펴볼 수 있을 것이다. 한국 산재보험제도에서는 임금보호자가 아니지만 보호의 필요성이 높은 사람들을 위하여 특례제도를 운영한다. 여기에 해당되는 사람은 50인 이하 중소기업의 사업주, 고위험 직종에 종사하는 자영업자, 특수 형태 근로종사자, 실습생 등이다.

호주의 산재보험제도는 특수 형태 근로종사자의 범위가 다소 넓게 규정되어 있고 공공부문 자원봉사자를 보호하는 제도도 있어 한국보다 적용범위가 넓다. 그러나 한국에서는 기간이 단 하루인 고용관계에서라도 재해를 당하면 산재보험이 적용되지만 호주는 5일 미만 고용기간의 임시직에 대해서는 산재보험을 적용하지 않는다. 이러한 점을 보면 호주의 산재보험 적용범위가 오히려 더 제한적일 수도 있다. 포괄하는 장해의 범주와 요건은 양국이 크게 다르지 않다. 단, 역사적으로 본다면 호주는 산재로 인정되는 요건을 업무수행성 또는 업무기인성으로 정리한 시기가 1960년대인 반면, 한국은 최근에 와서야 업무수행성과 업무기인성을 분리하여 산재의 요건으로 인정하기 시작했다는 점이 차이일 것이다. 출퇴근재해 인정과 관련해

는 국가는 미국, 호주, 뉴질랜드, 스위스, 포르투갈을 들 수 있다(박찬임, 2002).

서 호주는 비교적 엄격한 기준을 두는 편이지만, 한국은 이제 그 기준이 깨져서 새로운 논의가 일어나는 시점이다.

휴업급여의 수준과 소득대체율을 보면, 한국은 휴업급여 산정의 토대가 되는 기준급여에 임금 이외의 초과근로수당, 상여금을 모두 포함하여 계산을 하지만, 호주에서는 이들을 다 포함하여 계산하는 주가 겨우 3개에 불과하다. 그러나 산재보험 휴업급여의 소득대체율 측면에서, 호주는 소득대체율이 떨어진다 할지라도 최하 80%에 이른다. 반면, 한국은 처음부터 70%에 불과하다. 한국의 경우에도 일부 대기업에서는 노조 협약에 의해서 사용자가 소득대체의 나머지를 채워 주는 경우가 있다. 따라서 한국의 산재보험제도는 소득대체율이 75%이되 산별협약에 따라서 100%를 주는 퀸즐랜드주와 유사한 사례라고 볼 수 있다. 그러나 퀸즐랜드주는 이러한 대체율이 산별협약에 의하므로 그 적용범위가 넓지만 한국은 기업별 노조 협약에 의하므로 극소수만 혜택을 받는다는 점에서 차이가 있다.

이외에 요율을 보면, 2014년 기준으로 뉴사우스웨일즈주, 빅토리아주, 퀸즐랜드주, 웨스턴오스트레일리아주의 요율은 한국보다 낮지만, 휴업급여의 기간제한이 없는 사우스오스트레일리아주와 태즈메이니아주에서는 요율이 한국보다 높다.

호주의 산재보험 발달사에서 살펴 본 바와 같이 일하는 계층 중 어떤 집단을 산재보험 적용대상으로 더욱 포섭할지, 어떤 재해와 질병을 산재보험으로 포괄할지, 어느 수준의 급여를 줄 것인지는 사회적 논의와 타협의 대상이다. 한국 사회가 앞으로 어떤 선택을 할 수 있을지는 한국 사회가 산재보험의 혜택을 입지 못한 채 일하는 이들을 대상으로 가지는 사회적 합의와 의제 설정에 따라 달라질 것이다.

■ 참고문헌

국내 문헌

박찬임(2002). 《산재보험 적용확대 방안 연구: 자영업자, 특수고용관계 종사자를 중심으로》. 서울: 한국노동연구원.

해외 문헌

Purse, K. (2005). The evolution of workers' compensation policy in Australia. *Health Sociology Review*, *14*(1), 8~20.

Safe Work Australia(2016). *Comparison of workers' compensation arrangements in Australia and New Zealand*. Canberra: Safe Work Australia.

＿＿＿(2017). *Comparison of workers' compensation arrangements in Australia and New Zealand*. Canberra: Safe Work Australia.

Workers Compensation Act 1951(2016). Effective: 2016. 4. 1.

10

가족수당제도*

1. 호주 가족정책의 특징

1) 가족정책의 특징

호주는 2013년 기준 2,313만 명의 인구를 가진 국가로 1인당 GDP는 5만 2천여 달러에 이른다. 호주는 다른 국가와 마찬가지로 21세기 들어서 빠른 변화를 경험하였다. 지난 십수 년간 인구는 급성장했으며, 특히 이민이 급증하여 문화적으로 다양한 사회가 되었다. 합계출산율은 2013년 기준 1.88로 OECD 평균 1.67을 상회하고 있다(OECD, 2015). 가족의 규모는 점차 축소하였고, 다양한 가족 형태가 출현하였다. 지난 30년간 가구원 수는 1911년의 4.5명에서 2006명에는 2.6명으로 감소하였고, 비혼자가 아동과 동거하는 경우가 급증하였다. 아울러 인구고령화로 인해서 다세대가

---

* 이 글은 2012년 《주요국의 사회보장제도: 호주》(한국보건사회연구원, 2012)에서 필자가 작성한 "제2부 제4장 가족수당"을 수정 보완한 것이다.

공존하는 사회가 되었다. 독신 가구 및 무자녀 가구 등도 증가하였다.

2011년 기준 GDP 대비 공공가족지출은 2.79%로 OECD 평균 2.55%를 상회한다(OECD, 2015). 2010년 기준 상대빈곤율은 14.5%로 이는 OECD 평균 11.3%을 상회한다. 아동빈곤율은 15.1%로 일반인구의 빈곤율보다 약간 높다(OECD 평균: 13.3%, 한국: 10.1%).[1]

자녀가 있는 양부모 가족의 맞벌이율은 2010년 기준 61%이고, 한부모 가족 중 직업이 없는 경우는 45%이다. 호주의 가족 관련 제도의 지원 대상 및 혜택을 살펴보면 가구주가 전일제로 일하고 배우자는 파트타임으로 일하는 경우가 전일제 맞벌이 가족보다 더 유리한 구조임을 알 수 있다. 이 때문에 남편은 정규직으로 일하지만, 부인은 정규직으로 일할 인센티브가 줄어들고 있다.

전통적 가족구조의 변화와 여성의 사회진출 증가에 대응하기 위해 호주 정부가 초점을 둔 것은 유년기 조기서비스 프로그램, 과도기 청소년을 위한 지원 프로그램, 그리고 일과 가정의 양립을 위한 프로그램이다. 특히, 취업모의 지원에 초점을 두면서 육아 및 보육지원을 확대 중이다. 이러한 가족정책의 근간에는 출산율을 제고하면서 여성의 사회진출을 독려하려는 의지가 담겨 있다.

2) 가족정책의 주요 내용 개괄[2]

호주에서는 지난 수십 년간 가족적 특성이 상당히 변화했다. 이혼의 증가와 혼전동거 및 미혼자녀 출생 등은 가족정책과 가족 관련 법률의 변화를 일으켰다. 이로 인해 보육제도, 아동지원비, 아동 관련 수당 등에서 정책

---

1) 임완섭 · 이주미(2013)를 참고하기 바란다.
2) Family Assistance office(2011. 7), Higgings(2013), Blaxland, Mullan, & Craig (2015)를 참고하기 바란다.

의 변화가 발생했다.

　호주의 가족정책의 핵심은 가족이 자녀를 양육하는 데 필요한 비용은 보전하고 일과 가정을 양립 가능하도록 지원하는 데 있으며, 다양한 가족의 필요에 따라서 세부적으로 나뉜 다양한 지원을 하고 있다. 여기에는 육아휴직수당(*parental leave allowance*), 보육급여 및 보육료 공제(*child care benefit, child care rebate*), 가족세제급여(*family tax benefit*) 등이 있다. 아울러 가족의 상황에 부응하는 지원도 하고 있다. 고아연금(*double orphan pension*: 고아의 주양육자 지원), 의료카드(*health care card*, 저소득 및 위탁부모 대상), 대가족지원(*large family supplement*), 다둥이수당(*multiple birth allowance*, 세쌍둥이 지원), 주거지원(*rent assistance*) 등이 여기 해당된다.

　이와 더불어 가족구성원 관련 정책으로는 학교로부터 멀리 떨어져 사는 아동이나 건강상의 문제가 있는 아동을 위한 오지아동지원(*assistance for isolated children*), 노인이나 장애인을 돌보는 경우 지원되는 돌봄수당(*carer payment and carer allowance*), 저소득층을 위한 의료지원(*low income health care card*), 구직자수당(*Newstart allowance*), 저소득층 가족을 위한 부모 양육수당(*parenting payment*), 16~24세 학생이나 도제, 16~21세 구직자를 위한 청소년수당(*youth allowance*) 등이 있다.

　다양한 수당은 정액으로 제공되는 것이 아니라 가족의 소득수준에 따라서 차등적으로 제공된다. 이에 따라서 저소득일수록 더 많은 수당을 받도록 되어 있다. 가족지원은 가족소득을 보전하는 것 외에도 가족구성원의 변화에 대응하는 지원을 한다. 예를 들어 가족구성원이 직업을 바꾸거나 실직한 경우, 결혼관계가 변화하거나 자녀돌봄 상태가 변화한 경우, 아동지원비가 변화한 경우, 거주지를 국외로 이동한 경우, 자녀가 취학하거나 졸업한 경우, 돌봄유형이 변화한 경우, 아동의 취업하거나 소득상한선이 초과한 경우 등이 발생하면 수당도 바뀌게 된다.

2. 가족수당제도

1) 호주의 가족수당 도입 시기[3]

호주에서 가족수당은 1941년에 최초로 도입됐다. 〈가족수당법〉은 여러 차례 개정되었다. 1991년(사회보장), 1995년(사회보장) 개정되어 1996년 실행되었고, 다시 1999년(실제적인 가족 자산조사)에 개정되어 2000년부터 실행되고 있다.

2) 가족수당의 전달체계

이전에는 호주의 가족, 지역사회서비스, 원주민부(Department of Families, Community Services and Indigenous Affairs: FaCSIA)에서 가족수당을 총괄 감독했으나 2015년부터 사회서비스부(Department of Social Services)에서 담당하고 있다. 사회서비스부는 호주의 가족과 개인의 생애주기별로 삶의 질을 제고하는 것을 목적으로 하는 연방 정부 부처이다. 부처에서 담당하는 분야는 아동지원(*child support*), 아동학대, 가족재정지원, 가족관계지원 (입양, 동성결혼 등), 정신건강, 부모됨, 학생지원, 가족 및 아동활동지원, 여성안전 보장 등이다. 가족과 아동의 지원 형태는 프로그램, 서비스, 수당, 급여 등이고, 이와 더불어 가족에게 다양한 서비스를 제공하는 기관에게 재정을 지원한다.

사회서비스부가 제공하는 각종 급여 및 서비스의 직접적인 전달은 가족지원사무소(Family Assistance Office), 센터링크(Centrelink, Department of Human Services), 아동지원기관(Child Support Agency)을 통해 이루어진

---

3) 이재완·최영선(2005)을 참고하기 바란다.

다. 가족지원사무소에서는 가족과 관련한 재정적 지원 및 정보 제공을 하는데, 재정지원으로는 가족세제급여, 보육급여, 보육료 세제공제, 산모 예방접종급여, 월세수당 등이 있다. 센터링크는 모든 가족이 정부가 제공하는 서비스를 용이하게 이용할 수 있도록 돕기 위해 설치되었다. 이용자의 편의를 위하여 메디케어 사무소, 센터링크 고객서비스센터, 세무서 창구 등에 설치되어 있고, 전국적으로 560개 이상의 장소에서 업무를 수행한다. 아울러 다양한 가족지원급여에 대해서 온라인서비스를 제공한다. 아동지원기관에서는 이혼한 부모가 자녀에게 양육비를 제공하도록 돕는다.

3) 가족수당의 유형 및 내용

가족수당에는 가족세제급여 A · B형, 출산수당 및 신생아수당, 보육급여, 보육비 환급, 예방접종, 육아휴직수당 등이 있다(〈표 10-1〉 참조). 4)

호주에는 이외에도 자녀의 양육비용을 지원하는 다양한 수당이 있다. 장애아동이나 허약한 아동을 양육하는 경우 다양한 급여 및 서비스를 제공받을 수 있다. 급여에는 돌봄지급금(*carer payment*), 돌봄수당(*carer allowance*), 돌봄보조금(*carer supplement*), 돌봄조정지급금(*carer adjustment payment*), 장애아동 보육급여(*child disability assistance payment*), 연금수급자 교육비 보조금(*pensioner education supplement*) 등이 있다.

서비스에는 메디케어(Medicare), 월세 지원(*rent assistance*)이 있는데 이는 가족세제급여 A형을 받고, 연금을 받는 경우 월세 지원을 가족유형에 따라서 받는다.

---

4) 호주의 제도에서는 이러한 항목들을 가족수당이라고 명시하지는 않는다. 다만 가족을 위한 지원제도로서 대표적인 것을 선정하여 소개하였다. 따라서 본 장에서 소개하는 제도들은 가족수당의 항목이라기보다는 가족을 위한 지원이라고 보는 것이 더 적합하다. 가족수당의 정의와 범위에 대해서는 향후 논의가 필요한 사항이라고 본다.

<表 10-1> 호주의 가족수당 유형과 목적

유형	주요 목적
가족세제급여 A형	자녀양육비 보조. 추가 보조도 가능
가족세제급여 B형	한부모 가족 및 홑벌이 가족(자녀양육을 위해 노동시장 이탈)을 위한 지원. 추가 지원도 가능
출산수당 및 신생아수당	출산비 보조
보육급여	보육비 지원
보육비 환급	보육비의 추가 보조
부모수당	양육비 보전
예방접종	자녀의 예방접종하도록 지원
취학 전 의료지원	취학 전 건강검진 제공
치과진료비 지원	아동의 치과진료비를 지원
육아휴직수당	자녀를 출산 및 입양한 맞벌이부모가 자녀와 더 많은 시간을 보내도록 양육비 등을 지원
아버지수당	아버지에게 수당 제공
사산아수당	사산부모에게 수당을 지원

자료: Department of Human Services(2015), 2016. 7. 6. 인출.

(1) 가족세제급여

가족세제급여는 자녀의 양육비용을 보존해 주는 급여로 A형과 B형 두 가지 유형이 있다. 두 유형의 공통된 자격조건은 피부양 자녀가 있거나, 연금이나 청년수당을 받지 않는 20세 미만의 자녀가 있는 경우, 최소 35%의 시간을 자녀 양육에 쓰는 경우이다. 급여는 모두 소득조사(income test)를 통해 지급된다. 지금부터는 각 유형의 자격조건과 지급내용을 살펴볼 것이다.

① 가족세제급여 A형

가. 자격요건

가족세제급여 A형(family tax benefit part A)[5]은 가장 보편적인 지원금으로 자격조건이 되는 자녀에게 지불된다. 자격조건은 0~15세 및 16~19세의 아동으로 교육 및 훈련을 받고 있거나(홈스쿨링 제외) 이와 동등한 자격을 가진 경우이다. 또한 소득조사를 통해 적격 판정을 받고, 호주 영주권을 소유하고 있으며, 전체 시간의 35%를 자녀양육에 할애하는 경우 지불된다. 가족세제급여를 받기 위해서는 대상 아동이 예방접종을 필수적으로 받아야 한다.

양육시간이 14~35% 미만이면 가족세제급여 A형은 받지 못하지만 주거지원, 의료급여(health care card), 오지 수당(remote area allowance), 보육급여 등은 받을 수 있다. 수당을 받기 위해서는 가족지원사무소에 세금환급 서류(tax returns)를 제출해야 한다.

나. 지원내용

가족세제급여의 지급액은 가구소득(actual annual family income)과 자녀의 연령 및 수에 따라 달라진다. 만약 소득이 변동적이라면 가족지원사무소에서 평가를 받은 후 가족세제급여액이 조정된다. A형에서 받을 수 있는 최대 기본수당(base rate)은 아동마다 2주당 58.66달러이다(한화 약 50,966원. 1달러당 868.83원으로 계산. 〈표 10-2〉 참조). 만약 아동지원수당(child support assessment)을 신청했거나 아동 및 가족이 6주 이상 해외에 거주했다면 기본수당만 받게 된다.

〈표 10-2〉 가족세제급여 A형의 최대급여액

(단위: 달러)

아동연령	2주간 최대급여액	1년간 최대급여액
0~12세	182.84	5,493.25
13~19세	237.86	6,927.70
0~19세 시설보호 아동	58.66	1,529.35

자료: Department of Human Services(2015), 2016. 7. 6. 인출.

---

5) Department of Human Services(2015), Family Assistance office(2011)을 참고하기 바란다.

<table>
<tr><td colspan="3" align="center">〈표 10-3〉 가족세제급여 A형의 추가 지원 액수</td></tr>
</table>

〈표 10-3〉 가족세제급여 A형의 추가 지원 액수

(단위: 달러)

아동연령	2주간 최대급여액	1년간 최대급여액
18세 미만	1.4	36.5
18~19세, 고등학생	1.4	36.5

자료: Department of Human Services(2015), 2016. 7. 6. 인출.

〈표 10-4〉 가족세제급여 A형의 최대로 받을 수 있는 에너지수당

(단위: 달러)

아동 연령	2주간 최대 에너지수당	연간 최대 에너지수당
0~12세	3.50	91.25
13~15세	4.48	116.80
16~19세, 고등학생	4.48	116.80
19세 이하 시설보호아동	0.98	25.55

자료: Department of Human Services(2015), 2016. 7. 12. 인출.

A형은 보충으로(*supplement*) 아동 한 명당 연 최대 726.35달러까지 추가로 지원받을 수 있다(〈표 10-3〉 참조). 보충수당을 받기 위해서 아동은 반드시 건강검진과 예방접종을 받아야 한다. 아울러 보충적으로 에너지 수당을 받을 수 있다. 아동수당으로 받을 수 있는 최대 에너지 수당은 〈표 10-4〉와 같다.

아울러 A형 급여를 받는 경우 532달러의 출산수당과 함께 신생아수당을 아동의 생후 13주간까지 받는다. 신생아수당은 첫 자녀의 경우에는 최대 1,595.23달러를 받을 수 있고 그 이후 자녀부터는 최대 532.35달러를 받을 수 있다. 아울러 다둥이의 경우 출산수당으로 532달러, 신생아수당으로 13주간 최대 1,595.23달러를 받는다. 1세 미만 아동을 입양한 경우도 같은 액수를 받는다. 이 모든 수당은 자산조사를 받은 후 지불된다.

② 가족세제급여 B형

가. 자격요건

가족세제급여 B형 (*family tax benefit part B*) [6] 은 한부모와 주소득원이 1명인 가족에게 지급하는 추가지원금이다. 양부모 가족이어도 외벌이라면 수령 가능하다. 혼자서 자녀를 양육하는 경우 A형에 추가로 B형을 받게 되며 지급은 소득조사 이후 이루어진다. B형 수당을 받기 위해서는 보호자가 전체 시간의 최소 35%를 아동양육에 써야 하며 다음 조건을 충족해야 한다.

- 한부모, 조부모, 증조부모가 아동을 돌보는 경우
  - 아동 연령 16세 미만(고등학교 재학 중이면 18세 이하)
- 양부모 가족이 아동을 돌보는 경우
  - 아동 연령 12세 이하

수당의 지급대상자는 한부모, 후견인, 위탁가정, 조부모, 증조부모, 부모가 아니면서 아동을 돌보는 양육자이다. 육아휴직 중에는 B형 급여를 받을 수 없다. B형을 받을 수 있는 한부모 및 양부모 가족의 소득상한선은 보정과세소득(*adjusted taxable income*) [7] 기준 10만 달러 이하이다. 맞벌이 가족의 경우 가구주가 아닌 가구원의 소득이 5,475달러이면 최대 수당을 받고 그 이상이면 매 5,475달러당 20센트씩 감액된다. 배우자나 파트너의 보정과세소득이 10만 달러 이하인 경우도 가구주의 소득이 일정 수준 이하이면 B형 급여를 받을 수 있다. 급여를 받을 수 있는 가구주의 소득상한액은 〈표 10-5〉와 같다.

---

6) Department of Human Services (2015. 9), Family Assistance office (2011. 7) 을 참고하기 바란다.

7) 여기에는 소득, 외국으로부터 받은 소득, 투자 손실액, 복리후생비, 연금 등이 포함된다.

<표 10-5> 가족세제급여 B형의 수급가능 소득 상한선(가구주)

(단위: 달러)

막내자녀 연령	연간 상한소득
5세 미만	27,886
5~18세	21,663

자료: Department of Human Services(2015), 2016. 7. 15. 인출.

<표 10-6> 가족세제급여 B형의 최대지급액

(단위: 달러)

막내자녀 연령	2주간 최대급여액	연간 최대급여액
5세 미만	155.54	4,409.20
5~18세	108.64	3,186.45

자료: Department of Human Services(2015), 2016. 7. 12. 인출.

<표 10-7> 가족세제급여 B형의 최대 에너지 수당

(단위: 달러)

아동 연령	2주간 최대급여액	연간 최대급여액
5세 미만	2.80	73.0
5~18세	1.96	51.1

자료: Department of Human Services(2015), 2016. 7. 12. 인출.

나. 지원내용

가족세제급여 B형의 액수는 막내자녀의 연령에 따라서 달라진다. 최대급여액은 <표 10-6>과 같다.

배우자나 파트너가 더 적은 수입을 벌거나 자녀 출산 후 또는 자녀를 돌본 후 직장으로 복귀하거나 첫 직장을 시작한 경우 '최대' B형 급여를 받을수 있다. 단, 가구주의 소득보다 파트너 소득이 높은 경우나 육아휴직 중에 이러한 상황이 발생하면 B형 급여가 중단된다. 공동육아의 경우도 B형 가족세제급여를 받을 수 있다. 단, 양육자는 전체 양육시간의 35%를 맡아야 한다. 만약 여러 사람이 아동을 공동으로 양육한다면 B형 급여액은 양육시간의 비율에 따라서 결정된다.

(2) 출산수당 및 신생아수당

① 자격 요건

A형 가족세제급여를 받는 경우 자녀를 돌보게 되거나 입양하였다면 부가적으로 수당이 제공된다. 출산수당은 이전에는 베이비보너스였다. 출산수당을 받기 위한 자격 요건은 다음과 같다.

- 자녀를 돌보기 시작했거나(가정 위탁 포함) 입양한 경우
- 가족세제급여 A형을 받을 자격이 있는 경우
- 육아휴직수당을 받지 않는 경우

② 지원내용

출산 후 제일 처음 받는 것이 출산수당(newborn upfront payment)이고 두 번째로 받는 것이 신생아수당(newborn supplement)이다. 첫 번째 출산수당은 523달러이고 면세가 된다. 두 번째 신생아수당은 가족의 소득과 자녀수에 따라 다르게 지급된다. 이것도 면세수당이다.

수당은 출산 후 13주까지 지급된다. 첫 번째 자녀의 출산으로는 최대 1,595.23달러를, 다른 자녀의 출산으로는 최대 523.35달러를 받을 수 있다. 다둥이를 출산한 경우는 출산수당과 신생아수당을 모두 받을 수 있다. 이 경우 출산수당으로는 532달러를 받고, 신생아수당은 최대 1,595.23달러까지 받을 수 있다. 1자녀 이상을 입양하거나, 1세 미만 아동이 2명 이상일 경우도 수당을 받을 수 있다. 육아휴직수당(paid parental leave scheme)은 1자녀에게만 적용하여 받을 수 있고, 다른 자녀들에게는 출생수당과 신생아수당을 받을 수 있다.

(3) 보육급여

보육급여(child care benefit)는 2000년에 도입된 것으로 세금정책과 가족지원제도의 일환으로 시작되었다. 호주에서는 아동이 각종 인가된 보육을 받을 경우 보육비용을 지원해 준다. 여기에는 가족보육 및 수시 보육, 방과후 보육, 휴가 중 보육, 어린이집 이용료, 유치원비 등이 포함된다.

① 자격요건

보육급여를 받기 위해서는 몇 가지 조건을 충족해야 한다. 우선, 공식적으로 인가된 보육서비스를 이용해야 하고, 가족이 자녀의 보육비를 지불해야 하고, 예방접종을 받아야 하며, 호주 거주민이어야 한다. 보육급여는 소득조사(자산조사는 필요 없음)를 받는 수당이다. 수당을 받을 수 있는 소득상한선은 〈표 10-8〉과 같다.

② 지원내용

보육급여는 '인가'(approved) 또는 '등록'(registered) 보육서비스를 받는 자녀를 위한 보육비 지원이다. 인가된 보육서비스 지원금은 '연간 가족소득'을 기준으로 설정된다. 인가된 보육서비스에는 호주 정부로부터 승인받은 유치원 또는 어린이집 등의 종일보육, 가정 반일보육, 방과 전후 보육, 방학 중 보육, 가정 내 보육, 임시 보육서비스 등이 모두 포함된다. 등록된 보육서비스는 어린이집이나 유치원, 임시 보육센터, 조부모, 친척, 친구혹은 보모에 의해 제공되는 보육서비스를 말한다(〈표 10-9〉 참조). 보육급여는 보육시설에 지급되거나 부모에게 직접 지급된다. 이 밖에도 주양육자가 위탁부모, 조부모 등과 같은 후견인일 때도 보육급여를 받을 수 있다.

조부모가 아동을 돌보는 경우 일반 부모에 비해서 더 많은 수당이 제공된다. 특히, 최근에는 조부모보육이 증가하여 전체 아동의 26%가 조부모의 손에 보호된다. 호주 정부는 2011년부터 조부모를 가족지원 프로그램에

<표 10-8> 보육급여를 받을 수 있는 소득상한선

(단위: 달러)

승인된 보육서비스 이용 자녀수	소득상한선
1명	154,697
2명	160,307
3명 이상	181,024(셋째 자녀 이후 1명당 34,237달러 추가)

자료: Department of Human Services(2015), 2016. 7. 12. 인출.

<표 10-9> 인가된 보육과 등록된 보육

인가된 보육	등록된 보육
장시간 보육(long day care)	조부모(grandparents)
가정보육(family day care)	친척(relatives)
방과 후 보육(outside school hours care)	친구(friends)
방학 중 보육(vacation care)	이웃(neighbors)
수시보육(occational care)	유모(nannies)
가정 내 보육(In home care)	보육서비스 제공기관 소속 개인: 학교, 유치원, 방과 후 서비스

자료: Department of Human Services(2015), 2016. 7. 12. 인출.

포함시켰다. 조부모는 일반 부모보다 많은 부모수당을 받을 수 있고 가족센터(family relationships centres)를 이용할 수 있는 혜택이 부여된다. 아울러 전국에는 25개의 조부모 자조집단이 있다.

인가된 보육서비스를 이용할 경우, 1주일에 자녀 1명당 24시간까지 지원되며 이는 모든 가족에게 해당된다. 만약 조부모가 아동을 돌보거나, 부모가 근로 중이거나, 구직 혹은 학업 중에 있는 경우에는 1주일에 자녀 1명당 50시간까지 지원된다. 필요한 경우 50시간 이상의 보육서비스도 받을수 있다. 수혜자격은 일주일에 최소 15시간 또는 2주일에 최소 30시간을 부모가 모두 일을 하거나, 일을 구하고 있거나, 직업훈련을 받거나, 주된 양육자로서 조부모가 케어하고 있을 경우이다. 일주일에 50시간 이상까지 지원되는 경우는 추가지원이 필요한 특정 상황에 있는 가족이다.

지역 내 인가된 보육(시설)은 아동보육 포털(www.mychild.gov.au)에 접속하거나 아동보육 핫라인(Child Care Access Hotline)에 전화하면 정보를 얻을 수 있다. 인가된 보육서비스를 이용하는 경우 보육료는 이용료 면제 혹은 목돈으로 지급된다. 이용료는 아동당 연간 최대 7,500달러까지 면제된다.

인가 보육시설에 대한 보육급여는 취학 전 아동의 경우는 시간당 4.24달러, 주당 212달러가 지급된다. 학령기 아동은 취학 전 아동의 85%가 지급된다. 보육급여의 액수는 가구소득, 보육대상 자녀 수, 보육서비스 유형, 이용시간 등에 따라 달라진다. 일을 하지 않을 경우에는 아동당 24시간까지 서비스를 받을 수 있다. 등록된 보육을 이용할 때의 지원액은 미취학 아동의 경우 주당 50시간; 시간당 0.708달러에서 35.4달러까지 지원받을 수 있다. 취학 아동은 미취학 아동의 85%를 받는다.

(4) 보육비 환급

① 자격요건

보육비 환급(child care tax rebate)을 받을 수 있는 대상은 인가된 보육서비스 이용자 혹은 보육급여의 수혜 가능자이다. 보육서비스를 이용할 때 부모는 일을 하거나 직업훈련 등을 받아야 한다. 보육비 환급은 자산조사를 필요로 하지 않으며 아동이 13세가 되면 종료된다.

② 지원내용

이 제도는 직장에서 일하는 가족들에게 보육비 부담을 덜어 주는 추가지원이다. 2006년에 시작된 이 제도는 근로 중이거나 교육훈련을 받으면서 아동을 양육할 때 비용을 지원해 준다. 직장, 직업훈련, 학업 테스트 요건을 충족하는 부모가 '승인된' 보육서비스에 부담한 보육비의 50%(전체 보육비 중 수령한 보육 지원금 공제)를 지원하는 것이다. 단, '미등록' 보육서비스를

<표 10-10> 호주의 최대 아동보육비 환급금

(단위: 달러)

회계연도	최대 환급금
2016/2017	7,500
2011/2012	7,500
2010/2011	7,941
2009/2010	7,778
2008/2009	7,500

자료: Department of Human Services(2015), 2016. 7. 12. 인출.

이용할 경우에는 보육비 환급을 받을 수 없다. 대상이 되는 보육서비스는 아동보육, 가정보육, 방과 전 및 방과 후 돌봄, 방학 중 돌봄, 수시돌봄 등이다. 최대 지불가능 금액은 2016년 기준으로 아동당 7,500달러이다(<표 10-10> 참조). 보육비 환급은 보육시설의 서비스 비용으로 직접 지불되거나 또는 본인에게 격주로 또는 매주, 분기별, 연별로 직접 지급될 수 있다.

(5) 부모수당

① 자격요건

부모 양육수당(*parenting payment*)은 아동을 양육하는 데 소요되는 비용을 부모나 후견인(*guardian*)에게 지급하는 것이다. 자격조건을 충족하기 위해서는 한부모의 경우 8세 미만의 아동을 양육해야 하고, 양부모의 경우는 6세 미만의 아동을 양육해야 한다. 이 수당을 받기 위해서는 자산조사가 필요하다. 한부모를 위한 소득기준은 2주 수입이 188.9달러 미만이어야 하고, 아동 1명이 추가될 때는 24.6달러가 가산된다. 이 상한선을 넘으면 수당이 40% 감액된다. 2주간 소득이 2,061.35달러 미만이고, 추가 아동당 24.6달러 미만이면 부모수당을 부분적으로 받을 수 있다. 수당을 받게 되면 일정한 의무를 다해야 한다.

〈표 10-11〉 부모수당

(단위: 달러)

가족상황	2주간 최대 수당
한부모	737.10[1]
양부모	476.40
양부모(질병으로 별거, 돌봄 휴가, 투옥 등의 경우)	570.80

주 1) 연금보조금을 포함.
자료: Department of Human Services(2015), 2016. 7. 12. 인출.

② 지원내용

수당은 가족의 상황에 따라서 〈표 10-11〉과 같이 달라진다.

(6) 예방접종, 취학준비를 위한 의료지원, 치과진료비 지원

① 자격요건

예방접종은 7세 미만 아동과 20세 미만 청소년에게 제공된다. 학교에 입학하기 위해서는 예방접종 증명서가 있어야 한다. 그리고 가족세제급여 A형의 추가 지원금을 받기 위해서는 아동이 1, 2, 5세가 되었을 때 예방접종을 받아야 한다. 보육급여를 받기 위해서도 예방접종은 필요하다.

취학준비를 위한 의료지원(healthy start for school)은 가족세제급여 A형을 받는 4세가 되는 아동에게 건강검진을 제공하는 것이다. 치과진료비 지원을 받을 수 있는 아동은 가족세제급여 A형을 받는 가족의 2~17세 아동으로, 해당 아동은 메디케어(Medicare)도 받을 수 있다. 의료급여 수급 대상 아동 및 양육자는 〈표 10-12〉에 제시된 것과 같은 혜택이 있다.

치과진료비 지원(child dental benefits schedule)은 2014년 기준 아동당 2년 연속으로 최대 1천 달러를 지원하는 제도이다. 진료비에는 검사, 엑스레이, 스케일링, 보철, 신경치료, 발치 등이 포함된다. 단, 치아교정이나 기타 심미적 목적을 가진 치료는 지원되지 않는다.

<표 10-12> 의료급여 수급자별 급여 내용

수혜자	급여 내용
아동의 부모, 양육자, 후견인	• 가족세제급여 A형 • 부모수당 • 고아연금(double orphan pension)[1]
아동	• 가족세제급여 A형 • 원주민을 위한 장학금(abstudy)[2] • 돌봄수당(carer payment) • 장애연금(disability support pension) • 특별 급여(special benefit) • 청년수당(youth allowance)[3] • 군인자녀 교육지원제도하의 재정 지원(자녀가 16세 이상이면 가족세제 급여는 받지 못함) • 군인재활 및 보상 교육법에 의한 재정지원(자녀가 16세 이상이면 가족세제 급여는 받지 못함)
10대 아동의 파트너	• 가족세제급여 A형 • 부모수당

주 1) 고아 등을 돌보는 경우 자산조사 없이 아동당 약 2주마다 62달러를 지급하는 제도.
　2) 원주민이나 섬 지역 아동으로 승인된 학교에 다니거나 직업훈련을 받는 경우 장학금, 주택, 생활비, 교통비 등을 지급하는 제도.
　3) 16~24세의 청년으로 학생이거나 직업훈련 중, 혹은 질병상태에 있는 경우 재정적인 지원을 해 주는 제도.
자료: Department of Human Services(2015), 2016. 7. 14. 인출.

② 지원내용

예방접종의 종류는 표준 예방접종 일정에 따른 것으로 연령별로 명시되어 있다. 건강검진은 아동의 신체적 특성과 일반적인 삶의 질을 체크하는 것이다. 건강검진 항목은 주마다 다르게 적용된다.

(7) 육아휴직수당, 부성수당, 사산수당

① 자격요건

육아휴직수당(*parental leave pay*)은 일하는 부모 중에서 아이를 입양하거나 새로 아이가 태어난 부모를 위한 지원제도다. 부모가 신생아와 더 많은 시간을 보내도록 돕는 동시에, 고용주가 능력 있는 근로자를 지속적으로 고용할 수 있게 돕는 제도이다. 호주에서는 이 수당에 대한 도입 요구가 지속적으로 있었으며, 육아휴직수당은 가족 관련 급여 중에서는 가장 최근인 2011년 1월부터 시작되었다(Family Assist Office, 2011. 7).

육아휴직수당을 받기 위해서는 몇 가지 조건이 충족되어야 하는데 자녀를 낳거나 입양한 경우, 사정상 다른 가족의 자녀를 돌보는 경우 등이 해당된다. 이 수당은 다른 사람에게 양도가 가능하다. 즉, 이러한 조건에 충족된 사람이 다른 사람에게 수당을 넘길 수 있다는 것이다. 양도자에는 아동의 법적 부모 또는 파트너 등이 해당된다.

육아휴직수당을 수급하기 위해 필요한 조건은 다음과 같다. 우선, 자녀가 태어나기 전 10개월간 총 330시간(주당 1일 정도) 이상 일을 해야 한다. 이직 시에는 휴직기간이 8주 이내여야 하나 풀타임으로 일하지 않아도 이 요건을 충족시킬 수 있다. 즉, 임시 및 시즌 노동자거나 도급자(contractor) 또는 자영업자, 농장과 같은 가족사업장 근무자, 다직종자, 최근 이직자도 수당을 받을 수 있다. 아울러 연간 보정과세소득(adjusted taxable income)이 15만 달러 이하여야 한다.

이 밖에 ㉠ 사산을 했거나 영아가 죽었을 경우에도 자격이 되고, ㉡ 다시 근무를 하고 싶다면 이 수당을 자격요건이 되는 배우자나, 다른 법적 아이의 부모 또는 그 배우자가 지급받을 수 있으며, ㉢ 태어나거나 입양된 지 52주를 넘지 않은 아이의 주양육자 역할을 피치 못할 사정(사고 및 질병)으로 다른 사람이 맡는 경우에도 자격을 유지할 수 있다. 이때 새로운 주양육자는 26주 동안 아이를 양육해야 한다.

육아휴직수당과 출산수당 및 신생아수당은 동시에 지급되지 않는다. 가족은 두 개의 수당 중 지급액이 더 높은 것을 선택할 수 있다. 그리고 자격조건이 되지 않아 육아휴직수당을 받지 못하더라도 출산수당 및 신생아수당은 받을 수 있다.

자녀가 엄마의 태에서 사산되거나 영아일 때 사망한 경우에는 사산수당

(*stillborn baby payment*)을 받을 수 있다. 이 수당은 보정과세소득이 6만 달러 이하인 경우나 가족세제급여 A형의 조건이 되는 경우에 지급된다.

이밖에 아버지수당(*dad and partner pay*)도 있다. 이는 신생아나 입양아를 돌보는 아버지들에게 자산조사 후 2주간 수당을 주는 제도다. 수급자격을 충족하기 위해서는 10개월간 330시간 이상 일을 해야 한다.

② 지원내용

자격에 부합되면 부모는 육아휴직수당으로 최대 18주 동안 1주당 672.6달러를 받는다. 이는 호주의 최저임금이다. 아울러 부모는 휴직을 할 수 있다. 개별 직장에 따라서는 그 이상의 휴직 및 수당도 개별적으로 받을 수 있다.

한편 2013년에는 정부보조 아버지수당으로 2주간 672.6달러가 제공되었다. 육아휴직수당과 아버지수당은 둘 다 받을 수는 있지만 동시에 지급되지는 않는다. 두 수당은 호주 '정부'의 지원금으로 '회사'에서 제공하는 육아휴직급여와는 별개이다. 또한 같은 자녀에 대해 출산수당과 동시에 받을 수 없다. 호주에서는 가족이 각 급여를 비교 평가하여 선택하도록 한다. 수당은 고용주로부터 지급되거나 가족지원사무소에 의해 제공된다.

사산수당은 첫째의 경우 2,127.23달러를, 둘째부터는 1,064.35달러를 받는다. 다둥이인 경우는 아동당 2,127.23달러를 받는다.

(8) 기타: 장애아동 보육급여

장애아동 보육급여(*child disability assistance payment*)는 장애아동을 돌보는 부모를 지원하는 수당이다. 장애아동 보육급여를 받기 위해서는 16세 미만 아동을 위한 양육자 수당(*carer allowance*)을 받고 있어야 한다. 장애아동 보육급여는 아동당 최대 1천 달러이다.

3. 맺음말 및 시사점

이상에서 살펴본 호주의 가족수당은 독특한 특성을 지니고 있다. 호주는 가족 유형의 다양화(미혼모, 혼전동거, 한부모 가구 증가 등), 다문화가구 증가는 물론 인구대체율 미만의 출산율, 인구고령화와 같이 대부분의 선진국이 직면한 문제를 함께 안고 있다. 때문에 호주 정부는 대응책의 일환으로서 가족수당을 개편하여 제공하고 있다. 특히, 한부모나 미혼모 등을 위해서 매우 관대한 제도를 운영함으로써 사회적 취약계층이 더 이상 추락을 하지 않도록 안전망을 마련하였다.

최근에는 일과 가정의 양립을 위한 제도를 마련하여 실시하고 있다. 예를 들어 많은 국가에서 이미 시작된 육아휴직수당을 최근 도입한 사실에서는 일과 가정의 양립을 실현하기 위한 호주 정부의 의지를 엿볼 수 있다.

호주의 거의 모든 가족수당제도는 소득조사를 기반으로 하여 과도한 복지를 줄이려는 경향을 보인다. 그리고 가족 상황의 다양함을 최대한 고려하고 제도를 만들기에 제공되는 수당 및 프로그램도 매우 다양하다. 가장 대표적 혜택인 가족세제급여는 대상이 제한적이고 액수도 크지 않지만 가족의 상황에 따라서 부가적 에너지수당 및 건강검진, 부가급여 등을 받을 수 있도록 설계되었다.

그리고 가족수당은 대부분 자녀를 양육하는 가족에게 양육비를 지원하는 성격을 지닌다. 이를 통해 자녀를 가지는 데에 따르는 부담을 최대한 줄이고 있는 것이다. 보육비 지원 및 양육수당은 관대한 액수는 아닐지라도 가족이 커다란 비용의 부담 없이 자녀를 양육하도록 돕는다. 또한 자녀를 양육하는 부모뿐만이 아니라 실질적 양육자(조부모 등)도 지원함으로써 다양한 자녀돌봄을 지원한다. 다른 관점으로 보면 이러한 제도가 저출산 극복을 위한 노력이라고 할 수 있을 것이다.

이처럼 다양한 상황을 고려했기 때문에 제도가 매우 복잡하게 보일 수 있다. 이는 이용자에게 혼란을 줄 수도 있을 것으로 판단된다. 그러나 호주는 센터링크라는 일선의 기관을 통해서 이용자가 가족수당에 대한 설명을 통합적으로 듣고 쉽게 혜택을 받을 수 있도록 하였다. 센터링크는 각종 수당을 총괄하기 때문에, 수당 신청자는 자신과 관련된 수당이 무엇인지 이곳에서 모두 확인할 수 있다. 따라서 받을 수 있는 혜택은 어렵지 않게 모두 누릴 수 있으리라 생각된다.

혜택이 저소득층에 집중되어 있는 것도 호주 가족수당의 특성이다. 특히, 가족세제급여의 경우는 저소득층이 부가적으로 다양한 혜택을 받을 수 있기 때문에 특정계층에게 혜택이 몰린 것으로 해석될 수도 있다. 그러나 수당의 자격이 되는 소득상한선이 높으므로 중산층도 보육비 및 양육비를 지원받을 수 있다. 이 밖에도 아동을 위한 교육비 지원, 의료지원 등도 아동을 양육하면서 많은 도움을 주는 제도이다.

단, 아쉬운 점은 양육의 책임을 주로 여성에게 두고 있다는 점이다. 대표적으로, 호주의 가족수당은 부부 모두 정규직 맞벌이인 경우보다는 가장(주로 남편)이 정규직이고 배우자는 계약직(주로 부인)인 경우 혜택이 더 많도록 설계되어 있다는 점에서 이 사실을 확인할 수 있다.

■ 참고문헌

국내 문헌

김미숙(2012). "호주의 가족수당".《주요국의 사회보장제도: 호주》. 서울: 한국보건사회연구원.

이재완·최영선(2005). "외국의 아동수당제도에 관한 연구".〈한국영유아보육학〉, 42권, 161~180.

임완섭·이주미(2013).《2013년 빈곤통계연보》. 서울: 한국보건사회연구원.

한국보건사회연구원(2012). 《주요국의 사회보장제도: 호주》. 서울: 한국보건사회연구원.

해외 문헌

Blaxland, M. , Mullan, K. , & Craig, L. (2009). *Australian Work and Family Policy:* *1992-2006.* Sydney: Social Policy Research Centre.

Higgings, D. (2013). Reform, Revolution and Lingering Effects: Family Policies in Australia. In Robila, M. (Ed.) (2013). *Handbook of Family Policies Across the Globe.* New York: Springer. 335~353.

기타 자료

Department of Human Services(2015. 9). Centrelink. https://www. humanser vices. gov. au/enablers/centrelink.

Family Assistance Office(2011. 7). Family assistance: The what, why and how www. familyassist. gov. au.

OECD(2015). Family Database. https://stats. oecd. org/Index. aspx?DataSetCode= FAMILY.

11

공공부조제도

1. 공공부조제도의 의의와 관련 제도

1) 호주 공공부조제도의 의의

호주는 생활영역별로 다양한 형태의 소득보장 프로그램이 있다. 그럼에도 불구하고 국가가 운영주체이면서 기여를 전제로 급여가 주어지는 사회보험 방식의 소득보장 프로그램은 없는 것이 특징이다. 호주 정부가 운영하는 소득보장 프로그램은 모두 공공부조제도에 해당한다. 대상자의 소득과 재산 수준에 의해 수급자격과 급여 수준이 결정되며 재원은 국가의 일반 조세수입에 의해 조달되기 때문이다.

사회보험 중심의 소득보장제도에 익숙한 외부인에게 호주의 소득보장제도는 다소 낯설기에 학문적 관심을 촉발하는 경우가 많다. 실업과 장애 심지어 보편적으로 경험하는 은퇴에 따른 소득보장까지 보험 방식 대신 공공부조 방식으로 대처하는 호주의 소득보장제도는 OECD 국가군 중에서 뉴질랜드와 더불어 매우 드문 경우에 해당한다. [1]

〈표 11-1〉에 정리된 바와 같이 생활영역별 지원대상별 적용되는 소득보장 프로그램은 다양하다. 노령, 장애, 상병, 교육, 훈련, 노동, 가족 등 생활영역별로 소득보장 프로그램이 존재하며, 노인, 아동, 청소년, 실업자, 상병인, 장애인 등 대상별로도 따로 존재한다. 개별 소득보장 프로그램의 명칭 또한 연금(*pension*), 수당(*allowance*), 급여(*benefit*), 보조금(*supplement*), 지급금(*pay*), 지원금(*assistance*), 지급(*payment*) 등 다양한 용어가 사용된다.

사용되는 용어 간에 일관된 원칙이 존재하는 것은 아니지만 이들 프로그램은 전통적으로 연금과 수당의 두 유형으로 구분되었다. 이렇게 구분할 경우 두 제도 간에는 상이한 자산조사 기준이 적용될 뿐만 아니라 연금은 수당에 비해 급여기간이 길고 급여 수준도 높은 특성을 가지고 있는 것으로 인식되었다(Ziguras, 2010). 예컨대 대표적 연금프로그램인 노령연금(*age pension*)의 경우, 자산기준을 충족하면 65세부터 사망 시까지 급여가 지속되며 급여액은 2주당 797.9달러이다. 이에 비해 대표적 수당프로그램인 청소년수당(*youth allowance*)은 16~24세의 기간에 2주당 237.1~567.6 달러가 지급된다.

전통적 연금과 수당 어디에도 속하지 않는 세제급여(*tax benefit*) 프로그램이 2000년 이후 도입되면서 호주의 소득보장 프로그램은 이제 연금, 수당, 세제급여 등 3대 유형으로 구분할 수 있다. 세 번째 유형인 세제급여에서는 가족세제급여(*family tax benefit*)가 대표적 프로그램으로서 연금 및 수당과는 상이한 자산조사 기준이 적용되는 등 나름의 특성을 가진다.

연금, 수당, 세제급여가 소득보장 프로그램의 근간이 되는 유형이라면 나머지 프로그램들(보조금, 지급금, 지원금, 지급 등)은 근간이 되는 소득보

---

1) 지리적으로 인접해 있고 정치·경제적으로도 밀접히 관련을 맺는 뉴질랜드 역시 호주와 유사하게 공공부조 중심의 소득보장제도를 운영한다.

장 프로그램 수급자에게 추가적으로 혹은 보조적으로 소득을 지원하기 위해 운영된다. 예를 들면 노령연금(2주당 797.9달러) 수급자는 연금 외에 대부분의 경우 연금보조금(2주당 65.1달러), 에너지보조금(2주당 14.1달러)을 추가적으로 지급받는다. 즉, 호주의 공공부조제도는 소득지원의 근간이 되는 연금, 수당, 세제급여와 보조적 기타 급여들로 구성된다.

〈표 11-1〉 영역별 소득보장 프로그램

영역	지원 대상	프로그램
노령, 장애, 상병	노인	노령연금(age pension)
		아내연금(wife pension)
	장애	장애연금(disability support pension)
		이동수당(mobility allowance)
		돌보미급여(carer payment)
		돌보미수당(carer allowance)
	상병	상병수당(sickness allowance)
교육, 훈련, 노동	청소년	청소년수당(youth allowance)
	훈련	교육훈련지원금(austudy)
		원주민교육훈련지원금(abstudy)
	양육	부모 양육수당(parenting payment)
	실업, 저임금	실업수당(Newstart allowance)
		배우자수당(partner allowance)
		미망인수당(widow allowance)
		긴급급여(special benefit)
가족	아동양육가구	가족세제급여(family tax benefit)
	학령아동	학령아동보너스(schoolkids bonus)
	육아휴직	육아휴직급여(parental leave pay)
	아동보육	보육지원금(child care support)
	고아	고아연금(double orphan pension)
기타	건강	노인건강카드(seniors health card)
	임대료	임대료 보조금(rent assistance)
	보조금	연금 보조금(pension supplement)
		에너지 보조금(energy supplement)

자료: Department of Human Services(2016).

2) 호주 공공부조 프로그램의 특성

호주 공공부조제도는 자산조사 외에 추가적으로 연령, 장애, 고용을 기준으로 개별제도가 설계·운영되며 다음과 같은 특성을 보인다.

첫째, 대부분의 공공부조 프로그램은 연령을 수급권 결정 변수로 사용한다. 예컨대 영유아를 대상으로 하는 양육수당(0~5세)은 물론 세제급여 프로그램인 가족세제급여(0~19세), 대표적 수당프로그램인 청소년수당(16~24세), 실업수당(22~65세 미만), 대표적 연금프로그램인 노령연금(65세 이상), 장애연금(16~65세 미만)까지 모두 연령을 지급요건의 하나로 사용한다. 특정 연령의 경우 두 가지 이상의 프로그램에 해당될 여지가 있으나, 근간이 되는 급여의 중복 수급은 허용되지 않는다. 예를 들어 18세의 학생이 구성원으로 포함된 가구가 청소년수당을 받으면 가족세제급여는 받지 못한다. 따라서 복수의 프로그램으로부터 모두 급여를 받을 자격을 충족할 때는 급여가 많은 프로그램을 선택하는 것이 가능하다.

둘째, 교육과 취업을 위한 훈련을 우대하는 측면이 있다. 청소년수당의 수급요건으로서 학생 또는 수습생이거나 구직활동을 할 것을 요구하거나, 실업수당의 수급요건으로 구직활동을 요구하는 점 등에서 이를 알 수 있다. 예컨대 청소년 구성원이 있는 저소득가구의 경우 해당 청소년이 학업을 중단하고 구직 활동도 하지 않으면 청소년수당을 받지 못할 가능성이

〈표 11-2〉 주요 소득보장 프로그램의 연령 요건

	~5세	5~16세	16~19세	19~22세	22~24세	24~65세	65세~
양육수당	■						
가족세제급여	■	■	■				
청소년수당			■	■	■		
장애연금			■	■	■	■	
실업수당					■	■	
노령연금							■

288

있다. 이런 위험을 피하기 위해서 학령기의 청소년은 가능한 한 학업이나 취업을 위한 훈련에 참여하도록 가족들이 독려할 때에 얻을 수 있는 인센티브가 마련되어 있는 것이다.

셋째, 가족과 친지 등 민간자원의 활용을 촉진하는 측면이 있다. 예를 들어, 돌보미급여나 보육지원금을 지급받기 위해서 장애인과 아동을 돌보는 사람이 반드시 공적 기관의 전문가일 필요가 없다. 돌봄을 맡는 사람이 가족이거나 이웃일 경우에도 급여가 지급되기 때문이다.

2. 자산조사

자산조사(means test)는 대상자의 자산을 조사하여 일정 수준 이하의 경제력을 가진 대상자를 가려내기 위한 수단이다. 자산은 소득(income)과 재산(asset)을 모두 포함한다. 공공부조 중심으로 소득보장이 이뤄지는 호주의 사회보장제도는 자산조사기법이 세밀하게 규정되어 있다. 연금, 수당, 세제급여 프로그램별 적용되는 자산조사의 기준이 상이하며, 각 프로그램 내에서도 연령, 가족상황 등에 따라 상이한 기준이 적용되는 등 자산조사의 구체적 내용은 매우 복잡하다. 다만 세 프로그램 유형 간에 적용되는 자산조사는 〈표 11-3〉에 정리된 바와 같이 다음과 같은 차이가 있다.

첫째, 연금과 수당 프로그램 모두 소득조사와 재산조사가 적용된다. 그러나 연금에서 재산조사는 초과재산에 대해 일정한 비율씩 급여액이 감액되는 비례적 감액 방식으로 적용되나 수당에서는 수급자의 재산이 일정 수준을 초과하면 수당지급이 일시에 중단되는 방식(cut-off)으로 적용된다.

둘째, 세제급여는 자산조사 시 소득만 고려하고 재산 상황은 고려하지 않는다. 지금부터는 각 프로그램별 소득조사와 재산조사의 내용을 좀더 구체적으로 살펴본다.

<표 11-3> 프로그램 유형별 자산조사 방식의 비교

구분	자산조사 유형	시행 여부	특성
연금 프로그램	소득조사	○	비례적 감액
	재산조사	○	비례적 감액
수당 프로그램	소득조사	○	비례적 감액
	재산조사	○	컷오프
세제급여 프로그램	소득조사	○	비례적 감액
	재산조사	×	-

1) 소득조사

호주 공공부조제도는 다양한 프로그램을 운영한다. 각 공공부조 프로그램의 소득조사(income test) 적용 범위는 크게 보면 연금 프로그램과 수당 프로그램, 세제급여 프로그램의 3가지 분야로 구분할 수 있다. 그러나 연금 프로그램 중 일부 장애연금은 여타 연금 프로그램에 적용되는 소득조사와 다른 별도의 소득조사를 적용하고, 수당 프로그램 중 청소년수당 관련 프로그램 역시 다른 수당과는 상이한 소득조사 방식을 적용한다. 따라서 호주의 공공부조제도에서는 총 5종의 소득조사 방식이 적용되는 셈이다.

(1) 연금 프로그램에 적용되는 소득조사

다음 표에 제시된 소득조사 요건은 노령연금을 비롯하여 장애연금, 아내연금, 미망인 B 연금(widow B pension) 등 각종 연금프로그램에 적용된다. 이밖에 연금프로그램은 아니지만 사별수당(bereavement allowance), 돌봄수당(carer payment) 프로그램에도 이 규정이 적용된다.

〈표 11-4〉에 제시된 바와 같이 기본연금액은 가족 형태에 따라 상이하다. 즉, 독신인 수급자는 매 2주마다 797.9달러, 함께 사는 부부는 각자 601.5달러를 기본연금으로 지급받는다. 부부이지만 질병으로 인해 별거 중인 경우는 독신인 경우와 같이 각자 797.9달러를 지급받는다. 가족 형태

<표 11-4> 가족 형태별 기본연금액과 소득변화에 따른 연금 수급액

가족 형태	기본 연금액	급여감액 소득기준	연금 수급액		수급탈피 소득수준
독신	797.9	164달러 이하	기본연금액 전액		1,918.2달러
		164달러 초과	기본연금 - 0.5 × (소득 - 164달러)		
공동주거 부부	601.5	292달러 이하	기본연금액 전액		2,936.8달러
		292달러 초과	기본연금 - 0.5 × (소득 - 292달러)		
질병별거 부부	797.9	292달러 이하	기본연금액 전액		3,800.4달러
		292달러 초과	기본연금 - 0.5 × (소득 - 292달러)		

주: 1인당, 매 2주 단위 금액, 2016년 12월 기준.
자료: Department of Human Services(2016).

별 지급되는 기본연금액 수준은 노령연금, 장애연금, 아내연금, 미망인 B 연금, 사별수당, 돌봄수당 프로그램에 걸쳐 모두 동일하다.

수급자에게 소득이 발생하면 일정 수준 이하에서는 연금지급액에 영향을 미치지 않지만 기준선을 초과하면 연금액이 감액 지급된다. 감액이 시작되는 소득기준선은 독신의 경우 164달러, 부부의 경우 292달러다.

소득이 기준선을 넘으면 초과소득 1달러당 독신자의 경우 50센트, 부부 가구의 경우 각자 25센트(부부합계 50센트)씩 연금액이 줄어든다. 2009년 9월 19일 이전부터 연금을 받았다면 이행기 연금 수급규정이 적용되어 삭 감액이 초과소득 1달러당 독신자는 40센트, 부부가구는 각자 20센트씩이다. 수급자의 소득이 높아져 수급에서 완전 탈피하는 실제 소득수준을 파악하려면 수급자가 받는 노령연금 외에 모든 관련 급여가 감안돼야 한다.

<표 11-5>에 제시된 바와 같이 노령연금 수급자는 대부분의 경우 노령연금 외에 연금보조금과 에너지보조금을 추가적으로 받는다. 예를 들어 다른 소득이 없는 독신 노인의 경우 2주마다 노령연금 797.9달러, 연금보조금 65.1달러, 에너지보조금 14.1달러를 합하여 총 877.1달러를 지급받는다. 이 수급자가 일을 하게 되어 소득이 발생할 경우 2주 기준 소득이 164달러 이하이면 급여감액이 없으며, 164달러를 초과할 때부터 초과액의 50%에

(단위: 달러)

가구 형태		노령연금	연금보조금	에너지보조금	최대 합계액
독신		797.9	65.1	14.1	877.1
부부	공동주거	601.5	49.1	10.6	661.2
	질병별거	797.9	65.1	14.1	877.1

주: 1인당, 매 2주 단위 금액.
자료: Department of Human Services(2016).

해당하는 금액만큼 감액된 금액이 지급된다. 이 경우 수급자의 소득수준이 1,918.2달러가 되면 급여액이 0이 되어 연금을 비롯한 각종 소득지원 프로그램에서 벗어나게 된다.

수급자의 가구 형태에 따라 연금 수급액이 다르므로 급여에서 벗어나는 무급여 소득금액(cut-off point) 역시 가구 형태에 따라 다르다. 독신가구의 경우는 2주간 소득이 1,918.2달러 이상이면 연금 수급액이 0이 된다. 부부가구는 함께 살 경우 2주간 가구소득이 2,936.8달러 이상이면 수급에서 벗어나고, 질병으로 인해 별거하는 경우 가구소득이 3,800.4달러 이상이면 수급액이 0이 된다.[2]

장애연금 역시 통상의 연금 관련 소득조사 요건이 적용된다. 다만 장애연금 수급자 중 20세 이하의 무자녀 장애인을 위한 장애연금만은 일반 연금 프로그램에 적용되는 것과 다른 소득조사 요건이 적용된다. 〈표 11-6〉에 정리된 바와 같이, 자녀로서 부모와 함께 사는 16~17세 장애인의 기본연금액은 2주에 360.6달러이다. 자신의 소득이 164달러를 초과하면 초과소득 1달러당 50센트씩 연금액이 감액되기 시작하고, 소득이 909.4달러 이상이 되는 시점에서 장애연금을 받지 못하게 된다.

---

2) 질병으로 별거 중인 부부가구의 경우 1인당 매 2주마다 877.1달러, 부부합계 1,754.2달러를 지급받는다. 이 부부의 소득이 높아져 각종 급여에서 탈피하는 소득수준 3,800.4달러는 다음과 같은 과정을 거쳐 산출된다.

무급여 소득금액 = 〔부부급여 합계(1,754) × 2〕 + 급여감액이 없는 소득수준(292).

(단위: 달러)

가족관계		기본연금액	급여감액 소득	무급여 소득
1인, 자녀	16~17세	360.6	164	909.4
	18~20세	408.7	164	1,007.0
1인, 독립생활자		556.7	164	1,308.0
부부		556.7	292	2,567.6

주: 1인당, 매 2주 단위 금액, 2016년 12월 기준.
자료: Department of Human Services(2016).

(2) 수당 프로그램에 적용되는 소득조사

실업수당을 비롯하여 미망인수당, 배우자수당, 상병수당 등에 적용되는 소득조사 요건은 〈표 11-7〉에 정리된 바와 같다. 연금 프로그램에서와 마찬가지로 이름이 상이한 수당 프로그램이 다양하게 존재하지만 각 수당 프로그램에서 지급하는 기본수당액은 동일하다. 다만 수급자의 가족상황에 따라 지급액이 달라진다.

실업수당 등 각종 수당 프로그램에 의해 급여를 받는 자는 자신들의 2주간 소득이 104달러 이하이면 수당 전액을 지급받는다. 2주간 소득이 104달러를 초과하면 104~254달러 구간에서는 초과소득 1달러당 50센트씩 수당이 감액 지급된다. 소득이 254달러를 초과하면 초과소득 1달러당 60센트씩 수당이 감액되고 일정 수준 이상으로 소득이 높아지면 수당 지급이 정지된다. 예컨대 자녀가 없는 독신 수급자의 경우 수당지급이 정지되는 소득수준은 1,024.8달러이다.

연금에 비해 수당은 기본지급액도 상대적으로 적고, 감액지급이 시작되는 소득기준점도 낮아 수급자가 소득활동을 할 경우 그만큼 빨리 수급상태에서 벗어나도록 설계되어 있다. 이는 공공부조제도 내에서 수당 프로그램은 연금 프로그램에 비해 단기적 적용, 낮은 지급금액을 지향하고 있음을 말해 준다.

〈표 11-7〉 가족관계별 기본수당액과 수급액 감액이 이뤄지는 소득기준점

(단위: 달러)

가족관계		기본수당액	50센트 감액소득	60센트 감액소득	무급여 소득수준
독신	무자녀	528.7	104	254	1,024.84
	유자녀	571.9	104	254	1,098.00
	주부양자	571.9	104	254	1,557.50
	비친척 주부양자	738.5	104	254	1,980.25
	60세 이상	571.9	104	254	1,108.34
부부		477.4	104	254	937.84

주: 1인당, 매 2주 단위 금액, 2016년 12월 기준.
자료: Department of Human Services(2016).

(3) 청소년수당에 적용되는 개별소득조사

16~24세 청소년을 대상으로 하는 청소년수당은 별도의 소득조사 요건이 적용된다. [3] 대상 청소년이 부모에 딸린 피부양자이면 부모의 소득을 대상으로 하는 부모소득조사(*parental income test*) 요건이 적용되고, 독립적 가구를 형성하고 있으면 해당 청소년의 소득을 대상으로 하는 개별소득조사 (*personal income test*) 요건이 적용된다.

부모소득조사는 과세연도 부모의 '조정된 종합과세소득'을 기준으로 삼는다. [4] 조정된 종합과세소득이 연간 5만 1,027달러를 초과하면 초과소득 1달러당 20센트가 감액되어 청소년수당이 지급된다. 만약 동일 부모 밑에 청소년수당을 받는 복수의 자녀가 있을 경우에는 초과소득 1달러당 감액되는 20센트를 각 자녀별로 균분하여 급여를 받는다. 예컨대 2명의 자녀가 청소년수당을 받는 경우 부모의 소득수준이 기준점보다 100달러를 초과하면 총 20달러의 청소년수당이 감액되는데, 각 자녀의 수급액이 10달러씩

---

3) 청소년수당은 이전의 교육훈련지원금, 원주민교육훈련지원금을 대체한 것이므로 이들 프로그램도 청소년수당에 적용되는 소득조사 요건이 적용되었다.

4) 여기서 '조정된 종합과세소득'은 '과세소득 + 조정된 사업주 제공 급여 + 특정 외국소득 + 순투자손실금 총액 + 과세연도의 퇴직연금기여금 - 지급된 보수유지비'를 의미한다.

감액되는 것이다.

부모 대신 청소년을 대상으로 소득조사를 행하고, 이에 근거하여 청소년수당을 지급하는 경우 〈표 11-8〉에 제시된 개별소득조사 요건에 의거하여 수당액이 결정된다. 이 경우에도 혼인 여부, 자녀 유무, 부모와의 동거 여부 등에 의해 청소년수당의 기본액이 결정된다. 수급자에게 일정 수준 이상 소득이 발생하면 수당액이 감액 지급되는데 감액 초과소득 1달러당 50센트씩 감액이 시작되는 지점과 1달러당 60센트씩 감액되는 두 개의 소득지점으로 구성된다. 수급자 중 학생 및 실습생은 구직자에 비해 수당이

〈표 11-8〉 청소년수당에 적용되는 개별소득조사 내역

(단위: 달러)

가족관계	기본수당액	50센트 감액 시작 소득수준	60센트 감액 시작 소득수준	무급여 소득수준
미혼, 17세 이하, 부모동거				
학생, 실습생	237.1	433	519	849.00
구직자	237.1	143	250	562.50
미혼, 18세 이상, 부모동거				
학생, 실습생	285.2	433	519	930.34
구직자	285.2	143	250	643.84
독신 혹은 부부의 일원, 무자녀, 독립생활				
학생, 실습생	433.2	433	519	1,181.00
구직자	433.2	143	250	894.50
부부의 일원, 유자녀				
학생, 실습생	475.7	433	519	1,253.00
구직자	475.7	143	250	966.50
독신, 유자녀				
학생, 실습생	567.6	433	519	1,408.67
구직자	567.6	143	250	1,122.17
비친척 주부양자	738.5	143	250	1,411.67
22세 이상, 장기실업의 전일제 학생, 실습생				
미혼, 부모동거	350.0	433	519	1,040.17
미혼, 독립생활	526.3	433	519	1,338.84
부부일원, 무자녀	475.7	433	519	1,253.00

자료: Department of Human Services(2016).

감액 지급되는 소득기준점이 높고 무급여 소득수준도 상대적으로 높다. 이는 취업가능한 구직자에 비해 학업이나 훈련에 참가 중인 학생과 실습생에게 좀더 관대한 조건의 소득조사 기준이 적용되기 때문이다.

(4) 세제급여에 적용되는 소득조사

가족세제급여(*family tax benefit*)는 15세 이하의 자녀나 중등교육을 받는 16~19세의 학생 자녀가 있는 저소득가구의 부모를 지원하는 소득보장 프로그램이다. A형(*part A*)과 B형(*part B*)로 구성되는데 A형이 주된 급여이며 B형은 보조적 급여이다. A형의 최대급여액(*maximum rate*)은 자녀의 연령에 따라 달라진다. 0~12세 아동 1인당 최대급여액이 2주 182.84달러, 연간 5,493.25달러이며 13~19세는 각각 237.86달러와 6,927.7달러이다. 이에 비해 A형(*part A*)의 기본급여액(*base rate*)은 0~19세 아동 모두에게 동일하며 2주간 58.66달러, 연간 2,255.7달러이다.

가구소득의 수준 변화에 따라 가족세제급여 A형의 급여액도 변화된다. 최대급여액이 일정하게 주어지는 평탄구간과 비례적으로 감액되는 감액구간이 있고, 기본급여액도 평탄구간과 감액구간으로 구성되어 있어 전체적으로 보면 2회의 평탄구간과 2회의 비율적 감액구간으로 구성되어 있다.

〈그림 11-1〉은 소득조사 결과 적용되는 2회의 평탄구간과 감액구간을 표시한 것이다. 이 그래프는 0~12세의 자녀를 가진 부모의 소득구간별

〈표 11-9〉 가족세제급여 A형 연령별 최대급여액

(단위: 달러, 아동 1인당 급여액)

아동연령 및 여건	2주 급여액	연간 급여액
0~12세	182.84	5,493.25
13~15세	237.86	6,927.70
16~19세(중등교육 학생)	237.86	6,927.70
0~19세(생활시설자)	58.66	1,529.35

자료: Department of Human Services(2016).

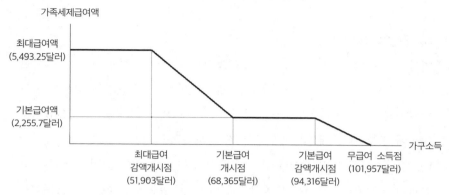

〈그림 11-1〉 소득수준별 가족세제급여액 변화

주: 12세 아동 1인 양육가구 지급액, 2016년 12월 기준.

지급받는 가족세제급여 A형의 급여액 산정 방식을 보여준다. 연간 가구소득 5만 1,903달러 이하까지는 평탄구간으로서 가족세제급여액은 변화 없이 최대액인 연간 5,493.25달러 혹은 매 2주당 182.84달러이다. 가구소득이 연 51,903달러를 초과하면 초과 1달러당 20센트씩 가족세제급여액이 감액 지급된다. 가구소득이 6만 8,365달러를 초과하면 가족세제급여액은 기본급여액인 2,255.7달러가 지급된다. 가구소득 6만 8,365~9만 4,316달러 구간은 제2차 평탄구간으로서 지급되는 가족세제급여액은 소득수준에 관계없이 기본급여액으로 동일하다. 가구소득이 9만 4,316달러를 초과하면 초과소득 1달러당 30센트씩 기본급여액이 감액되며, 가구소득이 10만 1,957달러를 초과하면 가족세제급여 혜택에서 벗어나게 된다. 이처럼 가족세제에 적용되는 소득조사는 연금이나 수당과 달리 각각 2회의 평탄구간과 감액구간이 있는 점이 상이하다.

2) 재산조사

(1) 재산의 유형과 범위

연금이나 수당을 받기 위해서는 소득조사와 아울러 재산조사(*assets test*)를 거쳐야 한다. 본인과 배우자가 소유하고 있거나 이자를 받는 재산은 모두 재산조사의 대상이 된다. 해당 재산이 호주 밖의 외국에 소재하고 있어도 대상에 포함된다. 재산의 가치는 시장 거래가격을 기준으로 그 값이 매겨진 다. 일반적으로 특정 재산에 부채가 딸려 있는 경우 그만큼 삭감한 후 재산 가치가 산정된다. 재산은 부동산과 금융재산, 실물재산 등으로 구분된다.

부동산에는 건물, 토지, 별장 등이 포함된다. 부동산은 본인이 전체를 소유하고 있거나 배우자와 공동으로 소유하고 있을 경우 모두 해당되며, 사적으로 소유하거나, 사업상 소유하고 있을 경우에도 대상이 된다. 해당 부동산을 임대하고 있을 경우에도 마찬가지다.

거주하는 집을 제외한 모든 부동산은 자산조사의 대상이 된다. 주거하 는 집과 부속된 토지는 2헥타르(2만 제곱미터, 대략 6,060평) 이하일 경우 자산조사 대상에서 제외된다. 2헥타르를 초과하는 토지는 초과분이 자산 조사의 대상이 된다. 거주하는 집의 일부를 사업용으로 사용할 경우에는 그 부분만큼 자산조사의 대상이 된다. 만약 거주하던 집을 떠나 요양시설 에 입주할 경우 거주하던 집은 최대 2년까지 자산조사 대상에서 제외된다. 집을 임대하고 요양시설에 입주한 경우 요양시설에 정기적으로 입주비를 납부하고 있다면 요양시설에 머무는 동안 그 집과 임대료 수입은 자산조사 대상에서 제외된다.

금융재산의 대상은 은행·건축조합·신용협동조합 등의 구좌, 정기예 금, 공·사적 대부금, 투자금, 사모펀드, 증권, 채권, 어음, 사채증서, 비공개 주식 등이 모두 포함된다. 이들 항목은 표면가치가 아니라 순시장 가치(*net market value*)로 재산가치가 산정된다. 순시장가치는 최근의 거래

<표 11-10> 가구 상태별 금융재산 규모별 간주 수익 비율

가구상태	금융재산 규모	간주 수익률(년)
독신	49,200달러 이하	1.75%
	49,200달러 초과	3.25%
부부, 연금수급자	81,600달러 이하	1.75%
	81,600달러 초과	3.25%
부부, 연금 비수급자	40,800달러 이하	1.75%
	40,800달러 초과	3.25%

자료: Department of Human Services(2016).

혹은 판매가격에서 투자에 수반된 마진을 제한 값이다. 금융재산 중 일부 항목은 일정 비율로 소득이 발생하는 것으로 간주된다. 저축예금과 정기예금, 투자금, 대부금, 사채증서, 공모주식 등의 총합가치에 대해 매년 일정 비율의 수익금이 소득으로 발생하는 것으로 간주된다.

(2) 재산에 적용되는 급여감액 비율

수급자의 재산가액이 수급액에 영향을 미치는 방식은 연금과 수당 간에 차이가 있다. 연금의 경우 수급자의 재산가액이 일정 수준 이하이면 기본연금액, 즉 연금 전액이 지급되며 재산가액이 최저수준을 넘어서면 초과재산 1천 달러당 연금액이 1.5달러씩 감액 지급된다.

연금 전액이 지급되는 재산가액의 수준은 가족상태와 주택소유 여부에 따라 다르다. 주택소유자에 비해 무주택자에게 적용되는 최저재산 수준이 더 높으며, 독신에 비해 부부에게 적용되는 최저재산 수준이 더 높다. 주택소유자의 경우 주거하는 주택과 이에 부속된 토지는 재산조사의 항목에서 제외됨으로 여기서 언급되는 재산은 당연히 주거용 주택을 제외한 재산만을 의미한다. 무주택자는 임대료 부담 등 주거비 지출부담이 더 높으므로 주택소유자에 비해 상대적으로 관대한 재산기준이 적용된다.

<표 11-11>에 정리된 바와 같이 주택을 소유한 독신의 경우 주택 외 재산

<표 11-11> 연금에 적용되는 재산조사 내역

(단위: 달러)

가족상태	연금전액이 지급되는 재산수준		연금에서 벗어나는 재산수준	
	주택소유자	무주택자	주택소유자	무주택자
독신	209,000	360,500	793,750	945,250
동거 부부	296,500	448,000	1,178,500	1,330,000
질병별거 부부	296,500	448,000	1,466,000	1,617,500
부부 중 1인만 수급자	296,500	448,000	1,178,500	1,330,000

자료: Department of Human Services(2016).

<표 11-12> 가족상태별 수당지급이 정지되는 재산가액

(단위: 달러)

가족상태	주택소유자	무주택자
독신	202,000	348,500
동거 부부	286,500	433,000
질병별거 부부	286,500	433,000
부부 중 1인만 수급자	286,500	433,000

자료: Department of Human Services(2016).

가액이 20만 9,000달러 이하이면 연금 전액을 받으며, 재산가액이 이 수준을 초과하면 감액된 액수를 받는다. 재산액이 79만 3,750달러 이상이면 지급이 정지된다.

연금과 달리 수당은 일정 수준 재산까지는 급여감액이 전혀 이뤄지지 않다가 재산이 기준선을 초과하면 수당 지급이 정지된다. 즉, 기준 수준 초과재산에 비례하여 급여액이 삭감되는 것이 아니라 기준 재산액을 전후하여 온전히 수당이 지급되거나 전액 지급정지가 이뤄진다. 수당지급이 정지되는 재산가액의 기준선은 <표 11-2>에 정리된 바와 같다. 이러한 재산조사 기준은 각종 수당, 교육훈련지원금, 양육수당(parenting payment), 특별급여 등의 프로그램에 적용된다.

가족세제급여는 소득조사만을 적용하고 재산조사는 적용하지 않는다. 따라서 가족세제급여에 대한 별도의 재산조사 규정은 존재하지 않는다.

3. 주요 공공부조 프로그램

호주의 공공부조 프로그램 수는 20여종을 넘어선다. 비교적 중요한 프로
그램을 수급자 수 기준으로 나열하면 다음 〈표 11-13〉에 정리된 바와 같이
노령연금, 가족세제급여, 장애연금, 실업수당, 청소년수당 순이다.

여기서는 이 중에서 연금 프로그램을 대표하는 노령연금, 수당 프로그
램을 대표하는 청소년수당만을 예시로 하여 구체적 내용을 다루고자 한다.
가족세제급여(가족수당), 장애연금(장애인복지), 실업수당(고용보험 및 고
용정책)은 이 책의 다른 장에서 심도 깊게 다루고 있으니 여기서 다시 언급
할 필요는 없을 것이다.

〈표 11-13〉 주요 공공부조 프로그램 수급자 수(2013년)

프로그램	수급자 수
노령연금	2,356,226
가족세제급여	1,971,077
장애연금	821,738
실업수당	660,673
청소년수당	361,496
아동양육수당	358,908
돌보미급여	221,954
교육훈련지원금	46,039
원주민교육훈련지원금	34,185
미망인수당	25,681
부인연금	16,721
배우자수당	9,974
상병수당	7,494
긴급급여	5,492

자료: Department of Human Services(2014).

1) 노령연금⁵⁾

(1) 수급요건

노령연금을 받으려면 연령, 거주, 자산의 세 가지 요건을 충족해야 한다. 첫째, 연령이 기본적으로 65세 이상이어야 한다. 그러나 수급개시 연령은 단계적으로 상향 조정되어 1957년 1월 1일 이후 출생자부터는 67세 이상이 되어야 노령연금을 받을 수 있다.

둘째, 거주요건으로서 노령연금을 청구할 당시 호주에 거주해야 하며 적어도 10년 이상 호주에 거주한 이력이 있어야 한다. 그 외에는 노령연금 청구일을 기준으로 직전 2년(102주) 이상 부부가 함께 호주에 거주했고 배우자의 사망으로 독신이 된 경우에도 노령연금을 청구할 수 있다.

셋째, 자산요건으로서 다음 규정의 소득조사와 재산조사 기준을 충족하여야 한다. 먼저 소득조사의 경우 일정 기준선 이하의 소득자는 노령연금 전액이 지급된다. 노령연금 전액이 지급되는 소득기준선은 가구 형태에 따라 다르다. 독신의 경우 2주 기준 164달러이며, 부부는 292달러이다.

기준을 초과하는 소득이 있으면 노령연금액은 감액 지급된다. 기준선을 초과하는 소득 1달러당 독신의 경우 50센트, 부부가구의 경우 각자 25센트씩 (부부합계 50센트) 연금액이 줄어든다. 2009년 9월 19일 이전부터 노령연금을 받아 왔다면 이들은 이행기 연금수급자(*transitional pensioners*) 규정이 적용되어 삭감비율은 초과소득 1달러당 각각 40센트, 20센트이다.

노령연금액은 수급자의 재산수준에 의해서도 영향을 받는다. 노령연금 전액 즉, 기본연금액(*basic rate*)을 받을 수 있는 최대 재산가액은 가구 형태

---

5) 이 장에서 다루는 노령연금은 "제 7장 공적연금제도"에서 노후소득보장제도의 하나로 다룬 노령연금과 동일하다. 호주의 노령연금은 중요한 노후소득보장제도이면서 동시에 공공부조제도의 한 축을 이루기 때문에 본 장에서도 노령연금을 다룬다. 다만 중복을 가능한 한 피하기 위하여 이 장에서는 노령연금의 수급요건과 급여수준만을 간략히 다룬다.

와 주택소유 여부에 따라 다르다. 독신이며 주택을 소유한 경우 기본연금액을 받을 수 있는 재산가액 기준은 20만 9,000달러이고 무주택자이면 재산가액 기준이 36만 500달러이다. 앞서 자산조사 관련 사항에서 언급된 바와 같이 호주의 공공부조제도는 자산조사 시 거주하는 주택은 재산가액으로 산정하지 않는다.

재산가액이 기본연금액을 받을 수 있는 수준을 초과하면 초과된 재산가액 1천 달러당 매2주 지급되는 연금이 1.5달러씩 감액된다. 이 감액규정은 이행연금에도 동일하게 적용된다. 재산가액이 증가됨에 따라 연금지급액이 점진적으로 감소하는데 연금지급액이 0이 되는 재산가액은 다음 표에 제시된 바와 같다. 예컨대 독신이며 주택소유자인 경우 재산가액이 79만 3,750달러 이상이 되면 노령연금 수급권을 상실하게 된다.

(2) 급여수준

노령연금은 2주 단위로 지급된다. 2016년 12월 기준 노령연금의 기본액은 독신 노인의 경우 2주당 797.9달러, 부부가구인 경우 노인 1인당 601.5달러이다. 독신의 노령연금 수급자는 이에 더하여 연금보조금 65.1달러와 에너지보조금 14.1달러를 합한 최대 877.1달러를 매 2주 단위로 지급받을 수 있다. 부부가구를 이루는 노인의 경우 노령연금 외에 추가적으로 받는 연금보조금은 49.1달러이며 에너지보조금은 10.6달러이므로 매 2주당 노

〈표 11-14〉 노령연금 및 관련 보조금 급여액(2016년)

(단위: 달러)

가구 형태		노령연금	연금보조금	에너지보조금	최대 합계액
독신		797.9	65.1	14.1	877.1
부부	공동주거	601.5	49.1	10.6	661.2
	질병별거	797.9	65.1	14.1	877.1

주: 1인당, 매 2주 단위 금액.
자료: Department of Human Services(2016).

인 1인이 받는 최대급여액은 661.2달러이다. 따라서 함께 사는 노인 부부의 경우 2주 단위로 받는 노령연금 및 관련 보조금의 합계액은 1인당 661.7달러이며 가구 전체를 보면 이를 2배한 1,322.4달러가 된다. 부부지만 질병으로 별거하여 각자 다른 집에서 사는 경우 각자는 독신가구와 동일한 연금액과 관련 보조금을 받는다. 노령연금을 비롯한 각종 급여는 2주 단위로 수급자의 은행구좌로 입금된다.

2) 청소년수당

(1) 연혁 및 수급요건

1998년 7월 1일 도입된 청소년수당(*youth allowance*)은 이전부터 존재해 오던 교육훈련지원금(25세 미만 전일제 학생 대상)과 상병수당(22세 미만 대상), 청소년훈련수당(*youth training allowance*), 실업수당을 대체하는 프로그램이다. 청소년수당은 다음과 같은 연령, 자산, 주거요건을 충족하여야 수급이 가능하다.

첫째, 연령요건은 학생 및 훈련생일 경우 16~24세, 구직자의 경우 21세 이하일 것을 요구한다. 단, 학생 및 훈련생의 경우 청소년수당을 받는 중에 25세가 된다면 동일 과정을 마칠 때까지 수당을 계속 받을 수 있다.

둘째, 자산조사 요건을 충족하여야 한다. 청소년수당의 자산조사는 부모자산조사(*parental means test*) 혹은 개별자산조사(*personal means test*)를 적용한다. 대상자인 청소년이 부모와 동거하는 피부양자인 경우 부모의 자산을 기준으로 하는 부모자산조사를 적용한다. 부모와 별거하여 독립생활을 하거나 연령이 22세 이상인 경우, 그리고 부모와 동거하지만 독립가구로 간주될 경우 청소년 자신의 자산을 기준으로 개별자산조사를 적용한다. 부모자산조사의 경우 부모의 연간소득이 51,027달러 이하이면 청소년수당 전액이 지급되고, 이를 초과하면 초과소득 1달러당 20센트씩 수당이 감액 지급된다. 개별자산조사의 경우 청소년의 소득수준에 따라 전액 지급, 50센트씩 감액 지급, 60센트씩 감액 지급이 단계별로 이루어진다.

재산조사는 일반수당에 적용되는 재산조사 규정이 작동한다. 즉, 재산 가액이 일정 수준 이하이면 청소년수당은 전액 지급되고, 기준선을 초과하면 수당 전액이 지급 정지된다. 유동자산은 다른 규정이 적용된다. 유동자산이란 은행예금, 현금 등을 말하는데 독신의 경우 5,500달러, 부부 및 부양아동을 가진 한부모의 경우 1만 1천 달러 이상의 유동자산을 가졌으면 청소년수당 지급이 정지된다. 다만 고등교육을 받는 학생의 경우 유동자산에서 등록금, 학비대출금, 교과서대, 컴퓨터 프로그램 구입비 등 과정 이수에 필요한 장비 구입비, 과정 이수와 직접 관련된 실습비용 등에 상당하는 금액은 감액 처리된다.

셋째, 거주요건은 청소년수당을 받으려면 호주 거주자일 것을 요구한다. 이민자일 경우 호주 거주자로서 최소 2년(102주) 이상 살고 있어야 한다. 수업과 훈련의 일환으로 외국에 거주하는 것은 허용된다.

(2) 급여수준

청소년수당의 급여액은 해당 청소년의 연령과 가구상태에 따라 달라진다. 연령이 16~17세이고, 자녀 없이 부모의 집에 동거하는 청소년의 경우 청소년수당액은 매 2주 237.1달러이다. 동일한 여건의 청소년이 부모의 집을 나와 거주한다면 청소년수당액은 매 2주당 433.2달러이다. 자녀가 있는 청소년의 경우 독신이면 수당액이 567.6달러가 되며, 부부를 이루고 있으면 각자 받는 수당액이 475.7달러가 된다. 22세 이후 지속적으로 소득지원을 받은 전일제 학생과 수련생은 장기수급자로서 더 높은 급여를 받는다. 부모의 집에 사는 독신의 장기수급자가 받는 청소년수당액은 350달러이며, 독립적으로 사는 독신의 장기수급자는 526.3달러를 받는다.

청소년수당액은 연령과 가구상태에 의해 결정되므로 학생과 구직자 간

<표 11-15> 연령별, 가구상태별 청소년수당 급여액

(단위: 달러)

상태		매 2주 단위 급여액
독신, 16~17세, 무자녀	부모집에 거주	237.1
	부모집을 나와 거주	433.2
독신, 18~24세, 무자녀	부모집에 거주	285.2
	부모집을 나와 거주	433.2
독신, 자녀 있음	독신, 자녀 있음	567.6
	비혈연자로서 아동부양	738.5
부부 가구	자녀 없음	433.2
	자녀 있음	475.7
장기소득지원 수급자	독신, 부모집에 거주	350.0
	독신, 부모집을 나와 거주	526.3
	부부 가구, 자녀 없음	475.7

주: 2016년 12월 기준.
자료: Department of Human Services(2016).

의 수당액 차이는 없다. 그리고 청소년수당에 대해 부모소득조사가 적용되는 경우 소득증가에 따라 일어나는 청소년수당의 감액구간도 학생과 구직자는 동일하게 적용을 받는다. 그러나 청소년수당 수급자가 개별소득조사를 적용받을 경우 기본수당액은 동일하지만 감액이 시작되는 소득구간과 수급에서 탈피하는 소득수준이 학생과 구직자 간에 차이가 난다.

부모와 동거하는 17세 이하 미혼의 학생, 실습생, 구직자의 청소년수당액은 2주당 237. 1달러로 모두 동일하다(<표 11-8> 참조). 이들에게 개별소득조사가 적용될 경우 학생 및 실습생은 소득이 433달러를 초과하면 초과소득 1달러당 50센트씩 수당액이 감액되고, 519달러를 초과하면 1달러당 60센트씩 수당액이 감액되어 지급되며, 849달러를 초과하면 청소년수당 수급에서 벗어나게 된다. 그러나 동일조건 구직자의 경우 초과소득 1달러당 50센트씩 수당액이 감액되는 소득수준이 143달러이며, 60센트씩 감액되는 소득수준이 240달러로서 학생 및 실습생에 비해 절반 이상 낮다. 근로활동이 힘든 학생 및 실습생에 비해 구직자는 취업을 통한 소득활동이용이하고 국가지원의 필요성을 스스로 벗어날 가능성이 높기 때문에 이러한 감액규정이 적용된다.

미혼자에 비해 기혼자, 무자녀보다 유자녀의 청소년에게 더 높은 액수의 기본수당이 지급되지만 근로소득의 발생에 의해 기본수당액이 감액되기 시작하는 소득기준점은 가족관계와 무관하게 모두 동일하다. 소득기준점의 차이는 단지 학생 혹은 구직자 구분에 의해 결정된다.

(3) 청소년수당 수급자 특성

청소년수당 수급자 24만 7,656명은 16~25세 전체 인구 313만 3,214명의 7.9%로서 해당 연령층의 10% 미만 수준이다. 연령적으로 16~25세에 청소년수당 수급이 가능하지만 18~22세 연령층의 수급자 비율이 상대적으로 높다. 수급자의 45.7%가 독립생활자이며, 피부양자 비율은 54.3%이다. 앞서 사회보장수급 유형별 빈곤율을 논하면서 이미 언급했듯이 청소년

〈표 11-16〉 청소년수당 수급자 특성별 구성비(2013년)

특성	하위집단	수급자 수(명)	구성비(%)
연령	16세 이하	2,924	1.2
	17세	17,803	7.2
	18세	42,289	17.1
	19세	39,262	15.9
	20세	35,299	14.3
	21세	28,185	11.4
	22세	32,260	13.0
	23세	23,796	9.6
	24세	15,087	6.1
	25세 이상	10,751	4.3
피부양 여부	독립생활자	113,200	45.7
	피부양자	134,456	54.3
합계		247,656	100

자료: Department of Human Services(2014).

수당을 가구의 주된 수입원으로 삼는 자의 빈곤율은 51.8%에 이르지만, 해당 빈곤인구는 3만 4,300명으로서 청소년수당 수급자 총 수 24만 7,656명의 13.8%에 그친다. 이것은 청소년수당 수급자가 수당만으로 사는 경우보다는 함께 사는 부모나 다른 가구원의 수입원에 의존하는 경우가 더 많음을 보여 준다.

4. 빈곤기준선과 인구집단별 빈곤율

1) 빈곤선

호주에는 국가가 인정하는 공식적인 빈곤선이 존재하지 않는다. 그 결과 개별 연구자와 민간연구소 차원에서 다양한 방법으로 빈곤선을 제시한다. 그중에서 1964년에 개발되어 최근까지 지속적으로 갱신된 헨더슨 빈곤선 (Henderson Poverty Line)이 호주의 빈곤연구와 빈곤정책 수립에 많은 영향을 미치고 있다. 그 외에 호주 사회서비스협의회(Australian Council of Social Service)에서 매년 발행하는 빈곤 관련 보고서는 중위소득의 50%와 60% 두 지표를 빈곤선으로 제시한다(ACROSS, 2016). 이 지표는 OECD 등 다른 국가와 빈곤율 등을 비교하여 연구할 때 지표의 동일성을 확보할 수 있어서 활용성이 높다는 장점이 있다.

〈표 11-17〉은 중위소득 50%를 빈곤선으로 설정할 경우 가구유형별 빈곤선을 정리한 것이다. 빈곤선은 무주택자로서 임대료 등 주거비가 지출되는 경우, 주택을 소유하여 별도의 주거비가 필요하지 않은 경우로 나누어 가규유형별로 제시되어 있다. 무주택 1인 가구의 경우 주당 426.3달러의 소득이 빈곤선에 해당하며 부부 가구의 경우 639.44달러가 빈곤선이다. 헨더슨 빈곤선은 가구유형을 보다 세분하여 제시하고 있다. 2013년 1분기

기준으로 제시된 헨더슨 빈곤선은 〈표 11-18〉에 정리된 바와 같다.

중위소득 50%를 기준으로 한 빈곤선과 헨더슨 빈곤선을 가구유형별로 비교해 보면 헨더슨 빈곤선이 중위소득 50%보다 일관되게 더 높거나 낮지는 않으며 가구유형에 따라 높기도 하고 낮기도 하다. 다만 그 차이가 크지 않음을 알 수 있다. 따라서 헨더슨 빈곤선도 중위소득 50%와 유사하다고 하겠다.

〈표 11-17〉 가구유형별 빈곤기준선(2013~2014년)

(단위: 달러)

가구유형	주거비 포함	주거비 제외
1인 가구	426.30	343.00
부부 가구	639.44	514.44
자녀 2명 한부모 가구	682.02	548.74
자녀 2명 부부 가구	895.22	720.22

주: 1주 기준 가처분소득, 중위소득 50% 빈곤기준선.
자료: ACOSS(2016: 12).

〈표 11-18〉 호주의 헨더슨 빈곤선

(단위: 달러)

가구유형	가구주 근로		가구주 비근로	
	주거비 포함	주거비 제외	주거비 포함	주거비 제외
부부 가구	654.45	478.66	561.92	386.04
자녀 1명 부부	786.69	595.00	694.15	502.46
자녀 2명 부부	918.92	711.33	826.38	618.80
자녀 3명 부부	1,051.15	827.67	958.62	735.13
자녀 4명 부부	1,183.38	942.72	1,090.85	850.18
1인 가구	489.23	329.25	396.70	236.71
자녀 1명 한부모	628.08	452.20	535.45	359.66
자녀 2명 한부모	760.22	568.53	667.69	476.00
자녀 3명 한부모	892.45	684.87	799.92	592.33
자녀 4명 한부모	1,024.69	801.20	932.15	708.67

주: 1주 기준 가처분소득, 2013년 1분기 자료.
자료: MIAESR(2013: 1).

2) 빈곤율

지금부터는 인구집단별 빈곤실태를 파악하여 제시하는 호주 사회서비스협의회 자료에 기초하여 빈곤실태를 살펴본다. 중위소득 50%를 빈곤선으로 설정할 경우 호주의 전체 인구 대비 빈곤율은 13. 3%이며 빈곤인구 규모는 299만 300명이다. 이를 연령집단별로 나누면 15세 미만의 아동 빈곤율이 17. 4%로서 연령집단 중 빈곤율이 가장 높다. 65세 이상 노인집단의 빈곤율은 13%로서 전체 인구 빈곤율을 약간 하회하는 수준이다. 이는 아동에 비해 노인계층에 대한 소득보장이 비교적 잘 이뤄져 있음을 보여 준다.

〈표 11-20〉에 정리된 바와 같이 가구의 주된 소득원별 빈곤율을 보면 사회보장급여가 주된 소득원인 가구의 빈곤율이 36. 1%로서 가장 높고 임금

〈표 11-19〉 연령집단별 빈곤율(2013~2014년)

(단위: %, 명)

연령 구분	빈곤율	인구 수
15세 미만	17.4	731,300
15~24세	13.0	374,900
25~64세	12.0	1,430,900
65세 이상	13.0	453,300
전체 인구	13.3	2,990,300

주: 중위소득 50% 빈곤기준선.
자료: ACOSS(2016: 12).

〈표 11-20〉 주된 소득원별 빈곤율(2013~2014년)

(단위: %, 명)

주된 소득원	빈곤율	인구 수
임금소득자	6.0	959,800
사회보장급여 수급자	36.1	1,714,100
기타 소득자	18.4	316,400
전체 인구	13.3	2,990,300

주: 중위소득 50% 빈곤기준선.
자료: ACOSS(2016: 12).

〈표 11-21〉 사회보장수급 유형별 빈곤율(2013~2014년)

(단위: %, 명)

사회보장수급유형	빈곤율	구성비	인구 수
실업수당	55.0	21.5	321,300
청소년수당	51.8	2.3	34,300
양육급여	51.5	23.3	347,200
돌봄급여	24.3	8.2	121,900
장애연금	36.2	19.1	284,500
노령연금	13.9	25.7	383,200
전체 수급자	27.8	100	1,492,500

주: 중위소득 50% 빈곤기준선.
자료: ACOSS(2016: 13).

소득자 가구의 빈곤율이 6%로서 가장 낮다. 임금소득자에 비해 사회보장
급여 수급자의 빈곤율이 6배에 이르는 것은 공공부조 중심으로 구성된 호
주의 소득보장제도가 빈곤해소 정책으로서는 충분한 기능을 발휘하지 못
하고 있음을 말해 준다.

〈표 11-21〉은 각종 사회보장 프로그램으로부터 받는 급여가 주된 가구수
입원인 집단의 빈곤율이다. 실업수당(55%), 청소년수당(51.8%), 양육급
여(51.5%) 등을 주된 수입원으로 삼는 집단의 빈곤율은 모두 50%를 상회
한다. 그 외에는 장애연금(36.2%), 돌봄급여(24.3%), 노령연금(13.9%)
수급자 순으로 빈곤율이 높다. 이 중 노인을 대상으로 하는 노령연금 수급
자 집단의 빈곤율이 가장 낮은데 노령연금과 퇴직연금에 의해 소득지원을
받는 노령층의 수급액이 상대적으로 높음을 알 수 있다.

가구유형별 빈곤율을 보면 한부모 가구의 빈곤율이 33.2%로서 가장 높
고, 다음으로 1인 가구 24.6%, 아동 있는 부부 가구 11.3%, 부부 가구
10.1% 순이다. 인구특성별로 다양한 소득지원 프로그램을 운용하지만 한
부모 가구만을 위한 별도의 소득지원 프로그램은 없는 호주의 소득보장체
계에서 대부분이 홑벌이 가구인 한부모 가구의 빈곤율이 부부 가구에 비해
높게 나오는 것은 쉽게 예측할 수 있는 결과이다.

<表 11-22> 가구 유형별 빈곤율(2013~2014년)

(단위: %, 명)

가구 유형	빈곤율	구성비	인구 수
1인 가구	24.6	19.4	580,300
한부모 가구	33.2	18.6	555,600
부부 가구	10.1	15.7	469,500
아동 있는 부부 가구	11.3	32.7	1,012,600
기타	7.7	12.7	372,300
전체 인구	13.3	100	2,990,300

주: 중위소득 50% 빈곤기준선.
자료: ACOSS(2016: 12).

<표 11-23> 성별 빈곤율(2013~2014년)

(단위: %, 명)

성별	빈곤율	구성비	인구 수
남성	12.8	47.4	1,417,300
여성	13.8	52.6	1,573,000
전체 인구	13.3	100	2,990,300

주: 중위소득 50% 빈곤기준선.
자료: ACOSS(2016: 12).

<표 11-24> 근로 형태별 빈곤율(2013~2014년)

(단위: %, 명)

근로 형태	빈곤율	구성비	인구 수
풀타임 근로	4.7	20.8	622,700
파트타임 근로	15.5	13.8	412,900
실업	63.2	9.7	291,000
65세 이상 비경제활동	14.4	16.0	479,700
65세 미만 비경제활동	43.9	39.6	1,184,106
전체 인구	13.3	100	2,990,300

주: 중위소득 50% 빈곤기준선.
자료: ACOSS(2016: 12).

성별 빈곤율을 살펴보면 여성이 13.8%, 남성이 12.8%로서 차이가 그다지 크지 않다. 성별 빈곤율 차이가 큰 국가는 대부분 여성의 평균수명이 긴 반면 노후소득 보장이 미비한 탓에 노인여성 집단의 빈곤율이 현저히 높은 데서 그 격차의 원인을 찾을 수 있다. 그러나 앞서 살펴본 바와 같이 호주에서는 노인층의 빈곤율이 13%로서 전체 인구의 평균 빈곤율 13.3%보다도 낮다. 즉, 전체 인구 내에서 남녀 간 빈곤율 격차가 커질 소지가 적은 구조를 가진 것이다.

근로 형태별 빈곤율은 〈표 11-24〉에 정리되어 있다. 공공부조 방식으로 지급되는 실업수당이 있음에도 불구하고 실업집단의 빈곤율은 63.2%에 이른다. 다음으로 빈곤율이 높은 집단은 65세 미만 비경제활동 인구집단 43.9%, 파트타임 근로 집단 15.5%, 65세 이상 비경제활동 집단 14.4% 순이다. 65세 미만 비경제활동 인구는 학생, 장애인이 대부분인데 학생의 경우 청소년수당, 장애인의 경우 장애연금 대상자가 될 수 있다. 그럼에도 불구하고 이 집단의 빈곤율이 43.9%로 상당히 높은 것은 이들 소득보장 프로그램의 빈곤예방 기능이 매우 제한적임을 확인할 수 있다.

■ 참고문헌

해외 문헌

ACOSS(Australian Council of Social Service) (2016). *Poverty in Australia 2016*. Strawberry Hills: ACOSS.

Department of Social Services(2014). *Income Support Customers: A Statistical Overview 2013*. Canberra: Commonwealth of Australia.

Ziguras, S. (2010). Australian social security policy: Doing more with less?. In McClelland, A., & Smyth, P. (Eds.) (2010). *Social Policy in Australia: Understanding for Action*, 2nd edition. South Melbourne: Oxford University

Press, 158~175.

기타 자료

ABS (Australian Bureau of Statistics) (2013). Australian demographic statistics, June
    2013.
Department of Human Services (2016). A guide to Australian government pay-
    ments, 20 September - 31 December 2016.
MIAESR (Melbourne Institute of Applied Economic and Social Research) (2013).
    Poverty Lines: Australia, December Quarter 2013.

제 **3** 부 의료보장 및 사회서비스

제 12 장 보건의료제도

제 13 장 의료보장제도

제 14 장 고령자 복지서비스

제 15 장 장애인 복지서비스

제 16 장 아동 및 보육서비스

제 17 장 주택 및 주거서비스

보건의료제도*

1. 일반현황

호주는 1984년에 메디케어(Medicare)로 일컬어지는 전 국민 건강보험제도를 구축하였으며, 연간 총 의료비의 약 70%를 공공재원에서 지출한다.

호주 국민의 기대수명은 2013년 기준 82.2세로 OECD 국가 중 6번째로 높다. 주요 사망원인으로 꼽히는 심근경색증, 암, 심혈관질환, 교통사고 사망률과 영아사망률이 모두 OECD 평균을 밑돈다. 15세 이상 흡연율은 세계적으로 가장 낮은 수준이며 국민의 주관적 건강상태도 매우 좋다 (OECD, 2015a). 한편, 더 면밀히 살펴보면 기대수명은 원주민(aboriginal and torres strait islander people)과 비원주민, 서로 다른 사회경제적 배경 그리고 지역 간에 비교적 큰 격차를 보인다.

호주의 여성 자궁경부암 사망률은 OECD 국가 중 가장 낮은 편이지만,

---

* 이 글은 2012년 《주요국의 사회보장제도: 호주》(한국보건사회연구원, 2012)에서 필자가 작성한 "제 3부 제 1장 의료제도"를 수정 보완한 것이다.

20~69세 여성의 자궁암 선별 검사율은 10여 년 전에 비해 오히려 감소하여 OECD 평균보다 낮다. 자궁암 환자의 5년 생존율도 OECD 평균에 머물러 있다. 유방암 환자의 5년 생존율은 OECD 국가 가운데 상위에 속하나, 50~69세 여성의 유방암 선별 검사율은 OECD 평균에도 못 미친다.

급성 심근경색증 환자의 입원 30일 내 사망률은 OECD 국가 가운데 가장 낮은 수준이다. 하지만 뇌경색 환자의 입원 30일 내 사망률이나 폐색전증과 같은 수술 후 합병증 발생률은 OECD 평균보다 높다. 15세 이상 성인의 알코올 소비량도 OECD 평균을 상회하며, 성인의 비만율은 OECD 국가 중 가장 높은 수준으로 증가 추세에 있다(OECD, 2015b: 42~49).

이처럼 호주의 의료제도는 긍정적 측면과 부정적 측면이 혼재된 성과를 거두었으며 이에 비례하여 국내외적으로 의료제도의 우월성 및 선진성을 인정받는 동시에 미비점이나 취약성도 적지 않게 지적받는다.

우선, 최근의 OECD 보고서는 호주의 의료제도에 대하여 환자들 입장에서 볼 때 너무도 복잡한 구조이긴 하나 나름대로 대단히 잘 기능하는 것으로 진단했다. 다만, 고령화와 만성질환 중심의 질병구조 아래서 의료수요 변화에 적절히 대응할 수 있도록 의료서비스의 연속성 및 통합성을 제고해야 한다고 지적했으며, 이를 위해서 관리운영체계의 정비와 효율적 의료자원 공급 그리고 조정기능이 강화된 의료서비스 전달체계의 구축이 필요하다고 제안했다(OECD, 2015b). 또한, 국가 간 의료제도를 비교하고 유형화하여 효율성을 검토한 OECD의 연구에서는 호주의 의료제도에 대하여 민간(시장)에 의존한 의료자원 공급, 의료전달체계의 적용, 공공보험을 통한 보편적 기본의료의 제공과 동시에 민간보험을 이용한 수요자 선택의료 허용 등의 특성을 지닌 유형(group 2)으로 분류하고, 여기에 포함된 국가의 의료제도는 OECD 국가 평균보다는 다소 높은 효율성을 보인다고 평가하였다(OECD, 2011).

호주 국내의 입장을 보면 국민의 수명연장과 삶의 질 향상 등 의료제도

의 가시적 성과로 인해 고무되는 측면도 있지만, 의료제도가 현재 그리고
미래에 당면하는 과제들에 더 많은 관심이 집중된다. GDP 증가율을 상회
하는 국민 의료비의 증가세와 만성질환 중심의 질병구조 변화에 적절히 부
응하지 못하는 의료서비스 전달체계에 대한 우려와 지적 등이 이어졌다.
이와 같은 인식은 호주 정부의 연차별 종합계획에도 반영되고 있다. 특히,
2015~2016년 계획에서는 의료제도의 하부요소와 영향요인을 명확히 하
고 하부요소 내 부문별 책무나 역할을 구체화함으로써 의료제도의 효율성

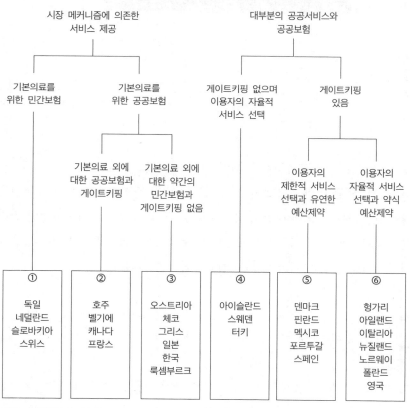

〈그림 12-1〉 OECD 국가의 의료제도 유형별 분류

자료: OECD(2011: 230).

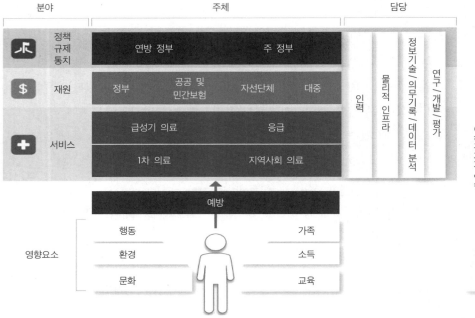

〈그림 12-2〉호주 의료제도의 구성 및 영향 요소

자료: Department of Health(2015b: 4)

및 대응성을 높이려는 의지가 드러났다(〈그림 12-2〉참조).

따라서 이번 장에서는 호주 의료제도에 대한 전반적인 이해를 도모함은 물론 한국 의료제도에 대한 시사점을 얻고자, 의료제도의 하부요소인 관리운영체계, 의료자원 공급, 의료서비스 전달체계, 의료재정의 현황과 함께 각각에서의 논점과 개혁방향을 간략히 살펴볼 것이다.

2. 관리운영체계

호주의 보건의료와 관련한 정책, 입법, 조정, 규제, 재정의 관리 및 지원 메커니즘에는 정부는 물론 비정부 부문이 함께 관여하며, 거의 모든 분야에 걸쳐 정부가 중추적 역할을 한다.

호주 정부는 다층적 행정조직체계(*multi-tiered system*) 아래서 연방 정부 (Australian Federal Government)와 주 정부(State and Territory Governments)로 구분되어 각각 의회와 행정부를 두고 법률의 입안과 이에 대한 집행을 분담한다. 보건의료의 경우 연방 및 주의 행정부 중에서 보건부 (Department of Health)의 업무로 분류하여 다룬다.[1] 또한 주 정부 산하 지방행정부(Executive Body of Local Councils)에서도 일부 역할을 분담하여 수행한다.

연방 정부와 주 정부의 보건부 장관과 그 휘하 조직이 보건의료의 거버 넌스, 조정, 규제에 관한 책무를 지는 가운데, 연방 정부와 주 정부의 보건 부 장관은 보건상임위원회(Standing Council on Health)의 구성원으로서 추 가적 조정과정(*supplementary coordination*)에 함께 관여하고 있다. 또한, 보 건상임위원회는 범부처 최고위 포럼인 호주연방위원회(Council of Australian Governments: COAG)의 휘하에서 호주연방위원회의 보건의료개혁이 목표한 바대로 이행되는지 감독하는 역할도 수행한다(AIHW, 2014a: 41).

비정부 기구·조직들의 참여는 주로 의료자원의 공급 및 의료서비스 전 달과 관련된 것이다. 예를 들면, 질병의 예방, 발견, 진단, 치료, 관련정 책 등에 대한 정보를 제공하는 연구(통계)기관, 공공논의를 주도하고 정책 개발에 기여하는 소비자단체, 보건의료인력을 양성하는 대학 및 병원, 연 구기금조성이나 건강증진 프로그램을 운영하는 지역사회기구 등이 해당된 다(AIHW, 2014a: 43).

---

1) 1919년 유행한 인플루엔자(*Spanish influenza pandemic*)의 피해와 관련하여 1921년 전염 병관리를 위한 연방 보건부(The Commonwealth Department of Health)가 보건 담당 부처로 창설되었다. 이후 연구 및 보건의료 전반으로 영역을 확대하고 유관 영역과의 연 계가 늘어나 부서명이 여러 차례 변경되었으며 2013년부터는 보건부(Department of Health)라는 이름을 사용해 현재에 이른다(Department of Health, 2016a).

앞서 호주 국민의 건강과 관련한 여러 가지 엇갈린 모습들은 무엇보다도 연방 정부와 주 정부 간에 책무가 복잡하게 얽힌 데서 비롯된 것으로 보인다. 예를 들면, 의료서비스 제공에 있어 공공병원의 운영은 주 정부에서, 1차 의료는 연방 정부에서, 모자보건과 같은 지역보건은 주 정부에서 관할한다. 그 결과, 환자 치료의 연속성이 저하되고 서비스 간 중복이 발생하며 의료자원이 부적절하게 공급된다는 지적을 받는다(OECD 2015b:17).

1) 연방 정부

연방 정부의 보건부는 7개 실(*group*)에 20여개의 부서(*division*)로 구성된다(Department of Health, 2015a: 22~24). 2013년에 부서명이 보건 및 노인부(Department of Health and Ageing)에서 보건부로 변경되면서 노인에 특화된 업무는 타 부서로 옮겨졌으며 스포츠 및 레크리에이션 정책이 보건부 업무로 추가되었다.[2]

연방 정부의 주요 기능은 국가단위의 보건정책을 수립하고 조세(*income tax*) 등을 통해 마련된 자원을 주 정부와 지방 정부 그리고 민간부문에서 제공하는 의료서비스에 배분하는 것이다. 지원대상에는 주 정부의 공공병원 서비스, 환자본인부담의 의약품비와 일반의 및 전문의 의료서비스, 민간의료보험 등이 포함된다. 이와 함께, 연방 정부는 의약품이나 의료용구의 안전과 질 그리고 민간의료보험 시장을 감독하는 역할도 수행한다.

연방 정부의 자원배분은 (사전)협약에 의하거나 직접 교부(*direct grants*) 또는 보조금 지급 등을 통해 이루어진다. 특히, 연방 정부는 국가단위 정책목표에 맞추어 자원을 효율적으로 사용하는 일에 주 정부가 적극 동참할 것을 요청해 왔으며 이는 주 정부에 대한 예산배분 방식에 영향을 미쳤다.

---

2) 보건부 자료(Department of Health, 2016a)를 참고하기 바란다.

2) 주 정부

호주의 6개 주(state)와 2개 준주(territory)에 각각 하나씩 총 8곳에 주 정부가 위치하여 있다. 주 정부는 연방 정부의 보건정책 방향과 지역사회의 요구를 감안한 주 차원의 정책결정과 예산책정, 재정계획의 수립 및 실행, 광범위한 보건의료서비스를 제공하는 책무를 지닌다. 이에 따라, 주 정부는 민간병원에 대한 인허가와 대부분의 급성병원 및 정신병원을 포함한 공공병원에 대한 직접관리 그리고 이들로부터 제공되는 의료서비스에 관여한다. 그밖에도 지역보건 및 공공보건서비스의 제공과 보건의료 전문인력에 대한 규제를 실시한다.

주 정부는 전체 예산의 반 이상을 연방 정부로부터 지원받으며, 나머지는 지방세(income tax), 자동차등록세, 토지세 등을 통해 자체적으로 조달한다. 이렇게 모인 주 정부 예산은 도로, 학교, 주택, 병원, 경찰, 응급서비스 등 주 정부 관할업무에 배분된다. 주 정부에서는 공공병원에 지급하는 보조금의 실제 지출 용도와 관련하여 입원환자 수, 입원의료서비스·응급의료서비스 내용, 입원대기시간 등을 연방 정부에 보고하며 이 정보는 정부 홈페이지에 개제되어 국민에게 공개된다.

주 정부의 보건의료서비스 지출은 상당 부분 공공병원과 지역사회기반서비스에 할당된다. 비교적 예산을 많이 배분하였음에도 불구하고 보건의료부문의 재정수요는 점차 증가하는 추세다. 이에 따라, 연방 정부의 지원에 의존하는 의료서비스의 재정수지를 맞추고자, 주 정부 관할 의료서비스와 연방 정부 책임의 의료서비스를 구분하여 잘못 지원된 부분의 비용이전(cost-shifting)을 청구하는 사례도 빈번해졌다(OECD, 2015b: 19).

3) 지방 정부

호주의 지방 정부는 〈주지방정부법〉(State Local Government Act)에 의하여 8개 주 정부의 산하 시군(cities, municipalities, shires)에 구성되었으며 전국적으로 560여 개에 이른다. 지방 정부는 규모나 지리적 여건 등에 있어서 매우 다양하다는 특성을 지닌다. 관할업무로 지역 내 폐기물 관리나 수질 검열 등 환경위생, 관광, 우편, 소방서비스 등을 수행한다. 보건의료에서는 가정간호(home care)와 유방암 검진과 같은 질병예방서비스(personal preventive service)에 관여한다. 지방 정부의 예산은 일정 부분 주 정부로부터 지원되며 그 외에 조세나 인허가세, 서비스이용료 등을 통한 자체조달도 이루어진다.

이상과 같은 정부 간 역할분담과 관련하여, 특히 연방 정부와 주 정부의 의료서비스 재정에 대한 역할분담이 의료제도에 대한 포괄적 이해 없이 이루어짐으로써 어느 것 하나 제대로 책임소재를 밝히기 어렵다는 지적이 있다. 환자 측과 의료서비스 제공자 측은 잘못된 재정 인센티브 하에서는 의료연속선상의 핵심 분야에 충분한 재정이 배정되지 않으며, 이 때문에 의료서비스 공급이 분절적이고 제도가 복잡해져 이용상에 많은 어려움이 따른다고 호소하고 있다(OECD, 2015b; NHHRC, 2009).

3. 의료자원 공급

최근 호주는 병원 인증을 의무화하고 의료인력의 연간 등록제를 시행하는 등 의료자원에 대한 규제를 강화해 의료의 질과 안전을 획기적으로 개선시켜 나갔다. 하지만, 의료인력 공급의 심각한 편재(maldistribution) 속에서 해외에서 유입된 의료인력에 크게 의존하는 상황이다. 특히, 농촌과 외곽지역의 인력부족은 극심하다(OECD, 2015b; AIHW, 2014a: 15).

1) 의료인력

호주의 보건사회부문 종사자 수는 인구 1천 명당 61명으로 OECD 32개국 중 11번째로 많다(OECD, 2015c). 호주의 보건의료인력은 14개 전문분야로 구분되어 지속적 직무능력향상과 함께 매년 등록을 실시하도록 의무화되어 있으며 개인별 등록현황은 웹사이트를 통해 일반에 공개된다(OECD 2015b:18). 2014년도 등록의료인력(*registered health practitioners*)은 총 61만 148명이다. 그중 간호사(조산사 포함)가 약 57%로 가장 큰 비중을 차지하고 의사는 약 16%에 해당한다(〈표 12-1〉 참조).

〈표 12-1〉 등록의료인력 수(2014년)

(단위: 명)

직종	인력 수
간호사 및 조산사(Nurses and midwives)	352,838
의사(Medical practitioners)	98,807
심리치료사(Psychologists)	31,489
약사(Pharmacists)	28,751
물리치료사(Physiotherapists)	27,011
치과의사(Dentists)	15,764
치과위생사(Dental hygienists)	1,645
치과기공사(Dental prosthetists)	1,223
치과치료사(Dental therapists)	1,223
구강건강치료사(Oral health therapists)	1,120
작업치료사(Occupational therapists)	16,757
의료방사선기사(Medical radiation practitioners)	14,680
지압요법사(Chiropractors)	4,902
검안사(Optometrists)	4,855
한의사(Chinese medicine practitioners)	4,313
발치료사(Podiatrists)	4,316
접골요법사(Osteopaths)	1,968
원주민 보건진료원(Aboriginal and Torres Strait Islander health practitioners)	322
복수 직종 등록자(Multiple profession registration)	-1,836
합계	610,148

자료: AIHW NHWDS, 2016. 6. 3. 인출.

(1) 의사

호주의 총 등록의사 수는 2014년 기준으로 9만 8,807명이다. 이 가운데 86.5%가 활동 중이며 의사 수의 증가는 인구증가율을 상회한다. 2014년의 활동의사 수는 총 8만 5,510명으로 2004년의 5만 8,211명에서 약 47% 증가했다. 인구 10만 명당 활동의사 수는 387.1명(임상의사 기준 370.3명)으로 2004년의 314.5명에서 약 23% 증가했다.

의사 수 증가는 특히, 2000년대 들어 의과대학 입학생 수가 급격히 증가한 것과 관련이 있다. 최근 5년간 국내대학 졸업자 수의 증가세는 둔화되었으나 외국대학 졸업자 수는 여전히 증가하는 추세를 보여 증가세는 당분간 이어질 전망이다(〈그림 12-3〉 참조).

2014년의 활동의사 가운데 전문의는 33.2%이며 1차 진료를 담당하는 일반의는 31.4%이다. 성별로는 여성이 39.4%를 차지하고 있고 평균연령은 45.9세이다. 10년 전과 비교하여 평균연령은 유사한 수준이나 여성의 비중은 7% 포인트 증가하였다(〈표 12-2〉 참조).

〈그림 12-3〉 의과대학 졸업생수 추이

(단위: 명)

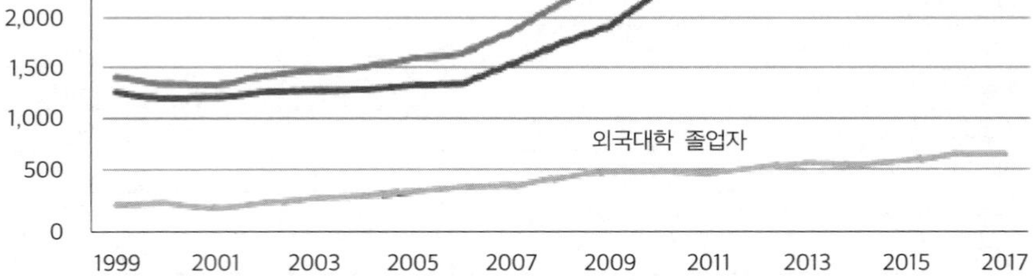

자료: Department fo Health(2014a: 16).

2014년의 지역별 인구 10만 명당 활동의사 수는 주요 도시에서 월등히 높다. 지역 간의 차이는 전문의 수에서 더욱 두드러진다. 외곽지역의 인구 10만 명당 전문의 수는 주요도시의 4분의 1 수준에도 미치지 못한다.

〈표 12-2〉 의사의 특성별 현황(2014년)

구분	의사 수 (명)	여성 비율 (%)	평균연령 (세)	주당 근무시간 (시간)	10만 명당 의사 수 (명)[1]
임상의사(clinician)	81,478	39.4	45.6	42.7	370.3
일반의(General practitioner: GP)	26,885	41.0	51.4	38.6	110.6
병원비전문의(hospital non-specialist)	9,599	48.2	33.7	46.4	47.4
전문의(specialist)	28,403	28.7	50.2	43.7	132.2
전공의(specialist-in-training)	14,580	50.4	33.8	46.5	72.2
기타 임상의사(other clinician)	2,011	47.2	46.5	37.0	7.9
비 임상의사(non-clinician)	4,032	39.0	52.0	39.2	16.8
합계	85,510	39.4	45.9	42.5	387.1

주 1) '종일 근무'(Full Time Equivalent: FTE) 기준.
자료: AIHW NHWDS(a), 2016. 6. 9. 인출.

〈그림 12-4〉 종사부문별, 지역별 인구 10만 명당 활동의사 수(2014년)

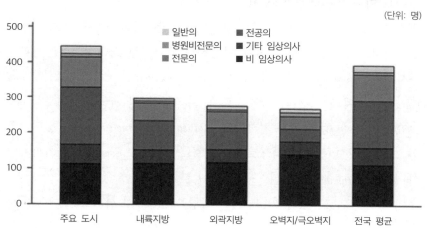

주: '종일 근무'(Full Time Equivalent: FTE) 기준.
자료: AIHW NHWDS, 2016. 6. 3. 인출.

이와 관련하여 전체 의사 수를 늘려 외곽지역의 인구당 의사 수를 증가시키려는 노력이 이어졌으나 그 격차는 오히려 더욱 커지는 추세이며 이는 지역 간 건강불균형을 해소하는 데에도 어려움을 초래하고 있다(AIHW, 2014a: 14).

또한, 외국계 의사의 유입이 줄지 않는 상황에서, 2014년 기준 자료에는 전체 활동 중인 의사 가운데 약 66%만이 호주 국내에서 의사자격을 취득했고 나머지는 외국에서 최초 의사자격을 취득한 것으로 나타났다. 의사자격을 취득한 국가로는 인도가 가장 많았고 영국과 뉴질랜드가 뒤를 이었다. 또한, 전문의의 경우에는 전체 활동 중인 의사 가운데 77.9%가 국내에서 자격을 취득하였으며, 외국에서의 취득사례로는 영국이 5.8%, 인도와 뉴질랜드가 각각 2.7%와 2.3%였다.

외국에서 최초 의사자격을 취득한 경우에는 국내에서의 취득자와 달리 농촌이나 외곽지역에서 더 많이 활동하고 있으며, 전문의의 경우에는 비인기분야에 치중되고 있다. 3)

(2) 치과의사 및 유사 치과의료사

호주의 구강건강과 관련한 의료인력에는 일반치과의사(*general dentist*)와 전문치과의사(*dental specialist*)를 포함하는 치과의사(*dentist*) 외에 치과위생사(*dental hygienist*), 치과기공사(*dental prosthetist*), 치과치료사(*dental therapist*), 치과위생사와 치과치료사 자격을 겸한 구강건강치료사(*oral health therapist*) 등의 유사 치과의료사(*allied dental practitioner*)가 있다. 또한 그밖에도, 미등록 인력으로서 치과보조원(*dental assistant*)과 치과기술자(*dental technician*)가 있다.

치과 전문 의료인력의 2014년 등록현황을 유형별로 살펴보면, 치과의사

---

3) AIHW(2016. 6. 1. 인출) 자료를 참고하기 바란다.

〈표 12-3〉특성별 활동치과의사 수 추이(2011~2014년)

(단위: 명, %)

구분		2011년	2012년	2013년	2014년
임상		12,062	12,767	13,088	13,529
비임상		538	499	467	450
행정(administrator)		157	138	180	161
교육훈련(teacher/educator)		218	214	185	184
연구(researcher)		59	57	42	53
기타(other)		104	90	60	52
합계		12,599	13,266	13,555	13,979
여성 비율		35.2	36.5	38.0	39.0
최초 면허취득 국가 비율	호주	-	71.6	70.5	70.1
	뉴질랜드	-	4.7	4.4	4.2
	기타국가	-	23.7	25.1	25.7

자료: Department of Health(2014d: 9).

〈그림 12-5〉지역별 인구 10만 명당 활동치과의사 수(2011~2014년)

(단위: 명)

자료: AIHW NHWDS, 2016. 6. 3. 인출.

〈그림 12-6〉지역별 인구 10만 명당 활동 유사 치과의료사 수(2014년)

(단위: 명)

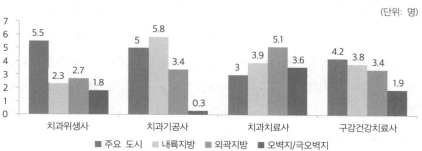

자료: AIHW NHWDS, 2016. 6. 3. 인출.

75.2%, 치과위생사 7.8%, 치과기공사 5.8%, 치과치료사 5.8%, 구강건강치료사 5.3%로서 유사 치과의료사가 전체의 약 25%를 차지했다. 활동치과의사 수는 인구 10만 명당 55.4명(2011년)에서 56.4명(2014년)으로 소폭 증가했다. 2014년도 활동치과의사의 약 97%는 임상에서 종사하며 성별로는 여성이 39%를 차지한다. 또한 국내에서 처음 자격을 취득한 경우는 약 70%로 다른 분야의 의사보다는 다소 높은 편이나, 최근 들어 그 비중은 다소 줄어드는 경향을 보인다(〈표 12-3〉 참조).

의사와 마찬가지로 치과의사의 경우에도 도시 지역에 집중되는 경향을 보이는 가운데, 인력의 지역 간 균형배분을 기하고자 신규 치과대학의 지방 설립이 추진되어 왔다(Department of Health, 2011). 하지만, 이에 따른 효과가 가시화되기까지는 좀더 시간이 소요될 것으로 예상되며 주요도시와 외곽지역 간 인구당 치과의사 수는 여전히 큰 격차를 보인다(〈그림 12-5〉 참조). 한편, 유사 치과의료사는 전문분야에 따라 지역별 분포에 차이를 나타내는 가운데, 치과위생사와 치과기공사의 주요도시 집중도가 비교적 높게 나타난다(〈그림 12-6〉 참조).

(3) 간호사 및 조산사

2014년 활동 중인 간호사 및 조산사는 30만 979명이며, 이들 가운데 90%에 해당하는 27만 1천여 명이 임상분야에 종사한다.

지역별로 볼 때, 인구 10만 명당 간호사 수는 의사나 치과의사와 달리, 주요도시보다 외곽지역에 더 많은 것으로 나타난다. 인구 10만 명당 간호사 수는 지방도심을 제외한 나머지 모든 지역에서 2011년에 비해 2014년에 소폭 증가하였다. 한편, 의사와 마찬가지로 간호사의 경우에도 최초 면허를 외국에서 취득한 사례가 상당수에 이르나, 최근으로 올수록 그 수는 점차 줄어드는 경향을 보인다.

<표 12-4> 간호사 및 조산사의 특성별 현황(2014년)

주요 활동분야	인력 수 (명)	등록률 (%)	평균연령 (세)	주당 근무시간 (시간)
임상	271,288	18.0	44.1	33.3
비임상	29,691	7.8	48.9	36.6
행정	15,620	8.3	49.8	38.5
교육훈련	9,923	5.3	47.7	34.8
연구	2,749	4.8	47.9	33.9
기타	1,399	24.9	49.1	32.3
합계	300,979	16.9	44.5	33.6

자료: AIHW NHWDS(b), 2016. 6. 9. 인출.

<그림 12-7> 지역별 인구 10만 명당 활동 간호사 및 조산사 수(2011, 2014년)

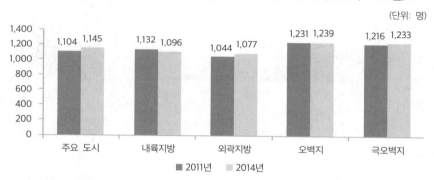

자료: AIHW NHWDS(b), 2016. 6. 9. 인출.

<그림 12-8> 간호사의 최초 면허취득 교육장소

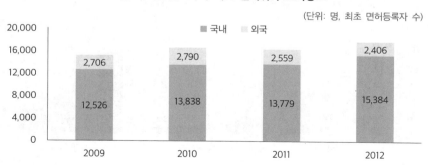

자료: Department of Health(2014c: 20).

(4) 기타 인력

의사, 치과의사 및 유사 치과치료사, 간호사 및 조산사를 제외한 나머지 의료인력의 경우, 활동인력 수는 심리치료사, 약사, 물리치료사 순으로 많으며, 임상분야에 종사하는 경우는 심리치료사, 물리치료사, 약사 순으로 많다.

〈그림 12-9〉 지역별, 전문분야별 인구 10만 명당 활동의료인력 수(2014년)

(단위: 명)

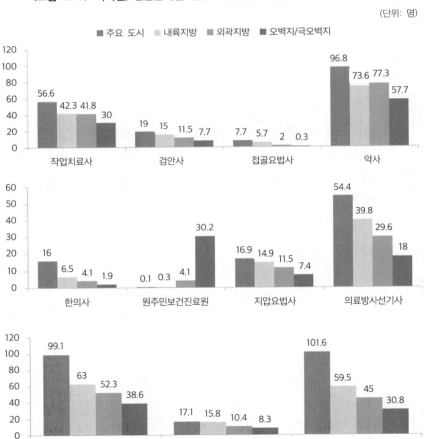

자료: AIHW NHWDS, 2016. 6. 3. 인출.

〈표 12-5〉 전문분야별 등록 및 활동 의료인력 수(2014년)

(단위: 명)

의료인력	등록 인력수 (registered)	활동 인력수(employed)			계	인구 10만 명당 인력 수
		소계	임상	비임상		
한의사	4,313	3,783	3,597	186	3,783	12.9
원주민 보건진료원	322	266	230	36	266	1.2
지압요법사	4,902	4,312	4,196	116	4,312	15.8
의료방사선기사	14,680	12,376	11,692	684	12,376	48.8
작업치료사	16,757	14,063	12,568	1,495	14,063	52.2
검안사	4,855	4,337	4,141	196	4,337	17.4
접골요법사	1,968	1,741	1,689	52	1,741	6.7
약사	28,751	22,500	19,792	2,708	22,500	90.0
물리치료사	27,011	22,412	20,507	1,905	22,412	87.1
발치료사	4,316	3,962	3,771	191	3,962	16.1
심리치료사	31,489	23,878	20,853	3,025	23,878	87.4

자료: AIHW NHWDS, 2016. 6. 3. 인출.

이들의 지역별 분포는 전문분야에 따라 정도의 차이는 있으나 원주민 보건진료원을 제외하고는 대체로 주요도시에 편중되는 경향을 보인다.

2) 병원

병원은 크게 공공병원과 민간병원으로 구분된다. 공공병원은 대부분 주 정부 소유이며, 그중 일부는 종교단체나 자선단체에서 설립하고 정부에서 지원을 하는 형태이다. 공공병원에는 급성기 치료를 위주로 하는 공공급성병원과 정신질환 치료를 담당하는 공공정신병원이 있다. 민간병원은 회사나 종교단체 그리고 민간보험기금에 의해 설립되며 영리 또는 비영리기관으로 운영된다. 민간병원의 경우, 과거에 비해 복합적이고 고도의 기술을 필요로 하는 의료서비스의 비중이 점차 높아지는 추세다.

2013~2014년도 병원 수는 공공병원(*public hospital*) 747개소, 민간병원

<표 12-6> 호주의 병원 현황

(단위: 개소)

구분		2009~2010	2010~2011	2011~2012	2012~2013	2013~2014
공공병원	공공급성병원(public acute hospitals)	735	734	735	728	728
	공공정신병원(public psychiatric hospitals)	18	18	18	18	19
	소계	753	752	753	746	747
민간병원	주간병원(private free standing day hospital facilities)	302	314	311	319	326
	기타 민간병원(other private hospitals)	279	279	281	282	286
	소계	581	593	592	601	612
총계		1,334	1,345	1,345	1,347	1,359

자료: AIHW(2015b: 7).

(*private hospital*) 612개소 등 총 1,359개소로서, 최근 5년간 공공병원은 소폭 감소한 반면, 민간병원은 2009~2010년도 대비 약 2% 증가했다.

2013~2014년도 병상 수는 공공병원 5만 8,567개, 민간병원 3만 920개 등 총 8만 9,487개이며, 인구 1천 명당 3.9개 병상으로 OECD 국가 평균인 4.8개 병상보다 적다(OECD, 2015c). 공공병원의 병상 수는 최근 5년간 대부분의 주 정부 단위에서 증가하였으나 인구 1천 명당 병상 수에 영향을 미칠 수준은 아니며, 이와 같은 추이는 민간병원의 경우에서도 유사하게 나타난다. 다만, 공공정신병원의 경우 병상수가 꾸준히 감소하는데, 이는 장기간에 걸쳐 진행된 정신질환자의 탈입원화에 따른 결과로 풀이된다(<표 12-8> 참조).

기관 수 및 병상 수에 있어서 높은 비중을 차지하는 공공병원은 규모나 제공되는 서비스 내용에 있어서 매우 다양한 형태로 운영된다. 공공병원은 크게 3차 병원(*principal referral hospital*), 여성 및 아동 전문병원(*specialist women's and children's hospital*), 급성기병원(*public acute group A~D hospital*), 정신병원(*psychiatric hospital*), 아급성 및 비급성기병원(*subacute and non-acute hospital*), 외래병원(*outpatient hospital*)으로 분류되며, 인구수 등 지역여건을 고려한 배치가 이루어진다(<표 12-7> 참조).

〈표 12-7〉 호주의 공공병원 현황(2013~2014년)

구분	지역 (개소)				제공 서비스 (건)				평균 가용병상 수 (개)
	주요 도시	지방	오벽지	계	응급실	응급서비스	비입원 진료실	수술	
3차 병원(Principal referral)	26	3	0	29	29	29	29	29	647
여성 및 아동전문병원 (Specialist women's and children's)	13	0	0	13	10	10	12	12	194
급성기병원 공공급성기병원 A	33	28	1	62	60	60	61	58	262
공공급성기병원 B	24	20	1	45	45	45	45	43	130
공공급성기병원 C	11	114	18	143	55	111	74	88	40
공공급성기병원 D	4	135	52	191	59	164	43	9	16
소병원(Very small)	0	86	50	136	25	101	50	0	7
정신병원(Psychiatric)	15	4	0	19	0	0	2	0	111
아급성 및 비급성기병원 (Subacute and non-acute)	28	11	0	39	0	3	26	0	67
외래병원(Outpatient)	0	10	32	42	5	30	1	0	0
기타	24	4	0	28	1	1	9	5	31
계	178	415	154	747	289	554	352	244	78

자료: AIHW, 2015b: 25.

<표 12-8> 호주의 병상 수 현황

(단위: 개)

구분	2009 ~2010	2010 ~2011	2011 ~2012	2012 ~2013	2013 ~2014
공공병원					
공공급성병원	54,557	55,525	56,366	56,193	56,461
공공정신병원	2,356	2,313	2,179	2,118	2,107
소계	56,912	57,838	58,545	58,311	58,567
인구 천 명당 병상 수	2.6	2.6	2.6	2.6	2.5
민간병원					
주간병원	2,822	2,957	2,973	2,938	2,977
기타 민간병원	24,926	25,394	26,031	26,889	27,943
소계	27,748	28,351	29,004	29,827	30,920
인구 천 명당 병상 수	1.3	1.3	1.3	1.3	1.3
합계					
평균 가용병상 수(average available beds)	84,660	86,189	87,549	88,138	89,487
인구 천 명당 병상 수	3.9	3.9	3.9	3.9	3.9

자료: AIHW(2015b: 12).

<그림 12-10> 병원 유형별 병상 수 분포(2009~2010, 2013~2014년)

(단위: %)

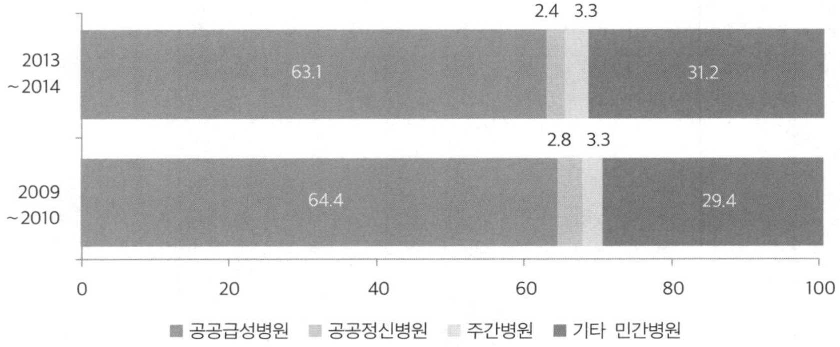

자료: AIHW(2015b: 12).

4. 의료서비스 전달체계

의료인력, 의료시설 및 장비, 의료정보 등 다양한 형태의 의료자원을 토대로 제공되는 의료서비스의 종류는 지역사회에서의 공중보건과 예방서비스로부터 1차 의료서비스, 응급 의료서비스, 병원기반의 치료서비스, 재활서비스, 완화 의료서비스에 이르기까지 매우 광범위하다.

이들 서비스는 제공자의 특성과 접근 방식에 따라 크게 1차 의료서비스, 2차 의료서비스, 병원 의료서비스의 3가지 유형으로 구분되는 전달체계로 구성된다. 이러한 서비스들은 수요자가 요구에 따라 적절히 접근하고 이용할 수 있도록 1차 의료 네트워크(*primary health networks*)와 지역 병원 네트워크(*local hospital networks*)를 통해 조정된다.

그밖에 새로운 의료서비스 유형으로서 전문간호사 진료(*nurse-led walk-in clinics*)와 전문의 진료실에서 시행하는 외래수술(*day surgical procedures*)이 시도되고 있으며, 이들은 기존의 병원 중심이나 의사 중심의 전통적 치료방식에 변화를 가져오고 있다. 또한, 전자기기를 활용한 개인의 의료기록 관리와 통신기술을 적용한 원격의료가 확대되면서, 의료서비스에 대한 접근성을 높이기 위하여 개인동의를 전제로 개인의 질병력이나 의료이용기록 등 의료정보를 의료제공자 간에 공유토록 함으로써 환자의 안전과 치료에 도움을 주고 있다(AIHW, 2014a: 36~38).

1) 1차 의료서비스

호주의 1차 의료서비스(*primary health care*)는 의료제도의 일선에서 공공과 민간 그리고 비정부기관에 소속된 다양한 의료인력에 의해 제공되는 여러 형태의 서비스로 정의된다. 즉, 1차 의료서비스는 개인이 의료서비스를 접하게 되는 첫 관문에 해당하는데, 스스로 선택한 일반의, 치과일반의,

간호사, 원주민보건진료사, 약사, 물리치료사, 영양사, 접골사 등을 통해, 의뢰서 없이도 서비스가 제공된다. 일반의 진료실 외에도 지역보건센터 등 주로 병원이 아닌 기타 다양한 장소에서 서비스가 제공되고 경우에 따라서는 건강증진 및 질병예방과 같은 공공보건사업과 연계되어 제공되기도 한다(AIHW, 2014a: 357).

1차 의료서비스는 지역사회 내에서 누구나 경제적 제약 없이 질적인 서비스를 공평하게 제공받도록 한다. 1차 의료서비스 제공자는 환자 및 가족과 장기적으로 관계를 유지하면서 필요시 상위 서비스를 포함한 기타 의료서비스로 연계하여 주는 조정자로서의 역할을 맡는다(〈그림 12-11〉 참조).

〈그림 12-11〉 1차 의료서비스와 의료서비스 전달체계

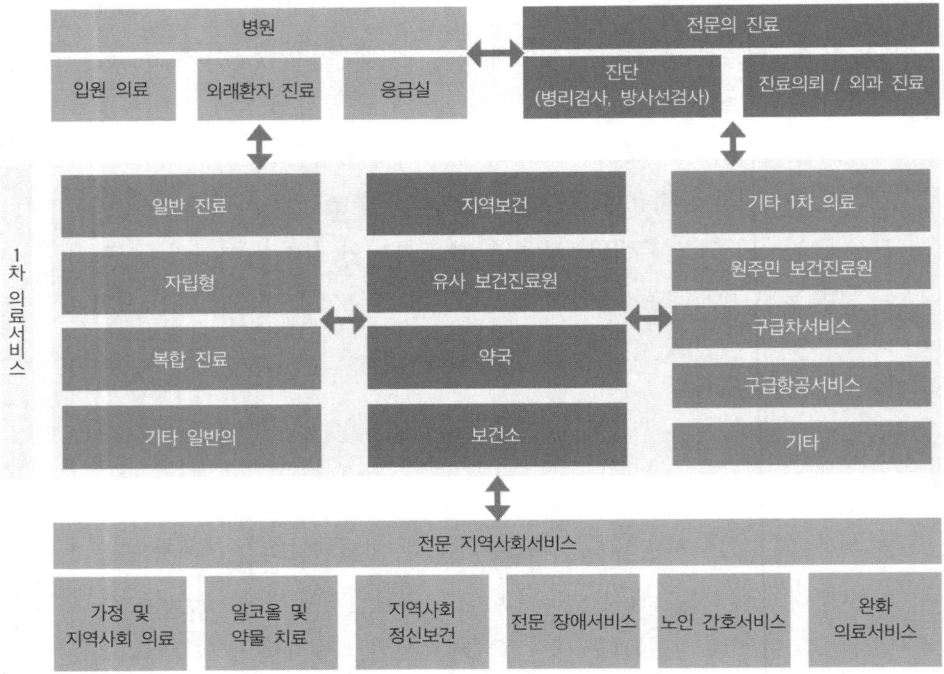

자료: AIHW(2014a: 359).

1차 의료서비스 중 가장 많이 이용하는 것은 일반의 진료이다. 2011~
2012년 호주 국민의 84%가 일반의를 연간 1회 이상 방문하였으며, 67%
는 연간 2회 이상, 37%는 연간 4회 이상, 10%는 연간 12회 이상 방문한
것으로 나타났다. 또한 같은 기간 동안 호주 국민의 47%가 치과의사를 연
간 1회 이상 방문하였으며, 호주 국민의 21%는 의사와 치과의사를 제외한
나머지 의료인력과 연간 1회 이상 상담하였다.

1차 의료서비스가 추구하는 접근성 보장은 개인의 사회경제상태와 거주
지역에 따른 일반의 진료대기시간(waiting time for GPs) 및 비용부담으로
인한 미충족의료(cost barriers)를 토대로 모니터링 된다. 이와 관련하여,
2012~2013년의 1년간 국민의 20%가 일반의 진료대기시간에 불만을 토
로하였다. 불만자율은 외곽지역 거주민(22%)이 주요도시 거주민(19%)보
다 높았다.

또한, 같은 기간 중 비용부담으로 인한 방문지연이나 미방문 등의 미충
족의료는 일반의 진료에서 5.4%, 치과의사 진료에서 18%로 나타났다.
일반의 진료에 대한 미충족은 거주지역에 따라 차이를 드러냈고, 치과의
진료에 대한 미충족은 사회경제상태와 거주지역에 따라서 차이를 나타냈
다. 특히, 치과의 진료에 있어서는 사회경제수준에 따른 격차가 크게 나타
났다(AIHW, 2014a: 363~365).

그밖에도, 1차 의료서비스는 예방 및 조기치료(effective care), 만성질환
을 위한 다학제적 서비스 제공(coordinated care), 안전과 질(safety and
quality), 환자요구에의 대응(responsiveness) 등을 도모하는 가운데, 예방
가능한 입원, 동일 증상에 대한 의료서비스 중복, OECD 국가 평균에 비
해 높은 수준의 항생제 처방, 일반의 진료·상담의 불충분성 등과 같은 문
제들에 직면해 있다(AIHW, 2014a: 368~371). 이에 정부는 의료서비스 전
달체계에서 1차 의료서비스의 역할을 좀더 강화하고자 노력 중에 있다
(Department of Health, 2015b).

2) 2차 의료서비스

의료전달체계 하에서 1차 의료서비스 제공자는 환자의 상태나 요구에 맞추어 타 의료서비스 제공자 혹은 기관(시설)에 환자를 의뢰한다.

2차 의료서비스(secondary care)는 1차 의료서비스 의사(primary care physician)가 좀더 전문적인 치료를 필요로 하는 환자를 전문의 혹은 병원으로 의뢰하여 이루어지는 서비스를 일컫는다(AIHW, 2014a: 36).

2차 의료서비스를 제공하는 외과 전문의의 경우, 민간병원 혹은 공공병원에서 수술 스케줄을 운영하기도 한다.

3) 병원 의료서비스

병원 의료서비스(hospital services)는 공공병원과 민간병원을 통해 제공되며 크게 입원과 비입원 서비스로 구분된다. 입원서비스에는 당일퇴원이 포함되며, 비입원서비스에는 응급실과 외래진료소 이용이 포함된다.

병원 의료서비스는 공공병원과 민간병원 간에 큰 차이를 보인다. 대부분의 응급실(94%) 및 외래(97%) 이용은 공공병원에서 이루어지며, 선택적 수술을 포함하는 입원의 3분의 2 정도는 민간병원에서 이루어진다(AIHW, 2014a: 394~396).

(1) 응급실 의료서비스

주로 공공병원에서 제공되고 있는 응급실 의료서비스(emergency department services)의 이용은 구급차 등으로 환자가 직접 응급실에 내원하거나 혹은 1차 의료서비스의 진료의뢰를 통해서 이루어진다. 2012년부터 2013년까지 1년간 응급실 방문은 총 671만여 건이며, 이 가운데 약 24%가 구급차나 의료용 헬기를 이용하였고 나머지는 일반교통수단을 이용하였다. 응급실 방문건수는 2008~2009년과 비교할 때 2012~2013년에 16.9% 증가하여 매년 평균 4%의 증가율을 나타냈다(AIHW, 2014a: 391~393).

응급실 방문자는 위중상태에 따라 크게 5군으로 분류되며, 2012년부터 2013년까지 1년간 방문자 가운데 인공소생을 필요로 하는 위급상태는 1% 미만이었고 반수 이상은 약간 긴급하거나 비응급 상태인 것으로 파악되었다. 이에 따라 응급실 방문의 약 27%만이 해당 병원에 입원하였으며 약 65%는 입원이나 의뢰 없이 퇴원하였다(〈표 12-9〉 참조).

호주 정부는 응급실 의료서비스의 상당 부분이 1차 의료서비스나 지역 보건서비스에서도 제공이 가능한 것으로 본다. 실제로, 통계청(Australian Bureau of Statistics: ABS)의 환자조사(*patient experience survey*)에 따르면,

〈표 12-9〉 상태분류 및 사례유형별 공공병원 응급실 이용자 현황(2012~2013년)

(단위: 명)

구분	위급 소생 (Resuscitation)	응급 (Emergency)	긴급 (Urgent)	약간 긴급 (Semi-urgent)	비응급 (Non-urgent)	합계[1]
병원입원(Admitted to this hospital)	34,263	411,587	886,250	450,635	32,342	1,815,209
퇴원(Departed without being admitted or referred)	4,883	263,798	1,283,104	2,241,537	547,068	4,341,593
타 병원 이송(Referred to another hospital for admission)	2,612	25,501	45,779	22,042	1,979	97,918
대기 없음 (Did not wait)	10	1,405	49,998	180,558	60,320	294,045
처치 없음 (Left at own risk)	300	8,463	37,878	57,239	11,867	115,776
응급실 사망 (Died in emergency department)	3,060	1,136	532	109	18	4,855
합계[2]	45,270	713,792	2,309,336	2,969,467	668,532	6,712,224

주 1) 분류범주가 보고되지 않은 이용자를 포함.
  2) 도착 시 사망 또는 상태가 보고되지 않은 이용자를 포함.
자료: AIHW(2014a: 403).

2012~2013년 사이 응급실 방문경험이 있는 15세 이상 성인 가운데 23%
가 응급실에서 받은 의료서비스를 일반의(GP)가 대신 제공해 줄 수 있다
고 여기는 것으로 나타났다(AIHW, 2014a: 403~404).

이와 같은 상황은 호주 정부가 개선하려는 목표 중 하나이다. 이는 '질적
이며 가용한 1차 의료서비스와 지역보건서비스의 보장'뿐 아니라 병원자원
의 효과적 활용 면에서도 중요한 시사점으로 받아들여지고 있다.

한편, 공공병원 응급실에서의 치료대기시간은 점차 짧아지고 있으며,
2012~2013년 응급실방문자의 50%는 19분 이내, 90%는 101분 이내에
의사 또는 간호사의 치료를 받았다(AIHW, 2014a: 399~400).

(2) 입원 의료서비스

입원 의료서비스(*admitted patient care*)는 의료관리자(*medical officer*)의 판단
과 결정에 따라 입원기간이나 치료내용이 결정되며 입원기간은 당일(*same-
day basis*)에 한정되기도 한다. 2013~2014년의 기간 동안 총 입원의 59%
가 공공병원에서 이루어진 가운데 그중 반 정도는 당일입원이었으며, 민간
병원의 경우에는 3분의 2가 당일입원에 해당됐다.

입원 의료서비스의 대부분을 차지하는 것은 수술이다. 수술은 응급수술
과 비응급수술(*non-emergency surgery*)로 구분이 된다. 선택적 수술(*elective
surgery*)로도 불리는 비응급수술의 경우, 응급수술에 비해 우선순위에서
밀린다. 때문에 비응급수술 환자는 입원까지 대기 시간이 보통 24시간 이
상으로 나타났다. 선택적 수술의 약 3분의 2는 민간병원에서 이루어졌다.

공공병원에 한하여 파악되는 수술대기시간을 보면 2012부터 2013년까
지 1년간 대기자 명단에 포함된 환자의 50%가 36일 이내에 입원했고,
90%는 265일 이내에 입원했으며, 2.7%는 1년 이상을 대기했다. 대기시
간의 중앙값은 흉부외과 수술이 17일로 가장 짧았으며, 이비인후과와 정
형외과 수술이 비교적 길게 나타났다(〈그림 12-12〉참조).

한편, 고령층의 수요가 많은 아급성·비급성기 의료서비스(*subacute and non-acute hospital care*)가 부족한 상황에서 급성병상의 점유와 같은 자원낭비가 지적됨에 따라, 아급성 및 비급성기 병상의 확대가 추진되고 있으며 이들은 주로 주요 도시지역에 설립되어 당일입원을 포함한 입원서비스를 제공하고 있다.

아급성기 의료서비스는 재활, 완화, 노년성 복합증상관리, 노인 정신질환관리 등 크게 4가지의 임상적 목적 하에서 이루어지는 서비스를 포함한다. 재활의료서비스는 건강문제로 인한 불구나 활동제한 등을 지닌 환자의

〈그림 12-12〉 주요 다빈도수술의 대기시간(2012~2013년)

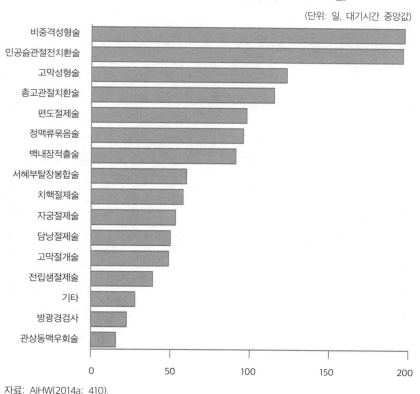

(단위: 일, 대기시간 중앙값)

자료: AIHW(2014a: 410).

신체적 기능 개선을 위해 제공된다. 완화의료서비스는 치유가능성이 없고 임종이 예견된 환자의 삶의 질을 높이고자 제공된다. 노년성 복합증상 관리서비스는 노령화와 관련된 낙상위험, 실금, 기동성 저하, 인지장애 등의 증상에 따라 복합적 요구를 지닌 환자의 신체적·정신적 기능을 개선하고자 제공된다. 노인 정신질환 관리서비스는 정신질환, 노령기의 기능성 뇌병변, 신체적 여건 등으로 인해 초래된 중증의 정신적 행동적 장애를 가진 환자의 정신적 기능상태와 삶의 질을 개선하기 위해 제공된다.

비급성기 의료서비스는 유지관리서비스(*maintenance care*) 에 해당하는 것으로, 건강문제로 인한 불구나 활동제한 등을 지닌 환자의 일상생활을 지원하고자 제공된다(AIHW, 2014a: 406).

5. 의료재정

1) 국민의료비

2013~2014년 동안 호주가 지출한 총 의료비는 1,546억 달러(국민 1인당 6,637달러) 로 GDP의 9.7%를 차지한다. 지난 25년간의 의료비 변동추이를 보면, 총 의료비 지출은 1989~1990년 대비 약 5.8배 증가하였다. 같은 기간 GDP는 약 3.9배 증가함으로써 의료비 증가율이 GDP 증가율을 상회하였다(AIHW, 2016: 28~29).

국민 1인당 의료비는 OECD 국가 평균보다 높고 GDP에 대한 비중은 OECD 국가 평균보다 낮은 수준이다. 하지만 의료비의 GDP에 대한 비중이 OECD 국가 평균에 비해 빠르게 증가하고 있다(OECD, 2015c).

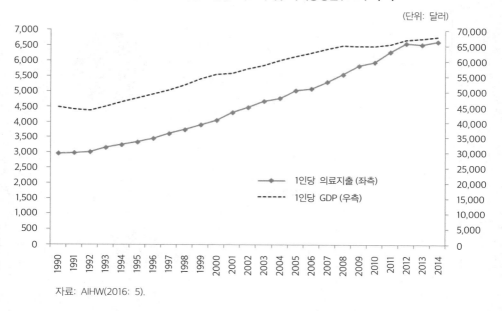

〈그림 12-13〉 국민 1인당 의료비 및 국내총생산(GDP) 추이

자료: AIHW(2016: 5).

2) 조달 및 배분

호주의 의료비 재원과 지출경로는 〈그림 12-14〉과 같다. 의료비 재원은 크게 공공부문과 민간부문의 두 가지로 나뉜다. 공공부문 재원에는 연방 정부와 주 정부·지방 정부에서 마련하는 예산이 포함되고 민간부문에는 민간보험, 본인부담 그리고 상해보상기금 등이 포함된다. 2013~2014년 국민의료비의 67.8%가 공공지출로 이루어졌으며, 환자본인부담과 민간 보험이 각각 17.8%와 8.3%를 차지했다. 공공지출의 경우 약 3분의 2는 연방 정부에서, 나머지는 주 정부와 지방 정부에서 조달한다.

최근 들어 연방 정부와 주 정부의 지출 비중은 감소하고 민간부문 지출 비중은 증가하는 경향을 보이는 가운데, 총 의료비 지출은 공공부문과 민 간부문 모두 증가했다(〈표 12-10〉 참조).

〈그림 12-14〉 호주의 의료재정 흐름도(2013~2014년)

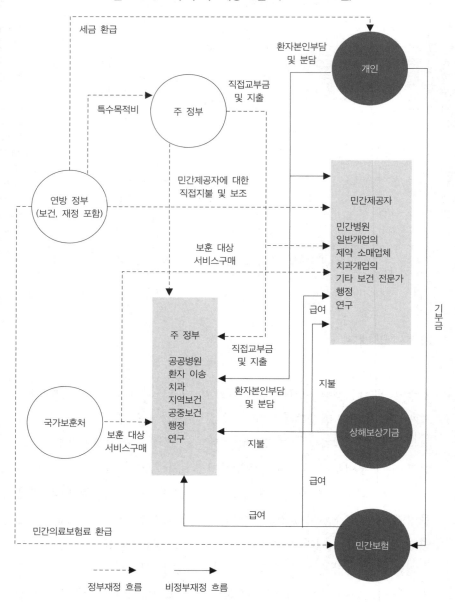

자료: AIHW(2015c: 3).

<표 12-10> 총 의료비 지출의 재원별 분포

(단위: %)

연도	정부(Government)			비정부(Non-government)			
	연방 정부	주 정부	계	민간보험	본인부담	기타[1]	계
2003~2004	43.7	23.6	67.3	8.1	17.4	7.3	32.7
2004~2005	43.9	24.0	67.8	7.7	17.4	7.1	32.2
2005~2006	42.8	25.3	68.1	7.6	17.3	6.9	31.9
2006~2007	42.1	25.8	67.9	7.6	17.4	7.2	32.1
2007~2008	43.3	25.5	68.8	7.6	16.7	6.9	31.2
2008~2009	43.8	24.9	68.8	7.7	16.9	6.6	31.2
2009~2010	43.6	26.2	69.8	7.5	17.1	5.6	30.2
2010~2011	43.1	26.2	69.3	7.5	17.6	5.6	30.7
2011~2012	43.0	26.9	70.0	7.4	17.0	5.7	30.0
2012~2013	41.5	26.8	68.3	8.1	17.9	5.8	31.7
2013~2014	41.2	26.6	67.8	8.3	17.8	6.1	32.2

주 1) 상해보험사(injury compensation insurers)가 대부분을 차지.
자료: AIHW(2015c: 35).

의료비 재원과 의료서비스 공급자 그리고 서비스 제공과 관련된 책임이 공공부문과 민간부문으로 복잡하게 얽힌 가운데, 2012~2013년 국민의료비의 경우 병원의료에 40.4%, 1차 의료에 38.2%, 기타 의뢰 및 행정·연구 등의 정례업무에 21.3%가 지출되었다. 병원의료에서는 공공병원의 비중이 높으며, 1차 의료에서는 약품비의 비중이 비교적 높게 나타났다(<그림 12-15> 참조). 메디케어(Medicare)의 급여는 병원, 의료, 의약품의 세 부문에서 이루어지며 여기에 속하는 주된 급여로는 공공병원 무료진료, 의료급여목록(*medicare benefits schedule*)에 나열된 의료서비스 제공자 보상 그리고 약제급여기준에 따른 의약품비 지원이 있다. 이들에 대한 지원조건이나 방식은 환자, 의료서비스 제공자(혹은 시설), 의료서비스의 특성에 따라 결정된다.[4]

---

4) 메디케어(Medicare)는 "제 13장 의료보장제도"에서 더 상세히 기술한다.

〈그림 12-15〉 의료비의 조달 및 배분(2012~2013년)

466억 달러 / 398억 달러 / 610억 달러 / 1조 4740억 달러 건강용품 & 서비스

비정부, 개인 포함 / 주 정부 / 연방 정부(호주 정부 조세 수입의 25%)

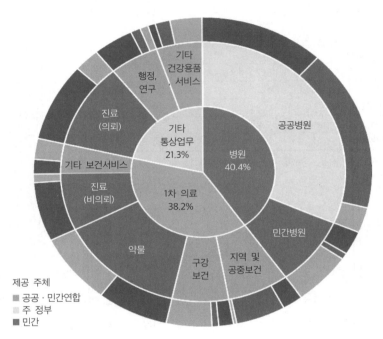

제공 주체
■ 공공 · 민간연합
□ 주 정부
■ 민간

자료: AIHW(2014a: 34).

(1) 일반개원의 진료

일반개원의(GP)는 환자를 진료한 후 행위별 수가제에 근거하여 진료비를 부과하며, 이를 '메디케어' 급여로 청구할 수도, 직접 환자에게 청구할 수도 있다.

전자의 경우 의사는 의료급여목록 기준수가의 85~100%를 적용하는 청구 방식(bulk-billing)에 사전 동의해야 한다. 후자의 경우 환자는 의료비를 선 지급 후 기준수가에 해당하는 부분을 환급받게 되며, 기준수가를 초과하는 부분은 본인이 부담한다.

(2) 공공병원 진료

주 정부는 공공병원을 통해 무상 의료서비스를 제공하기 위하여 연방 정부와 재정지원 규모 및 의료서비스 제공조건 등에 관한 협약을 체결하고 있다. 주 정부는 할당된 예산 내에서 공공병원을 운영해야 하기 때문에 협약기간 동안의 수요나 공급의 변화에 대비하여 비용효율에 큰 관심을 보인다. 주에 따라 약간씩 차이는 있으나 개별 공공병원에 대하여 총액예산 방식(*global prospective budgets*)과 일종의 호주식 진단군별 포괄수가제(*patient casemix payments*) 방식으로 자원을 배분한다.

이를 토대로, 공공병원에서는 일정 급여를 지급받는 봉직의사와 진료행위를 근거로 보수를 지급받는 계약의사를 통해 '메디케어'에서 보장되는 의료서비스를 무료로 제공한다.

공공병원에서 환자는 무료 혹은 본인 부담으로 의료서비스를 이용할 수 있다. 무료진료를 받는 공공환자는 진료의사나 진료시기 등을 스스로 선택할 수 없으며 장기간에 걸친 진료대기 상황에 처하기도 한다. 반면, 민간환자로서 의사선택권을 가질 경우에는 의료서비스에 대한 비용을 본인이나 민간보험을 통해 부담해야 하며, 입원의료서비스에 대하여는 메디케어급여를 통해 기준수가의 75%를 상환해 준다.

(3) 민간병원 진료

민간병원 의료서비스의 경우에는 공공병원의 민간환자와 마찬가지로, 연방 정부에서 메디케어 기준수가의 75%를 상환해 준다. 따라서 환자는 메디케어 급여를 제외한 나머지를 본인 혹은 민간의료보험을 통해 지출한다.

(4) 약제급여

호주에서는 의약품 소비가 비교적 많은 편이다. 처방 및 비처방의약품과 보조의약품을 포함한 전체 의약품 소비가 연간 총 의료비에서 차지하는 비중은 2001~2002년의 11.7%에서 2011~2012년 14.2%로 증가하였다 (AIHW, 2014a: 428~429).

약제급여기준(*Pharmaceutical Benifits Scheme*: PBS)은 합리적 약품 가격을 유도하기 위해 마련한 정책으로, 약국과 병원에서 제공되는 처방의약품 가운데 약제급여기준에 등재된 의약품에 대해 연방 정부는 다양하게 지원한다. 약제급여기준은 일반대상(*general*)과 취약대상(*concessional*)의 두 그룹으로 나누어 적용되며, 취약대상은 일반대상에 비해 처방전당 본인부담금이 매우 낮은 수준으로 책정된다. 또한, 일정액 이상의 본인부담이 발생할 경우를 대비하여 본인부담 축소 등 안전망도 갖추고 있다.

■ 참고문헌

국내 문헌

한국보건사회연구원(2012). 《주요국의 사회보장제도: 호주》. 서울: 한국보건사회연구원.

해외 문헌

AIHW(Australian Institute of Health and Welfare) (2014a). *Australia's Health 2014 (Australia's health series no. 14. Cat. no. AUS 178)*. Canberra: AIHW.

_____ (2015a). *Australia's Hospitals 2013-14: At a Glance (Health services series no. 61. Cat. no. HSE 157)*. Canberra: AIHW.

_____ (2015b). *Australia's Hospitals 2013-14: Australian Hospital Statistics (Health services series no. 63. Cat. no. HSE 160)*. Canberra: AIHW.

_____ (2015c). *Health Expenditure Australia 2013-14 (Health and welfare expenditure series no. 54. Cat. no. HWE 63*). Canberra： AIHW.

_____(2016). *25 Years of Health Expenditure in Australia 1989-90 to 2013-14*(*Health and welfare expenditure series no. 56. Cat. no. HWE 66*). Canberra： AIHW.

Department of Health(2011). *Medical Training Review Panel： 14th Report.* Canberra： Commonwealth of Australia.

_____(2014a). *Health Workforce Australia 2014： Australia's Future Health Workforce - Doctors.* Canberra： Commonwealth of Australia.

_____(2014b). *Health Workforce Australia 2014： Australia's Future Health Workforce - Nurses - Detailed Report.* Canberra： Commonwealth of Australia.

_____(2014c). *Health Workforce Australia 2014： Australia's Future Health Workforce - Nurses - Overview Report.* Canberra： Commonwealth of Australia.

_____(2014d). *Health Workforce Australia 2014： Australia's Future Health Workforce - Oral Health - Overview Report.* Canberra： Commonwealth of Australia.

_____(2015a). *Annual Report 2014-2015.* Canberra： Commonwealth of Australia.

_____(2015b). *Corporate Plan 2015-16.* Canberra： Commonwealth of Australia.

NHHRC(National Health and Hospital Reform Commission)(2009). *A Healthier Future for all Australians： Final Report.* Canberra： Commonwealth of Australia.

기타 자료

AIHW(Australian Institute of Health and Welfare). Australia's medical workforce. http：//www. aihw. gov. au/workforce/medical. 2016. 6. 1 인출.

AIHW(Australian Institute of Health and Welfare). National Health Workforce Data Set. http：//www. aihw. gov. au/workforce. 2016. 6. 3 인출.

AIHW NHWDS(Australian Institute of Health and Welfare National Health Workforce Data Set)(a). Medical practitioners 2014. Data tables： Medical practitioners overview. http：//www. aihw. gov. au/workforce. 2016. 6. 9 인출.

_____(b). Nurses-midwives 2014. Data tables： Nurses midwives overview. http：//www. aihw. gov. au/workforce. 2016. 6. 9 인출.

OECD(2011). A new look at OECD health care systems： Typology, efficiency and policies. In *Economic Policy Reforms 2011： Going for Growth.* http：//dx. doi. org/10. 1787/growth-2011-48-en.

_____(2015a). *Health at a Glance 2015： OECD Indicators.* http：//dx. doi. org/10.

1787/health_glance-2015-en.

_____(2015b). *OECD Reviews of Health Care Quarterly: Australia 2015: Raising Standards.* http://dx. doi. org/10. 1787/9789264233836-en.

_____(2015c). *OECD Health Statistics 2015.* http://www. oecd. org/els/health-systems/health-data. htm.

Department of Health (2016a). Changes to our Department. http://www. health. gov. au/internet/main/publishing. nsf/Content/changes-to-our-department. 2016. 6. 1 인출.

_____(2016b). History of the Department. http://www. health. gov. au/internet/main/publishing. nsf/Content/health-history. htm. 2016. 6. 1 인출.

13

의료보장제도

1. 머리말

의료보장제도는 일반적으로 크게 국가주도 모델과 시장기반 모델로 구분된다. 국가주도 모델의 전형은 영국의 의료보장제도인 국가보건의료제도(National Health Service: NHS)이다. 영국의 의료보장제도는 의료서비스를 모든 국민의 사회적 권리로 규정하고 소득과 관계없이 모든 국민에게 무료로 의료서비스를 제공한다. 이러한 형태의 의료보장 제도는 조세를 그 재정적 원천으로 하는 국가주도의 의료보장제도로서, 복지국가 모델이라고도 불린다. 한편, 시장기반 모델의 전형은 미국의 의료보장제도에서 찾을 수 있다. 미국의 의료보장제도는 자유주의 사회에서 개인의 권리와 자유가 국가에 우선한다는 이념에 기반한다. 따라서 의료서비스의 비용은 기본적으로 개인의 책임으로 간주된다.

　반면, 호주의 의료보장제도는 국가주도 모델과 시장기반 모델의 혼합 형태이다. 호주의 의료보장제도는 정부 재원에 의한 국민보험인 메디케어와 민간의료보험으로 구성된다(Willis, Reyonlds, & Keleher, 2013). 호주는 연방 정부, 주 정부, 자치령 그리고 공공 및 민간단체 참여자 간의 지속적 협의를 통해 이러한 혼합 형태의 의료보장 제도를 유지 발전시켜 왔다. 핵심 원칙은 국민의 지불능력과 상관없이 양질의 의료서비스를 제공하는 것이다.

이 장에서는 먼저 호주 메디케어 제도의 역사적 발전과정을 살펴본 후 현재 호주의 의료보장제도를 메디케어와 민간의료보험을 중심으로 소개하고자 한다.

2. 메디케어의 발전과정[1)]

메디케어(Medicare)는 호주의 모든 국민에게 강제적·보편적으로 적용되는 국민건강보험으로 호주 의료보장제도의 근간이 되는 제도이다. 메디케어는 20세기 초 처음 등장했는데 이 제도의 발전과정은 곧 3가지 논점의 해결과정이라고 볼 수 있다.

첫째, 호주 정치제도의 특성에서 비롯된 논점으로, 중앙집권과 지방자치 사이에서 국민건강보험을 연방 정부의 책임 관할에 둘 것인지 아니면 주 정부와 자치령에게 책임을 둘 것인지 따지는 문제이다. 메디케어는 이를 둘러싼 논쟁과 이를 구체화하는 과정을 거쳐 발전했다.

둘째, 의료보장제도에 대한 노동당과 보수 정당들 간의 서로 다른 철학과 정치적 입장으로 빚어진 논쟁이다. 호주의 국민건강 보험인 메디케어는 정치적 대치 구도 속에서 화합과 협업의 실마리를 찾아가며 진화해 왔다.

셋째, 의료보장제도의 대상 및 범위에 대한 논쟁이다. 호주의 의료보장제도는 의무적 가입, 선택적 가입 그리고 범국민적 가입 등의 형태로 시행

---

1) Department of the Prime Minister and Cabinet (2016)에서 발췌, 요약하였다.

된 바 있고 한때는 저소득층을 위한 복지제도로 시행되기도 했다. 메디케어는 1984년 이후 지속적 개혁을 통해 비로소 지금의 모습을 갖추었다. 이처럼 호주의 의료보장제도는 1세기가 넘는 기간 동안 많은 시행착오 속에서 균형과 합의점을 찾아가며 발전해 온 제도라는 면에서 시사점이 있다.

메디케어의 발전사는 크게 4가지 기간으로 분류된다. 도입의 기틀을 마련한 제1기(1901~1949년), 태생기라 할 수 있는 제2기(1949~1984년), 제도의 도약기라 할 수 있는 제3기(1984~2004년) 그리고 제도의 안정화 단계라 할 수 있는 제4기(2004~현재)로 나누어 살펴볼 수 있다.

1) 제1기(1901~1949년)

호주 영토 내 여섯 개의 영국령 식민지가 합의를 통해 연방제 국가를 이룬 1901년 당시, 국민의료보장은 호주 헌법상의 조항이 아니었다. 의료와 국민건강은 국민 개개인과 지역사회의 책임으로 인식되었으며 연방 정부의 책임은 검역과 감염성 질환 관리에 국한되었다. 하지만 제1차, 제2차 세계대전을 겪으면서 이러한 양상은 바뀌게 되었다. 가난과 질병이 연관되어 있다는 인식이 형성되었고, 1918~1919년의 스페인 독감을 계기로 국가 차원의 보건부(Commonwealth Department of Health)가 설립되었으며 중앙 정부의 조직적 질병관리가 필요하게 되었다.

이 시기에 병원 이용자의 수요가 증가했으며 의료시설이 낙후되었던 국립병원의 시설 확충의 필요성이 부각되었다. 그리고 고비용의 민간병원이 소수계층에게만 양질의 의료서비스를 제공하게 된 정황들이 문제점으로 대두되기 시작했다. 이에 1928년 의무적 직장국민보험과 1938년 국가 차원의 의료보장제도가 제안되었으나 직장인보험을 제공해야 하는 사업체들, 민간의료인들, 민간의료보험의 모태인 우애조합(the friendly societies)의 반발로 실현되지 못했다.

제 2차 세계대전은 정부의 역할을 크게 강화하는 효과를 가져왔다. 또 1942년 제정된 〈제 1 균등조세법〉(The First Uniform Tax Case)은 연방 정부가 주 정부와 자치령에 대하여 막강한 영향력과 우위권을 행사할 수 있게 했다. 강력해진 연방 정부는 1944년 〈약제급여법〉(Pharmaceutical Benefits Act: PBA)을 제안하기에 이르렀으나, 반 중앙집권적 세력의 득세로 성공하지 못했다. 1945년에는 고등법원에서 〈약제급여법〉이 위헌이라는 판결을 내렸고, 급기야 1946년에는 〈약제급여법〉을 국민투표에 부치게 됐다. 그 결과 유권자의 56%가 〈약제급여법〉을 찬성했다. 이 투표 결과는 연방 정부가 복지정책을 펼 수 있는 기틀을 만들어 주는 듯했으나, 민간의료인들의 반발에 부딪혀 결국 〈약제급여법〉은 실행되지 못했다.

그 후에도 치플리 노동당 정부가 국가 선불 진료제도를 통하여 국립 건강진료제도의 도입을 시도했으나 의료인들의 반발로 다시 좌초되었다. 그

〈표 13-1〉 제 1기의 주요개혁

집권당	정부	년도	개혁내용
통합호주당 (United Australian Party)	라이언스 (Joseph Lyons)	1938	국민건강보험제도(National insurance scheme) 시행
호주노동당 (Australian Labor Party)	커틴 (John Curtin)	1942	〈균등조세법〉 제정 [1]
		1945	병원급여제도(Hospital Benefits Scheme: HBS), 약제급여제도(Pharmaceutical Benefits Scheme: PBS) 시행: 병원급여제도는 호주의 모든 국민이 국립 병원에서 무료로 진료를 받을 수 있도록 하였다.
	치플리 (Joseph Chifley)	1946	첫 번째 PBS 위헌 소송: 〈약품보건법〉과 추가적 의료복지 조항의 내용으로 헌법을 수정했다.
		1949	두 번째 PBS 위헌 소송: 의사의 의무의료징병제 금지령이 헌법에 저촉된다는 이유로 고등법원에 소송이 접수되었으며, 〈국민건강진료법〉의 수정을 통해 의료와 약품의 유료화를 합법화했다.

주 1) 1942년 이전에는 연방 정부와 주 정부에서 공히 소득세를 징수했으나, 1942년 〈균등조세법〉
제정 이후에는 연방 정부가 소득세를 징수하고 주 정부에 할당 소득세를 지급. 이는 연방 정부의
재원확보 및 중앙 집권력이 강화되는 계기가 됨.
자료: Boxall & Gillespie(2013: ix).

뒤를 이은 멘지스(Robert Menzies) 정부도 1950년대에 국가보조의 민간의료보험제도를 도입하려 했으나 이 또한 끊임없는 비판에 시달렸다. 그리고 마침내 1975년 휘틀럼(Edward Whitlam) 정부가 메디케어의 전신인 메디뱅크(Medibank)라는 국민건강보험제도를 실시하게 되었다.

2) 제 2기(1949~1984년)

이 시기는 메디케어의 태생기로서 메디뱅크가 범국민적 건강보험으로 태어나기 위해 수차례의 수정과 변혁을 거치면서 현재의 메디케어로 탄생한 기간으로 이해할 수 있다.

1950년대의 멘지스 정부와 1970년대의 휘틀럼 정부가 집권한 약 20년 동안의 기간은 메디뱅크가 시행되기 위한 준비단계였다. 노동당이 대내외적 반발세력을 설득하고 국민의료복지 실현의 뜻을 관철하기 위한 싸움을 하는 사이, 연방 정부는 의료복지제도를 시행할 수 있도록 여러 법안을 통과시키고 중앙집권적 위치를 확보함으로써 1975년 호주의 첫 전 국민건강보험인 메디뱅크가 도입되었다. 이 시기에는 메디뱅크의 재원을 보험료 명목이 아닌 일반 조세로 충당하였다. 환자는 의료서비스 이용 관련 지출의 85%를 보상받았으며, 공공병원의 입원진료는 무상으로 제공되었다.

신생 메디케어는 도입된 지 몇 달 만인 1975년 11월 11일에 중단되었고 1970년 후반의 프레이저(Malcolm Fraser) 정부 집권기에 3번의 수정을 거쳐 메디뱅크 II, 메디뱅크 III, 메디뱅크 IV로 변화되었다. 국민들은 메디뱅크 또는 민간보험을 선택해야 했다. 만약 메디뱅크를 선택하는 경우, 개인은 소득의 2.5%를 의료보험료로 납부해야 했다.

초기의 메디뱅크는 공공병원에서의 무상의료 제공이라는 이상을 위해 출발했다. 그러나 재원고갈의 문제점을 해결하고 제도의 지속가능성을 확보하기 위해 급여 축소, 환자 부담금 확대, 수혜자 자격요건 엄격화 등의

〈표 13-2〉 제 2기의 주요개혁

집권당	정부	연도	개혁내용
자유당-농민당 (Liberal Country Parties)	멘지스 연립정부	1950 ~1951	약제급여제도와 연금수령자 의료서비스(pensioner's medical service)가 노동당의 〈국민보건의료법〉(National Health Service Act: NHSA)에 의해 실효화
		1952	병원급여제도가 자발적 민간의료보험(private insurance) 가입을 바탕으로 시행됨.
		1953	의료급여제도가 자발적 사회보험 보조금을 기반으로 시행되고 새로운 국민보건의료법이 통과됨으로써 해당 제도를 포괄적으로 시행할 수 있게 됨.
호주노동당	휘틀럼	1969	노동당이 국민건강보험제도를 연방 선거 때마다 공략으로 내세우지만, 선거에 패하게 됨.
		1974	주요 메디뱅크 법안을 세금부과 법안을 제외한 채, 양원합동의회를 통해 통과시킴.
		1975	메디뱅크가 시행되고 메디뱅크 병원협약(Medibank Hospital Agreement)에 동의함.
자유당-국민당 (Liberal- National Party)	프레이저 연립정부	1976	메디뱅크 II 도입 • 소득세의 2.5%를 메디뱅크 부과금으로 지불하는 제도 도입 • 메디뱅크가 아닌 민간의료보험 구매의 선택이 가능 • 메디뱅크 또는 민간의료보험 가입자는 공공병원을 이용하는 경우 공공의료진에게 무상진료를 보장 받음. • 연방 정부가 민간병원에서의 입원치료를 위해 보조금 지급
		1978	메디뱅크 III 도입 • 메디뱅크 부과금 폐지. • 건강보험이 더 이상 의무사항이 아님. • 보험가입 여부와 상관없이 연방 정부가 책정의료비의 40%를 보험액으로 보조하면서 동시에 20달러의 본인 부담금을 부과.
		1979	메디뱅크 IV 도입 • 연방 정부의 보험청구액은 국민 모두에게 지급 가능하지만, 책정진료비가 20달러 이상인 경우에만 청구 자격이 주어짐. • 민간의료보험의 경우 20달러 이하의 진료비도 되돌려줌.
		1981	메디뱅크의 무효화와 함께 공공보조금과 민간의료보험제도로 회귀함. 공공병원의 진료비 적용이 부활되고, 무상진료는 연금수령자나 할인카드 소지자에 국한됨. 연방 정부가 주 정부와 공공병원에 보조금을 지급하고 민간병원에서는 입원장려금을 지급.
호주노동당	호크	1984	2월 1일 메디케어 시행됨.

자료: Boxall & Gillespie(2013: ix~x).

수정이 가해졌다. 일괄청구(*bulk-billing*)의 보험액 청구 방식이 이때 도입
되었고 공공병원의 무상의료서비스 수혜자의 자격도 연금수혜자나 저소득
층으로 제한되었다.

자유 · 국민당의 프레이저 연립정부는 메디뱅크가 가진 '보편적 의료서
비스'(*universal health care*)라는 이데올로기에 찬성하지 못하면서도 동시에
재선을 의식하여 대중 앞에서 공공연히 메디뱅크를 비판하지 못하여 우유
부단한 정책을 펴 나갔다. 이 기간에 메디뱅크는 3번에 걸쳐 재설계되었으
며 이러한 불안정한 변화들은 의료인과 보험 수혜자 모두에게 메디뱅크의
실효성에 대한 의문을 갖게 하였다. 그 결과, 1981년에 메디뱅크는 결국
폐지되었다.

3) 제 3기(1984~2004년)

메디뱅크의 실패 경험을 바탕으로 1984년 현재의 메디케어가 도입되었다.
프레이저 정부가 재설계한 메디뱅크는 그 뒤를 이은 호크(Bob Hawke) 노
동당 정부에 의해 외면당했다. 노동당 정부는 메디뱅크를 최초의 모델로
회귀시켰다. 메디뱅크의 명칭을 메디케어로 전환했고 재원충당 방법에도
변화를 주었다. 예를 들어, 메디뱅크는 재원을 일반세금에서 충당한 반면
메디케어는 기본적으로 전 국민에게 부과되는 개인 소득 1%(2014년 2%로
인상)의 의료보험료를 산정하여 이를 재원으로 운영하였다.

그러나 메디케어는 근본적으로 메디뱅크의 가장 초창기 모델과 차이가
거의 없었다. 이른바 "간단하고, 공평하고, 보험납입액을 감당할 수 있는"
국민보험의 구상과 "보편적 보상"이 강조되면서 "질적 평등"과 "효과적이고
행정적 낭비가 없는" 국민보험 본연의 모습으로 돌아가고자 했다.[2]

---

[2] 블루웨트(Neal Blewett)의 보건법 개정(Health Legislation Amendment Act) 통과를
위한 1983년 두 번째 의회연설(Parliament of Australia, 2016a)을 참고하기 바란다.

하워드(John Howard) 정부는 원래 메디케어를 반대했지만, 집권 후 메디케어를 유지하기로 약속하고 그 약속을 이행했다. 이 시기에 노동당과 국민당은 현재의 메디케어 모습을 갖추기까지 동의와 합의를 통해 협력했다. 2000년대 중반까지 메디케어는 별다른 반대 없이 호주의 국민건강보험으로써 확고하게 자리를 잡았다.

이 시기의 주요쟁점은 정신보건을 포함한 원주민의 보건증진, 오지(외곽지대)의 의료서비스 제공, 예방진료, 예방주사 접종 의료진 인센티브제를 통한 의료질의 향상, 1차 진료 개선, 민간의료보험가입 강화, 그리고 공공병원의 보조금 지급 등이다.

〈표 13-3〉 제 3기의 주요개혁

집권당	정부	연도	개혁내용
호주노동당	키팅 (Paul Keating)	1991	일반의 진료(general practice) 시 환자본인부담금 도입
		1993	일반의 진료 시 환자본인 부담금 폐지, 민간건강보험사에 대한 정부의 보조금 지원 증지
		1995	민간건강보험사는 민영병원과 직접체결을 통해 진료비를 책정할 수 있게 됨.
자유당-국민당	하워드 연립정부	1996- 1997	약품급여에 대한 본인부담금이 증가하고 의료급여는 동결됨. 병리학 진료과에 대한 우대 감소함.
		1997	추가 의료보험료(Medicare levy surcharge)[1] 도입: 고소득자들의 민간의료보험 가입을 권장하기 위해 추가금을 부여함.
		1999	민간의료보험에 대한 환급(rebate)제도 도입[2]
		2000	생애주기 의료보장(lifetime health cover) 도입: 30세 이상, 민간의료보험 미가입자인 경우 고보험료 적용
		2003	일반의(General Practitioner: GP)가 일괄청구 하는 경우 정부가 장려금을 지불함. 대신 일반의 진료에 대한 환자본인 부담금이 증가
		2004	메디케어 안전망(Medicare safety net)은 환자의 본인부담금을 경감하기 위해 도입·시행됨.

주 1) 불필요한 메디케어의 수요를 줄이기 위해 시작됨.
　　2) 민간의료보험 가입을 장려하기 위해 정부가 국민에게 일종의 환급금을 지급함.
자료: Boxall & Gillespie(2013: x).

4) 제 4기(2004년~현재)

2004년 이후 공공병원의 재정 이슈가 국가적 주요 쟁점으로 부상하였다. 2011년 8월 연방이 발표한 국가보건의료제도(National Health System: NHS)의 새로운 개혁안에는 공공병원의 재정을 추가로 지원하는 내용이 포함되었다. 2017년 7월까지 연방 정부가 공공병원 재정의 50%를 지원하는 것이 목표이다. 또한 NHS의 일환으로서 독립병원가격기구(Independent Hospital Pricing Authority: IHPA)를 설립하였는데, 이곳에서 공공병원 서비스에 대한 효율적인 가격 설정을 도모하고 새로운 자금조달 시스템을 개발한다. 이를 통해 공공병원은 적절한 재정적 지원을 받게 된다. 이와 같이 재정을 지원받는 대가로 공공병원의 재정적 투명성을 향상시키기 위해서 단일 국민건강기금(National Health Funding Pool)을 설립되었다. 기금관리자는 연방 정부, 주 정부 및 지방 정부의 자금 흐름을 공개하며 모든 병원은 동일한 방식으로 재정지원을 받게 된다. 호주 국민들은 자금흐름 공개를 통해서 그들이 내는 세금이 어떻게 사용되는지 알게 되고 이는 곧 재정 투명성을 높이는 데 기여하게 된다.

재정 부족 외에 현행 메디케어 제도의 주요 쟁점은 효과적 의료서비스를 제공하는 데 어려움이 있고 만성적 의료 문제를 다루는 데 있어서는 적합하지 않다는 점이다. 호주 정부는 제도의 개선을 위해 "더 건강한 메디케어"(Healthier Medicare)를 제시하며, 다음과 같이 3가지 주요 보완책을 마련했다(Department of Health, 2016b).

첫 번째 보완책은 의료급여표 전담부서(Medicare Benefits Schedule Review Taskforce)를 구성하여 근거기반(*evidence-based*) 의료서비스를 선별하는 것이다. 현재 총 5,550개의 의료서비스 종류가 의료급여표에 등재되어 있으나, 이 모든 유형이 과학적으로 환자의 건강향상 효과를 충분히 실증하지 못했다.

두 번째 보완책은 1차 의료서비스에 관한 개혁이다. 이는 가정의료서비스(health care home)를 통해 만성 및 복합질환 환자의 건강을 개선하는 것이다. 가정의료서비스 모델 하에서 환자들은 자발적으로 의료교육에 참여하고 '재가 기반'(home base)의 다양한 질환관리 방법을 배운다. 그밖에 1차 의료기관과 병원의 협력적 관계를 통해 환자들의 건강을 향상시킨다.

세 번째 보완책은 정부, 의료기관, 환자대표 및 의료진으로 구성된 공동체제 하에서 좀더 명확한 메디케어 규정 및 기준을 개발하는 것이다. 예컨대 규정을 준수하지 않고 의료서비스를 제공하는 경우 서비스의 질적 저하를 초래할 수 있다. 이러한 부정적 상황에 대응하려면 서비스 공급자와 이용자의 협력이 선행되어야 하며 이를 통해 '더 건강한 메디케어'를 구현하게 되는 것이다. 궁극적으로는 의료서비스 이용자에게 양질의 서비스를 제공하여 호주 국민의 건강증진을 도모하는 것이 주요 목표이다.

3. 의료보장체계

호주의 의료보장제도의 특징은 국가 차원의 큰 틀 안에서 정부 재원에 의한 메디케어와 민간의료보험이 의료서비스에 중요한 역할을 한다는 점이다. 여기에서는 메디케어를 중심으로 기술하고자 한다.

1) 메디케어 개요

1984년에 도입된 메디케어는 호주 전 국민에게 강제적이며 보편적으로 적용되는 건강보험으로써 의사, 전문의, 검안사와 같은 의료전문가가 무료 또는 실비의 의료서비스를 보험대상자에게 제공한다. 메디케어 대상자는 호주 국민, 영주권자, 해외 방문객 등을 포함한다. 메디케어는 크게 병원,

의료, 제약의 3분야로 구성되어 있다. 메디케어의 보장내용에는 공공병원의 환자에 대한 무상치료, 전문 의료서비스에 대한 급여나 할인, 약제 급여제도에 따른 광범위한 처방 의약품의 비용 보조 등이 포함된다. 호주 정부는 메디케어 시행에 있어서 의료서비스를 필요로 하는 모든 사람들이 의료시스템에 쉽게 접근하도록 하는 것을 목표로 하고 있다.

2014~2015 회계연도 동안 메디케어에 등록된 사람은 2,420만 명이며 이들에게 제공된 메디케어 혜택은 205억 달러이다.

2) 적용대상

메디케어 대상은 모든 호주 시민권자, 호주에 거주하는 뉴질랜드 시민권자, 영주권 소유자, 영주비자(permanent visa) 신청자, 상호의료협정(Reciprocal Health Care Agreement: RHCA) 국가의 국민 중 호주를 방문한 자, 호주 장관령(Ministerial Order)의 보호를 받는 자이다. 과거 노퍽 자치령(Territory of Norfolk Island)은 메디케어 프로그램에 참여하지 않았지만, 2016년 7월 1일부터 노퍽 자치령의 거주자들도 메디케어 대상자가 되었다.

다른 나라에서 받은 치료는 메디케어 적용이 되지 않는다. 그러나 호주 정부는 뉴질랜드를 비롯한 영국, 아일랜드, 스웨덴, 네덜란드, 핀란드, 이탈리아, 몰타, 슬로베니아, 노르웨이 등과 상호의료협정이 체결되어 있기 때문에 이 국가의 국민이 호주에서 의료서비스를 이용할 경우에는 메디케어 혜택을 받을 수 있다. 호주 시민의 경우, 출생 시부터 메디케어 적용 대상자가 되지만, 5년 이상 해외거주 후 귀국하는 호주 시민의 경우에는 별도의 신청절차를 거쳐야 메디케어에 등록할 수 있다.

2014~2015년의 메디케어 신규 등록자는 58만 명이었다. 메디케어 등록자는 전년도 대비 1.5% 증가했으나 신규 등록자는 3.5% 감소했다.

<表 13-4> 메디케어 등록자 현황

(단위: 만 명, %)

구분	2012~2013	2013~2014	2014~2015	전년도 대비 증감률
메디케어 등록자	2,340	2,380	2,420	+ 1.5
신규 등록자	62	60	58	- 3.5

자료: Department of Human Services(2016a).

3) 서비스 범위[3]

메디케어 제도는 크게 병원, 의료 및 약제 등 3개의 부문으로 구분된다.

(1) 메디케어와 병원서비스

메디케어 제도에서는 공공병원에서 공공환자로 진료를 받으면 입원치료가 무료이다. 또한 민간의료보험 소지자일지라도 개인이 공공서비스를 선택하여 진료를 받을 수 있다. 단, 공공환자들은 주치의를 선택할 수 없다. 그리고 공공병원 또는 민간병원에서 민간환자(민간의료보험을 소지한 자)로 분류되어 치료를 받으면 메디케어를 통한 의료비 공제는 75%로 제한된다(AIHW, 2014: 39). 이 경우 입원실 및 약제비용은 비급여 항목이다.

메디케어는 민간환자 자격으로 진료 받은 병원, 호주와 상호협정협약을 맺고 있는 국가를 제외한 해외에서 이용한 병원, 성형수술 등 임상적으로 꼭 필요하지 않은 수술 그리고 구급차 사용 등의 의료서비스에 대한 비용은 지불하지 않는다.

(2) 메디케어와 의료서비스

여기서 다루는 의료서비스(*medical service*)는 병원 외의 기관에서 제공되는 것으로 제한된다. 메디케어 급여는 의료계와 호주 정부 간의 협의 결과 설

---

3) AIHW(2014)와 Department of Health(2016d)을 참고하기 바란다.

<표 13-5> 메디케어의 급여 및 비급여항목

급여항목	비급여항목
• 의사 및 전문의의 상담비용 • 의사 판단에 의해 질환 치료를 위한 방사선 촬영과 병리검사 등의 검사 및 진찰 관련 비용 • 검안사의 검안검사 비용 • 의사가 수행하는 대부분의 수술 치료비용 • 승인된 치과의사가 수행하는 수술 치료비용 • Cleft Lip and Palate Scheme의 특정 항목 • Enhanced Primary Care 프로그램의 특정 항목 • 만성질환 관리 프로그램의 특정 항목	• 생명보험, 국민연금, 공제조합 관련 검사 • 구급차 이용 • 치아검사 및 치료 • 물리치료, 작업치료, 언어치료, 안과치료, 카이로프락틱, 심리치료 등 • 침술(의사처방을 받은 경우 예외) • 안경 및 콘택트렌즈 • 보청기, 다른 보조제품 • 가정 간호

자료: Private Health Insurance Ombudsman(2016a).

계된 의료급여표(*Medical Benefits Schedule*: MBS)에 기반을 둔다. 환자가 외래진료를 받을 때 일반의의 진찰을 받으면 메디케어는 의료급여표에서 제시한 의료비의 100%를 의료서비스 제공자에게 보상하고, 전문의(*specialist*)의 진료를 받으면 85%를 보상한다. 그러나 의사들은 이 급여표를 따르지 않아도 되며 더 높은 진료비를 청구할 수 있다. 이 경우 환자는 추가비용을 지불해야 한다(AIHW, 2014). 메디케어의 급여 및 비급여항목을 정리한 목록은 <표 13-5>와 같다.

(3) 메디케어와 처방 의약품

메디케어는 약제급여표(*Pharmaceutical Benefits Schedule*: PBS)에 의거해 개인이 필요로 하는 여러 처방 의약품에 대해서도 다양한 보조금을 지급한다. 따라서 호주 국민들은 약국에서 구입하는 대부분의 처방 의약품에 대해 일부나마 비용을 지불하며 나머지 비용은 호주 정부가 지불한다.

약제급여제도의 수혜자는 메디케어 카드를 소지한 일반환자와 정부가 발급한 우대카드(*concession card*)를 소지한 환자로 분류된다. 2016년 1월 기준으로 환자가 지불하는 금액은 일반 환자의 경우 최대 38.3달러이고, 할인카드 소지자의 경우 6.2달러이다(Department of Health, 2016a). 또한 약제비용의 한도액을 초과할 경우 개인의 부담금을 축소시키는 PBS 안전 망(*PBS safety net*)이 있다. 이는 일반 환자가 약품 구입을 위해 1,475달러 이상 지출할 경우, 그 이후부터는 우대카드 소지자에게 적용되는 비용인 6.2달러를 지불하면 된다. 또한 우대카드 소지자가 372달러 이상의 약품 을 구입하면 그해의 잔여기간 동안 무료로 약을 제공받을 수 있다(Depart-ment of Health, 2016a).

이에 반해, 만약 약제급여표에 등재되지 않은 약품을 구입해야 하는 경 우에는 개인처방으로 분류되어 보험가입자가 처방의약품 비용의 전액을 부담해야 한다. 하지만 공공병원에서 제공되는 대부분의 의약품은 일반적 으로 공공환자에게 무료로 제공되고, 그에 따라 발생한 비용은 주 정부 및 자치령이 지불한다(AIHW, 2014: 39).

일반 약제급여제도와 별도로 재향군인부(Department of Veteran's affair: DVA)에서 운영하는 보훈 약제급여제도(Repatriation Pharmaceutical Bene-fits Scheme: RPBS)는 적격한 전쟁 참전군인, 전쟁미망인 및 그들의 부양 가족들에게 우대카드 소지자의 금액과 동일하게 다양한 약품과 소득 관련 제품들을 구입할 수 있게 한다(AIHW, 2014: 40).

4) 메디케어 안전망

메디케어 안전망은 의료비용이 기준선을 초과한 개인 및 가구를 대상으로 개인의 부담을 줄여준다. 이때 의료비용은 병원 외의 기관에서 이용한 의 료서비스 지출에 국한된다. 호주 정부는 9월에 발표하는 소비자물가지수 (*consumer price index*)를 고려하여 매년 1월에 안전망 기준선을 결정한다. 메디케어 안전망은 기본 메디케어 안전망(*Original Medicare Safety Net*: OMSN)과 추가 메디케어 안전망(*Extended Medicare Safety Net*: EMSN)의 두 가지 유형으로 구분된다.

<표 13-6> 메디케어 안전망 적용 기준선(2016년)

구분		기준선	대상	기준선 계산 방법	혜택
기본 메디케어 안전망		447.4달러	모든 메디케어 대상자	차액	병원 외 진료비의 100% 보상
추가 메디케어 안전망	할인카드 소지자 및 가족세제급여 A형 대상	647.9달러	할인카드 소지자	본인부담금	병원 외 진료비 본인부담금의 80% 보상
	일반	2,030달러	모든 메디케어 대상자	본인부담금	병원 외 진료비 본인부담금의 80% 보상

주 1) 본인부담금(out-of-packet costs)은 메디케어 급여와 의사의 청구금액 차액.
　 2) 차액(gap amount)은 메디케어 급여와 메디케어 수가의 차이.
자료: Department of Health Service(2016d).

기본 메디케어 안전망의 대상은 메디케어 등록자이며 의료비용의 기준선은 2016년 기준 444.7달러이다. 기준선은 메디케어 급여와 수가의 누적 차액으로 결정된다. 만약 환자가 지출한 의료비용이 기준선인 444.7달러 이상이 되면, 기본 메디케어 안전망은 병원 외 의료서비스를 이용한 비용에 대해서 100%를 보상한다.

추가 메디케어 안전망은 다시 두 가지 유형으로 나뉜다. 두 유형을 구분 짓는 기준선은 메디케어 급여와 의사가 청구한 비용의 차이 때문에 발생한 본인부담금이다. 첫 번째 유형은 가족세액공제를 받으며 할인카드를 소지한 상태에서 이 비용이 기준선인 647.9달러를 초과한 경우이다. 두 번째 유형은 할인카드가 없는 사람(1인 가구 및 등록된 가족)이며 이 비용이 기준선인 2,030달러를 초과한 경우이다. 이와 같이 기준선을 초과하면 병원 외 기관에서 받는 진료 및 치료에 대한 개인 부담금의 80%를 보상받는다.

5) 메디케어 청구방법

(1) 일괄청구

일괄청구(bulk-billing) 란 의사가 메디케어에 직접 진료비를 청구함으로써 의료비가 메디케어 혜택을 통해 전액 지불되는 것을 말한다. 이 경우 환자는 메티케어에 비용을 따로 청구할 필요가 없다. 의사가 직접 일괄청구하면 예약료, 행정비용, 부대비용, 기록비용 등도 개인이 부담할 필요가 없다. 많은 의사가 연금 수혜자 혹은 보험카드 소지자 등의 환자에 대해서는 비용을 일괄청구하며, 이 경우 환자는 진료 후 의사가 작성한 문서에 서명을 하고 복사본을 받게 된다. 한 번 진료 시 한 종류 이상의 진료를 받는 경우도 있는데, 이때 의사가 진료별로 일괄청구를 하지는 않는다.

(2) 계정청구

진료 후 발생한 진료비용을 의사가 환자에게 청구하면 환자는 다음의 두 가지 계정청구(accounts) 방식 중 하나를 이용해 진료비를 요청할 수 있다. 첫 번째 방법은 환자가 총 진료비용을 지불한 후, 메디케어에 전자식으로 비용을 청구하는 것이다. 이 경우 환자의 은행 계좌로 그 비용이 입금되는데, 입금 시간은 주로 당일 또는 그다음 날이다. 두 번째 방법은 메디케어에 미지급 진료계정 비용을 청구하여 의사를 수혜자로 기재한 수표를 수령, 메디케어 잔액금액과 함께 의사에게 전달하는 것이다.

(3) 메디케어 청구 건수 및 급여지출

메디케어 청구 건수 및 급여지출의 추이를 살펴보면 〈표 13-7〉과 같다. 2014~2015 회계연도에 전체 청구는 3억 7,340만 건으로 전년도 대비 4.2% 증가했다. 이 중, 일괄청구가 2억 9,060만 건으로 77.8%를 차지해 청구 건수의 대부분을 차지했다.

<표 13-7> 메디케어 청구 건수 및 급여지출 추이

	2012~2013년	2013~2014년	2014~2015년	전년도 대비 증감률(%)
메디케어 청구 건수(십만 건)	3,440	3,583	3,734	+4.2
일괄청구	2,630	2,768	2,906	+5.0
계정청구	551	539	533	-1.1
기타	258	275	296	+7.6
메디케어 급여지출(억 달러)	186	193	205	+5.7
일괄청구	124	130	140	+7.7
계정청구	42	42	42	0
기타	20	21	23	+9.5

자료: Department of Human Services(2016a).

급여비용을 살펴보면, 2014~2015 회계연도에 205억 달러가 지급되었고, 이 중 일괄청구를 통해 지급된 급여 액수는 140억 달러로 전체 청구액의 68.3%를 차지했다. 일괄청구가 메디케어의 주된 급여지급 방식으로 자리 잡았음을 알 수 있다. 서비스당 평균 급여는 2014~2015 회계연도 기준 54.9달러로 전년도 대비 2% 증가했다.

6) 재정체계

호주 정부는 2013~2014 회계연도에 GDP의 약 9.78%를 보건의료서비스에 지출하였고, 이 중 67.8%는 공공부문에 지출하였다. 이는 OECD 평균 공공부문 지출치인 72%보다는 저조한 수준이다(AIHW, 2014. 상세한 내용은 12장 '의료제도' 참조).

메디케어는 가파르게 상승하는 의료비용 지출항목이다. 2003~2004 회계연도에는 메디케어 급여가 80억 달러 수준이었지만 2013~2014 회계연도에서는 190억 달러로 증가했다. 호주 정부는 메디케어의 지속 가능성을 담보하기 위해서는 2016~2017 회계연도에 236억 달러의 급여비용이 소요될 것으로 추산하고 있다. 급여비용이 이처럼 상승하는 반면 2013~

2014 회계연도에 의료보험료는 103억 달러가 징수되었으며 2016~2017 회계연도에 징수될 의료보험료는 162억 달러로 예상된다. 이러한 급여비 용과 의료보험료의 차액을 볼 때 의료보험료만으로는 메디케어 재정을 충 당하기 어려울 것으로 보인다. 이는 여타 세금으로 부족한 재정부문을 보 완해야 함을 의미한다. 〈그림 13-1〉은 호주의 병원 및 의료서비스 이용 관 련 재정체계를 정리한 것이다.

메디케어의 재원은 의료보험료(*Medicare Levy*: ML), 추가 의료보험료 (*Medicare Levy Surcharge*: MLS), 기타 일반 세금으로 마련된다. 일반적으 로 대부분의 호주 국민은 소득의 2%를 의료보험료로 호주 정부에 납부해

〈그림 13-1〉 호주의 병원 및 의료서비스 이용 관련 재정체계

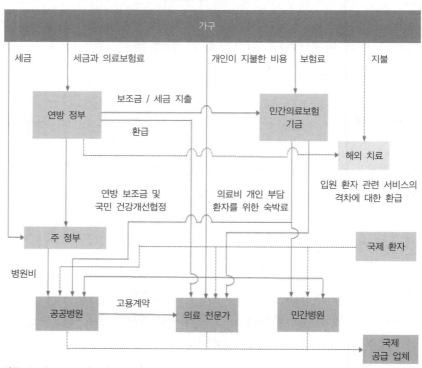

자료: Duckett & Wilcox(2015: 380).

<표 13-8> 호주 의료보험료의 변화

(단위: %)

기간	1984년	1986년	1993년	1995년	2014년~현재
소득 중 납부비율	1	1.25	1.4	1.5	2 [1]

주 1) 2014년 7월 1일부터 2%로 증가.
자료: Parliament of Australia(2016c).

<표 13-9> 1인 가구 저소득층에 대한 의료보험료 기준선(2015년)

(단위: 달러)

구분	기준선	의료보험 단계적 적용 구간[1]	소득의 2%
	면제	감액	납부
SAPTO	33,044	33,045~41,305	41,306
SAPTO 제외 모든 납세자	20,896	20,897~26,120	26,121

주 1) 저소득층이 의료보험료를 납세해야 하는 구간을 의미. 납세 소득이 이 구간에 속할 경우,
기준선을 초과한 액수의 10%를 의료보험료로 납부해야 함.
 2) 소득이 기준선 이하인 경우는 의료보험료를 납부하지 않아도 됨.
자료: Australian Taxation Office(2016a).

야만 한다(〈표 13-8〉참조).

호주 국민은 소득에 따라 의료보험료가 면제·감액 받거나, 추가 의료
보험료를 연방 정부에 납부한다. 저소득 기준선은 개인 및 가족으로 구분
하여 차등 적용된다. 먼저 개인 저소득층의 의료보험료를 살펴보면, 2014
~2015 회계연도를 기준으로 개인의 총소득이 2만 896달러 이하일 경우
의료보험료가 면제된다. 일반인에 비해 연금수령 노인의 의료보험료 기준
은 높은 편인데, 총 소득이 3만 3,044달러 이하인 경우에 의료보험료가 면
제된다. 반면 의료보험료 감액 대상은 저소득층 중 단계적 적용구간(phase-
in-limit) 내의 소득을 가진 자들이다(〈표 13-9〉참조).

이 구간에서 감액된 의료보험료는 본인의 소득에서 기준선 소득을 차감
한 소득의 10%로 계산된다. 개인의 소득이 4만 달러인 경우를 예로 들어
보면, 의료보험료는 6,956달러[개인 소득(4만 달러) - 기준선 소득(3만 3,044
달러)]의 10%인 695.6달러로 계산된다. 반면에 저소득 가족의 경우에는

〈표 13-10〉 저소득층 가족에 대한 의료보험료 기준선

(단위: 달러)

자녀의 수	기준선(면제)	의료보험료 감액 구간	소득의 2% 납부
SAPTO 무자격			
0	35,261	35,262~44,076	44,077
1	38,499	38,500~48,123	48,124
2	41,737	41,738~52,171	52,172
3	44,475	44,476~56,218	56,219
4	48,213	48,214~60,266	60,267
5	51,452	51,452~64,313	64,314
6	54,689	54,690~68,361	68,362
각 자녀 추가 시	3,238	-	4,048
SAPTO 유자격			
0	46,000	46,001~57,500	57,501
1	49,238	49,239~61.547	61,548
2	52,476	52,477~65,595	65,596
3	55,714	55,715~69,642	69,643
4	58,952	58,953~73,690	73,691
5	62,190	62,191~77,737	77,738
6	65,428	62,191~77,737	81,786
각 자녀 추가 시	3,238	-	4,048

자료: Australian Taxation Office(2016b).

〈표 13-11〉 총소득 기준에 따른 추가 의료보험료 비율

(단위: 달러)

	2014~2015	2015~2016	2016~2017
개인	90,000 이하	90,001~105,000	105,001~140,000
가족	180,000 이하	180,001~210,000	210,001~280,000
추가 의료보험료 비율	0%	1%	1.25%

자료: Australian Taxation Office(2016b).

SAPTO[4] 여부와 피부양자의 수를 고려하여 의료보험료가 면제 또는 감액된다(〈표 13-10〉 참조).

추가 의료보험료 적용 대상은 민간보험이 없는 고소득자이며, 피부양자 여부에 따라 MLS 기준 비율은 다르다(〈표 13-11〉 참조). 일반적으로 추가 의료보험료 비율은 1~1.25%이다. 즉, 고소득자 중 민간보험이 없는 경우는 의료보험료와 추가 의료보험료를 지불해야 하므로 총 의료보험료 비율이 3~3.25%이다. 고소득자 중 민간보험이 있는 경우에도 소득의 2%를 의료보험료로 납부해야만 한다. 이렇게 추가 의료보험료를 징수하는 이유는 고소득자로 하여금 민간의료보험 가입하도록 유도하는 데 있다.

4. 민간의료보험

여기서는 민간의료보험 관련 환급을 소개하고자 한다. '환급'은 정부가 민간의료보험 소지자에게 지불하는 것이므로 의료보장 형태의 일환으로 간주할 수 있다. 현재 호주 국민의 55%가 민간의료보험에 가입되어 있다.

민간의료보험의 환급 대상은 메디케어 적용 대상자인 동시에 민간의료보험에 가입된 자이다. 호주 정부가 민간의료보험을 구입한 개인 및 가족에게 일정 환급금을 지급하며 이를 통해 보험료를 지불하도록 하는 것이 환급제도의 주된 목적이다. 환급은 자산조사를 통해 이루어지므로 기준 소득보다 높으면 환급을 받을 수 없다. 환급 비율은 연령 및 소득에 따라 달라진다(〈표 13-12〉 참조). 2014~2015 회계연도에는 58억 달러를 민간의료보험 환급금으로 사용하였다.

---

4) SAPTO(Seniors and Pensioners Tax Offset)는 세금공제 혜택 노인 및 연금 수령자를 의미한다.

<표 13-12> 호주의 민간의료보험 환급 비율

개인	90,000달러 이하	90,001 ~105,000달러	105,001 ~140,000달러	140,001달러 이상
가족	180,000달러 이하	180,001 ~210,000달러	210,001 ~280,000달러	280,001달러 이상
환급 비율				
	기본 단계	단계 1	단계 2	단계 3
65세 이하	26.791%	17.861%	8.930%	0%
65~69세	31.256%	22.326%	13.395%	0%
70세 이상	35.722%	26.791%	17.861%	0%

주: 2016년 4월 1일~2017년 3월 31일까지 적용되는 기준.
자료: Private Health Insurance Ombudsman(2016b).

환급 대상자는 보험사에 다음의 방법 중 하나를 선택하여 환급금을 요청한다. 첫 번째 방법은 환급 금액만큼 보험료 금액을 감액시키는 것이다. 두 번째 방법은 환급금을 세금감면을 통해 지급받는 것이다.

메디케어와 민간의료보험의 주요 차이점은 의료비용과 선택이다. 민간의료보험 소지자가 민간병원에서 진료를 받을 경우 총 진료비용의 75%를 메디케어에서 부담하고 나머지 25%를 민간의료보험에서 의료서비스 제공자에게 지불한다. 이와 같이 민간의료부문의 비용도 메디케어를 통해 정부가 지불한다. 메디케어의 급여대상이 아닌 치과 진료, 척추 교정 등 일부 부가서비스에 대해서는 민간보험이 적용된다. 그러나 민간의료보험료는 상대적으로 고비용이 소요된다.

호주에서는 2014년 기준으로 약 1,313만 3,045명이 민간의료보험을 보유했으며 개인 보험료로 연간 약 1,525달러, 매달 약 127.12달러가 지출된 것으로 나타났다(<표 13-13> 참조). 보험료는 매년 점진적으로 인상되었으며 2016년 4월 1일부터 보험료가 평균 5.6% 인상되었다. 민간의료보험 소지자는 민간병원 또는 공공병원에 입원한 경우 주치의를 직접 선택할 수 있다. 민간의료보험 소지자가 민간병원에서의 선택수술(elective surgery)을 요청할 경우 대기시간이 상대적으로 단축될 수 있다.

〈표 13-13〉 민간의료보험 가입자 및 민간의료보험료

(단위: 명, 달러)

	2014년	2013년	차이	차이비율
가입자 수	13,133,045	12,834,128	298,917	2.33%
민간의료보험 수입	20,034,000,000	18,633,000,000	1,401,000,000	7.52%
평균 연간 보험료(개인)	1,525.46	1,451.83	73.63	5.07%
평간 월간 보험료(개인)	127.12	120.99	6.14	5.07%
평균 연간 보험료(가족)	3,156.48	3,009.21	147.27	4.89%
평간 월간 보험료(가족)	263.04	250.77	12.77	4.89%

자료: Hutchison(2016).

호주의 민간의료보험은 여타 보험과 달리 위험률에 따라 보험료를 부과하지는 않는다. 보험료는 해당 주에 따라 차이가 있지만, 개인의 건강상태나 의료이용 정도에 관계없이 동일한 보험료를 개인에게 적용하는 집단보험 비율(community rating)로 산정된다. 그러나 2001년 7월 1일부터 생애주기 의료보장(Lifetime Health Coverage: LHC) 정책을 도입하였다.

이 정책의 원칙은 30세 이상인 자가 민간보험에 가입하려면 비싼 보험료를 지불하게 하며, 매년 보험료를 인상하는 것이다. LHC[5]는 진료비 가산제로 입원진료에만 적용된다. 만 31세가 되는 해의 7월 1일까지 입원진료와 관련된 민간보험을 가입하면 LHC 가산이 적용되지 않는다. 그러나 해당 기간 내에 가입하지 않을 경우, 입원진료비에 대하여 미가입 기간 1년당 2%씩 추가 부담을 지우며, 상한선은 70%로 설정하였다. 예를 들어 40세까지 가입하지 않을 경우 입원진료비의 20%를 추가 부담하여야 한다. LHC 제도의 도입 배경은 상대적으로 의료서비스를 적게 사용하는 젊은 층에게 민간의료보험 가입을 권장하려는 데 있다.

만약 민간의료보험에 가입하려는 자가 대부분 의료서비스가 절대적으로 필요한 노인이라면 보험사는 보험료를 상향조정해야 할 것이다. 즉, 적정

---

5) 이평수(2014: 37)를 참조하기 바란다.

수준의 보험료를 유지하기 위해서는 젊은 층의 가입이 확대되어야 할 것으로 판단된다.

5. 맺음말

호주는 여타 선진국 대비 보편적 의료보험체제가 늦게 도입된 국가라 할 수 있다. 호주의 의료보장제도의 가장 큰 특징은 국가 차원의 큰 틀 안에서 메디케어와 민간의료보험의 공조체제가 의료서비스 전달에 중추적 역할을 한다는 점이다. 그러나 이러한 메디케어와 민간의료보험의 이원적 구조는 공공보험의 재정문제로 인해 의료접근성에 대한 형평성의 문제를 촉발할 수 있다. 민간의료보험제도의 활성화를 지지하는 이들은 민간의료보험이 공공병원의 재정 압박을 감소시킬 수 있으리라 기대한다. 즉, 다수가 민간 병원을 사용한다면 공공병원의 이용이 줄고 결국 민간의료보험은 총 의료비용 지출을 감소시키는 기능을 수행할 수 있다는 것이다. 호주 정부도 재정압박 해소를 위해 민간의료보험 가입을 지속적으로 권장한다.

　하지만 이러한 민간의료보험제도의 활성화는 호주 정부가 추구하는 보편적 의료서비스에 대한 원칙, 즉 모든 국민이 개인의 소득과 관계없이 양질의 서비스를 보장받는다는 '형평성'에 대한 의문을 낳을 수 있다. 따라서 호주 정부가 당면한 가장 큰 과제는 국민에게 평등하고 효율적인 의료서비스를 제공한다는 핵심 가치를 지켜내는 동시에 급증하는 비용 문제를 해결하는 일일 것이다.

■ 참고문헌

국내 문헌

이평수(2014). 《호주의 보건의료제도 고찰: 한국에 대한 시사점을 중심으로》. 서울: 대한의사협회 의료정책연구소.

한국보건사회연구원(2012). 《주요국의 사회보장제도: 호주》. 서울: 한국보건사회연구원.

해외 문헌

AHMAC(Australian Health Ministers' Advisory Council)(2015). *Aboriginal and Torres Strait Islander Health Performance Framework 2014*. Canberra: AHMAC.

AIHW(Australian Institute of Health and Welfare)(2014). *Australia's Health 2014*(*Australia's health series no. 14. Cat. no. AUS 178*). Canberra: AIHW.

_____(2015). *Health Expenditure Australia 2013-14*(*Health and Welfare expenditure series no. 54. Cat no. HWE 63*). Canberra: AIHW.

Boxall, A., & Gillespie, J. A. (2013). *Making Medicare: The Politics of Universal Health Care in Australia*. Sydney: University of New South Wales Press.

Britnell, M. (2015). *In Search of the Perfect Health System*. 류정 역(2016). 《완벽한 보건의료제도를 찾아서: 우리가 잘 몰랐던 25개국의 의료시스템의 실체》. 서울: 청년의사, 121~132.

Duckett, S., & Wilcox, S. (2015). *The Australian Health Care System*. Victoria: Oxford University Press.

Willis, E., Reynolds, L., & Keleher, H. (2013). *Understanding the Australian Health Care System*. NSW: Elsevier Australia.

기타 자료

Australian Taxation Office(2016a. 7. 3). Medicare levy exemption. https://www.ato. gov. au/Individuals/Medicare-levy/Medicare-levy-exemption. 2016. 7. 3. 인출.

_____(2016b. 7. 10). Income for Medicare levy surcharge, thresholds and rates. https://www. ato. gov. au/Individuals/Medicare-levy/Medicare-levy-surcharge/Income-for-Medicare-levy-surcharge-thresholds-and-rates. 2016. 7. 10. 인출.

Department of Health (2016a. 6. 30). The Pharmaceutical Benefit Scheme. http://
www. pbs. gov. au/info/healthpro/explanatory-notes/section1/Section_1_4_Ex
planatory_Notes. 2016. 6. 30. 인출.

_____(2016b. 7. 15). Healthier Medicare. http://www. health. gov. au/internet/
main/publishing. nsf/Content/healthiermedicare. 2016. 7. 15. 인출.

Department of Human Service (2016a. 6. 20). 2014-15 Annual Report. https://
www. humanservices. gov. au/sites/default/files/documents/8802-1510
-ar2014-15. pdf. 2016. 6. 20 인출.

_____(2016b. 7. 1). Medicare Card. https://www. humanservices. gov. au/customer
/services/medicare/medicare-card. 2016. 7. 1. 인출.

_____(2016c. 7. 7). Medicare. https://www. humanservices. gov. au/corporate/
annual-reports/annual-report-2014-15/part-2/services-community-health.
2016. 7. 7. 인출.

_____(2016d. 7. 21). 2016 Medicare safety net threshold. https://www. human
services. gov. au/customer/enablers/2016-medicare-safety-net-thresholds.
2016. 7. 21 인출.

Private Health Insurance Ombudsman (2016a. 7. 2). What is covered by Medicare?.
http://privatehealth. gov. au/healthinsurance/whatiscovered/medicare. htm.
2016. 7. 2. 인출.

_____(2016b. 7. 8). Australian government private health insurance rebate.
http://www. privatehealth. gov. au/healthinsurance/incentivessurcharges/in
surancerebate. htm. 2016. 7. 8. 인출.

Department of the Prime Minister and Cabinet (2016. 6. 2). Evolution of government
involvement in health care. In *Reform of the Federation White Paper*, 4~11.
https://federation. dpmc. gov. au/evolution-government-involvement-health-
care. 2016. 6. 2. 인출.

Hutchison, M. (2016. 7. 20). Surge in premiums leaves Australian asking: Is
private health insurance really necessary? https://www. finder. com. au/
press-release-surge-in-premiums-leaves-australians-asking-is-private-health-
insurance-really-necessary. 2016. 7. 20. 인출.

Parliament of Australia (2016a. 6. 15). Medicare-Background brief. http://www.
aph. gov. au/About_Parliament/Parliamentary_Departments/Parliamentary_
Library/Publications_Archive/archive/medicare. 2016. 6. 15. 인출.

_____(2016b. 7. 4). How much does Medicare cost? http://www.aph.gov.au/About_Parliament/Parliamentary_Departments/Parliamentary_Library/FlagPost/2014/February/How-much-Medicare-cost. 2016. 7. 4. 인출.

_____(2016c. 7. 7). A short history of increase to the Medicare levy. http://parlinfo.aph.gov.au/parlInfo/search/display/display.w3p;query=Id%3A%22library%2Fprspub%2F2422887%22. 2016. 7. 5. 인출.

14

고령자 복지서비스

1. 노인의 특징

호주는 고령화를 위기이자 기회로 보고 있다. 위기라는 측면에서는 노인인구의 급증, 그중에서도 기능저하 등으로 보호를 필요로 하는 85세 이상 노인이 증가하는 현상에 주목한다. 통계산출과 서비스 이용실태 파악에 있어서도 85세 이상 인구에 대해 관심이 집중되고 있다. 이들 연령집단의 증가는 국가적 차원에서 재정적 압박을 가져올 것으로 판단되기 때문이다. 반면 기회라는 측면에서 볼 때에는 노인의 생산적 사회참여를 활성화하여 전체적인 정책패러다임에 변화를 가져올 수 있는 계기가 될 수 있다는 점에 주목한다.

이 장에서는 호주 노인인구의 특성을 파악하고, 국가간 비교가 가능한 지표를 활용하여 노인의 삶의 질과 호주의 고령화 대응수준을 검토한다. 그리고 노인을 대상으로 한 정책의 구체적 내용을 살펴보려 한다.

1) 기본특성의 변화

고령화가 진행되면서 호주의 65세 이상 노인의 수는 2014년 기준 340만 명
으로 전체 인구의 15%가 되었다. 이는 1964년 기준 자료에서 이들이 전체
인구의 8%에 불과하던 것에 비하면 매우 높은 비율이다. 호주의 2064년
노인인구 예상치는 960만 명으로 전체 인구의 23%를 차지할 것으로 추계
된다. 호주의 첫 베이비 붐 세대인 1947년생은 2012년에 65세가 되었다.

　85세 이상 연령군에 대한 관심도 증가했다. 2014년 기준 85세 이상 인구
는 45만 6천 명으로 전체 인구의 1.9%에 달한다. 85세 이상 노인의 비율
또한 지속적으로 증가하여 2064년에는 190만 명을 기록해 전체 인구의
5%에 이를 것으로 전망된다.

　이와 더불어 평균수명의 증대에도 관심을 두어야 할 것이다. 호주의 평
균수명은 2012년 기준 82.1세로 OECD 국가 중 6번째로 높은 수준이다.
또한 2013년에 65세인 여성은 향후 22년을 더 생존하여 87세까지, 남성은
19년을 더 생존하여 84세까지 살 것으로 전망된다. 또한 많은 노인들이 건
강한 상태를 보이는 것으로 나타났는데, 전국 건강조사에 의하면 72%가
자신의 건강을 긍정적으로 전망했다. 따라서 오늘날 호주 노인인구의 특성
을 과거에 비하여 더 건강해졌고 더 오래 산다는 것으로 요약될 수 있다.

　노인의 사망원인 중 29%는 관상 동맥 심장 질환, 뇌혈관 질환, 치매 또
는 알츠하이머병으로 나타났다. 한편, 2012년 기준으로 전체 노인 중
53%는 한 가지 이상의 장애를 가진 것으로 나타났다. 이는 14~64세 연령
군의 장애 비율인 14%보다 월등히 높은 것이다. 그러나 노인 중 20%만이
심각한 장애를 경험하고 있다는 점에서 호주 노인층의 전체적 건강상태는
좋아졌다는 평가를 받는다.

　이민자가 많은 나라라는 특성 때문에 노인인구의 출생지도 다양하다.
2014년 기준 노인인구의 37%는 해외에서 출생한 것으로 파악된다. 또한

노인의 교육수준도 높아져서 2011년 기준으로 볼 때 약 9%의 노인이 대학교 이상의 학력을 갖춘 것으로 나타났다. 이는 1981년의 2%에 비하여 월등히 높아진 것이다.

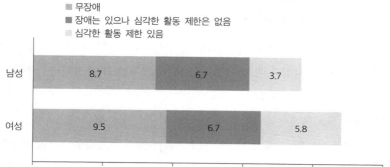

〈그림 14-1〉 기능상태별 · 성별 65세 노인의 추가적 생존기간

(단위: 년)

자료: AIHW(2014a); AIHW(2015: 238), Figure 6.2.2에서 재인용.

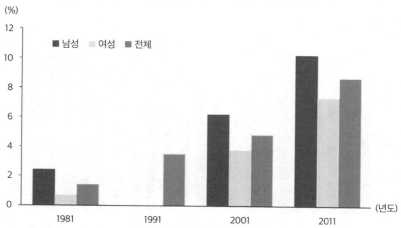

〈그림 14-2〉 연도별 · 성별 65세 이상 연령층의 교육수준

주: 1981~2011년 기간 중의 센서스 분석 자료. 1991년도는 성별 자료가 없음.
자료: AIHW(2015: 239), Figure 6.2.3.

2) 경제 상황

호주의 사회보장급여 중 노령연금(*age pension*)이 차지하는 비율은 2011년
기준 약 50%로 2001년 기준 자료인 45%보다 늘어났다. 2013~2014년의
기간 중 노령연금 관련 지출은 394억 달러였다. 노인의 수명이 길어지면서
무장애 생애기간(*disability-free lifespan*)이 증가했지만, 장애 때문에 지원을
필요로 하는 인구 또한 증가했다.

　장애지원연금(*disablitiy support pension*)은 16세 이상부터 노령연금 수급
연령 미만까지를 대상으로 하지만, 65세 이전부터 장애지원연금을 받던
대상자는 노년기에도 계속해서 수급 받을 수 있다. 2013년 기준으로 장애
지원연금 수급자의 4%는 65세 이상이다.

　호주 노인에게 있어 보장형 퇴직연금(*superannuation guarantee*)은 매우
중요하고 안정적인 소득원이다. 가장 최근 조사인 2007년 결과에 의하면
15세 이상 인구의 71%가 보장형 퇴직연금에 가입했거나 소득원으로 활용

〈그림 14-3〉 65세 이상 연령층의 노령연금 수급자 비율 변화 추이

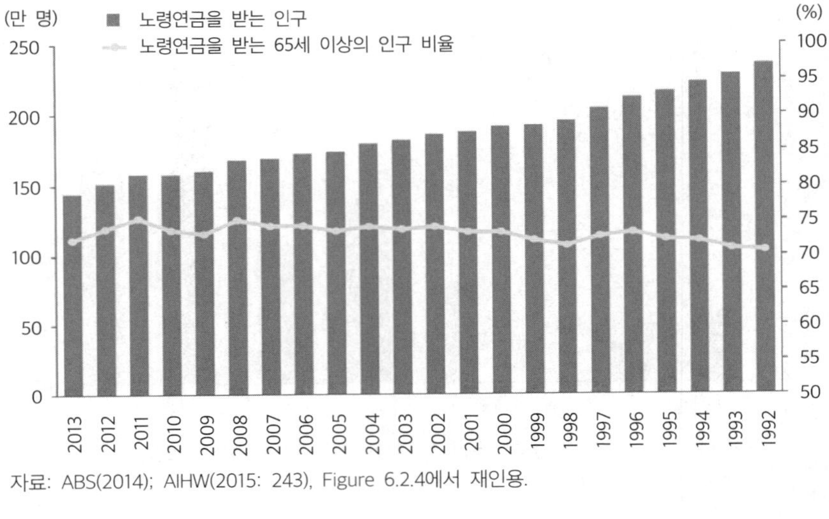

자료: ABS(2014); AIHW(2015: 243), Figure 6.2.4에서 재인용.

〈표 14-1〉 성별 완전 퇴직자(45세 이상)의 주요 소득원 변화 추세

(단위: %)

구분	1997년			2012~2013년		
	남성	여성	전체	남성	여성	전체
공적 연금/수당	64.1	62.6	63.6	64.7	67.5	66.3
보장형 퇴직연금/은퇴 연금 등	15.7	7.4	12.2	19.8	10.7	14.7
기타	20.2	30.0	24.2	15.5	21.8	19.0
합계	100	100	100	100	100	100

자료: AIHW(2015: 240), Table 6.2.1.

하는 것으로 나타났으며 이 중 98%가 공공영역 근로자였다. 보장형 퇴직
연금 가입률이 증가추세인 것은 사실이지만 여러 특성별로 차이가 있다.
가입률을 연령군별로 비교해 보면 차이가 있는데, 이는 보장형 퇴직연금
가입이 1980년대에 들어와 강제화되었기 때문이다. 성별로도 큰 차이가
있는데, 보장형 퇴직연금에 전혀 가입경험이 없는 비율이 70세 이상의 남
성의 경우는 41%인 반면 여성의 경우는 75%이다.

한편, 주택은 노인에게 있어 가장 중요한 자산으로 대부분의 노인이 집
을 소유하고 있었다. 하지만 저당 없는 집을 갖고 있는 비율은 감소 추세를
보였다. 2002년에는 78%를 기록했으나 2009년에는 74%로 감소했고
2011년에는 71%까지 감소했다. 임대거주 비율은 부부의 경우 29%, 독거
노인의 경우 37%에 달했다.

주택소유율의 감소는 주거비용에 대한 압박으로 이어지고 있다. 지출의
30% 이상을 주거비용으로 지출하는 노인의 비율은 1995~1996년에는
5.4%였으나 2011~2012년에는 8.7%에 달했다. 또한 공적 및 비공식적
재가보호서비스의 비용은 시설입소 비용의 14~23% 수준(공식 7,520달러,
비공식 1만 880달러, 입소시설 4만 8,710달러)인 것으로 나타났는데, 입소시
설 이용 여부는 주택소유 형태와도 관련이 있는 것으로 보고되었다. 주택
에 거주하는 노인에 비하여 공동 거주공간(flat)에 거주하는 노인의 경우에
입소시설에 들어갈 가능성이 높다.

<표 14-2> 65세의 홈리스 현황

(단위: %)

연도	홈리스	경계선상의 주거			
		혼잡 주거	즉흥적 주거	카라반 파크	전체
2001	-	1,362	357	2,574	4,293
2006	5,511	1,176	668	2,620	4,464
2011	6,202	1,576	427	3,118	5,121

자료: ABS(2011b); AIHW(2015: 248), Table 6.2.4에서 재인용.

한편, 주택을 소유하지 못한 호주인을 위해 공공주택, 주 정부가 소유하고 관리하는 주택(*State Owned and Managed Indigenous Housing*: SOMIH), 연방 정부 전세지원 프로그램(*Commonwealth Rent Assistance*: CRA) 등과 같은 다양한 거주지원 프로그램이 실시된다. 주거지원을 받는 65세 이상 노인의 대부분은 CRA를 통한 지원을 받는다. 2014년 기준 12만 579명이 공공주택에 거주하고 있으며, 1,601명이 SOMIH에 살고 있다. 이는 2013년 당시의 12만 539명과 1,523명에 비하여 약간 증가한 규모이다. 2014년에 공공주택에 거주하는 사람 중 노인의 비중은 19%이며, SOMIH의 경우는 6%에 달한다.

2011년 기준으로 6,200명의 홈리스가 있는데 이는 전체 홈리스의 6%에 해당하며 2005년의 5,500명에 비하여 증가한 것이다. 이외에도 5,100명이 경계선상의 주거 형태를 보이는데 이 또한 2006년의 4,500명에 비해서는 증가한 것이다. 홈리스는 적절하지 못한 주거 형태를 보이며 거주권(*tenure*)이 없거나 매우 짧은 사회관계를 할 수 있는 사람을 의미한다. 또한 경계선상의 주거는 매우 혼잡한 주거환경에서 사는 사람을 의미한다.

<표 14-3> 연령군별 거주 형태의 변화 추이

(단위: %)

구분	2011년				1996년
	65~74세	75~84세	85세 이상	65세 이상	65세 이상
파트너와 동거	65.2	53.6	31.4	59.7	54.9
자녀 또는 기타 친척	6.7	9.9	16.7	8.8	9.8
비친족과 동거	2.4	1.8	1.4	2.1	1.8
독거	20.7	31.9	48.0	27.3	28.5
기타	4.9	2.9	2.5	2.0	5.0
합계	100	100	100	100	100

자료: AIHW(2015: 241), Table 6.2.2.

3) 사회적 지지

호주에서는 연령이 높아질수록, 지역사회에 거주할수록 파트너와만 동거
하는 거주 형태는 감소하고 혼자 생활하는 비율이 높아진다. 85세 이상의
경우 48%가 혼자 생활하는 것으로 나타났다. 따라서 이들을 대상으로 한
다양한 사회적 서비스가 필요한 것이 사실이다. 그러나 거주 형태에 따른
노인의 사회참여 유형에는 큰 차이가 없다. 즉, 파트너와 생활하고 있든
혼자 생활하고 있든 간에 사회참여 행태는 그리 큰 차이를 보이지 않았다.

4) 후기노인에 대한 관심 증대: 85세 이상 노인의 욕구와 대응

85세 이상 노인은 다른 연령대의 노인에 비하여 도움을 더 많이 필요로 할
것으로 예상할 수 있다. 2012년에 실시된 장애, 노화 및 수발자 조사에 따
르면 인지적 및 정서적 과업을 수행하는 데 있어 도움이 필요한 비율이 85
세 이상의 경우에는 65~84세군(7%)의 4배에 달하는 28%인 것으로 파악
되었다. 또한 85세 이상 노인의 약 절반인 59%가 건강 관련 서비스를 필
요로 했다. 이는 65~84세군의 20%에 비하여 월등히 높은 것이다. 특히,

85세 이상 노인 중 여성은 69%가 일상생활과 관련한 도움을 필요로 한다. 이는 65~84세군(남성 41%, 여성 38%)은 물론 85세 이상 남성(56%)과 비교하여도 월등히 높은 수준이다. 85세 이상 노인의 경우 남녀 모두 이동과 관련된 서비스 욕구가 가장 높았다(남성 39%, 여성 54%). 다음으로 높은 욕구는 개인위생(남성 33%, 여성 44%), 의사소통(남성 14%, 여성 19%)이었다. 이러한 서비스 선호와 욕구는 65~84세군과 유사한 것으로, 단지 절대적인 욕구 수준에서만 차이를 보였다.

85세 이상 노인은 기본적으로 전 국민을 대상으로 한 정책은 물론 65세 이상 노인을 위한 서비스를 이용할 수 있으며 이용률 또한 높다. 그중에서도 가정 및 지역사회 지원서비스(*Home and Community Care*: HACC)의 경우 2013~2014년의 기간 중 23만 6,100명의 85세 이상 노인이 이용한 것으로 파악된다. 입소시설의 경우, 10만 2,000명의 가정 및 지역사회 지원서비스 이용자가 정부보조를 받는 거주시설에서 생활하고 있다.

2. 노인의 삶의 질과 고령화 대응 수준

헬프에이지(HelpAge)의 글로벌 에이지워치 지수(*global AgeWatch index*)에 의하면 호주는 96개국 중 17위로 비교적 높은 노인생활 수준을 보인다. 그러나 영역별 편차가 큰 국가이기도 하다. 4가지 평가 영역 중 소득보장 영역은 순위가 가장 낮았으며 62위를 기록했다. 이는 높은 수준의 연금소득보장률(83%), 노인빈곤율(33.4%)과 함께 다른 연령층에 비해 60세 이상의 지출 대비 소득충분성이 낮은 데서 기인한 것으로 보인다. 적절한 정책적 대응이 시급하다고 볼 수 있다.

다음으로 우호적 환경 영역이 26위로 전체 순위에 비하여 낮은 편이다. 특히, 50세 이상 중에서 야간 혹은 거주지 보행 시 안전함을 느끼는 비율과 대중교통 접근성에 만족하는 비율이 50%대에 머문다는 점에 유의할 필요가 있다. 반면 건강상태와 역량 영역의 순위는 각각 5위와 8위로 높은 수준을 보였다.

　다음으로 국가적 차원에서 고령화에 대응할 준비가 어느 점도 되어 있는가를 파악하는 전략·국제문제연구소(CSIS)의 고령화 대응지표(*The Global Aging Preparedness Index*: GAPI)에 의하면 호주는 20개국 중 재정적 지속가능성은 6위이고 노후소득의 적절성은 4위로 높은 준비 수준을 갖춘 것으로

〈표 14-4〉 헬프에에지의 글로벌 에이지워치 지수

영역	지표	측정내용	수치	순위(점수)
소득보장	연금소득보장	65세 이상 연금 수급 비율	83%	62위 (53.5/100)
	노인빈곤율	60세 이상 중위소득 이하 비율	33.4%	
	노인소득충분성	60세 이상과 그 외 인구집단의 지출 대비 소득충분성	65.4%	
	1인당 GNI[1]	1인당 GNI	41,241.9 (USD)	
건강상태	60세의 기대수명	60세의 기대수명	25년	5위 (79.8/100)
	60세의 건강수명	60세의 건강수명	18.7년	
	상대적 심리·정신적 웰빙	50세 이상 중 삶이 의미 있다고 응답한 비율을 35~49세 연령군과 비교한 비율	95.5%	
역량	노인의 고용률	55~64세 인구 고용률	61.5%	8위 (62.5/100)
	노인의 교육수준	60세 이상 2차 및 고등교육비율	85.4%	
우호적 환경	사회적 연계망	50세 이상 중 어려움이 있을 때 도움받을 사회적 연계망의 비율	92%	26위 (72.5/100)
	신체적 안전	50세 이상 중 야간 혹은 거주지 보행시 안전함을 느끼는 비율	58%	
	시민적 자유	50세 이상 중 선택의 자유에 만족하는 비율	94%	
	대중교통 접근성	50세 이상 중 대중교통 접근성에 만족하는 비율	55%	
종합순위	96개국 중 17위			

주 1) 2014년까지는 1인당 GDP를 측정했지만, 오히려 GNI가 한 국가의 경제적 부를 정확히 측정하는 데는 더 적합한 개념이라는 판단에 기초하여 2015년부터는 GNI로 변경됨.
자료: HelpAge(2014).

<표 14-5> 전략 · 국제문제연구소의 고령화 대응지표

영역	범주	지표	순위 (점수)	
재정적 지속 가능성	공적 부담	총 급여수준 지표: GDP 대비 노인 공적 급여 비율 (2010~2040년)	6 (13.4)	5 (75)
		급여변화 지표: GDP 대비 공적 급여 비율의 변화 (2010~2040년)	7 (4.2)	
	재정적 여유	조세여유 지표: 2040년의 GDP 대비 정부수입의 비율	6 (38)	5 (76)
		예산여유 지표: 2040년의 정부지출 대비 노인에 대한 공적 급여 비율	5 (38)	
		채무여유 지표: 2040년의 GDP 대비 국가 순채무 비율	3 (11)	
	급여 의존성	급여비중 지표: 평균 노인소득 중 공적급여의 비율(2010~2040년 사이의 평균)	10 (54)	14 (25)
		급여삭감 지표: 공적급여를 10% 삭감할 경우 빈곤상태가 되는 노인가구의 비율(2010년)	19 (5.7)	
	영역 전체		6 (60)	
노후 소득의 적절성	총 소득	소득수준 지표: 근로세대 대비 노인세대의 가처분 소득 비율(2040년)	5 (1.40)	3 (108)
		소득추세 지표: 2010~2040년 사이의 근로세대 대비 노인세대의 가처분소득 비율의 변화	3 (15)	
	소득의 취약성	중위소득 지표: 2040년의 근로세대 대비 노인세대의 중위 가처분소득의 비율. 공공의료급여를 제외함	3 (1.28)	3 (103)
		중위소득추세 지표: 2007~2040년 사이 근로세대 대비 노인세대의 중위 가처분소득의 비율 변화. 공공의료급여를 제외함	1 (32)	
		빈곤수준 지표: 중위소득 50% 이하 노인가구의 비율(2010년)	14 (20.9)	
	가족 지원	가족결합 지표: 성인자녀와 동거하는 노인가구의 비율(2010년)	14 (18)	14 (33)
		가족규모 지표: 노인세대와 동거하는 평균 자녀 수의 변화(2010~2040년)	11 (-0.8)	
	영역 전체		4 (91)	

자료: Jackson, Howe, & Nakashima(2012).

390

나타났다. 그러나 급여 의존성과 가족 지원 측면은 수준은 낮은 수준을 보이고 있다. 즉 노인빈곤율이 높을 뿐만 아니라 공적 소득보장제도가 노인 빈곤 해소 역할에 기여하는 비중이 타 국가에 비하여 낮은 것으로 나타났다. 이러한 수준을 개별 지표별로 살펴보면 〈표 14-5〉와 같다.

노인 공적급여 비율의 수준과 2007~2040년 사이의 변화를 통하여 파악한 공적 부담은 5위, 조세여유와 예산여유 및 채무여유 지표를 통하여 파악된 재정적 여유는 5위이다. 공적급여비중 지표와 급여삭감 지표로 확인한 급여 의존성은 14위로 매우 낮은 수준이다. 이를 통합하면 재정적 지속가능성 영역의 순위는 6위이다.

한편 근로세대 대비 노인세대의 가처분소득 비율(2040년 기준)과 2010~2040년 사이에 나타난 변화를 통해 파악된 총소득은 3위이다. 중위소득 수준 및 2010~2040년 사이의 변화, 빈곤수준 지표를 통해 파악된 소득의 취약성은 6위이다. 반면 성인자녀와 동거하는 노인가구의 비율(2010년 기준)과 노인세대와 동거하는 평균 자녀 수의 변화(2010~2040년)를 통해 파악된 가족지원은 14위로 낮은 편이다. 이러한 7개 지표를 통해 파악한 노후소득의 적절성 영역의 순위는 4위이다. 즉, 노후소득의 적절성도 양호하고 재정적 지속가능성도 안정적인 것으로 파악된다.

이러한 결과에 기초하여 잭슨과 동료들(Jackson, Howe, & Nakashima, 2012)은 의료비 상승을 억제하고 노동기간을 확장하는 것이 정책적 최우선 순위가 되어야 하며, 다음으로 공적 연금급여 수준의 저하, 연금 펀드저축률의 증대, 출산율의 증가가 정책적 관심사가 되어야 한다고 지적했다.

3. 고령정책

1) 고령자를 위한 보호서비스 현황

고령자를 위한 보호서비스(*aged cared*)는 대부분 연방 정부 예산으로 운영된다. 고령자를 위한 보호서비스 정책의 근간을 이루는 것은 1997년 호크(Bob Hawke) 정부에 의하여 제정된 〈보호서비스법〉(Aged Care Act)[1]이다. 이 법은 2013년 개정되었는데 주요 내용은 그동안 이분되어 있던 서비스 접근 과정을 일원화하고 연방 정부의 책임을 강화한 것이다. 2013년에 개정된 법은 〈보호서비스법 2013〉[Aged Care Act(Living Longer Living Better) 2013]이다.

호주의 노인보호서비스는 건강한 노후생활을 보낼 수 있도록 노인들을 지원하고, 기능상태 저하로 보호가 필요한 노인과 그 가족에게는 양질의 비용효과적 보호서비스를 제공하는 것을 목표로 한다. 또한 노인의 기능상태에 따라 다양한 선택을 할 수 있는 연속적 서비스 제공체계 구축을 지향한다. 구체적으로 살펴보면 다음과 같다.

(1) 서비스 종류

① 시설 및 지역기반 보호서비스

호주의 시설 및 지역기반 보호서비스(*permanent residential and community-based care*) 현황은 다음과 같다. 2014년 6월 30일 기준으로 23만 3,713명이 정부가 보조하는 시설거주서비스 또는 재가서비스를 받았다. 그중 17만

---

1) 이 법은 정부의 재정부담을 저하하고 서비스 이용자의 비용지급을 증대하는 것을 기본 목표로 삼았으며, 고령화 등에 따라 의료비가 늘어남에 따라 잘 조율된 보호서비스체계가 구축된다면 급성보호서비스 비용이 저하될 것으로 기대하였다.

3, 974명은 시설거주자[2]이며 5만 9, 739명은 재가서비스 패키지를 이용한다. 2004년에는 16만 5, 100명이던 것에 비하면 꾸준히 증가한 것이다.

지역사회기반 보호서비스에는 크게 2가지의 프로그램이 있다. 첫 번째 프로그램은 2015년 7월부터 시작된 연방 정부 방문서비스 프로그램(Commonwealth Home Support Programmes: CHSP)이다. 이는 기존의 4가지 프로그램을 통합한 것으로 본인의 집에서 독립적 생활을 영위하는 데 필요한 것을 제공하는 기본단계의 서비스이다. 아직 빅토리아주와 웨스턴오스트레일리아주에서는 기존의 가정 및 지역사회 지원서비스(HACC)[3]를 수행 중이다.

두 번째는 2013년 8월 1일부터 시작된 재가서비스 패키지(the home care packages programme)이다. 이 프로그램은 기존의 지역사회 노인복지 패키지(Community Aged Care Packages: CACP),[4] 광범위 노인 재가복지 패키지(Extended Aged Care at Home Package: EACH),[5] 광범위 치매노인 재가복지

---

2) 기존에는 어느 정도 거동이 용이한 노인을 대상으로 하는 호스텔 개념의 저보호(low level care), 거동이 매우 불편하여 24시간 보호 및 지속적 의료 간호가 필요한 노인을 대상으로 하는 고보호(high level care)의 구분이 있었지만 2014년 7월부터 구분이 없어졌다.

3) 일상생활에 어려움이 있는 노약자나 장애인이 가정에 머무르며 독립적 생활을 영위하도록 다양한 서비스를 제공하는 프로그램으로 1985년 〈재가 및 지역사회 보호법〉(Home and Community Care Act)에 의하여 시작되었다. 가사도우미, 집수리 및 개조, 간병인 휴식 지원, 정원관리 및 잔디 깎기, 지역사회 차량 지원, 음식배달 및 제공, 방문 간호, 일신상의 수발, 사회생활 지원, 자원봉사자 방문, 주간보호센터, 발치료와 언어치료 관련 보건서비스 등을 제공했다. 2013~2014년 사이 65세 이상 노인(원주민의 경우 50세 이상) 77만 5, 900명이 이 서비스를 이용했는데, 이는 2005~2006년 사이의 이용자 수인 58만 9천 명에 비하여 증가한 규모였다.

4) 연로하고 거동이 불편한 노인이 자신의 주거환경에서 계속 생활할 수 있도록 지원하는 서비스로 1992년에 시작되었다. 개인의 필요에 맞추어 복합적 간호 또는 더욱 다양한 종류의 서비스를 융통성 있게 제공하도록 만들어진 패키지이다. 개인수발(목욕 및 옷 갈아입기, 식사 보조), 식사준비, 가사보조(집안일, 빨래, 장보기), 정원손질, 대중교통 이용 보조, 사회생활 지원 등의 서비스를 제공했다.

패키지(*Extended Aged Care at Home Package Dementia*: EACHD)[6]를 대체한 것이다. 가장 기본적 서비스를 제공하는 1단계부터 기존의 광범위 노인재가복지 패키지에 해당하는 높은 수준의 보호욕구를 가진 노인에게 제공되는 4단계 서비스까지 준비되어 있다. 이 외에도 모든 단계별로 새로운 서비스를 추가할 수 있는데 여기에 해당하는 것이 치매, 인지와 관련된 보완서비스와 보훈서비스[7]이다. 이 서비스들은 기존의 광범위 치매노인 재가복지 패키지의 치매 관련 요소를 보완한 것이다. 2015년 7월부터는 소비자 중심의 원칙이 적용된다.

② 과도기 서비스

과도기 서비스 프로그램(*Transition Care Program*: TCP)은 병원에서 퇴원한 노인의 시설보호를 지연시키고 예방하기 위해 제공되는 서비스로 이용자가 계속 늘어나고 있다. 2014년 6월 30일 기준으로 3,339명이 이 서비스를 이용했으며 서비스를 제공하는 기관은 4천 개소이다. 2005년에 프로그램이 시작된 이후 8만 7천 명 이상에게 서비스를 제공하였다.

지난 10년 동안 연방 정부 지원을 받는 보호서비스 이용자 규모가 꾸준히 증가한 것과 더불어 재가보호와 시설보호의 구성비에도 변화가 있었다.

---

5) 지역사회 노인복지 패키지 이상의 서비스를 필요로 하는 노인에게 제공되는 서비스이며 보호시설 입소에 대한 대안으로 2002년 시작되었다. 개인의 필요에 맞추어 간호 및 건강 관련 서비스, 개인수발(목욕 및 옷 갈아입기, 식사보조), 가사보조(집안일, 빨래, 장보기), 대중교통 이용보조, 사회적 지원 등을 제공했다.

6) 치매노인을 위해 개인의 필요에 맞춰 훈련된 간호사가 제공하는 서비스로 2006년 도입되었다. 주요 서비스 내용으로는 공인 간호사 방문서비스, 개인간병, 보건서비스, 진료 시 교통편 제공, 사회활동 지원, 산호 호흡 및 식사보조, 가사도움, 배변조절보조 등이 있다.

7) 군인과 참전용사 배우자를 위한 프로그램으로는 재향군인부가 지원하는 지역사회 프로그램(*Veteran's Home Care*: VHC)이 있었다. 이는 '가정 및 지역사회 지원서비스' 다음으로 그 수가 많은 서비스였다. 가사지원, 개인수발, 집과 정원 손실서비스, 임시휴식서비스 등을 제공했으며 지역방문서비스(*community nursing*)가 포함되어 있었다.

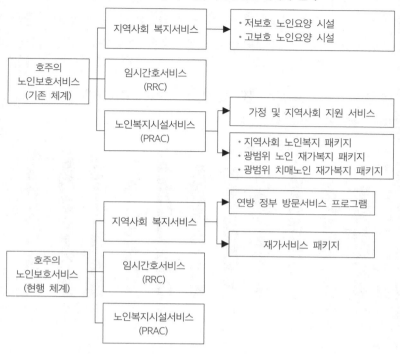

〈그림 14-4〉 호주의 노인보호서비스 체계의 변화

〈그림 14-5〉 호주의 노인보호서비스 이용 현황

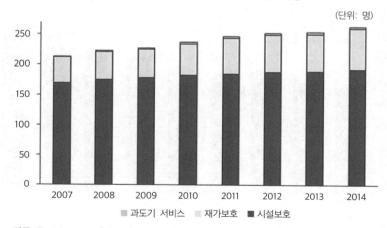

자료: Department of Social Services(2014b).

지난 10년 동안 84%가 시설보호서비스 대상자였던 것에 비해 2014년에는 이 비율이 74%까지 감소했다. 이러한 변화는 정부가 서비스 대상자를 가능한 한 자신의 지역사회에 머물 수 있게 하는데 초점을 둔 것에 기인한다.

〈그림 14-6〉 재가 및 시설보호 구성의 변화 추이

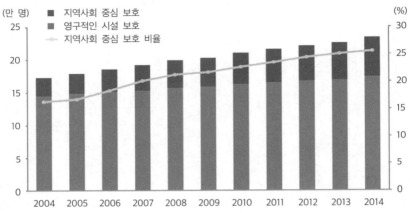

자료: AIHW(2014b); AIHW(2015: 245), Figure 6.2.5에서 재인용.

〈그림 14-7〉 호주 정부의 노인보호서비스 관련 실지출액

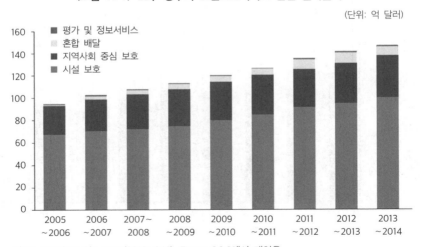

자료: AIHW(2014b); AIHW(2015: 246), Figure 6.2.6에서 재인용.

(2) 서비스 인프라

국가의 지원을 받는 18만 9,283개 기관 중에서 약 4분의 3은 시설보호기관이다. 시설보호서비스를 제공하는 기관의 비중을 살펴보면 비영리기관이 약 60% 정도를 차지하며 민간기관, 정부기관이 그 뒤를 잇는다. 비영리기관의 비중은 약간 감소 추세인 반면 민간기관의 비중은 늘어났다.

시설보호기관 규모의 구성비를 살펴보면 대다수가 61명 이상을 보호하는 규모인데 최근에도 비중이 증가하여 2014년 기준 72.2%를 차지했다.

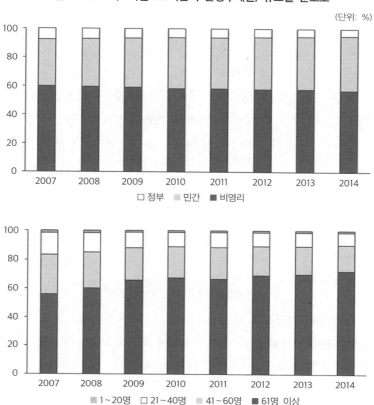

〈그림 14-8〉 호주 시설보호기관의 운영주체별, 규모별 분포도

(단위: %)

□ 정부 ▨ 민간 ■ 비영리

■ 1~20명 □ 21~40명 ▨ 41~60명 ■ 61명 이상

자료: SCRGSP(2015).

<표 14-6> 수준별 재가서비스 패키지의 규모

(단위: %)

규모	레벨 1	레벨 2	레벨 3	레벨 4
1~20개	14.4	39.2	15.0	71.8
21~40개	34.4	27.6	35.6	17.0
41~60개	25.0	14.8	25.6	5.8
61개 이상	26.3	18.4	23.8	5.3
전체 (서비스 기점 수)	100 (160개)	100 (1,348개)	100 (160개)	100 (980개)

자료: SCRGSP(2015).

20명 미만 규모는 1.1%에 불과하며, 21~40명 규모가 8.5%, 41~60명 규모가 18.1%를 차지했다.

한편, 재가보호서비스의 경우는 504명의 제공자가 2,212개의 서비스 제공기점(service outlets)에 기반을 둔 6만 6,149개의 기관을 통하여 서비스를 제공한다. 수준(care level)별로 살펴보면, 레벨 1의 경우, 160개의 서비스 제공기점에 기반을 두고 1,303개의 패키지를 제공하며, 레벨2의 경우는 1,348개 서비스 제공기점에 기반을 두고 5만 157개의 패키지를, 레벨3은 160개 서비스 제공기점에 기반을 두고 1,010개의 패키지를, 레벨4는 980개 서비스 제공기점에 기반을 두고 1만 3,679개의 패키지를 제공한다. 서비스 제공기관의 운영주체별 구성을 살펴보면, 시설보호기관과 마찬가지로 비영리기관이 81%로 다수를 차지했고 민간기관이 10%, 정부기관이 9%로 뒤를 이었다.

2013년에 도입된 재가서비스 패키지는 서비스의 규모에 변화를 가져왔다. 2013년 6월 기준으로 레벨 2와 레벨 4의 대부분은 1~20개 규모였으나 새로 도입된 레벨 1과 레벨 3는 21~40개 규모의 패키지를 제공했다. 1~20개 패키지를 제공하는 서비스 아웃렛은 레벨 1(14%)과 레벨 3(15%)에서 제일 적은 비중을 차지했다.

노인복지시설이 공식적 인가를 얻기 위해서는 시설경영, 서비스 품질,

운영방침 및 안전사항 등에 있어 요건을 갖추어야 한다〔시설보호기관 인증기준(Accreditation Standards for Residential Aged Care)〕. 여기에는 4가지 수칙에 따른 44개의 평가항목이 포함된다. 책임기관인 '노인보호서비스 기준 및 인증기관'(Aged Care Standards and Accreditation Agency)에서는 인가받은 시설들을 지속적으로 관찰하며 평가사들이 직원뿐 아니라 입소자와 그 가족들로부터도 의견을 듣고 표준수칙이 지켜지는가를 확인하는 현장평가도 실시한다.

첫 번째 원칙은 전반적인 표준수칙의 이행에 관한 것이다. 입소자와 관계자 및 직원의 필요에 부응하고 변화하는 환경에 적절히 대응하는 운영 및 정보 체제를 갖추어야 하고, 불만사항 처리제도를 갖추어야 하고, 훈련된 직원을 확보해야 하며, 적절한 물품 및 장비를 사용해 서비스를 제공하는 것이 주요 내용이다.

두 번째 원칙은 입소자의 건강 및 일신상의 보살핌과 관련된다. 약물의 안전하고 올바른 관리, 입소자의 필요에 맞는 의료서비스 제공, 대소변을 효과적으로 돕는 것, 다양한 건강식 및 균형 있는 음식의 제공, 구강 및 치아 건강의 유지, 거동할 수 있는 힘을 최대한으로 유지하도록 돕는 것 등이 주요 내용이다.

세 번째 원칙은 입소자 개인 고유의 생활방식을 유지하도록 하는 것이다. 입소자의 독립적 생활 영위, 사생활과 존엄성 및 신변 기밀사항 등의 존중, 시설에서 제공하는 서비스에 관한 결정에 입소자의 참여 보장, 문화적·정신적 측면에서 필요한 사항의 반영, 입소자가 권리와 의무사항을 이해하도록 돕는 것 등이 주요 내용이다.

네 번째 원칙은 입소자 뿐 아니라 방문객과 시설 직원들을 위해 안전하고도 안락한 환경을 구성하는 것이다. 화재와 안전 및 비상상황 관련 위험의 최소화, 전염·감염을 효율적 차단 및 관리, 조리·청소·세탁에 있어 양질의 서비스를 제공하는 것 등이 주요 내용이다.

1998~2008년 사이 10년 동안 시설 수는 14만 9,963개에서 22만 3,955개로 증가했는데 이는 70세 이상 천 명당 100개의 시설을 준비할 것을 목표로 한 결과이다. 대부분의 시설보호서비스를 제공하는 시설은 93.3%의 점유실태를 보이고 있다. [8]

(3) 서비스 이용자의 특성

시설보호기관에 있는 노인의 성비를 살펴보면 69%가 여성이며, 이들의 평균연령은 여성이 85.8세, 여성 81.6세이다. 이 중 67%는 높은 수준의 보호를 필요로 하며, 47%는 일상적 활동에서의 보호를, 40%는 복합적인 의료적 보호를 필요로 했다. 한편, 시설보호기관에 있는 노인 중 46%는 경과적인 단기휴식서비스(respite care)를 위해 입소한 것으로 나타났다. 퇴소노인의 비율은 21%이며 이들은 5년 이상 시설에 거주했다. 퇴소원인의 85%는 사망에 의한 것이었다.

(4) 노인의 보호실태 종합

기능저하를 경험하여 보호가 필요한 노인의 29.2%가 공적인 보호서비스를 이용한다. 이들이 이용하는 서비스를 종류별로 분류해 보면, 가장 많은 보호 형태는 가정 및 지역사회 지원서비스만을 이용하는 경우로 19.7%이다. 다음은 생활시설인 노인복지시설서비스만 이용하는 경우로 5.6%이다. 즉, 호주 노인의 5.6%가 시설에서 생활하고 있다. 시설과 재가서비스를 함께 이용한 경우는 2%로 나타났다. 세부적으로 살펴보면 시설보호와 지역사회 복지서비스를 함께 이용하는 경우가 0.6%, 시설보호, 지역사회 복지서비스, 임시간호서비스를 함께 이용한 경우가 1.2%, 노인복지

---

8) 호주 노인보호 평가원(Australian Aged Care Quality Agency)에서 발표한 '인증에 관한 팩트 시트'(Accreditation Fact Sheet)에 기초한 자료이다. 시설평가 관련 상세내용은 홈페이지(www.aacqa.gov.au)를 참고하기 바란다.

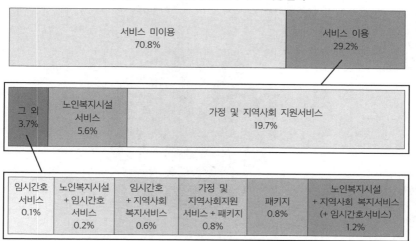

〈그림 14-9〉 노인의 보호서비스 이용실태

서비스 미이용 70.8%	서비스 이용 29.2%

그 외 3.7%	노인복지시설 서비스 5.6%	가정 및 지역사회 지원서비스 19.7%

임시간호 서비스 0.1%	노인복지시설 + 임시간호 서비스 0.2%	임시간호 + 지역사회 복지서비스 0.6%	가정 및 지역사회지원 서비스 + 패키지 0.8%	패키지 0.8%	노인복지시설 + 지역사회 복지서비스 (+ 임시간호서비스) 1.2%

주: 65세 이상 인구 대상 조사자료, 2010~2011년 기준.
자료: AIHW(2014d).

시설서비스와 임시간호서비스를 함께 이용한 경우가 0.2%였다. 이외에도 임시간호서비스만 이용한 경우가 0.1%, 패키지만 이용한 경우가 0.8%, 가정 및 지역사회 지원서비스와 패키지를 함께 사용한 경우가 0.8%였다.

(5) 정부지출

노인을 대상으로 하는 연방 정부의 예산은 2013~2014년 기준 148억 달러이다. 이 중 시설보호서비스 관련 예산은 67.6%, 재가서비스 관련 예산은 5.8%에 달한다. 보호서비스 이용자의 증가, 임금상승, 프로그램 운영비용의 증가 등으로 정부의 지출규모는 계속 늘어나고 있다. 이러한 예산규모는 2005~2006년 기준 예산인 95억 달러에 비하여 매우 큰 규모이며 연평균 5.6%의 증가율을 보였다.

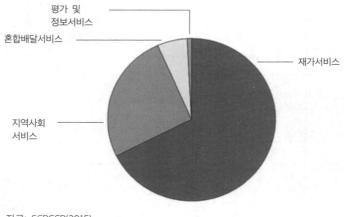

<그림 14-10> 호주의 노인보호서비스 관련 정부지출의 구성

평가 및
정보서비스
혼합배달서비스

재가서비스

지역사회
서비스

자료: SCRGSP(2015).

2) 다양한 사회참여

(1) 경제활동

고령자나 장애인은 그들이 갖는 특수한 욕구 때문에 이를 반영한 특화된
서비스를 필요로 한다. 즉, 보편적 서비스와 특화된 서비스의 상호보완적
제공을 통하여 고령자나 장애인의 진정한 사회적 통합이 가능해질 것이다.

　50세 이상 인구에 특화된 호주의 고용 관련 정책은 '함께 일하는 호주인'
(Australians Working Together)이라는 프로그램을 통하여 시행된다. 세부
프로그램 중 하나인 '일(work)로의 전환'은 3가지 요소를 포함하는데 ① 일
자리를 찾는 기술을 증대하는 것, ② 소매업·비즈니스서비스·친절서비
스(hospitality)를 포함한 고령자 고용가능성이 있는 영역에서 일할 수 있는
기회를 늘리는 것, ③ 고령근로자가 믿을 만하고 경험이 풍부하다는 점을
부각시켜 고용자의 인식을 제고하는 것을 말한다.

　또한 고령근로자의 교육과 훈련을 직간접적으로 지원하기 위하여 교육
및 직업훈련, 정보기술(information technology) 훈련 등의 각종 프로그램(예:

훈련계좌, 직업교육 및 훈련 우선 프로그램, 기본 IT 능력 배양 프로그램), 훈련 크레디트 제도 등을 도입하였다. 한편, 2005년에는 55세 이상 근로자의 소득에 대해 연간 5만 8천 달러까지 세제혜택을 부여하는 '고령근로자 세금 차감제도'(mature age worker tax offset)를 도입하였다. 이 제도는 75만 명에게 적용될 것이며 조기은퇴를 방지하는 역할을 할 것으로 기대되었다.

이 외에도 호주 정부는 고령층이 노동시장에 오래 남을 수 있도록 다각적 조치를 취해 왔다. 첫째, 연방·주·지방 정부 차원에서의 연령차별적 법령을 철폐했다. 둘째, 여성의 노령연금 수급연령을 지속적으로 상향하였다. 셋째, 퇴직연금 급여를 받을 수 있는 최소연령을 상향조정하고 고령연금 수급연령 이후에도 일을 하는 고령자를 위한 인센티브(예: 연금보너스제도)를 도입하였다.

2014~2015년 다목적 가구조사(Multipurpose Household Survey: MPHS)에 의하면 2주 이상 일을 한 경험이 있는 45세 이상 응답자 중 52%가 노동시장에 머물러 있었고, 40%는 은퇴하였으며, 나머지 8%는 노동시장에 참여하지 않지만 은퇴한 것은 아니거나 경제활동 경험이 전혀 없는 사람들이었다. 은퇴한 사람의 비율은 45~49세 연령군의 경우 8%, 55~59세 연령군의 경우 18%, 65~69세 연령군의 경우 66%, 70세 이상 연령군의 경우 86%로 연령군별 차이가 큰 것으로 나타났다.

이러한 경제활동 상태 현황은 성별 간에도 큰 차이가 있다. 45세 이상 남성의 경우 전체의 58%가 노동시장에 참여하였고, 37%는 은퇴했으며, 4%는 노동시장에 참여하지 않지만 은퇴한 것은 아닌 상태였다. 이와 대조적으로 45세 이상 여성의 경우 전체의 46%가 노동시장에 참여하였고, 43%가 은퇴했으며, 6%가 노동시장에 참여하지 않지만 은퇴한 것은 아닌 상태였다. 45세 이상 연령층(아직 생존해 있는 사람)의 평균 은퇴연령은 54.4세(남성 58.2세, 여성 51.5세)였다.

은퇴연령 분포 비중을 살펴보면 남성의 경우 24%는 55세 이전에, 50%

는 55~64세 사이에, 26%는 65세 이후 은퇴한 것으로 나타났다. 여성의 경우 52%는 55세 이전에, 38%는 55~64세 사이에, 10.6%는 65세 이후 은퇴한 것으로 나타났다. 즉, 여성이 남성에 비해 상대적으로 이른 시기에 은퇴한 것이다. 최근 5년 이내에 은퇴한 응답자를 중심으로 살펴본 결과에 서도 성별 차이가 드러났다. 이들의 평균 은퇴연령은 전체로 보면 61.5세 였지만 남성 평균은 62.6세, 여성 평균은 60.4세로 나타나 여성이 남성보다 조금 일찍 은퇴함을 알 수 있었다.

은퇴의 이유로는 연금 수급연령이 되었기 때문이라고 응답한 사람이 가장 많았다(남성 37%, 여성 19%). 이렇게 응답한 사람들은 대부분 20년 전에 은퇴했으며 평균 퇴직연령이 63.4세(남성 64.1세, 여성 61.9세)인 것으로 나타났다. 다른 은퇴이유로는 질병·장애(남성 19%, 여성 14%), 인원 감축·일자리 없음(남성 9%, 여성 5%) 등이 있었다.

이들이 은퇴 이후의 기간에 활용한 소득원은 남성의 경우 공적 연금·수당(51%)과 각종 사적 연금[퇴직연금(*superannuation*)/연금(*annuity*)/할당연

〈그림 14-11〉 연령군별 및 성별 노동시장 퇴직 상태

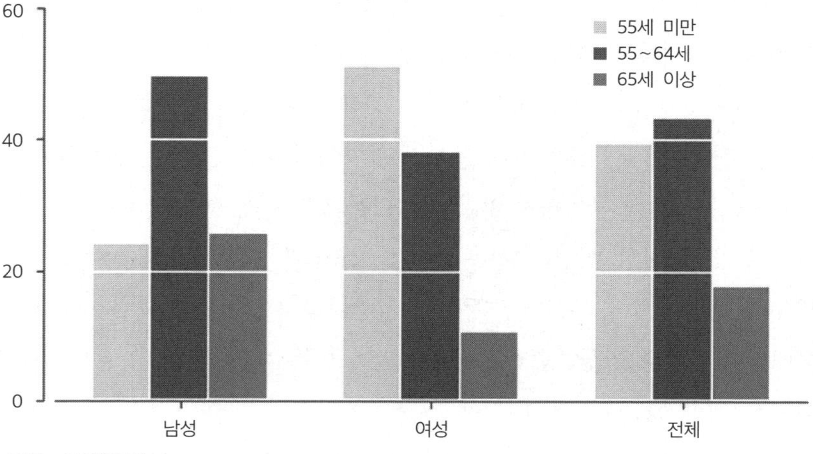

자료: ABS(2016).

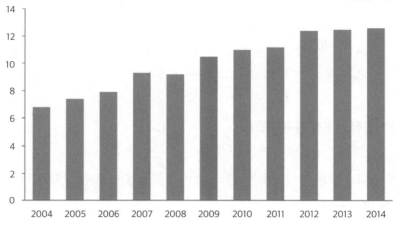

〈그림 14-12〉 노인 경제활동률의 연도별 추이

(단위: %)

자료: ABS(2014c); AIHW(2015: 239), Figure 6.2.3에서 재인용.

금(*allocated pension*), 28%]이 많았다. 여성의 경우에도 공적 연금·수당 (43%)이 가장 큰 소득원이며 다음이 각종 사적 연금(13%)이었다. 여성 은퇴자 중 약 절반(42%)은 배우자의 소득이 가장 중요한 소득원이라고 응답한 반면 남성이 같은 응답을 한 비율은 8%에 불과했다.

현재 노동시장에 있고 은퇴의사가 있는 45세 이상자 중 35%(남성 32%, 여성 38%)는 실제로 언제 은퇴할지는 모르겠다고 응답했다. 구체적 은퇴 연령을 언급한 경우는 70세 이상이 23%(남성 26%, 여성 18%), 65~69세 가 48%(남성 51%, 여성 46%), 60~64세가 22%(남성 18%, 여성 26%), 45~59세가 8%(남성 6%, 여성 10%)로 나타났다. 응답자가 예상한 은퇴 연령의 평균은 65.1세(남성 65.7세, 여성 64.5세)였다. 은퇴시기 결정에 영향을 주는 요인으로는 재정적 안정성(남성 40%, 여성 35%), 개인적 건강과 신체적 능력(남성와 여성 모두 23%), 연금 수급연령도달 여부(남성와 여성 모두 13%)였다.

호주는 이민과 그리 낮지 않은 출산력 덕분에 노동력 부족문제가 심각하지 않다. 이 때문에 아직 고령근로자의 실업문제는 정책적 우선순위에 놓여 있지 않다. 그러나 고령자를 주류화해야 한다는 국제적 흐름과 중년층의 이혼 증대에 따른 노후소득의 불안 때문에 노년기에 경제활동 참여를 희망하는 인구가 증가하는 추세다. 이런 현실을 반영하여 향후 고령자의 생산활동 참여 촉진·지원에 대한 정책적 관심은 늘어날 것으로 보인다.

(2) 다양한 사회적 기여활동

2012년 기준으로 살펴보면 노인의 60%가 다양한 지역사회 및 사회참여활동을 했고, 31%가 자원봉사활동에 참여했으며, 19%가 다양한 형태의 수발 및 보호를 제공했다.

<그림 14-13> 다양한 사회적 기여활동

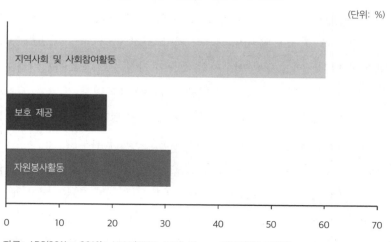

(단위: %)

자료: ABS(2011a; 2012); AIHW(2015: 252), Figure 6.2.8에서 재인용.

3) 고령자를 위한 현금서비스

적절한 소득의 확보는 노인의 삶의 질을 결정하는 데 중요한 사항이다. 이 때문에 호주에서는 공적 연금 외에도 다양한 현금서비스를 제공한다. 호주의 고령자 소득에는 정부의 일반예산으로 재원을 충당하는 자산조사형 연금제도인 노령연금(*age pension*)과 고용주를 사적연금에 강제 가입시키는 강제 퇴직연금(*superannuation guarantee*)이 중요한 요소이다. 그러나 이외에도 노년기의 다양한 지출항목을 반영한 보완적 조치를 통하여 실질적 경제 수준을 확보할 수 있도록 정책을 펴고 있다. 노령연금 수급자에게 가스나 전기 등에 소요되는 비용을 지원하는 공과금수당(*utilities allowance*) 등이 대표적이다. 또한 이 중 자산조사 기준을 통과한 저소득층에게는 일정액의 약품수당(*pharmaceutical allowance*)이 지급된다.

한편, 노령연금 대상 연령층 중 일정 수준 이하의 소득으로 생활하는 노인을 대상으로는 연방 정부 노인건강카드(*Commonwealth seniors health card*)를 발행하여 진료나 약품 구매 시 할인혜택을 주고 있다.9) 또한 이들에게는 가구지출을 지원하기 위한 노인우대수당(*pensioner concession allowance*)이 지급되며, 유선 및 무선전화, 인터넷 연결 등을 유지할 수 있도록 비용을 지원하는 전화수당(*telephone allowance*)이 함께 지급된다.

이외에도 임대료 보조금(*rent assistance*)이 지급되는데 대상자는 자산조사에 의해 결정되며, 결혼상태 및 임대료의 수준에 따라서 액수가 상이하다. 은퇴촌에 거주하는 경우는 별도의 기준이 적용된다. 또한 오지에 사는 경우 오지수당(*remote area allowance*)이 지급된다.

---

9) 2014년 9월 20일부터 소비자물가지수(*consumer price index*)와 연동되는 것으로 조정되었으며, 이를 통하여 2018년 6월 30일 기준으로 2만 7천 명이 본 서비스의 혜택을 받을 것으로 전망된다. 더 자세한 정보는 사회서비스부의 자료(Department of Social Services, 2014. 8. 12)를 참고하기 바란다.

모든 노령연금 수급자에게는 연금수급자 우대카드(*pensioner concession card*)가 발급되는데 이를 통하여 특정 연방·주·지역 정부의 서비스에 대한 우대가 실시된다. 또한 자산조사 과정에서 소득이나 자산기준 중 한 가지 이유로 인하여 노령연금을 받지 못하거나 부분연금만 받게 되는 대상자에게는 비과세 연금대부제도(*pension loans scheme*)를 실시하여 보완적 조치를 취하고 있다.

4. 정책적 이슈 및 과제

호주의 고령자 복지서비스에 관한 최근의 정책 관심사는 다음과 같이 4가지로 정리할 수 있다.

첫째, 고령화에 따른 재정적 부담을 완화하려는 노력의 일환으로 노령연금의 수급연령을 상향조정 중이다. 남성에 비해 낮았던 여성의 연금 수급연령을 10~20여 년에 걸쳐 남성과 동일하게 65세로 상향시키는 조치를 취하였다. 또한 2017년 7월 1일부터는 연금 수급연령이 67세로 상향조정될 예정이며 2035년까지 70세로 상향조정될 것임이 예고되었다. 독일, 영국, 스위스 등에서도 이와 같은 방향의 조치가 이루어진 바 있다. 이외에도 자산평가(*asset test*)를 통하여 일정 금액을 초과한 자산만큼 수당액을 감액하는 기초연금(*age pension*)의 경우 2017년 1월부터는 더욱 엄격한 자산평가 기준을 적용할 예정이다. 또한 확정기여형 연금제도의 비용을 감소시키고, 정보 공개와 수집을 통합하여 연금제도의 효율성을 향상시키는 등 행정효율성을 제고하기 위한 노력에 힘을 기울이고 있다(OCED, 2015).

둘째, 고령자가 가능한 한 노동시장에 오랜 기간 동안 남아 있을 수 있도록 여러 가지 장치를 마련해 놓았다. 이 중에서 대표적인 것이 연금보너스 제도(*pension bonus scheme*)이다. 이 제도는 노령연금 지급대상임에도 계속 일을 하고자 하는 고령자가 대상이며, 연령기준과 자산조사를 통하여 대상자를 선별한다. 연금보너스는 최소 1년, 최대 5년간 수급이 가능하다. 조건은 1년간 최소 960시간의 유급노동을 하는 것으로 첫해에는 노령연금 기본액의 9.4%, 두 번째 해에는 첫해의 4배, 세 번째 해에는 9배, 네 번째 해에는 16배, 다섯 번째 해에는 25배의 금액을 받을 수 있다. 5년간 퇴직을 연기할 경우 연간 연금 최고액의 2.35배에 해당하는 액수를 받을 수 있다. 또한 퇴직연금은 55세 이후 일을 할 경우에도 지급받을 수 있지만 오직 비전환소득 계열(Non-commutable income stream)의 경우만 해당된다.

셋째, 단순히 경제활동 소득에 대한 대체라는 소극적 목표 대신 궁극적 생활수준 유지를 통해 삶의 질을 확보한다는 적극적 목표를 설정한다. 따라서 노년기의 특징을 반영하여 지출증가와 관련된 추가적 조치, 거주의 안정성을 확보하기 위한 조치 등을 취하고 있다. 공과금수당이나 약품수당과 같은 수당 형태나 연방 정부 노인건강카드 발급이 대표적이다. 또한 다양한 서비스 이용 시 할인을 받을 수 있도록 함으로써 실질적 소득향상의 결과를 가져오는 연금수급자 우대카드를 발급하고 있다.

넷째, 고령화에 따른 재정부담을 완화하기 위한 제도개선 노력을 하고 있다. 가장 대표적인 것이 앞서 언급한 노령연금과 관련된 조정작업이다. 2015년에 발간된 '세대보고서 2015'(Intergenerational Report 2015)에 의하면 노령연금 관련 예산은 GDP의 2.9%이다. 2013~2014년 중 노인의 70%가 노령연금을 수급했으며 이 중 60% 정도가 전액을 수급했다. 그러나 현재의 제도 변경안(수급연령을 65 → 67 → 70세로 단계적으로 상향조정하고 자산평가를 더 엄격하게 보완)에 따르면 노령연금 수급자의 규모는 2054~2055년 기간까지 67%로 감소할 것으로 전망된다.

그러나 호주의 노후소득보장 관련 예산의 증대는 다른 OECD 국가에 비하여 매우 낮은 수준이다. 노후소득보장과 관련한 호주 정부의 목표가 빈곤완화에 맞춰져 있고 자산조사에 기초하여 대상자를 선정하기 때문이다.

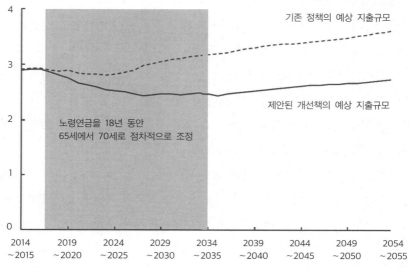

〈그림 14-14〉 노령연금 및 서비스연금 관련 정부지출 추계

(단위: %, GDP의 비율)

기존 정책의 예상 지출규모

제안된 개선책의 예상 지출규모

노령연금을 18년 동안
65세에서 70세로 점차적으로 조정

자료: Department of the Treasury(2015).

〈그림 14-15〉 노인보호 관련 정부지출 추계

(단위: %, GDP의 비율)

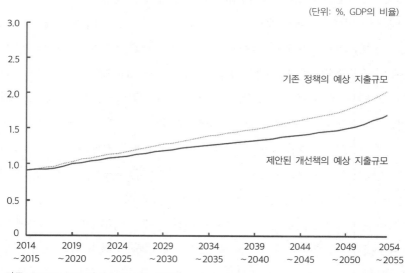

기존 정책의 예상 지출규모

제안된 개선책의 예상 지출규모

자료: Department of the Treasury(2015).

전략·국제문제연구소에서 20개국을 대상으로 노후소득을 평가한 '고령화 대응지표'에 의하면 호주의 재정유지지표는 20개국 중 6위를 차지했으며 소득적절성 지표에서는 4위를 차지하는 등 비교적 긍정적으로 전망되었다. 이러한 전망에 기초하여 우선적으로 실시해야 할 정책과제로 노인빈곤 문제가 지적된다.

또한 노인보호서비스와 관련된 정부지출을 어떻게 통제할 것인가 하는 것도 주요 관심사이다. 호주 정부는 2014~2015년 기준으로 노인보호와 관련하여 GDP의 0.9%를 지출했으며 규모는 계속 증대될 것으로 전망된다. 때문에 지출규모 확대를 억제하기 위한 개선안을 마련했으며 이 개선안에 따를 경우 2054~2055년까지는 관련된 지출의 상승세를 GDP의 1.7% 선에서 억제할 수 있을 것으로 전망하고 있다.

■ 참고문헌

국내 문헌

한국보건사회연구원(2012). 《주요국의 사회보장제도: 호주》. 서울: 한국보건사회연구원.

해외 문헌

AIHW(Australian Institute of Health and Welfare) (2014a). *Healthy Life Expectancy in Australia: Patterns and Trends 1998 to 2012*. Canberra: AIHW.

_____ (2014b). *National Aged Care Data Clearinghouse 2014*. Canberra: AIHW.

_____ (2014d). *Patterns in Use of Aged Care 2002-03 to 2010-11 (Data linkage series no. 18. Cat. no. CSI 20)*. Canberra: AIHW.

_____ (2015). *Australia's Welfare 2015 (Australia's welfare series no. 12. Cat. no. AUS 189)*. Canberra: AIHW.

Department of the Treasury (2015). *2015 Intergenerational Report, Australia in 2055*.

Canberra: Commonwealth of Australia.

Jackson, R., Howe, N., & Nakashima, K. (2012). *The Global Aging Preparedness Index*, 2nd Edition. Washington, DC: Center for Strategic & International Studies.

OECD (2015). *Pensions at a Glance 2015: OECD and G20 Countries*. Paris: OECD.

기타 자료

ABS (Australia Bureau of statistics) (2011a). General social survey: Summary results, Australia 2010.

_____(2011b). Census of population and housing: Estimating homelessness, 2011.

_____(2012). Disability, Ageing and Carers. Australia: Summary of Findings, 2012.

_____(2014). Australia Demographic Statistics. March 2014.

_____(2016). Retirement and Retirement Intentions, Australia. July 2014-June 2015.

AIHW (2014c). Labor force Australia detailed - Electronic delivery, September 2014.

_____(2014e). Residental Aged Care and Home Care 2013-14.

Department of Social Services (2014a. 8. 12). 2014-15 Budget: Changed to the Commonwealth Seniors Health Card (CSHC).

_____(2014b). 2013-14 Concise facts and figures in aged care.

HelpAge (2014). Global AgeWatch Index 2014, Insight report.

SCRGSP (Steering Committee for the Review of Government Service Provision) (2015). Report on Government Services 2015.

Australian Aged Care Quality Agency 홈페이지. http://www.aacqa.gov.au.

15

장애인 복지서비스

1. 장애인구 현황과 구성

호주의 장애인구는 2012년 기준 423만 4,200명, 전 국민의 18.5%로 추정된다. 2003년과 비교하여 장애인구 자체는 증가했지만 호주의 전체인구 대비 장애인구 비율은 2003년 20%에서 2009년 18.5%, 2012년 18.5%로 낮아졌다. 중증장애인의 수도 2003년 124만 4,500명에서 2009년 127만 600명, 2012년 139만 1천 명으로 계속 증가했지만 출현율은 각각 6.3%, 5.8%, 6.1%로 큰 변화를 보이지 않았다.

지역별 장애인 비율을 보면, 태즈메이니아주가 24.6%로 가장 높았으며 사우스오스트레일리아주가 21.5%, 빅토리아주가 19.2% 등으로 높게 나타났다. 한편 노던 준주(Northern Territory)의 장애인 비율은 11.5%로 가장 낮았으며, 수도 준주도 15.8%로 상당히 낮았다. 중증장애인의 비율에서도 이와 마찬가지로 태즈메이니아주가 7.7%, 사우스오스트레일리아가 6.9% 등으로 높았으며, 노던 준주는 3.8%, 수도 준주는 5.2% 등으로 낮게 나타났다.

<표 15-1> 연령별 장애인구 및 출현율

연령	2003년		2009년		2012년	
	인구수(천 명)	출현율(%)	인구수(천 명)	출현율(%)	인구수(천 명)	출현율(%)
0~4세	53.5	4.3	47.3	3.4	53.3	3.6
5~14세	266.4	10.0	241.0	8.8	244.4	8.8
15~24세	251.3	9.0	204.2	6.6	245.3	7.8
25~34세	316.1	10.7	265.6	8.6	288.9	8.7
35~44세	420.2	14.2	399.7	12.8	365.6	11.4
45~54세	581.5	21.6	538.5	18.0	553.4	18.1
55~59세	346.6	30.3	359.9	27.7	355.0	25.8
60~64세	331.2	38.9	418.2	35.9	407.6	32.8
65~69세	284.6	40.6	346.3	40.1	411.9	39.5
70~74세	308.8	49.6	328.5	48.1	336.1	44.2
75~79세	307.2	58.5	292.3	53.4	322.4	55.6
80~84세	257.5	70.3	285.7	65.2	295.9	66.6
85~89세	148.5	77.6	205.7	77.6	224.7	78.7
90세 이상	84.9	92.1	93.2	88.3	129.9	85.9
전체	3,958.3	20.0	4,026.2	18.5	4,234.2	18.5

자료: ABS(2013).

<표 15-2> 중증장애인구 및 출현율

연령	2003년		2009년		2012년	
	인구수(천 명)	출현율(%)	인구수(천 명)	출현율(%)	인구수(천 명)	출현율(%)
0~4세	35.9	2.9	31.5	2.2	36.4	2.5
5~14세	130.8	4.9	132.1	4.8	134.8	4.8
15~24세	61.0	2.2	56.2	1.8	69.3	2.2
25~34세	67.5	2.3	61.0	2.0	68.0	2.0
35~44세	98.8	3.3	86.5	2.8	92.1	2.9
45~54세	131.4	4.9	125.4	4.2	136.6	4.5
55~59세	83.4	7.3	88.4	6.8	83.9	6.1
60~64세	74.3	8.7	99.2	8.5	108.7	8.7
65~69세	69.5	9.9	76.5	8.9	98.4	9.4
70~74세	91.1	14.6	95.6	14.0	94.1	12.4
75~79세	106.4	20.3	97.1	17.7	106.3	18.3
80~84세	129.0	35.2	122.6	28.0	132.0	29.7
85~89세	97.3	50.8	124.3	46.9	130.7	45.8
90세 이상	68.3	74.2	74.2	70.3	101.1	66.9
전체	1,244.5	6.3	1,270.6	5.8	1,391.0	6.1

자료: ABS(2013).

(단위: %)

주 또는 지역	중증장애율			장애율		
	남성	여성	전체	남성	여성	전체
뉴사우스웨일스주	5.6	7.2	6.4	17.9	18.5	18.2
빅토리아주	5.7	7.0	6.4	18.5	20.3	19.4
퀸즐랜드주	5.2	5.8	5.5	17.5	18.0	17.7
사우스오스트레일리아주	5.7	8.1	6.9	20.6	22.4	21.5
웨스턴오스트레일리아주	4.5	5.4	4.9	15.8	16.7	16.3
태즈메이니아주	6.7	8.6	7.7	24.8	24.5	24.6
노던 준주	3.8	3.8	3.8	12.0	10.5	11.5
수도 준주	4.6	5.7	5.2	14.1	17.6	15.8
합계	5.4	6.7	6.1	18.0	19.0	18.5

자료: ABS(2013).

성별 장애인 비율을 살펴보면 여성이 19%로 남성(18%)에 비해 1%p 높았으며, 중증장애인 비율도 여성이 남성에 비해 1.3%p 더 높았다.

2. 장애인 소득보장제도의 유형

호주의 장애인 소득보장제도는 용어와 관계없이 주로 공공부조의 형태로 운영되고 있어서 자산조사를 거쳐서 급여대상자를 결정한다. 하지만 그 대상자의 범위가 다른 국가들과 달리 상당히 넓어서 일반적인 공공부조라고 보기는 어렵다.

호주의 장애인 소득보장제도에는 장애인들을 대상으로 하는 장애지원연금, 돌봄제공자를 대상으로 하는 돌보미수당(*carer allowance*) 등 다양한 지원이 있다.

1) 장애지원연금[1]

(1) 자격요건

장애지원연금(*Disability Support Pension*: DSP)은 노령연금 수령 전의 16세 이상 영구시각장애인 또는 신체적, 지적, 정신적 손상이 있는 장애인을 대상으로 지급된다. 장애 때문에 앞으로 2년간 최저임금 이상의 급여를 받으면서 주당 15시간 이상 일하거나 훈련받을 수 없으며, 중증 손상이 있거나 지원 프로그램(*program of support*)에 적극적으로 참여한다는 평가를 받아야 수급자격을 받는다. 또한 소득 및 재산조사 기준을 충족해야 한다.

장애지원연금의 자격요건을 사정하기 위해 신청인의 의료정보가 요구되며, 상황에 따라 직업능력사정(*job capacity assessment*)이 필요할 수 있다. 직업능력사정은 장애연금의 의학적 자격요건, 일할 수 있는지 여부, 얼마나 오래 일할 수 있는지, 일자리를 찾고 유지하는 데 필요한 지원의 종류는 무엇인지 등을 결정하는 데 도움을 준다. 직업능력사정은 휴먼서비스부에 소속된 의료전문가가 수행한다.

(2) 지원 프로그램의 유형

장애지원연금의 지원 프로그램에는 장애고용서비스(*disability employment services*), [2] 잡액티브(Jobactive), [3] 지역개발 프로그램(*community development programme*) 그리고 호주 장애기업(Australian Disability Enterprises) [4] 이 있다.

---

[1] 이하 내용은 호주 휴먼서비스부(Department of Human Services)의 홈페이지(www.humanservices. gov. au/individuals/services/centrelink/disability-support-pension)에 게시된 자료를 바탕으로 작성한 내용이다.

[2] 장애고용서비스는 고용부(Department of Employment) 프로그램이지만 2013년 9월부터 사회서비스부에서 운영 책임을 맡았다.

장애고용서비스 제공자는 장애인 구직자를 지원하고 기업이 작업장에서 피고용인을 지원하는 실행을 하도록 돕는 데 경험이 있는 다양한 규모의 영리 및 비영리 조직으로, 장애인 대상자의 손상 수준에 적합한 프로그램을 개발하고, 장애인의 고용에 대한 욕구 및 장벽을 고려하며 서비스를 제공한다. 또한 장애고용서비스 제공자는 장애인이 일자리를 찾고 유지하는 능력을 개선하기 위해 필요한 기술을 개발하는 데 특히 초점을 두어 직업재활서비스 등에 연계한다.

장애고용서비스는 장애관리서비스(*disability management service*) 와 고용지원서비스(*employment support service*) 로 구성된다. 장애관리서비스는 일자리를 찾는 데 지원이 필요하고 일자리를 유지하기 위해 가끔 도움이 필요한 장애인 구직자를 위한 것이다. 고용지원서비스는 일자리를 유지하기 위해 정기적이고 지속적인 지원이 필요한 장애인에게 지원된다. 5)

호주 장애기업에서 일하는 것도 지원 프로그램에 참여하는 것으로 인정을 받는다. 호주 장애기업은 중간 정도 및 중증의 장애인을 위해 광범위한 보호고용의 기회를 제공한다. 호주 장애기업은 일반적으로 비영리조직이

---

3) 잡액티브는 고용부 프로그램으로 2015년 7월 잡서비스 오스트레일리아(Job Services Australia)에서 전환된 것이다. 잡액티브는 제공자 연계망을 통해 구직자와 고용주를 연결시킨다. 잡액티브 제공자는 고용주에게 검증되고 준비된 구직자를 소개하고 이와 더불어 채용 전 훈련지원, 업무 관련 장비지원, 신규직원 정착지원, 임금보조금지원 등의 서비스를 제공한다. 구직자에게는 이력서 작성, 구직활동, 면접 준비, 고용주가 원하는 기술 습득, 취업알선 및 유지 등을 돕는다. 잡액티브의 서비스 이용 자격은 일반적으로 소득보조급여 수급자로, 새출발수당(*Newstart allowance*), 청년수당(*youth allowance*), 양육수당(*parenting payment*) 등이 있다. 휴먼서비스부에서 잡액티브 자격을 사정하고, 잡액티브 제공자에게 연계한다.
4) 호주 장애기업은 사회서비스부의 프로그램이다.
5) 호주 사회서비스부의 홈페이지(www. dss. gov. au/our-responsibilities/disability-and-carers/programmes-services/disability-employment-services)에 게시된 자료를 바탕으로 작성한 내용이다.

지만 영리 환경에서 운영된다. 호주 장애기업은 약 2만 명의 장애인에게 보호고용지원을 제공하며 사회서비스부(Department of Social Services)의 재정지원을 받는다. 호주 장애기업은 장애인이 포장, 생산, 재활용, 스크린 인쇄, 화초농장, 정원 가꾸기 및 조경, 청소, 세탁 그리고 식사 서비스 등 다양한 업무를 수행하도록 지원한다. 이를 통해 장애인에게 다른 피고용인들과 유사한 근무환경에서 지역사회에 기여할 기회를 제공한다.

일반적으로 호주 장애기업은 1950년대 초에 장애인 가족들이 장애인을 위한 직업활동을 제공하기 위해 설치했던 보호작업장에 뿌리를 두고 있다. 그 당시에는 장애인을 위한 고용기회가 거의 없었다. 1986년 〈장애서비스법〉(Disability Services Act)의 제정으로 장애서비스 전달을 위한 원칙과 목적이 법제화된 후 과거의 보호작업장이 비즈니스서비스 모델로 전환되었으며, 장애인을 위한 고용이 호주 정부의 국가적 우선순위가 되었다. 1996년 호주 정부는 서비스 품질을 개선하기 위하여 공공부조를 받는 장애인의 지원욕구에 맞는 서비스에 재정을 배정하고, 재정지원을 고용성과에 연계하는 개혁을 발표했다. 그 후 호주 장애기업 영역에 개혁적 변화가 도입되었다. 개혁의 주요 내용은 개인의 지원욕구에 급여를 연결시키는 재정 모델인 품질확인 전략(quality assurance strategy)의 법제화 그리고 지원받는 피고용인을 위한 임금의 결정이다. 호주 장애기업의 재정은 점차 국가장애보험제도(National Disability Insurance Scheme: NDIS)로 전환되고 있다.

(3) 장애지원연금의 급여액

장애지원연금의 급여액은 〈표 15-4〉와 같으며 소득과 재산에 따라 차이가 있다. 21세 이상이거나 자녀가 있는 장애인의 2주당 장애지원연금 최대급여액은 독신의 경우 873.9달러, 부부의 경우 1인당 658.7달러이다. 건강문제로 별거 중인 부부에게는 독신과 동일한 금액이 지급된다.

21세 미만의 자녀가 없는 장애인을 대상으로는 나이와 독립 여부에 따라

급여액을 달리 한다. 18세 미만이면서 부모와 거주하는 장애인의 경우 2주간 장애지원연금 최대급여액은 360.6달러이며, 18~20세이면서 부모와 거주하는 장애인의 경우는 408.7달러이다. 독립한 경우에는 연령과 관계없이 최대급여액이 556.7달러이다.

소득조사에 따라 장애지원연금 급여액은 줄어든다. 21세 미만이며 미혼인 경우라면 2주간 164달러의 소득까지는 급여액이 감액되지 않으나 그 이

〈표 15-4〉 장애지원연금의 최대급여액(21세 이상이거나 자녀가 있는 경우)

(단위: 달러)

2주간 급여	독신	부부 1인당	부부 합계	건강문제로 별거 중인 부부 1인
최대 기본급여	794.80	599.1	1,198.2	794.8
최대 부가연금[1]	65.00	49.0	98.0	65.0
에너지 부가급여	14.10	10.6	21.2	14.1
총 급여	873.902	658.7	1,317.4	873.9

주 1) 부가연금(pension supplement)은 노령연금, 상실수당(bereavement allowance), 돌보미부조, 장애지원연금(21세 이상 또는 자녀가 있는 경우), 과부 B 연금(widow B pension), 아내연금(wife pension) 수급자에게 자동적으로 지급. 아내연금은 노령연금 수급자 또는 장애지원연금 수급자의 여성 배우자에게 지급되었으나 1995년부터 신규 수급이 중단. 또한 노령연금 수급연령을 지난 자로서 원주민 학생수당, 부모 양육수당(parenting payment), 배우자수당(partner allowance), 특별급여(special benefit) 또는 과부수당(widow allowance) 수급자에게도 자동적으로 지급.
　　2) 2015년 4사분기 주당 평균 임금은 1,145.7달러. 또한 2013~2014년 기간 동안 가구의 연간 총소득은 최하위 5분위 소득은 25,168달러, 4분위 소득은 47,944달러, 중위소득은 80,704달러, 2분위 소득은 124,956달러, 1분위 소득은 260,104달러.
자료: 휴먼서비스부 홈페이지(www.humanservices.gov.au).

〈표 15-5〉 장애지원연금의 최대급여액(21세 미만이며 자녀가 없는 경우)

(단위: 달러)

구분	2주간 최대급여액
미혼, 18세 미만, 부모와 거주	360.6
미혼, 18세 미만, 독립	556.7
미혼, 18~20세, 부모와 거주	408.7
미혼, 18~20세, 독립	556.7
기혼, 20세까지	556.7

자료: 휴먼서비스부 홈페이지.

<표 15-6> 장애지원연금의 자산액 한계

(단위: 달러)

가족 상황	자가	비자가
독신	209,000	360,500
부부 합계	296,500	448,000

상부터는 초과금액 1달러당 50센트를 감액한다. 부부인 경우에는 2주간 292달러의 소득까지는 급여의 감액이 없지만 이후부터는 초과금액 1달러당 50센트를 감액한다. 장애지원연금은 무급여 소득금액(*cut-off point*)을 초과하면 지급되지 않는다. 2주간 소득의 무급여 소득금액은 16~17세에 미혼이며 부모와 거주하는 경우 909.4달러, 부부인 경우는 2,926.8달러이다. 또한 자산조사를 받아야 하는데 자산액 한계는 <표 15-6>과 같다. 다만 자산조사에서 현재 거주 중인 주택 등은 제외된다.

장애지원연금을 받더라도 주당 30시간까지 일할 수 있으며 소득조사에 따라 연금을 계속 받을 수 있다. 그러나 30시간 이상 일하게 되면 연금급여는 중단되며, 2년 내에 근로시간을 줄이면 확인을 거쳐 다시 급여를 지급받을 수 있다. 장애지원연금을 받으면 연금수급자 우대카드(*pensioner concession card*)를 받는데, 소득이 늘어서 장애지원연금을 받지 않게 되더라도 12개월까지 사용할 수 있다. 이 카드를 사용하면 의약품을 저렴하게 구입할 수 있고, 재산세, 상수도 요금, 에너지 요금, 대중교통 요금, 자동차 등록세를 할인 받을 수 있으며, 열차 요금이 면제된다.

사정 결과 35세 미만이고, 6세 미만의 자녀가 없으며, 주당 8시간 이상 근로능력을 가진 것으로 평가된 장애지원연금 수급자는 참여면접(*participation interviews*)을 받아야 한다. 참여면접에서는 수급자의 활동을 점검하는데 첫 18개월은 3개월마다, 이후 35세가 되기까지는 6개월마다 실시한다. 참여면접에는 친척, 친구, 정신보건기관이나 장애 및 지역사회기관의 대변자가 함께 참여할 수 있다.

2) 그 외 16세 이상 성인 장애인 대상 급여

(1) 상병수당

상병수당(*sickness allowance*)은 부상 또는 질환 때문에 일시적으로 일하거나 학업에 임할 수 없는 22세 이상 노령연금 수급연령 이하의 근로자 또는 학생을 위한 급여이다. 상병수당이 지급되는 시기는 고용주가 지급하는 병가급여액, 연간 휴가급여액 및 기타 휴가급여액에 따라 다르다. 지급 대상자는 22세 이상으로 일자리를 갖고 있거나, 22세 이상 전일제 학생으로서 원주민 학생수당(*Abstudy*)[6]을 받고 있거나, 25세 이상 전일제 학생으로서 학생수당을 받고 있으며 소득조사와 재산조사를 모두 받아야 한다.

상병수당의 급여액은 2주마다 진단서에 기록된 기간(최대 13주) 동안만 지급되며, 2주간 최대 570.8달러가 지급된다. 일반적으로 상병수당에는 7일의 대기기간이 있지만 대기기간으로 인해 재정적 어려움을 겪거나, 배우자와 최근 사별하는 등의 특별한 경우에는 예외로 한다.

(2) 이동수당

이동수당(*mobility allowance*)은 장애, 질환 및 부상 때문에 상당한 도움이 없이는 대중교통을 이용할 수 없는 자에게 제공된다. 16세 이상이면서 유급노동, 자원봉사, 구직활동을 하거나 교육, 직업훈련, 자립생활기술훈련을 받는 사람이 지원대상이다.

이동수당은 표준급여와 상위급여로 나뉜다. 4주 동안 최소 32시간의 유급노동, 자원봉사, 직업훈련, 자립생활기술훈련에 참여하거나, 장애고용서비스, 지역개발 프로그램, 잡액티브 등의 고용서비스 제공자와 구직 협약을 맺거나, 장애고용서비스 제공자의 장애관리서비스 프로그램에 참여

---

6) 학생이거나 견습생인 원주민 및 토레스해협 군도 주민의 비용을 지원하는 급여이다.

한 장애인이거나, 새출발수당, 청소년수당, 학생수당의 수급자일 경우 2주간 93. 2달러의 표준급여를 지급받는다.

장애지원연금이나 부모급여를 받거나, 구직자로서 새출발수당 또는 청소년수당을 받으면서 최저임금 이상의 급여로 주당 15시간 이상 일하거나, 지원임금체계(*supported wage system*) 하에서 생산성에 기초한 임금으로 주당 15시간 이상 일하거나, 장애고용서비스, 지역개발 프로그램, 잡액티브 등 고용서비스 제공자와 주당 15시간 이상의 구직 협약을 맺은 경우 2주간 130. 3달러의 상위급여를 받을 수 있다. 임금근로, 자영업, 교육 및 훈련, 협약이 종료되어도 12주간 추가로 이동수당을 받을 수 있다. 이동수당은 소득조사와 재산조사를 받지 않는다.

3) 16세 미만 장애아동 대상 급여

(1) 아동장애지원급여

아동장애지원급여(*child disability assistance payment*)는 장애가 있는 자녀를 돌보는 비용을 부모에게 지원하는 급여로, 이 급여를 받기 위해서는 16세 미만 자녀에 대한 돌보미수당을 받고 있어야 한다. 돌보미수당 수급자는 한 자녀당 매년 1천 달러까지 일시불로 아동장애지원급여를 받을 수 있다.

(2) 청년장애보조급여

장애지원연금을 받고 있는 20세 이하의 장애인은 자동적으로 장애지원연금에 청년장애보조급여(*youth disability supplement*)가 포함된다. 또한 최소 2년 이상 지속될 것으로 예상되는 질병, 부상 또는 장애 때문에 주당 30시간 이상 일하지 못함을 증명하는 사정[7] 결과를 받은 21세 이하의 구직자나

---

7) 고용서비스 사정(*employment services assessment*)을 말하며, 근로능력을 살펴본다. 장

전일제 학생 또는 호주 견습생(*Australian apprentice*)으로서, 청년수당이나 원주민 학생수당의 수급자인 경우 청년장애보조급여를 받을 자격이 있다.

청년장애보조급여의 최대급여액은 2주에 123.5달러이며, 주 소득지원급여와 함께 지급된다. 급여액은 주 소득지원급여액에 따라 차이가 있다. 장애지원수당을 받는 경우, 청년장애보조급여는 면세이다. 또한 소득 및 재산조사를 받을 필요가 없지만 급여액은 소득과 재산조사에 의해 영향을 받는다.

4) 무급 돌보미를 위한 급여

(1) 돌보미부조

돌보미부조(*carer payment*)는 돌봄 역할 때문에 유급고용으로 자신을 부양할 수 없는 사람들에게 제공하는 소득지원이다. 이 급여는 소득조사와 재산조사를 받아야 한다.

이 급여를 받기 위해서 신청인은 돌봄 대상자를 그 사람의 집에서 항상 보호해야 한다. 돌봄 대상자는 신체적·지적·정신적 장애가 있거나, 부양아동이 있는 장애인이거나, 중증장애 또는 중증질환이 있는 아동이거나, 장애 또는 질환이 있는 두 명 이상의 아동이어야 한다. 아동을 위한 돌보미부조를 받는 사람은 자동적으로 돌보미수당을 받을 자격이 있다.

(2) 돌보미수당

돌보미수당(*carer allowance*)은 장애인, 환자, 노인을 매일 보호하는 돌보미를 위한 소득보조이다. 이 수당을 받기 위해서는 대상자가 16세 미만의 장애나 중증질환이 있는 부양아동을 함께 거주하면서 일상적으로 돌보거나,

---

애인에 대한 사정은 현재 및 미래의 근로능력도 파악한다.

개별적으로는 돌보미수당의 자격이 없는 16세 미만의 장애나 질환이 있는 아동 두 명을 돌보면서 상당한 보호책임을 갖고 함께 거주하는 부양아동이 있거나, 16세 이상의 장애인이나 중증질환자 또는 노인을 매일 돌보면서 돌보미의 가정 또는 돌봄을 받는 사람의 가정에서 보호를 제공해야 한다.

돌보미수당의 급여액은 2주간 123.5달러이며, 16세 미만 아동의 경우에는 건강보호카드를 함께 받거나 건강보호카드만을 받게 될 수도 있다.

3. 국가장애전략[8]

국가장애전략 2010-2020(National Disability Strategy 2010-2020)은 호주의 장애인과 장애인 가족 및 돌보미의 삶을 개선하기 위한 최초의 10년 단위 전국 정책 계획으로, 2011년 2월 호주연방위원회(COAG)에 의해 공식적으로 승인되었다.

국가장애전략은 모든 수준의 정부, 산업, 지역사회의 정책 및 프로그램 개발을 통합함으로써 전국 차원의 접근을 강조하였다. 장애인 대상 주류 서비스의 접근성을 개선하기 위해 이 전략 하에서 수행된 행동은 현재 국가장애보험제도를 포함하여 호주 연방 정부, 주 정부 및 지역 정부가 제공하는 장애-특화 서비스 및 프로그램을 보완한다.

호주는 2008년에 유엔 장애인권리협약(The Convention on the Rights of Persons with Disabilities: CRPD)을 인준하였다. 호주 정부는 국가장애전략이 장애인, 장애인 가족, 그리고 돌보미에게 영향을 미치는 정책 및 프로그램과 장애인권리협약의 원칙을 확실히 결합하는 데 도움이 될 것으로 기대하고 있다.

---

8) 이하의 내용은 호주연방위원회의 자료(COAG, 2011)를 주로 참고하였다.

국가장애전략은 연방 정부 및 국가장애협약(National Disability Agree-ment: NDA)을 체결한 주 정부가 제공하는 전문적 장애 지원체계의 범위를 넘어선다. 모든 주 정부가 개별적 장애전략을 갖고 있지만 국가 단위로 전략을 세움으로써 장애인, 장애인 가족 및 돌보미에게 영향을 미치는 주요 정책 영역을 포함한 장기 목표를 정교하게 제시한 것은 처음이다.

국가장애전략의 핵심 전략은 정책의 개발, 실행 및 모니터링에 장애인이 참여하도록 하는 것이다. 특히, 전략 계획의 첫해에 장애인, 장애인 가족 및 돌보미, 정책 입안자, 서비스 제공자, 노동조합, 기업인과 지역사회 구성원이 국가장애전략을 실행하는 최선의 방법을 두고 함께 협력함으로써 2020년의 비전을 위해 함께 일할 기회를 제공하게 된다.

또한 국가장애전략의 핵심적인 조치는 호주의 장애인을 위한 국가적 진전을 추적하는 경향 자료를 사용하여 정기적으로 높은 수준의 보고서를 발행하는 것이다. 보고서는 매 2년마다 준비하며 국가장애전략의 6개 성과 영역에 기초한 경향 자료를 사용한다.

국가장애전략 1차 연도 종료시점에는 지역사회 및 장애서비스 부서에서 호주연방위원회에 실행계획의 개요를 제시하는 보고서를 제출한다. 이후 최우선 정책 실행의 성과에 대하여 매 2년마다 정기 보고서를 발간한다. 각 시점에서 장래 활동을 위한 정책 방향과 영역을 검토하여 국가장애전략이 장애인을 위한 더 나은 결과를 계속 만들 수 있도록 한다. 이 보고서들도 장애인권리협약에 대한 호주 정부 보고서에 기여할 것으로 기대된다.

1) 국가장애전략의 비전

국가장애전략의 비전은 '장애인이 평등한 시민으로서 자신의 잠재력을 달성할 수 있도록 가능하게 하는 포용적 호주 사회'를 형성하는 것이다.

국가장애전략의 목적은 첫째, 주류 및 장애-특정 영역의 공공정책에 걸친 정부 활동에 일관성을 부여하고 이를 안내하는 높은 수준의 정책 틀을 설정하는 것이다. 둘째, 주류 서비스의 성과를 개선하여 장애인을 위한 성과로 연결되도록 이끄는 것이다. 셋째, 장애 문제에 주목하게 만들고, 장애인에게 영향을 미치는 모든 공공정책의 개발과 실행에 장애 문제가 포함되도록 분명히 하는 것이다. 넷째, 장애인을 더 많이 포용하도록 국가의 정부 조직을 인도하는 것이다.

2) 국가장애전략의 원칙

국가장애전략은 유엔 장애권리협약 3조에서 제시한 원칙을 받아들인다.

① 천부적 존엄성, 선택의 자유를 포함한 개인의 자율성 및 자립에 대한 존중
② 비차별
③ 완전하고 효과적인 사회참여 및 통합
④ 인간의 다양성과 인류의 한 부분으로서 장애인의 차이에 대한 존중 및 수용
⑤ 기회의 균등
⑥ 접근성
⑦ 남녀의 평등
⑧ 점진적 발달능력 및 정체성 유지를 위한 장애아동의 권리에 대한 존중

국가장애전략에서 정부가 개발한 정책과 실천은 주류 영역을 포함, 다음과 같은 관점을 반영한 접근을 강화한다.

첫째, '장애인의 참여'이다. 장애인의 참여를 위한 적절한 지원과 함께 장애인에게 영향을 미치는 정책, 프로그램 및 서비스의 설계, 재정, 전달 및 평가에서 장애인의 관점이 핵심이 되도록 한다.

둘째, '지역사회의 개입'이다. 지역사회 생활에서 장애인 포용에 대한 장

벽을 제거하고 지지하기 위해서는 전체 지역사회의 변화 노력이 필요하다.

셋째, '보편적 접근'이다. 상품, 서비스, 환경 및 지역사회 등을 최대한 모든 사람이 특별한 변경이나 적응 없이도 용이하게 접근하여 이용할 수 있도록 한다.

넷째, '생애주기 접근'이다. 전 생애에 걸쳐, 특히 이정표 및 전환기에 관심을 기울여 생애주기마다 요구될 가능성이 큰 욕구와 열망을 고려한다.

다섯째, '인간 중심'이다. 장애인을 위한 정책, 프로그램 및 서비스는 각 개인의 욕구와 희망에 반응하도록 설계한다.

여섯째, '자립생활'이다. 가장 높은 수준의 자립, 그리고 장애인의 선택을 반영하는 생활양식의 향유를 촉진시키는 서비스와 장비를 공급한다.

일곱째, '상호연계성'이다. 정부는 각 정책과 프로그램의 상호연계성이 분명하도록 함께 일한다.

3) 국가장애전략의 정책 성과 영역

국가장애전략 정책은 장애인 차별이나 불평등 등의 증거가 있는 영역 개선에 초점을 둔다. 국가장애전략은 장애인, 장애인 가족 및 돌보미의 삶을 개선하기 위해 6개 정책 성과 영역을 정하고 있는데, 이는 유엔 장애인권리협약의 원칙과도 일치한다.

(1) 포용적이며 접근가능한 지역사회

이 영역에서 추구하는 성과내용은 장애인이 사회생활, 경제생활, 스포츠생활, 및 문화생활에 완전히 참여할 기회가 보장된, 접근가능하고 잘 설계된 지역사회에 거주하는 것이다.

장애인이 사회생활 및 문화생활과 함께 시민적 기회, 정치적 기회 및 경제적 기회에 대한 제약을 경험하게 되는 것은 물리적 환경과 자연 환경, 서비스와 프로그램에서의 장벽 때문이다. 이러한 장벽을 제거하는 첫 번째 핵심 단계는 공원, 주택, 쇼핑센터 및 스포츠 경기장 등에 이르기까지 지역사회가 가진 시설의 설계와 건축에 보편적 설계를 결합시키는 것이다. 이러한 보편적 설계는 정부, 기업 및 비정부 조직이 운영하는 프로그램을 설계할 때도 적용할 수 있다. 이를 통하여 많은 비용이 드는 부가서비스나 특별한 지원 없이도 프로그램을 이용하고 접근할 수 있는 사람의 수를 최대화함으로써 효율성을 높일 수 있는 것이다.

호주 정부는 대중교통과 건축물에 대하여 최저 접근성 표준을 채택하고, 금융과 통신영역의 접근성도 개선해 왔다. 하지만 모든 사람이 지역사회의 자원을 가능한 한 최대한 이용할 수 있게 하는 데는 아직까지 부족한 면이 많다. 이 성과 영역에서는 5개 정책 방향을 제시하고 있다.

- 정책 방향 1: 장애인, 장애인 가족 및 돌보미의 지역사회 사회생활, 문화생활, 종교생활, 여가생활 및 스포츠 생활에 대한 참여 확대
- 정책 방향 2: 기획 체계와 규제 체계로 지역사회 모든 구성원의 참여와 포용을 극대화하면서 물리적 환경과 자연 환경에 대한 접근성 확대
  - 기획 체계는 접근성 개선에 결정적으로 중요하다. 기획 단계에서 접근 가능성 규격을 포함시키면 일반적으로 비용이 더 적게 들며 더 효과적이다. 장애인에게 도움이 되는 많은 요소는 아동이나 유모차를 끌고 다니는 부모, 노인에게도 친화적이다.
- 정책 방향 3: 장애인에게 거주지 선택권을 부여하는 접근 가능하고 잘 설계된 주거의 공급 확대
  - 장애인은 거주지를 찾을 때, 특히 민간시장에서 상당한 장벽을 경험한다. 주택의 건물 구조를 변경하는 데 상당한 비용이 들거나, 연령이 많거나 장애가 있는 사람들의 욕구를 충족시키지 못하는 설계에 의해 이러한 장벽이 나타나는 경우가 많다. 보편적 설계를 더 많이

반영할수록 지역사회는 노화로 인한 장애인을 포함한 모든 장애인에게 더 개방적이 된다. 이는 거주지 관련 선택지를 더 많게 할 뿐 아니라 친구와 가족을 더 많이 방문할 사회적 기회도 제공한다.

- 정책 방향 4: 전체 지역사회에 접근가능한 공공·민간·지역 교통체계
  - 지역사회에서의 이동 능력은 장애인 생활의 모든 측면을 떠받치며, 국가장애전략에서 제시된 모든 정책 성과(학습과 기술에서 고용, 권리의 향유까지)를 달성하는 데 필수적이다. 지역사회를 자유롭게 다니기 위해서는 장애인의 공공교통수단뿐만 아니라 민간교통수단에 대한 접근성도 확대되어야 한다. 이는 자동차 구조 변경과 접근가능한 주차로 달성할 수 있다. 그러나 보도, 자전거도로, 지방도로가 장애인의 완전한 접근이 용이하도록 설계되지 않은 경우가 아직 많다. 장애인 이동의 연속적 접근성 확보로 대중교통 거점을 지역서비스와 접근가능한 주거에 연결시킬 필요가 있다.
- 정책 방향 5: 접근가능하고, 신뢰할 수 있으며, 장애인과 장애인 가족 및 돌보미의 욕구에 반응하는 의사소통 및 정보체계
  - 장애인은 수화통역사나 대화판 이용에 대한 욕구부터 정보에 접근하는 대안 양식에 대한 욕구까지, 의사소통의 어려움을 극복할 욕구를 가질 수 있다. 의사소통을 할 수 있다는 것은 학업을 마치거나, 일자리에 지원하거나, 쇼핑을 하거나, 대중교통을 이용하거나, 은행을 이용하거나, 사회적 접촉을 유지하는 등 생활의 모든 면에서 중요하다. 인터넷 사용은 교육과 정부의 서비스, 사회적 연계 및 지역사회 지원에 접근하는 데 더욱 더 중요해지고 있다. 디지털 의사소통이 계속 증가하는 과정에서 장애인이 이에 뒤떨어지지 않도록 하는 것이 중요하다. 국가광대역통신망(national broadband network)과 같은 조치를 통해 기술 접근성이 높아지면 장애인을 위한 혁신적 기회 개발이 가능해지게 될 것이다.

이 성과 영역에서의 행동의 예로, 1만 5천 채 이상의 새로운 공공주택 및 지역사회 주택 등 사회적 주택에 보편적 설계 요소를 포함시켜서 접근성을 개선한 사례가 있다. 또한 모든 주 정부가 각종 행사 및 활동에 접근하는 데 보호자의 돌봄이 필요한 장애인의 사회통합을 촉진하고자 국가동반자카드(national companion card) 제도를 도입하였다. 또한 웨스턴오스트레일리아주 정부의 장애서비스위원회는 모든 사람이 해변에 동등한 접근성을 갖도록 보장하고자 해변 깔개와 해변 휠체어를 비치하였다.

(2) 권리 보호, 사법과 입법

이 영역에서 추구하는 성과는 장애인의 권리를 증진하고, 지키고, 보호하는 것이다. 여기에서는 차별금지 제도, 이의제기 구조, 옹호, 선거 및 사법체계를 다룬다.

여기에서 추구하는 초점은 호주의 1992년 〈장애차별금지법〉(Disability Discrimination Act)에 나타나 있다. 또한 호주가 장애인의 인권을 종합적으로 제시한 유엔 장애인권리협약을 인준했다는 것에서도 함축되어 있다. 국가장애전략은 장애인의 권리에 대한 인식과 이해를 증진시키고, 사법체계의 장애인에 대한 대응을 개선하고, 장애인의 안전을 보장하며, 장애인이 국가의 경제생활·시민생활·사회생활에 완전히 참여할 수 있도록 하고자 한다.

- 정책 방향 1: 장애인 권리에 대한 인식과 수용을 향상시킨다.
  - 호주가 장애인의 권리에 초점을 맞춘 법적 보호 장치(〈장애차별금지법〉)를 갖고 있지만 실제 생활에서 장애인의 권리를 더 많이 알고 더 깊이 수용하도록 촉진해야 한다.
- 정책 방향 2: 장애인이 동등한 시민으로서 참여하는 것을 저해하는 사회적 장벽을 제거한다.

- 때로 시민으로서 권리를 행사하는 과정에서 정치 및 사법체계 등에 사회적 장벽이 있다. 예를 들어, 대부분의 장애인이 투표에서 직접적으로 배제되지는 않지만, 시청, 학교 등에 설치된 투표소 상당수는 장애인의 접근성을 고려하지 않았거나 이들을 위한 지원을 제공하지 않음으로써 장애인의 투표 과정에 심각한 장벽이 된다.

● 정책 방향 3: 장애인은 사법체계에 접근권을 갖는다.
- 장애인이 다른 사람들과 동등하게 사법체계에 효과적으로 접근하도록 하려면 보조기 및 장비 활용 등 효과적 참여를 촉진하기 위한 적절한 전략이 모든 법적 과정에서 적용되어야 한다. 법관, 법률전문가 및 법정 직원이 장애 문제에 대해 더 잘 인식할 필요가 있다.

● 정책 방향 4: 장애인을 폭력, 착취 및 방임으로부터 보호한다.
- 장애인이 폭력, 착취 및 방임에 더 취약하다는 많은 증거가 있다. 장애인은 일반적인 시설에서 폭력 피해를 더 많이 입는다. 장애인은 범죄의 희생자가 될 가능성이 높으며, 여성은 그 위험성이 더 높다.

● 정책 방향 5: 형사법체계가 복잡한 욕구가 있거나 취약성이 높은 장애인에게 더 효과적으로 반응하게 한다.
- 복잡한 욕구가 있거나 복수의 장애 및 여러 형태의 불리한 점을 가진 장애인은 사법체계에서 더 많은 장애물에 부딪힌다. 형사법체계에서 지적 장애인은 피해자나 가해자가 되는 비율이 더 높다.

이 성과 영역에서의 행동의 예로 모든 주 정부에서 운영되는 조직에서 제공하는 옹호서비스를 들 수 있다. 또한 주 정부의 치안법정에서 운영하는 장애인을 위한 법정 전환 프로그램은 피고의 정신보건 또는 장애 욕구의 문제를 제기하기 위해 설계되었다. 또한 수도 준주 정부는 캔버라 지역사회 전역에서 장애인과 장애인의 능력, 존엄, 평등에 대한 기여와 권리에 대한 인식을 높이기 위해 학생들의 태도와 행동에 긍정적으로 영향을 미치는 프로그램을 개발하였다. 연방 정부는 〈장애차별금지법〉을 쉽게 이해할 수 있게 만들고, 차별 제소과정을 더 쉽게 만들고자 검토하고 있다.

(3) 경제적 안정

이 영역에서 추구하는 성과는 장애인, 장애인 가족 및 돌보미가 경제적 안정을 유지하여 미래에 대한 계획을 세울 수 있도록 하고, 자신들의 삶에 대해 선택과 통제를 행사할 수 있도록 하는 것이다. 일자리는 경제적 안정에 필수불가결하며, 사회적 포용을 달성하는 데 중요하다. 장애인은 교통비, 보호비, 의료비, 식비 및 의사소통 관련한 추가비용 때문에 다른 사람들보다 더 많은 비용을 필요로 한다. 적절한 주거안정은 장애인에게 선택의 자유를 제공하고 자립적인 지역사회참여를 위한 기반이 된다.

- 정책 방향 1: 장애인, 장애인 가족 및 돌보미의 경제적 안정과 복리를 개선하기 위한 핵심으로 고용기회에 대한 접근성을 향상시킨다.
  - 일자리는 장기적 경제 안정과 복리를 위해 대부분의 사람들이 활용하는 길이다. 직업유지와 경력개발도 중요하다. 이에 대한 장벽을 확인하고 문제를 제기하여 장애인이 자신의 삶을 더 잘 통제할 기회를 갖고, 개인과 지역사회의 부를 축적할 수 있도록 해야 한다.
- 정책 방향 2: 재정적 독립과 고용을 강화하면서도 장애인, 장애인 가족 및 돌보미에게 적절한 생활수준을 제공하는 소득지원과 세금체계
  - 소득지원 급여는 장애인이 존엄성을 갖고 생활할 수 있도록 해야 한다. 2009~2010년 호주 정부는 연금의 적절성을 개선하고, 지속가능성을 확보하기 위해 연금체계를 개편하였다. 소득지원체계는 가능하면 취업하려고 하는 사람들을 격려하도록 만들 필요가 있다.
- 정책 방향 3: 안정성을 갖춘 동시에 비용이 적정 수준인 주거환경에 대한 접근성을 개선한다.

– 장애인에게는 주거안정성과 적정한 주거비 외에도 친구와 가족을 방문할 수 있는 능력, 자신의 주거지와 동거자를 선택하는 능력이라는 또 다른 측면도 매우 중요하다. 장애인에게 공공임대, 사회적 임대 및 민간임대와 구입 등 주거에 대한 다양한 선택지가 제시될 수 있어야 한다.

이 성과 영역에서의 행동의 예로 호주 정부는 87만 명 이상의 연금수급자 및 돌보미에게 연금을 지급할 수 있도록 2009~2010년의 관련 예산을 늘렸으며, 돌보미 보조급여(carer supplement)도 50만 명의 돌보미에게 지급했다.

또한 장애인이 일자리를 찾고 유지하도록 지원하기 위해 국가정신보건청과 장애고용전략을 통해 다양한 정책을 펼쳤다. 세부적으로는 17억 달러를 장애고용서비스에 지출했고, 사업장의 접근성을 개선하기 위해 고용지원기금(Employment Assistance Fund)을 조성했다. 고용주들에게 최대 3천 달러의 임금보조를 하는 장애지원연금 고용인센티브 시범제도를 실시했으며, 사회적 기업 모델과 다양한 인력의 장점을 고려하는 호주 장애기업을 통해 생존 가능성을 개선하고 더 나은 성과를 거두도록 했다.

호주 정부는 장애지원연금에 장애인에게 적합한 고용서비스와 소득지원이 제공되도록 더 공정하고 더 개선된 사정과정을 도입했다. 또한 모든 주정부가 교통, 서비스, 교육 및 훈련 기회에 대한 접근성을 갖도록 적정한 비용의 주거를 제공하는 56억 달러 규모의 사회적 주택 정책을 실시했다. 뉴사우스웨일스주 정부는 장애인의 고용을 촉진하고자 원천소득세 환급제를 도입하였다. 고용주는 자격 있는 피고용인을 6개월 이상 고용하면 4천 달러까지 환급을 요구할 수 있다. 호주 수도 준주 정부는 'ACT 공공서비스 장애인 고용 전략 2011~2015'를 시작했는데, 여기에는 2015년까지 공공서비스에서 장애인의 고용을 두 배로 늘리는 목표를 포함되었다.

(4) 개별 지원 및 지역사회 지원

이 영역에서 추구하는 성과는 장애인, 장애인 가족 및 돌보미가 자립적으로 생활하고 지역사회에 적극적으로 참여하도록 돕는 다양한 지원에 접근하도록 하는 것이다.

일부 장애인은 집에서 일상의 복리를 유지하고 학교, 일자리, 훈련, 오락, 문화생활 등 지역사회 활동에 참여하는 데에 특화된 형태의 지원을 필요로 한다. 개별 지원 및 지역사회 지원은 국가장애협약을 통해 예산을 받아 공급되는 장애 특화 지원과 비장애인 시민들도 보편적으로 이용가능한 지원서비스 모두로부터 받을 수 있다.

- 정책 방향 1: 지역사회의 경제·사회·문화생활에서 자립과 참여의 기회를 극대화하는 인간 중심적이고, 스스로 관리하며, 지속가능한 장애지원체계를 구축한다.
  - 호주에서 전문가 장애지원체계는 주로 연방 정부와 주 정부 간의 국가장애협약으로 제공된다. 호주뿐만 아니라 세계적으로 서비스체계 내에서 이용자가 완전한 선택권을 가지고 개별화된 예산을 스스로 관리하도록 체계를 변화시키려는 경향이 존재한다. 개별화된 접근은 장애인, 장애인 가족 및 돌보미에게 더 많은 선택권을 보장하며 유연성도 더 크다.
- 정책 방향 2: 복합적이고 높은 수준의 지원을 필요로 하는 장애인의 특별한 욕구와 상황에 반응하는 장애지원체계를 구축한다.
  - 복합적이며 높은 수준의 욕구가 있는 장애인은 지역사회에 접근하고 자신들이 필요로 하는 지원을 얻는 데에서 더 특수하고 높은 장벽을 경험한다. 많은 경우 그들은 지역사회 배제의 위험을 가장 많이 안고 있으며, 장기보호 및 가족에 대한 지원 등과 같은 지원을 필요로 할 가능성이 더 높다.

- 정책 방향 3: 보편적 개별 지원 및 지역사회 지원서비스를 이용하여 장애인, 장애인 가족 및 돌보미가 욕구를 충족시킬 수 있게 한다.
  - 장애인도 관계상담 및 재정상담, 양육지원, 여성 위기서비스 또는 약물 및 알코올 중독 관련 서비스와 같은 지원서비스에 접근할 필요가 있다. 개별 및 지역사회서비스는 장애인을 포함한 지역사회의 모든 사람이 이용할 수 있어야 한다.
- 정책 방향 4: 가족과 돌보미의 역할을 인정하고 지지한다.
  - 장애인, 장애인 가족 및 돌보미 간의 관계는 많은 경우 상호지지의 관계이다. 장애인의 더 나은 성과는 돌보미와 가족의 더 나은, 더 지속가능한 성과를 의미하기도 한다. 재화, 서비스, 공간 및 장소에 대한 보편적 접근성은 돌보미, 특히 장기 돌보미와 위기상황의 돌보미를 위해 지속가능한 환경을 만들도록 돕는다. 앞으로 50년 간 보호와 지원이 필요한 사람의 수는 증가하고, 돌보미의 비율은 감소할 것이라는 점을 고려하면 이는 더욱 중요하다. 돌보미를 지원하는 것은 여성과 남성 간의 경제적 성과의 동등성을 지원하는 데에 중요하기도 하다.

이 성과 영역에서의 행동의 예로 2012년에 호주 정부는 국가장애보험제도 1단계 실행을 위해 4년간에 걸쳐 10억 달러의 재정을 투입한다는 계획을 밝혔다. 호주 정부는 전반적 설계, 재정, 운영방법의 개발에 초점을 두고서 국가장애보험제도를 마련했다. 장애인을 위한 지속가능하고, 효과적이며, 세계적인 지원 모델을 구축하는 것을 목적으로 하는 이 제도는 2016년부터 단계적으로 시행됐다.

또한 퀸즐랜드주 정부는 4년간 주당 15시간의 추가 휴식을 제공하기 위해 16~25세의 욕구가 높은 장애인 및 돌보미를 대상으로 2,200달러를 제공하여 단기보호를 실시할 예정이다.

(5) 학습과 기술

이 영역에서 추구하는 성과는 장애인이 장애인의 욕구에 반응하는 포용적인 고품질 교육체계에 참여함으로써 자신의 완전한 잠재력을 성취하도록 하는 것이다.

현재 장애 학생과 비장애 학생 간에는 12년의 교육, 직업교육 및 훈련, 자격증 교육, 대학교육 등의 참여에서 상당한 격차가 존재하므로 교육과 직장에서 불리한 사람들을 돕기 위해 특화된 지원이 필요하다. 그러나 주류 교육 프로그램은 모든 능력 수준의 사람들을 위해 설계될 필요가 있다.

- 정책 방향 1: 유년기부터 성인기까지 전체 교육과정의 공급자가 다양한 능력 수준의 사람들을 위한 포용적이고 고품질인 교육 프로그램을 전달할 수 있도록 공급자의 능력을 강화한다.
  - 보편성 원칙에 기초를 둔 포용적이며 접근가능한 교육문화가 모든 능력 수준의 학생들을 도울 것이다. 교사 훈련과 개발은 교사들이 모든 학생의 다양한 교육적 욕구를 충족시킬 능력을 갖추는 데 필수적이다. 많은 장애인은 자신의 완전한 잠재력을 발휘하지 못하는 주 원인으로 주위 사람들의 낮은 기대를 든다. 교육 공급자가 장애 학생과 비장애 학생에게 같은 기대를 갖고, 장애를 가진 가족구성원에 대해 열망을 가진 가족과 협력·지지하는 것이 중요하다.
- 정책 방향 2: 장애인·비장애인 간 교육성과 격차 축소에 집중한다.
  - 장애 학생과 비장애 학생 간의 교육성과 격차 축소는 장애인, 장애인 가족 및 돌보미의 사회적 복리와 경제적 안정성 개선의 핵심이다.
- 정책 방향 3: 유아기, 교육, 훈련과 기술개발을 위한 정부개혁과 조치는 장애인의 욕구에 명확히 반응하도록 한다.
  - 주 정부와 호주연방위원회가 추진하는 교육개혁은 생애기간에 걸쳐서 장애인에게 교육의 반응성 개선을 위한 기회를 제공한다. 예를

들어, 현재 국가교육협약(National Education Agreement)의 성과 중 하나는 모든 아동이 학교 수업에 참여하고 그로부터 혜택을 받는다는 것이다.

- 정책 방향 4: 장애 학생의 학교에서 고등교육, 고용 및 평생학습으로의 전환과정을 개선한다.
  - 많은 장애 학생이 교육과 훈련을 받지만 교육환경 간, 그리고 교육과 고용 간 전환에 구체적 관심을 두어야 할 필요가 있다.

이 성과 영역에서의 행동의 예로 연방 정부와 주 정부는 자폐 아동을 위한 조기개입과 지원을 개선했다. 1억 9천만 달러 예산으로 이루어지는 연방 정부 자폐아동지원(Commonwealth helping children with autism) 조치는 전국에 걸쳐 8개의 자폐 전문 조기학습센터를 설립하고, 조기개입 치료에 예산을 지원하며, 플레이커넥트(PlayConnect)라는 자폐 전문 놀이집단 등을 지원한다. 또한 호주 정부는 장애 학생을 위한 더 많은 지원(More Support for Students with Disabilities) 조치로 교사들이 장애 학생의 욕구를 더 많이 충족시킬 수 있도록 더 많은 자원과 훈련을 제공하기 위해 2억 달러를 투입한다.

사우스오스트레일리아주 정부는 장애 청소년의 자립 전환과 학교 졸업 후 성과를 지원하는 조치를 실시한다. 또한 더 나은 경로 프로그램(Better Pathways Program)은 장애와 정신질환 청소년에게 옹호, 멘토링, 지원 서비스를 제공한다. 모두를 위한 기술(Skills for All)은 장애인을 포함한 취약 집단을 위한 직업교육 및 훈련의 접근성을 높이기 위한 새로운 정책 방향이다.

퀸즐랜드주 정부의 나의 미래, 나의 삶(My Future, My Life) 조치는 장애 청소년이 학교 졸업을 앞둔 몇 년 동안 학생 생활에서 성인 생활로 효과적인 전환을 이룩할 수 있는 계획을 세우도록 지원한다.

(6) 건강과 복리

이 영역에서 추구하는 성과는 장애인이 전 생애에 걸쳐서 가능한 한 최고 수준의 건강과 복리를 얻도록 하는 것이다.

장기 장애인은 상대적으로 건강상태가 나쁘고 보건체계는 그들의 욕구를 충족시키지 못하는 경우가 많다. 여기에는 장기적인 신체적 및 정신적 손상을 가진 사람들뿐 아니라 지적 장애인도 포함된다. 열악한 건강상태는 그들의 장애와 직접 연관되지 않은 측면의 건강도 포함한다.

연방 정부 및 주 정부는 국가장애전략 및 국가의료협약을 통해 장애인의 건강불평등을 감소시키고, 접근과 포용의 개선을 계획하며, 건강과 복리를 위한 기회를 증대하도록 협력한다.

- 정책 방향 1: 모든 보건의료서비스 공급자(병원, 일반의, 전문의 서비스, 관련 의료, 치과, 정신보건, 전 국민 보건 프로그램과 구급차서비스 등)는 장애인의 욕구를 충족시킬 수 있는 능력을 갖는다.
  - 호주의 주류 보건서비스에는 장애인에 대해서 잘 알지 못하거나 장애인의 욕구에 잘 반응할 준비되지 않은 사례들이 있다. 성인 장애인의 사망률과 이환율은 여전히 일반 인구에 비해 상당히 높다. 훈련과 경험의 부족으로 인해 의료전문가들이 장애인의 증상을 치료가 필요한 별개의 건강상태가 아닌 장애의 일부라고 가정하는 경우가 발생한다.
- 정책 방향 2: 장애인을 위한 적시적 · 포괄적 · 효과적인 개입과 조기개입 보건서비스
  - 조기개입과 재활에 대한 접근성은 장애인에게 필수적이다. 조기개입은 장애인 개인의 장기성과를 개선하는 동시에 보호와 지원의 미래비용을 감소시킬 수 있다. 장애인은 비장애인과 동일한 예방의료서비스를 받아야 하지만 물리적 장벽, 보건의료 공급자의 지식 부

족, 선입견 또는 의사소통의 어려움 때문에 접근성에서 격차가 나타난다.

- 정책 방향 3: 보편적 의료개혁과 조치가 장애인, 장애인 가족 및 돌보미의 욕구를 다룬다.
  - 장애인과 관련 있는 주요 의료개혁의 내용에는 개별화된 보호계획의 개발을 통해 만성질환자들이 치료를 받는 방법을 변화시키고 정신보건 지원을 늘리는 등 보편적으로 접근가능한 의료체계를 구성하는 것이 포함되어 있다.
- 정책 방향 4: 선택과 통제, 사회참여와 관계 등 복리와 건강에 대한 본질적 요소가 정부의 정책과 프로그램 설계를 통해 지원되도록 한다.
  - 한 개인이 자신의 삶에 대해 갖는 통제의 수준은 그들의 삶의 질, 건강과 복리에 큰 차이를 가져올 수 있다.

이 성과 영역에서의 행동의 예로 4차 국가정신보건계획(2009~2014년)에서는 모든 단위의 정부가 정신질환의 회복·예방·조기발견을 지원하도록 하고, 모든 정신질환자가 효과적이며 적절한 치료를 받고 지역사회에 완전히 참여할 수 있도록 지지하는 정신보건체계를 만드는 데 초점을 두었다. 또한 주 정부는 장애인을 대상으로 예방적 건강검사를 실시하고 진단받지 못한 상태를 발견하기 위해 포괄적 건강사정프로그램(comprehensive health assessment program)과 같은 자원을 사용한다.

한편 빅토리아주 정부는 처음으로 지적 장애인 전수조사를 수행했다. 이 설문조사는 지적 장애인의 건강과 복리를 이해하기 위한 중대한 진전이었으며 빅토리아 비장애 주민과 비교할 수 있는 사회적 포용, 경제적 참여 복지 등과 관련한 척도를 제공했다.

뉴사우스웨일즈주 정부는 지적 장애인 보건개선서비스 프레임(Service Framework to Improve Health Care of People with Intellectual Disability)을

개발하여 지적 장애인의 의료욕구와 권리를 폭넓게 이해하고 서비스의 품질, 범위, 일관성, 접근성, 통합성을 개선하려 했다.

4) 국가장애전략의 실행계획

국가장애전략은 3단계 실행계획으로 구성된다. 1단계 계획은 '기초설계 2011~2014'이며, 6개 우선 영역에 걸쳐 변화를 추진하는 6개 주요 행동에 초점을 둔다. 이 계획은 모든 영역에서 장애인을 위한 서비스체계를 개선하고 장벽을 제거하기 위해 고안되었다.

첫째, 호주연방위원회 국가협약과 국가 파트너십의 정기적 검토를 통해 주류 지원체계에 영향을 끼치도록 한다. 장애인의 욕구에 더 잘 반응하여 어떻게 협약을 개정할 수 있을 것인지 함께 고려한다.

둘째, 장애챔피언장관(Disability Champion Ministers)을 임명한다. 국가 장애전략의 실행을 지원하는 강력한 국가적 지도자 역할을 수행하도록 다양한 주류 영역으로부터 장관들을 임명하고 자신들의 영역 내에서 장애 이슈를 위한 투사로서 행동하도록 한다.

셋째, 증거 기반을 개선한다. 장애인의 욕구를 더 많이 알고 이해할수록 더 잘 반응할 수 있다는 것을 인정한다.

넷째, 장애국가전략의 목적을 보완하기 위해 주 정부는 정부 장애계획과 조치를 개발하고 검토하여 실행한다.

다섯째, 정부 정책 및 프로그램의 개발과 실행에 장애인이 참여한다.

여섯째, 국가장애전략의 목적을 실현시키고자 함께 일하도록 하기 위해 정부의 헌신도를 유지한다.

4. 국가장애보험제도[9)]

국가장애보험제도(*The National Disability Insurance Scheme*: NDIS)는 국가 장애전략의 일환으로 장애인을 위한 장기장애보호 및 지원제도에 대한 공공연구를 통해 제안되었다. 호주연방위원회는 장애서비스의 대대적 개혁의 필요성을 느끼고 국가장애보험제도를 구성했으며 2013년 7월부터 시범적으로 시행하여 3년에 걸쳐 호주 전역에서 단계별로 도입된다.

1) 국가장애보험제도의 역사

2010년 호주 정부는 생산성위원회(Productivity Commission)[10)]에 장기장애보호와 지원체계에 대해 연구를 수행하도록 요청하였다. 연구하도록 요청한 내용에는 다음과 같은 주제들이 포함되어 있었다.

- 장애인, 장애인 가족 및 돌보미의 장기적 욕구를 더 잘 충족시키기 위해 어떻게 제도를 설계하고 어떻게 재정을 충당할 것인가?
- 누가 가장 지원이 필요한가? 그리고 지원대상을 위한 서비스와 서비스 전달체계는 어떻게 배치해야 하는가?
- 여러 대안의 비용, 장점, 타당성 그리고 재정 방안은 어떻게 되는가?
- 해당 제도가 의료, 노인 돌봄, 비공식 보호, 소득지원, 상해보험체계와 어떻게 상호작용할 것인가?
- 노동력에 대한 영향은 어떤가?

---

9) 이하의 내용은 국가장애보험제도 홈페이지(https://myplace. ndis. gov. au/ndisstore front/about-us/what-ndis. html)를 주로 참고하였다.

10) 생산성 위원회는 호주 국민의 복지에 영향을 미치는 경제·사회·환경 문제에 대해 독립적으로 조사를 하며 정부에 제언하는 기구로서 1998년 설립되었다.

- 어떤 체계이든 어떻게 도입되고 운영되어야 하는가?
- 어떤 보호와 안전장치가 제도의 부분이 되어야 하는가?

이에 대해 생산성위원회는 2011년 '장애인 돌봄 및 지원'(Disability Care and Support)이라는 두 권의 보고서를 발간하여 호주연방위원회가 요구한 내용을 담았다. 그 결과를 바탕으로 2011년 호주연방위원회는 국가장애보험제도를 통해 장애서비스를 개혁할 필요가 있다는 데 동의했다. 이에 2013년 3월 〈국가장애보험제도법 2013〉을 제정하고 법에 따라 국가장애보험기관(National Disability Insurance Agency: NDIA)을 설립했다.

2) 국가장애보험제도의 특징

국가장애보험제도는 65세 미만의 영구적 중증장애인 46만 명에게 일상생활을 살아가는 데 필요한 합리적·필수적인 지원을 제공한다. 전 생애적 접근을 채택, 장애인에게 초기에 투자함으로써 생애 후기의 결과를 개선하려고 한다. 국가장애보험제도는 장애인이 기술과 능력을 갖도록 지원하여 지역사회와 고용에 참여할 수 있도록 한다. 주요 내용은 다음과 같다.

첫째, 국가장애보험제도는 장애인이 주류의 서비스와 지원에 접근하도록 돕는다. 이는 모든 호주 시민이 보건과 교육체계를 통해 의사나 교사와 같은 사람들로부터 제공받는 서비스이다. 또한 공공주택과 사법체계 및 노인돌봄체계와 같은 영역도 포함한다.

둘째, 국가장애보험제도는 지역사회서비스와 지원에도 접근할 수 있게 돕는다. 이는 스포츠클럽, 지역사회집단, 도서관, 자선기관 등과 같은 지역사회에서 모든 사람이 이용가능한 활동과 서비스이다.

셋째, 국가장애보험제도는 비공식적 지원이 유지되도록 돕는다. 이는 사람들이 가족과 친구들로부터 얻는 도움이다. 사람들이 대가를 지불하지 않는 지원이며, 일반적으로 대부분 사람들의 생활의 일부분이다.

넷째, 국가장애보험제도는 합리적이고 필수적인 재정을 지원한다. 국가장애보험제도는 합리적이고 필수적인 지원을 위해 비용을 지불할 수 있다. 이는 지원이 장애와 관련되어 있으며, 장애인의 일상생활과 목표달성을 위해 요구되는 것을 의미한다.

국가장애보험제도의 지원은 자산조사를 하지 않으며, 장애지원연금과 돌보미수당과 같은 소득 지원에 영향을 미치지 않는다.

3) 국가장애보험제도 가입자격 요건

국가장애보험제도에 가입하기 위한 첫 번째 조건은 호주에 거주하면서 호주 시민이거나 영주권자이어야 한다. 두 번째 조건은 연령 조건으로 65세 미만이어야 한다. 세 번째 조건으로 장애규정을 충족시켜야 하는데, 구체적으로 보면 다음과 같다.

- 다음 활동을 수행할 때 다른 사람 또는 보조기구의 도움이 필요한 경우
  - 다른 사람을 이해하거나 다른 사람들이 이해하는 활동
  - 친구를 만들고 유지하며, 감정이나 정서에 대처하는 활동
  - 새로운 것을 이해하고 기억하고 배우는 활동
  - 침대에서 일어나 집 안과 집 밖을 다니는 활동
  - 목욕이나 샤워, 옷 입기, 식사와 같은 활동
  - 매일의 일을 하고, 금전을 다루거나 결정을 하는 활동
- 미래의 지원욕구를 줄이기 위해 현재 일부 지원이 필요한 경우(조기개입 규정 충족)[11]
- 영구적일 것으로 예상되는 손상을 입거나, 그러한 상태에 처한 경우
- 발달상의 지연[12]이 있는 6세 미만의 아동

국가장애보험제도에서는 65세 미만의 중증장애인 약 46만 명에게 지원
서비스를 제공할 것으로 예상된다.

4) 국가장애보험제도의 서비스

국가장애보험기관은 전 생애에 걸쳐 정보와 의뢰(*information and referral*),
지역사회서비스와 활동에 대한 접근 지원, 개별화된 계획과 지원, 조기개
입 및 필요한 경우의 재정지원을 제공한다.

(1) 정보와 의뢰

장애인 지원은 정보에 대한 쉬운 접근에서 시작한다. 이는 어디에서 지원
에 대한 정보를 얻는지, 지역사회의 이용가능 자원에 어떻게 접근하는지
아는 것을 의미한다. 장애인, 장애인 가족과 돌보미를 포함하여 장애에 영
향을 받는 누구라도 조언, 정보 및 의뢰서비스를 위해 국가장애보험기관에
접근할 수 있다. 국가장애보험기관은 다음과 같은 지원을 제공한다.

- 가장 효과적인 지원방법에 대한 정보를 위한 더 쉽고 나은 접근
- 관련된 장애, 주류, 위기개입, 지역사회서비스 및 지원으로 의뢰
- 진단 조언, 동료지원, 기술개발 등으로 개인의 능력을 키우도록 원조
- 지역의 원조집단, 클럽, 협회, 조치 또는 프로그램과 연계

---

11) 조기개입이 지원대상자의 손상·장애상태·발달상 지연의 영향을 감소시킬 수 있는지,
    손상·장애상태의 영향이 더 악화되는 것을 막을 수 있는지, 보호자가 계속 지원하도록
    돕는 등 비공식적 지원을 강화할 수 있는지를 검토한다.
12) 지연은 자기돌봄(*self-care*), 의사소통, 학습 또는 운동기술에 대해 동일 연령의 다른 아
    동보다 일반적으로 더 많은 도움이 필요하다는 것을 의미한다.

(2) 지역사회서비스와 활동에 대한 접근지원

이용가능한 지원에 접근하거나 사회적, 학문적, 스포츠 또는 다른 관심과 같은 지역사회활동에 참여하는 데 지원이 필요할 수 있다. 지역 코디네이터는 이런 연결을 하는 데 도움을 줄 수 있다.

(3) 개별화 계획과 지원

자격요건을 갖춘 경우에 개별화 계획을 개발하도록 장애인과 협력한다. 장애인은 계획과정을 통해 원조를 받을 수 있다.

- 목표와 열망: 개별화 계획은 개인의 현재와 미래에 대한 목표와 열망에 기초를 둔다. 또한 장애인의 일상생활과 참여를 위한 기능적 지원 욕구, 목표를 추구하는 데 필요한 지원, 전반적으로 자신의 계획을 관리하는 방법도 포함한다.
- 평생의 헌신: 국가장애보험기관은 평생의 헌신이 가장 필요한 사람, 즉 일상생활에 도움이 필요한 영구적이고 상당한 장애를 갖는 사람을 지원하기 위해 평생 동안 헌신을 제공한다. 이러한 지원을 제공하면서 지원욕구는 일생에 걸쳐서 변할 수 있다는 것을 이해한다.
- 가족과 돌보미: 국가장애보험기관은 가족과 돌보미가 제공하는 지원의 결정적인 중요성을 이해하며, 그들의 가치 있는 역할이 유지되도록 분명히 하고자 기획과정의 일부로서 그들과 함께 일한다.
- 개별화 계획의 관리: 계획을 어떻게 관리하고 싶은지 장애인 스스로 결정한다. 계획을 스스로 관리하거나 자신을 돕도록 어떤 사람을 지명하거나 또는 장애인의 입장에서 계획의 전부 또는 일부를 관리해 주도록 국가장애보험기관에 요청할 수 있다.

(4) 조기개입

국가장애보험기관은 조기개입의 중요성을 인지하고, 조기개입이 기능의 영역을 개선하거나 기능의 저하를 늦추거나 완화시킨다는 증거가 충분한 경우에 대상자를 지원한다.

(5) 재정지원

목표, 열망, 욕구, 비공식적 지원에 따라 승인된 개별화 계획에는 재정지원이 포함될 수 있다. 장애인은 지원 공급자를 선택하고, 이 지원이 어떻게 전달될 것인지, 자신의 계획을 관리하는 데 스스로 얼마나 통제를 할 것인지를 선택할 수 있다. 이는 가족, 친구, 그리고 다른 돌보미가 제공하는 비공식적 지원을 보완하기 위하여 기존의 또는 새로운 장애 지원 공급자, 지역사회와 주류 사회의 지원 공급자를 선택하는 것이다. 지원은 새 휠체어나 의사소통도구를 사는 것처럼 일회성으로 이용 가능하며 필요한 순간에 지원이 되도록 확실히 결정할 수 있다.

5. 한국 장애인 복지서비스에 대한 함의

호주의 국가장애전략은 한국의 장애인정책 5개년 계획과 유사한 측면이 있어 새로운 것은 아니다. 그러나 국가장애전략의 일환으로 도입된 국가장애보험제도는 한국의 장애인 복지서비스에 상당한 함의를 가질 수 있다.

한국의 장애인 복지서비스는 매우 다양하다. 장애인 활동지원서비스를 포함하여, 장애인 거주시설서비스, 다양한 재활서비스, 장애인고용공단, 장애인 직업재활시설, 장애인 복지관 및 장애인 단체의 장애인 고용서비스, 특수교육 등 매우 다양하다. 장애인 복지서비스에 대한 재정지원 주체도 보건복지부, 고용노동부, 교육부 그리고 각 지방자치단체 등으로 다양하다. 때문에 한국의 장애인 복지서비스 전달체계는 매우 비효율적이며 사각지대가 쉽게 발생한다. 그 결과 장애인 복지서비스에 대한 장애인들의 만족도는 매우 떨어지고 서비스 접근성도 떨어지는 상황이다.

호주의 국가장애보험제도는 한국과 유사한 비효율적 상황에서 전달체계를 효율화함으로써 장애인 복지서비스를 체계화하려는 시도이다. 또한 국가장애보험제도는 영국 등에서 활용하는 개별 예산제의 장점도 포괄하려는 시도이다. 이 제도는 이제 시범사업을 끝내고 단계적으로 본 사업에 들어간 상태이다. 따라서 국가장애보험제도가 장애인의 사회통합과 복리증진에 얼마나 큰 변화를 가져올 것인지는 앞으로 계속 지켜봐야 하겠지만, 분절적인 장애인 복지서비스 전달체계로 인해 어려움을 겪는 한국으로서는 주목할 만한 가치가 높다고 할 수 있다.

■ 참고문헌

해외 문헌

Productivity Commission (2011). *Disability Care and Support: Productivity Commission Inquiry Report. Vol. 1~2*. Melbourne: Productivity Commission.
COAG (Council of Australian Governments) (2001). *2010-2020 National Disability Strategy*. Canberra: Commonwealth of Australia.

기타 자료

ABS (Australian Bureau of Statistics) (2013). Disability, ageing and carers, Australia: Summary of findings, 2012.
Department of Social Services (2014). 2010-2020 National disability strategy. Progress report to the Council of Australian Governments.

https://www.humanservices.gov.au/individuals/services/centrelink/disability-support-pension. 2017. 10. 17. 인출.

https://www.dss.gov.au/our-responsibilities/disability-and-carers/programmes-services/disability-employment-services. 2017. 10. 16. 인출.

https://ndis.gov.au/about-us/what-ndis.html. 2017. 10. 18. 인출.

1. 머리말

호주는 연방국가 체제로서 지방 정부 6개 주와 2개의 준주로 구성되어 있다. OECD 국가 수준에서 볼 때, 호주의 아동 및 보육서비스 투자는 높은 편이 아니다. 1996년 유럽보육위원회는 각 유럽 국가에게 국가별 보육서비스 투자 비율을 GDP의 최소 1% 수준으로 권고한 바 있다. OECD 국가들의 GDP 대비 보육서비스 투자비율이 평균 0.8%인데 호주는 0.6%로 다소 낮은 편이다(OECD, 2014b). 보육에 대한 공적투자 대비 사적투자 비율 역시 낮은 편이다. OECD 평균 81 대 19인데 비해, 호주는 45 대 55로 민간투자비율이 더 높다(OECD, 2014a).

이는 종일제 보육시설의 공공인프라 비중이 3분의 1에 불과하며, 민간 중심으로 보육인프라가 구축되어 있다는 호주의 상황과 관련이 깊다. 여성의 취업률 역시 OECD 다른 국가보다 낮은 편인 데다 시간제 근로가 보편화 되어 있다(서문희·이혜민, 2013).

20년 이상 지속되는 2.0 이하의 낮은 출산율 위기를 해결하기 위해 호주

연방 정부는 2004년부터 최적의 아동발달을 위한 포괄적 틀을 제공하기 시작했다. 미래의 인적자원 개발을 위한 '영유아보육과 교육의 국가 의제' 발표와 함께, 보육과 교육의 국가적 계획을 꾸준히 추진했다. 특히, 2012년부터 아동 및 보육 관련 서비스를 적극적으로 제공하며 공적 서비스의 수준을 높이기 위해 지속적인 노력을 기울였다. 이 과정에서 이원화되어 운영되던 호주의 보육과 유아교육체계는 오랜 논의과정을 거쳐, 2013년 9월 소관을 교육부(Department of Education)로 통합함으로써 일원화되었다.

유아교육 및 보육서비스의 이원화 역사, 보육의 사회적 형태와 특징, 국가의 보육지원을 위한 투자의 정도, 출산율 저하 현상 등에서 한국은 호주와 유사성을 드러낸다. 특히, 2013년 3~5세 무상보육을 첫 단계로 유보통합을 시도한 한국의 상황에서 볼 때, 호주의 포괄적 아동 및 보육서비스 운영체계는 향후 한국의 아동 및 보육서비스의 방향과 체계를 사회통합적으로 운영하는 데 참조할 수 있을 것이다.

2. 보육서비스 제공 및 이용

1) 영유아 및 아동학습 프레임: 소속감, 존재감, 그리고 자아 형성[1]

호주 정부는 2010년 〈국가 교육·보육서비스 법〉(Education and Care Services National Law)을 제정하였다. 이 법은 보육서비스 운영자 및 서비스 인가, 서비스 운영내용과 평가 등 아동교육과 보호서비스 전반에 걸친 영유아교육·보육 국가품질체계(National Quality Framework for Early Childhood

---

[1] 이 소제목의 내용은 호주 교육고용노사관계부(2009)와 Department of Education, Employment and Workplace Relations(2011)에서 발췌, 재구성하였다.

and Care: NQF)를 확립하기 위한 것이다. 또한 〈국가 교육·보육서비스 규칙〉(Education and Care Services National Regulation)을 하위법령으로 제정하여 각종 구체적 기준을 제시했다. 이 두 규정에 기초한 교육·보육 국가품질체계는 전국의 0~12세 영유아·아동을 위한 종일제보육, 유치원, 유아원, 가정보육, 방과 후 보육에 적용된다(서문희·이혜민, 2013).[2]

〈국가 교육·보육서비스 법〉에 근거하여 2012년부터는 '전국 양질 교육 및 보육 기본안'(The National Quality Framework)이 시행되었다. 이 법령에 따라 출생부터 5세 유아를 위한 영유아보육 프레임(Early Years Learning Framework: EYLF)과 학령기 아동보육 프레임(Framework for School Age Care)이 운영된다(ACECQA, 2013).

호주 정부는 '모든 어린이는 자신과 국가를 위한 더 나은 미래를 창출하기 위해 최상의 삶의 출발을 한다'는 국가적 비전을 토대로 아동들이 수준 높은 교육과 학습을 경험하도록 영유아보육 및 학령기 아동보육 프레임워크를 개발하고 운영한다. 이 프레임워크를 통해 아동기 교육자들이 유엔 아동권리협약의 원칙들을 일상적 환경에서 실현할 것으로 기대된다. 즉, 모든 아동은 자신의 능력을 최대화하며 자신의 가족들과 문화 그리고 자신의 정체성과 언어를 존중하는 교육을 받은 권리가 있음을 천명한다. 이러한 협약 내용은 각 개별 지방 정부에 따라 보완이 가능하나, 보편적으로 다음과 같은 멜버른 선언의 내용을 공유한다.

- 모든 호주 아동은 성공적인 학습자가 된다.
- 모든 호주 아동은 자신감 있고 창의적인 개인이 된다.
- 모든 호주 아동은 능동적이고 정보를 갖춘 시민이 된다.

---

2) 공공보육시설 설치 및 이에 대한 재정지원에 대한 내용은 1972년에 제정된 〈아동보육법〉(Child Care Act)에서 다룬다.

이러한 아동에 대한 기대상을 실현하기 위해서 조기학습 프레임워크를 제시하면 〈그림 16-1〉과 같다. 이는 영유아 및 학령기 아동 모두를 위한 학습 프레임워크로서 소속감(belonging), 존재감(being) 그리고 자아형성(becoming)이 토대가 되며 아동의 삶에 대한 사회적 견해를 선언한다. 이 프레임의 구성은 크게 원칙, 실행, 학습결과로 이루어진다.

교육자들에게 중요하게 부여되는 원칙은 다음의 다섯 가지이다.

〈그림 16-1〉 영유아 · 아동을 위한 학습 프레임워크 요소들

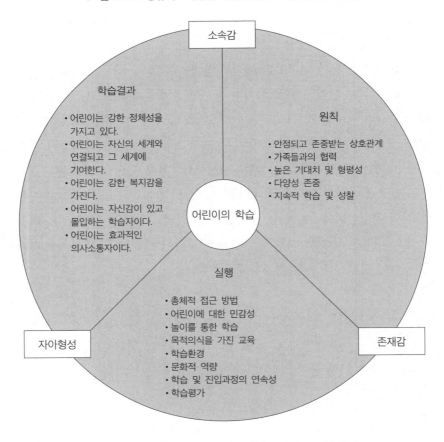

자료: Department of Education, Employment and Workplace Relations(2011).

- 첫째, 아동들이 안정된 관계 속에서 타인과 적극적으로 상호작용하는 능력을 기르도록 돕는다.
- 둘째, 교육자, 가족, 관련 지원전문가들의 협력관계를 통해 아이들이 적극적으로 참여하는 학습기회를 제공한다.
- 셋째, 교육자, 부모들이 아동에 대한 높은 학습성취를 기대함으로써 아동의 학습발달을 돕는다. 또한 아동의 성취기회의 가능성은 평등하고 효과적으로 제공되어야 한다.
- 넷째, 아동의 다양한 역량, 능력을 소중히 하고 가족의 차이를 존중한다.
- 다섯째, 교육자들이 전문지식 및 학습공동체를 구축할 방법을 지속적으로 추구하면서 자신들의 학습과정에 대한 윤리적 성찰을 형성한다.

이러한 원칙하에 영유아교육 및 아동교육을 실행하기 위한 교육학적 실행목록은 다음과 같다.

- 총체적 접근방법 채택
- 놀이를 통한 학습계획과 이행
- 신체적 사회적 학습 환경 창출
- 경험의 연속성을 제공함
- 어린이에게 민감하게 반응
- 목적의식을 가진 교육
- 가정의 사회문화적 상황을 소중히 여김
- 아동의 학습결과 성취를 지원하기 위한 학습 평가 및 점검

다음의 다섯 가지 학습결과는 0~5세 사이의 어린이 그리고 학령기 아동의 통합적이고 복합적 학습발달을 파악하도록 고안되었다.

- 어린이는 강한 정체성을 가지고 있음
- 어린이는 강한 복지감을 가지고 있음
- 어린이는 효과적인 의사소통자임
- 어린이는 자신의 세계와 연결되고 그 세계에 기여함
- 어린이는 자신감 있게 몰입하는 학습자임

한편, 학령기 아동보육 프레임의 목표는 영유아보육 프레임의 연속선상에서 아동복지 및 발달을 심화·확장하는 것이다. 이 제도는 무엇보다도 아동이 안전하고 편안하게 쉴 수 있는 다양한 놀이와 레저 활동을 할 시간과 장소가 필요함을 "나만의 시간, 우리만의 장소"(My Time, Our Place)라는 모토를 통해 강조한다. 즉, 아동이 의미 있는 활동과 경험을 위해 교육자들과 협력하는 시간과 장소를 중요하게 여긴다.

이상과 같이, 영유아보육 프레임과 학령기 아동보육 프레임에 담긴 내용은 호주 정부가 사회적으로 합의한 이상적인 아동상의 법적 표상이라는 점에서 의의가 있다. 아동의 기본적인 권리가 유아와 아동을 위한 교육 및 보육의 목표, 내용, 과정에 이르기까지 구체적이면서도 명확하게 보장된다는 점에서 사회적 육아를 공공화하는 데 긍정적 기여를 할 수 있다.

2) 유아교육 및 보육서비스 현황[3]

호주 대부분의 주 정부는 취학 전 1년 즉, 만 4세 유아교육은 무상으로 실시하되 의무화하지는 않았다. 유아교육과 보육기관은 지원주체와 각 시설의 특성에 따라 다양하다. 유치원은 만 3~5세 아동을 대상으로 오전 9시부터 오후 3시까지 운영된다(서문희·이혜민, 2013). 유치원과 달리 대부분

---

3) 이 소제목의 내용은 서문희·이혜민(2013)과 김효진(2012)의 내용을 참조해 재구성했다.

의 보육시설은 0~5세의 영유아뿐만 아니라 취학아동도 이용이 가능하다.

보육서비스는 크게 인가보육과 등록보육으로 구분된다. 주 정부 및 지방정부로부터 인가를 받아 운영하는 기관 중심의 인가보육(*approved care*)에는 종일제보육(*long day care*), 가정보육(*family day care*), 가정 내 보육(*in-home care*), 일시보육(*occasional care*), 방과 후 보육(*outside school hours care*)이 있다. 등록보육은 가족지원사무소(Family Assistance Office; FAQ)에 보육제공자로 등록한 조부모, 친인척, 유모(*nanny*) 등에 의한 보육을 말한다(김효진, 2012). 호주는 취학 전 영유아와 학령기 아동까지 포함한 0~12세 아동을 대상으로 보육 및 사회적 돌봄을 시행하는 데 이에 대한 구체적 이용현황을 알아보면 다음과 같다.

(1) 보육서비스 이용현황

2004년부터 이어진 복지서비스 투자로 호주 보육서비스 기관 수의 증가추세는 지속되었다. 〈표 16-1〉을 보면 유치원 및 보육기관의 전체 수가 1만 7,312개소로 2010년에 비해 약 1천여 개 증가했다.

〈표 16-1〉 호주의 보육서비스 기관 수

(단위: 개수, %)

구분		2010년		2013년	
		기관 수	비율	기관 수	비율
전체		16,378	100	17,312	100
유형	종일제보육	5,784	35.3	6,148	35.5
	가정보육	313	1.9	422	2.4
	가정 내 보육	69	0.4	71	0.4
	일시보육	85	0.5	117	0.7
	방과 후 보육	3,150	19.3	3,506	20.3
	방학보육	2,157	13.2	2,383	13.8
소계		11,558	70.6	12,647	73.1
유치원		4,820	29.4	4,665	26.9

자료: Department of Education, Employment and Workplace Relations(2011); Department of Education(2014).

구체적으로 3～5세 유아를 담당하는 유치원의 비율이 2010년도 대비 약 3%p 감소한 26.9%인데 비해, 0～12세 영유아 및 아동을 담당하는 보육기관은 약 3%p 증가한 73.1%를 차지했다. 보육기관에 다니는 아동의 비율(73.1%)이 유치원(26.9%)보다 훨씬 높은 것은 초등아동의 보육이 포함되어 있기 때문이다.

보육기관의 비율을 구체적으로 살펴보면 주로 영유아를 담당하는 종일제 보육이 35.5%, 초등학생 중심의 방과 후 보육이 20.3%, 방학보육이 13.8%를 차지했다. 유치원의 경우는 정부기관이 약 35%, 비정부기관이 65%를 차지했다. 4개의 기관 주체 중에서 지역학교가 다수를 차지한 것에 반해 영리 목적의 기관 수는 적었다.

보육서비스 이용률을 살펴보면 〈표 16-2〉와 같다. 2014년 6월 기준으로 0～12세 아동 약 384만 명 중에서 보육서비스를 이용하는 비율은 48%이다. 2011년 6월 기준 통계 52%와 비교해 볼 때, 전체 아동 수 약 20만 명의 증가에도 불구하고 이용률은 4% 감소하였다. 아동의 23.9%가 공식적 보육에 참여하였고, 32.7%가 비공식보육에 참여하였다. 공식적 보육에서는 종일제 보육 참여 비중이 13.5%로 가장 높은데, 1～4세 정도까지 증가 또는 30% 이상의 높은 비율을 보이다가 5세부터 이용률이 급감한다. 이는 초등학교 입학과 관련이 있으며 5세 아동부터는 방과 전·후 보육에 가장 많이 참여한다. 비공식보육의 경우는 조부모, 친척, 비혈연, 비동거부모 순으로 높게 나타난다. 21.8%로 가장 높은 조부모 보육은 1～4세 사이 아동의 참여가 높기는 하지만, 전체 연령에서 고르게 높은 이용률을 보인다. 비동거부모의 보육은 연령이 높아질수록 이용률도 높아지는 양상을 보인다.

〈표 16-2〉 연령별 · 기관별 보육서비스 이용률

(단위: %, 천 명)

구분		1세 미만	1세	2세	3세	4세	5세	6~8세	9~12세	전체
이용 여부										
이용		28.7	60.4	69.9	73.0	62.5	47.0	43.2	37.7	48.1
미이용		71.3	39.6	30.1	27.0	37.5	53.0	56.8	62.3	51.9
공식 여부										
공식보육만		4.6	19.3	34.7	36.1	25.4	16.6	10.1	7.1	15.3
비공식보육만		20.6	24.2	18.3	16.3	21.6	23.5	26.7	27.6	24.2
공식 · 비공식 모두		3.6	15.4	17.8	20.0	16.6	6.7	6.3	2.9	8.5
서비스 유형										
공식 보육	방과 후 학교	-	-	-	-	2.0	15.6	15.3	9.4	7.8
	종일제	6.9	30.2	41.8	49.3	34.8	7.0	0.4	-	13.5
	가정보육	1.4	5.3	7.4	6.1	4.7	1.9	1.1	0.4	2.5
	소계	8.7	35.4	51.7	55.8	41.8	23.8	16.7	9.9	23.9
비공식 보육	조부모	19.7	34.3	28.1	29.6	25.6	19.5	20.5	15.7	21.8
	비동거부모	-	1.3	2.4	2.5	4.5	4.9	4.8	4.8	3.7
	기타 친척	2.0	4.2	4.2	3.0	5.3	4.9	6.6	8.7	6.0
	비혈연	2.5	4.3	3.5	3.3	4.1	4.9	5.0	5.1	4.5
	소계	23.8	40.1	35.5	36.5	37.2	30.0	32.9	30.6	32.7
전체		100	100	100	100	100	100	100	100	100
아동 수(천 명)		307.8	311.4	309.5	296.5	303.4	307.0	891.7	1,121.8	3,843.8

자료: ABS(2015).

〈표 16-3〉 공식보육기관 유형별 보육아 수 및 비율

(단위: 명, %)

구분	2006년		2010년		2013년	
	아동 수	비율	아동 수	비율	아동 수	비율
종일제보육	420,110	52.4	543,539	54.9	585,069	51.3
가정보육	84,350	10.5	93,738	9.5	134,036	11.8
가정 내 보육	3,200	0.4	3,513	0.4	5,730	0.5
일시보육	6,767	0.8	6,401	0.6	7,257	0.6
방과 후 보육	173,770	21.7	211,514	21.4	261,110	22.9
방학보육	107,280	13.4	130,747	13.2	147,371	12.0
기타	5,583	0.7	-	-	-	-
전체	801,060	100	989,452	100	1,140,573	100

자료: Department of Education, Employment and Workplace Relations(2011); Department of Education (2014).

한편, 영유아의 공식보육기관 이용 분포를 연도별로 보면 〈표 16-3〉과 같다. 2013년 공식보육기관에 다니는 영유아 아동 수는 약 114만 명 정도인데 3년 주기로 10만에서 20만 명 정도 증가했음을 알 수 있다. 그런데 종일제 보육의 이용률은 2010년 대비 3%p 정도 감소된 51%, 방과 후 보육이 23%, 방학보육이 12%이다. 가정보육은 2%p 이상 증가했다.

아동을 둔 부모들이 보육서비스를 이용하는 주된 이유를 살펴보면 〈표 16-4〉와 같다. 부모가 공식보육을 이용하는 경우에는 그 이유가 일 관련(73%), 아동이익(17.6%), 개인사정(8.4%) 순으로 나타났다. 비공식보육의 경우 일 관련(61.1%), 개인사정(18.5%), 아동이익(17.9%) 순이다. 비공식보육의 경우, 아동의 이익보다 부모 개인사정이 더 큰 이유인데 이러한 분포는 미취학 아동의 비공식보육 경우에도 마찬가지이다. 흥미로운 것은 취학아동의 비공식보육과 미취학 아동의 공식보육에서 공통적으로 아동이익이 좀더 많은 이유를 차지한다는 점이다. 부모의 아동보육기관 이용 이유로서는 부모의 직업생활이 아동이익보다 월등히 높았다. 이 점은 보유기관의 존재가치가 부모들에게 필요조건이지 충분조건에는 못 미친다고 해석할 수 있다. 그러나 부분적으로 부모들이 사회적으로 제공이 가능한 아동이익에 대한 요구도 고려하고 있음을 알 수 있다. 이런 점에서 볼 때, 부모들의 공식적 보육에 대한 사회적 욕구가 점차 높아질 잠재성이 있음을 추정해 볼 수 있다.

〈표 16-5〉를 보면 0~12세 아동 전체의 공식, 비공식보육 1주일당 평균 이용시간은 17.6시간이다. 이용시간 분포를 보면, 5시간 미만(25%), 10~19시간(22.8%), 5~9시간(18.4%) 순이고 40시간 이상은 11.3%이다. 제공받는 서비스에 따라 이용시간의 분포가 다소 차이가 있는데, 종일보육의 주당 평균 보육시간이 20.9시간, 가정보육이 18.8시간이다. 종일제의 경우 10~19시간(34.9%), 20~29시간(25.7%)에서 높은 분포를 보였다. 비공식보육의 경우 비동거부모의 평균 보육시간이 41.6시간이고 조부모는

10. 1시간이다. 전반적으로 보육 이용시간이 길지 않은 편인데, 그 이유로 호주의 철저한 취업모 중심의 보육지원 정책을 들 수 있다. 예를 들어, 미

〈표 16-4〉 0~12세 아동의 보육서비스 이용의 주요 이유

(단위: %)

구분		일 관련	개인사정	아동이익	합계
미취학 아동	공식보육	64.9	10.1	23.5	100
	비공식보육	57.6	22.7	15.7	100
취학 아동	공식보육	89.0	4.0	4.9	100
	비공식보육	62.0	15.4	20.1	100
전체 아동	공식보육	73.0	8.4	17.6	100
	비공식보육	60.1	18.5	17.9	100

자료: ABS(2015).

〈표 16-5〉 0~12세 아동의 주당 보육서비스 이용시간 분포

(단위: %, 시간, 천 명)

구분		5시간 미만	5~9 시간	10~19 시간	20~29 시간	30~34 시간	35~39 시간	40시간 이상	전체	평균 (시간)
이용 전체		25.0	18.4	22.8	15.1	4.6	2.8	11.3	100	17.6
서비스 유형										
공식 보육	방과 후	49.4	28.0	17.1	3.8	0.7	-	-	100	6.6
	종일제	1.5	15.4	34.9	25.7	8.0	3.9	9.7	100	20.9
	가정보육	5.2	20.7	32.7	20.5	5.5	2.3	10.5	100	18.8
	일시보육	53.0	31.4	-	-	-	-	-	100	5.5
	소계	18.6	19.8	28.4	17.7	5.9	2.4	6.8	100	16.0
비공식 보육	조부모	37.8	27.0	20.8	9.2	1.7	0.9	3.2	100	10.1
	비동거부모	5.5	5.2	11.1	24.4	3.7	5.1	43.2	100	41.6
	기타친척	56.0	22.1	13.1	3.4	0.6	0.6	3.8	100	8.3
	비혈연	48.0	23.7	15.6	6.6	-	-	3.4	100	8.0
	소계	35.2	23.3	19.1	10.1	1.6	1.3	9.3	100	14.1
공식 여부										
공식보육만		16.7	19.2	27.3	18.4	6.7	2.8	8.0	100	17.0
비공식보육만		37.4	20.1	19.3	10.2	2.2	1.5	9.5	100	14.1
공식 · 비공식 모두		4.4	11.4	24.9	23.1	7.8	6.5	21.9	100	28.4
아동 수(천 명)		462.3	339.4	421.5	278.3	85.8	52.1	209.5	1,848.9	17.6

자료: ABS(2015).

취업 부모에게는 주당 24시간만 보육을 지원한다(서문희·이혜민, 2013).
또한 OECD 국가들에 비해 상대적으로 낮은 취업모 비율 및 시간제고용이
많다는 특성도 또 다른 이유로 추론해 볼 수 있다.

〈표 16-6〉에서 0~12세 아동 전체의 주당 보육료를 보면, 공식보육이
평균 96.14달러이고 비공식보육은 9.5달러이다. 기관별로 보면 종일제가
평균 130.97달러, 가정보육이 70.31달러, 방과 후 보육이 43.88달러이
다. 공식보육과 비공식보육의 구분에 따라 평균 보육료의 차이가 크다는

〈표 16-6〉 0~12세 아동의 기관별 1주일 보육료

(단위: %, 달러)

구분		무비용	1~24 달러	25~49 달러	50~74 달러	75~99 달러	100달러 이상	전체	평균 보육료
서비스 유형									
공식 보육	방과 후	3.7	31.3	25.3	11.6	6.4	9.2	100	43.88
	종일제	2.8	3.5	12.0	11.5	11.1	48.1	100	130.97
	가정보육	7.0	14.2	13.6	17.4	9.5	20.5	100	70.31
	소계	3.9	13.7	16.6	12.5	9.5	32.5	100	96.14
비공식 보육	조부모	97.6	0.9	0.5	0.8	0.4	0.5	100	2.08
	기타인	83.0	1.9	2.5	3.8	1.3	7.9	100	19.65
	소계	91.2	1.4	1.2	2.0	0.7	3.7	100	9.50
공식 여부									
공식보육만		4.2	12.8	18.6	10.5	8.5	34.4	100	98.55
비공식보육만		91.0	1.4	1.7	1.7	0.9	3.7	100	9.48
공식·비공식 모두		3.3	14.4	12.4	15.2	10.1	32.2	100	102.29
전체		47.6	7.2	8.9	6.9	4.8	18.7	100	51.70

자료: ABS(2015).

〈표 16-7〉 유치원을 이용하는 4~5세 아동의 주당 보육시간과 비용

(단위: 시간, 달러, 명)

구분	주당 보육시간(평균)	주당 보육비용(평균)	전체 아동 수
정부기관	14.8	25.42	110,200
비정부기관	16.6	121.49	82,200

자료: ABS(2015).

것을 알 수 있다. 그런데 유치원에 다니는 4~5세 유아의 평균적인 주당 보육시간과 비용을 정부기관, 비정부기관으로 구분하여 살펴보면 〈표 16-7〉과 같다. 주당 이용시간 차이는 크게 나지 않으나 정부기관의 비용은 121.49달러인데 비해 정부기관의 비용은 25.42달러로 차이가 크다. 〈표 16-6〉의 종일제보육 전체 평균비용(130.97달러)과 비정부기관 유치원의 평균비용(121.49달러)이 비슷한 것을 감안하면 종일제보육의 상당수가 민간보육시설임을 추정할 수 있다. 4)

지금까지 살펴본 호주의 보육현황에 따르면, 그 대상 아동이 0~12세로 학령기 초등아동이 포함된다는 특성이 있다. 이를 통해 국가의 보육지원이 영·유아, 아동의 발달적 연속선상에서 수행된다는 것을 알 수 있다. 이러한 점 때문에 호주의 보육현황을 한국 사회의 0~5세 중심 보육현황과 직접적으로 비교하는 데는 어려움이 있지만, OECD 지표 및 한국의 보육 관련 통계자료를 활용하여 간단히 비교하면 다음과 같다.

한국의 GDP 대비 보육서비스 투자액은 0.8%이며 OECD 24개국 평균인데 비해 호주는 0.6%이다. 하지만 구매력평가(*Purchasing Power Parity*: PPP) 기준으로 보면 한국의 아동당 유치원, 보육 투자비용은 각각 1,375 USD, 754USD인데 반해, 호주는 각각 5,709USD, 1,726USD이다. 참고로 OECD 가입국가의 평균 투자비용은 각각 3,591USD, 2,549USD이다(OECD, 2014b).

호주의 취원율을 보면, 0~3세가 33.2%, 3~5세가 80.1%이며, 한국은 각각 50.5%, 83.1%이다. OECD 평균은 각각 32.6%, 80.6%이다. 보육기관에 자녀를 보내는 이유가 호주 부모의 경우 압도적으로 부모의 일 때문이라면, 한국 부모는 자녀의 사회성을 포함한 전인적 발달과 초등학교

---

4) 서문희·이혜민(2013)에 따르면, 종일제 보육시설의 70% 이상이 민간부문 서비스기관이라고 한다.

준비가 압도적으로 높다. 보육기관 이용시간은 호주가 일주일 평균 17.6
시간이라면 한국은 하루 평균 7.2시간으로 훨씬 많은 시간을 이용한다
(OECD, 2014b; 육아정책연구소, 2015). 호주에 비해 한국 사회에서 보육에
대한 사회적 요구와 기대가 훨씬 더 높음을 알 수 있다.

(2) 보육인력

호주는 보육교사 양성을 위한 교육과정 측면에서 주마다 상당한 차이가 있
다. 대부분의 대학에서는 캠퍼스 내 교육과 원거리 강의를 병행하며, 최근
에는 3년제 대학에서 연구과정이 강조되는 4년제 우등학사 학위(*honours
degree*) 제도의 채택이 증가했다. 전통적으로 전문대학에서는 1년 과정을
마치면 자격증을 받고, 2년의 과정을 마치면 준학사에 해당되는 학위
(*diploma*)를 받는다. 한편, 보육현장에서 장기적으로 업무를 해 온 사람들
을 대상으로 호주의 국립훈련원(The National Training Board)에서는 1~8
단계까지의 경력인증 척도에 따른 보육직업자격증(Australian Vocational
Certificates)을 수여한다. 1~6단계까지는 초급에서 2급까지 보육교사 자
격증을, 그 이상 단계는 1급에 해당하는 동시에 대학졸업자에 준하는 전문
가의 자격을 인정한다(서문희·이혜민, 2013).

2012년 구성한 '전국 양질 교육 및 보육 기본안'에는 교사의 자격요건을
강화하고 지원함으로써 아동의 학습발달을 적절하게 돕는 질 높은 보육서
비스를 제공할 것을 기대하는데, 다음에 제시되는 보육인력 관련 통계들은
이를 반영한다.

2013년도 전국 아동보육서비스 및 인력 조사에 의하면(〈표 16-8〉 참조),
아동보육분야에 종사하는 근로자는 총 15만 3,155명으로 종일제 보육교사
가 약 49.4%, 유치원교사가 17.6%, 방과 후 보육교사가 11.8%, 방학보
육교사가 10.3%, 가정보육교사가 9.2%로 나타났다. 근로자의 성별 비
율은 여성이 94%, 남성이 5.7%이다. 성 정체성에서 양성성을 가진 교사

가 0.3% 존재하는데, 방과 후 보육과 방학보육을 담당한다.

전체 유치원교사의 66%, 가정보육교사의 63%가 40세 이상인 반면, 종일반 보육교사는 60%가 20세 이상 40세 미만인 것으로 나타나 상대적으로 젊었다. 유치원교사가 보육교사집단보다 상대적으로 학력, 경력 중심의 전문성을 더 인정받는 것으로 추정할 수 있다. 전체 교사 중 원주민 출신 종사자는 2.1%이다.

〈표 16-8〉 기관별 보육교사들의 연령, 성, 원주민 비율

(단위: %, 명)

구분	유치원	종일제 보육	가정 보육	가정 내 보육	일시 보육	방과 후 보육	방학 보육	전체
전체(명)	26,952	75,646	14,054	1,809	872	18,086	15,737	153,156
비율(%)	17.6	49.4	9.2	1.2	0.5	11.8	10.3	100
연령별 비율								
15~19세	1.4	5.7	0.2	1.6	2.2	10.8	10.3	5.5
20~24세	5.2	19.0	2.4	19.5	10.5	31.9	31.2	17.7
25~29세	6.5	16.8	6.3	16.0	8.9	12.5	14.8	13.3
30~34세	8.6	12.7	12.1	8.7	9.7	7.3	8.2	10.8
35~39세	12.8	11.0	16.2	9.6	10.4	6.2	6.4	10.7
40~44세	17.8	10.5	16.1	7.7	16.6	6.8	7.1	11.5
45~49세	16.0	8.6	14.3	9.3	14.2	6.8	6.7	10.1
50~54세	15.3	7.5	12.7	12.5	11.8	7.4	6.6	9.3
50세 이상	16.4	8.2	19.7	15.3	15.7	10.2	8.7	11.1
성별 비율								
남	2.7	2.7	2.8	2.3	1.5	16.0	17.0	5.7
여	97.3	97.3	97.2	97.7	98.5	82.7	81.7	94.0
양성	0	0	0	0	0	1.3	1.3	0.3
원주민 비율								
있음	3.3	1.9	0.7	1.7	2.5	2.2	2.2	2.1
없음	96.7	98.1	99.3	98.3	97.5	97.8	97.8	97.9

자료: Department of Education(2014).

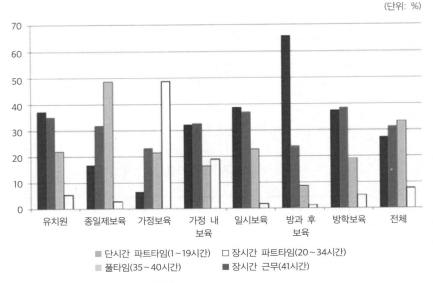

〈그림 16-2〉 기관별 보육교사의 근로시간 유형 비율

(단위: %)

■ 단시간 파트타임(1~19시간)　□ 장시간 파트타임(20~34시간)
■ 풀타임(35~40시간)　■ 장시간 근무(41시간)

자료: Department of Education(2014).

〈그림 16-2〉를 보면 고용된 교사들의 근로시간은 전체적으로 풀타임(35
~40시간)이 33.5%, 장시간 파트타임(20~34시간)이 31.3%, 단시간 파
트타임(1~19시간)이 27.4%, 장시간 근무(41시간 이상)가 7.8%였다. 풀
타임의 경우, 종일반 교사가 49%로 가장 높고 유치원 및 일시보육이 20%
를 약간 상회했다. 단시간 파트타임의 경우, 방과 후 교사가 76%이고 유
치원, 일시보육, 방학보육교사가 35%를 상회하는 수준이다. 유치원 및
보육교사들의 고용안정성의 정도는 전체적으로 높지 않은 수준으로 보인
다. 서문희 · 이혜민(2013)에 따르면, 급여로는 연간 유치원 종일제 교사
가 5만 2천 달러, 보육시설교사가 3만 1,200~5만 1,999달러를 받는다.

다음으로는 보육교사 자격소지와 관련한 2010년과 2013년 통계를 비교
한 자료가 〈표 16-9〉에 정리되어 있다. 이 자료를 참고하면 전체 보육 관련
자격소지자 비율은 69.8%에서 82%로 증가했고, 무자격이 30.2%에서

〈표 16-9〉 보육기관별 보육교사 자격소지 현황

(단위: %)

구분	유치원		종일제보육		가정보육		가정 내 보육		일시보육		방과 후 보육		방학보육		전체	
	2010	2013	2010	2013	2010	2013	2010	2013	2010	2013	2010	2013	2010	2013	2010	2013
학사 이상	36.7	38.8	9.4	11.5	4.5	3.9	6.3	6.9	8.3	7.5	9.3	12.0	14.2	16.2	14.0	16.0
4년제 학사	27.3	29.2	6.0	7.6	2.8	2.2	3.3	4.6	5.0	4.1	6.4	8.6	11.0	12.3	9.8	11.4
3년제 학사 또는 동등학력	9.4	9.6	3.4	3.9	1.7	1.8	3.1	2.4	3.3	3.4	2.9	3.4	3.1	4.0	4.2	4.6
전문학사학위	17.4	19.4	31.9	35.4	16.0	24.3	13.4	21.7	36.7	42.0	18.0	21.2	17.0	20.1	24.6	28.4
3·4급 수료	17.3	30.5	35.2	40.1	36.0	53.3	25.6	32.1	31.9	38.6	19.9	23.7	19.5	23.0	28.8	36.2
3급 수료 이하	2.8	1.6	1.8	1.2	3.4	1.5	4.7	3.4	3.6	2.0	2.9	2.3	2.4	1.9	2.3	1.5
전체 ECEC 관련 학력 소유 직원	74.2	90.3	78.3	88.3	59.9	83.1	50.1	64.1	80.5	90.1	50.0	59.1	53.1	61.2	69.8	82.0
전체 ECEC 관련 학력 미소유 지원	25.8	9.7	21.7	11.7	40.1	16.9	49.9	35.9	19.5	9.9	50.0	40.9	46.9	38.8	30.2	18.0

자료: Department of Education, Employment and Workplace Relations, 2011; Department of Education, 2014.

18%로 감소했다. 전체적으로 자격이 강화되었음을 알 수 있는데, 이는 아동 교육과 보호서비스 전반에 걸친 영유아 교육·보육 국가품질체계 운영을 통해 적극적으로 교사를 교육한 결과로 볼 수 있다. 자격종류별로는 3·4급 자격 수료가 36.2%, 전문학사학위가 28.4%, 학사 이상이 16% 순이다. 유치원의 경우, 4년제 학사 및 그 이상이 68%이고 종일제 보육교사의 경우, 전문학사학위와 3·4급 자격 수료가 75.5%이다. 유치원과 종일제를 뺀 나머지 보육기관교사의 경우는 전문학사학위 이하의 자격을 가진 비중이 상대적으로 높다. 전체적으로 볼 때, 유치원교사의 학력이 보육교사보다 상대적으로 높은 편이다.

한편 아동보육교사는 직업에 대한 전반적인 만족도는 높지만 사회경제적 만족도가 낮은 편이었다. 〈표 16-10〉을 보면, 보육교사의 직업 만족도는 87%로 높은 편인데 반해, 급여와 근무환경 만족도는 48.9%, 사회적 신분과 인식에 대한 만족도는 52.9%로 나타났다. 또한 자신의 직업적 경력을 쌓는 데 대한 관심은 61.4%로 높은 편이다. 기관 유형별로 보았을 때도 일과 관련된 직업적 만족도는 전체적으로 높았다. 만족도가 낮은 경제적 조건, 사회적 신분과 인식에 있어서는 유치원과 종일반교사의 만족도가 낮은 반면, 가정보육을 포함한 나머지 기관교사의 만족도가 더 높았다.

호주의 보육교사 고용은 풀타임 고용 중심인 한국에 비해 장기, 단기 시간제 고용 등 탄력적이다. 참고로 한국 교사들의 평균 근무시간은 약 8시간 30분이다. 교사들의 학력 향상을 통한 자격의 질이 호주 정부의 보육기관 질 관리에 의해 빠른 속도로 향상되고 있음을 알 수 있다. 다른 나라와 비교했을 때 한국의 유아교육·보육교사의 자격기준은 비교적 체계적으로 관리되는 편이지만 최근 도입된 사이버 대학을 통한 자격증 취득은 보완될 필요가 있다. 보육교사의 직업만족도는 높은 데 반해 사회경제적 만족도가 낮은 것은 보편적 현상으로서 호주와 한국 교사 모두 비슷한 경향을 보였다(육아정책연구소, 2015).

〈표 16-10〉 보육교사들의 직업만족도 및 요구

(단위: %)

진술	구분	유치원	종일제 보육	가정 보육	가정 내 보육	일시 보육	방과 후 보육	방학 보육	전체
직업만족도									
내 일에 만족한다	동의	89.6	84.7	88.4	86.0	89.1	89.5	89.5	87.0
	반대	3.9	3.7	3.1	1.7	2.6	2.2	2.3	3.2
급여와 근무환경에 만족한다	동의	46.7	39.8	58.0	59.5	48.9	67.7	68.6	48.9
	반대	33.3	37.5	20.2	20.5	34.4	15.5	14.7	30.4
근무지에는 좋은 분위기와 동료애가 있다	동의	83.8	75.6	76.9	78.9	82.8	87.5	86.5	79.9
	반대	5.3	7.2	5.4	2.6	4.3	2.7	3.4	5.7
운영관리가 지원적이다	동의	80.8	77.8	81.2	78.0	82.0	83.8	85.1	80.1
	반대	6.1	6.8	5.2	5.9	6.9	5.0	4.2	6.1
높은 신분과 긍정적 인식으로 일은 의미 있다	동의	48.1	52.7	59.3	54.0	52.5	56.2	54.8	52.9
	반대	19.5	18.8	15.3	16.2	20.2	13.9	15.3	17.7
일은 스트레스를 준다	동의	54.5	57.0	52.3	41.6	51.1	35.6	36.6	51.3
	반대	18.1	14.6	19.9	25.3	17.0	31.1	29.8	19.3
영유아 교육·보육 분야만족도									
당장이라고 가능하다면 일을 관두고 싶다	동의	9.4	12.8	14.8	5.3	11.4	7.9	8.2	11.2
	반대	76.2	69.1	68.7	80.0	71.6	78.4	75.6	72.3
아이들과 함께 있고 싶어 이 일을 택했다	동의	83.8	85.9	83.9	83.7	83.7	77.6	77.1	83.4
	반대	4.5	3.7	4.5	6.0	3.6	5.9	6.7	4.5
당시 가능한 유일한 기회(일)이기에 선택했다	동의	10.5	14.3	22.3	17.2	18.5	17.3	18.4	15.0
	반대	78.2	72.4	59.5	73.7	66.8	65.5	62.6	70.7
이 분야에서 내 직업경력을 쌓는 데 관심 있다	동의	54.5	64.6	59.7	56.2	56.0	61.3	59.8	61.4
	반대	15.3	11.9	14.4	11.6	13.8	12.5	14.6	13.0
주위에 이 분야에서 일하는 것을 추천한다	동의	65.6	62.4	72.1	70.4	62.0	74.5	72.3	66.2
	반대	9.9	10.5	7.8	3.6	13.2	5.3	6.3	9.1

자료: Department of Education(2014).

3) 보육비용 지원

(1) 보육급여

1999년 제정된 〈신 조세체계법(가족지원)〉〔A New Tax System(Family Assistance) Act〕은 가족지원 전반에 대한 사항을 규정한 법으로, 보육지원인 보육급여와 보육환급, 가족세액공제와 관련하여 지원대상과 조건, 지원비율 산정방법 등에 대한 내용을 담고 있다. 이 법적 근거에 의하여 보육급여(*Child Care Benefits*: CCB) 및 보육비 환급을 통해 재정적 지원을 한다. 소득심사와 거주요건이 보육지원의 주요 자격요건이다. 보육비는 승인된 보육서비스 기관으로 직접 지급되는데, 지급대상 기관은 종일보육, 가정보육, 방과 후 보육, 일시보육, 가정 내 보육이며 등록보육서비스도 포함된다(김효진, 2012; 서문희·이혜민, 2013).

이외에 취업교육훈련아동 보육비지원(*jobs, education and training child care fee assistance*)과 조부모 보육급여(*grandparent child care benefit*)와 특수아동 보호급여(*special child care benefit*), 성인 이민자 영어 프로그램 참여아동 보육급여(*adult migrant english program*) 등의 추가지원제도가 준비되어 있다(Department of Education and Training, 2015~2016).

보육급여를 받기 위한 자격요건은 거주요건, 예방접종, 보육료 지불책임서의 세 가지이다. 부모는 취업 등의 요건에 따라 아동당 1주일에 24시간에서 최고 50시간까지 혜택을 받을 수 있다. 초등학생의 방과 후 보육은 영유아의 85% 수준이 적용된다(서문희·이혜민, 2013). 〈표 16-11〉에 제시된 것처럼, 2013~2014년과 2015~2016년의 통계자료를 비교해 보면 전체적으로 보육급여 지원액이 상승한 것을 알 수 있다. 한 자녀를 기준으로 했을 때, 최대지원 수준은 인가보육의 경우 시간당 4.17달러, 1주일에 50시간이면 208.5달러이다. 등록보육은 시간당 0.696달러, 1주일에 50시간이면 34.8달러이다.

<표 16-11> 호주의 보육급여 지원 기준: 인가보육

(단위: 달러)

구분	시간당 최대 보육급여			주당(50시간) 최대 보육급여			자녀당 보육급여 소득상한		
	2013 ~2014	2014 ~2015	2015 ~2016	2013 ~2014	2014 ~2015	2015 ~2016	2013 ~2014	2014 ~2015	2015 ~2016
한 자녀	3.990	4.10	4.170	199.50	205.00	208.50	145.642	149,597	152,147
두 자녀	4.160	4.280	4.350	416.92	428.00	435.71	150.914	155,013	157,654
세 자녀	4.330	4.450	4.530	660.57	668.48	679.89	170.404	175,041	178,023
이후 자녀당 가산	4.330	4.450	4.530	216.85	222.92	226.63	32.219	33,106	33,671
등록보육 보육급여	0.666	0.684	0.696	33.30	34.20	34.80	-	-	-

자료: Department of Education and Training(2015-16); Department of Education(2014-15).

인가보육의 경우 소득계층별로 지원하기 때문에 저소득 인가보육 이용 부모는 시간당 4. 17달러를 지원받지만, 소득계층이 높아질수록 지원금액이 낮아진다. 최소 지원액은 단가의 16. 7%인 시간당 0. 696달러이다. 그러나 등록보육기관에 대하여는 소득계층에 상관없이 인가보육의 최소 지원액인 시간당 0. 696달러를 지원한다. 인가보육의 경우, 소득계층에 대한 체계적인 분류등급에 따라 보육비용이 지원됨을 알 수 있다.

(2) 보육비 환급

보육비 환급(*Child Care Rebate*: CCR)은 가족의 부담을 덜어 주기 위해 보육지원금 외에 추가로 지급되는 보조금의 성격을 갖는다. 보육비 환급은 소득심사를 거치지 않으며 가족이 부담하는 보육비의 최고 50%, 자녀당 연간 7, 500달러까지 지급 가능하다. 보육비용 지원과 동일한 거주요건을 충족시키고 부모 중 한 사람이라도 주중에 업무, 직업훈련 또는 학업과 관련된 책무를 이행해야 한다(Department of Education and Training, 2014).

호주 정부는 연방 정부 예산계획을 통해, 2013년도 이후 연 보육급여와 보육비 환급 총 투자액을 각각 252만 9, 842달러, 213만 1, 163달러 수준으

로 유지하고자 했다. 2014~2015년의 총 보육급여 액수는 314만 717달러,
총 보육비 환급 액수는 316만 3,979달러이다. 이는 2013~2014년 대비 각
각 78만 1,110달러, 93만 8,835달러 증가한 액수이다(Department of Edu-
cation and Training, 2014). 이를 통해 호주 정부가 처음 기획한 예산계획
이상으로 보육비 지원에 지속적인 투자를 하고 있음을 알 수 있다.

　　호주의 유아교육과 보육이 2013년에 통합되기는 하였지만 보육료의 지
원에 있어서는 이원화 정책의 역사가 유지되는 측면이 있다. 유치원 교육
의 경우에는 취학 전 1년간 정부가 기본교육비를 부담하고, 부모는 교육에
소요되는 물품과 부대비용을 부담한다. 유치원에 대하여는 주로 지방 정부
가 시설 지원비를 직접 지원한다. 연방 정부가 아동별 보육급여와 보육비
환급을 해 주는 것은 보육시설을 통한 부모의 보육비 지원 성격을 갖는다
(서문희·이혜민, 2013). 한국에서는 2012년부터 누리과정과 함께 보육비
지원 성격의 무상보육이 시작되었지만, 교육과 보육의 정책적 통합이 정착
되기까지는 아직 극복해야 할 사안이 많은 상황이다.

3. 보육서비스 품질 관리

호주는 2012년부터 본격적으로 전국의 영유아 및 아동을 위한 보육·교육
을 전면적으로 개편하는 '교육·보육 국가품질체계'를 시행하여 서비스의
인가 및 질적 수준 향상을 도모했다. 이러한 국가적 사업의 목적에 적용되
는 내용이 〈그림 16-3〉에 제시되어 있으며 이에 대한 간단한 설명을 하면
다음과 같다.

　　첫째, 모든 아동서비스의 규제와 평가에는 동일한 기준을 사용하며 〈국
가교육·보육서비스 법〉과 그 하위 법령인 〈국가교육과 보호서비스 규
칙〉을 적용한다.

둘째, '영유아 교육·보육 국가품질체계'는 연방과 주 정부가 공동으로 관여하는 호주 아동교육·보육 품질관리원(The Australian Children's Education and Care Quality Authority: ACECQA)에서 운영한다.

셋째, 영유아를 포함한 아동에게 제공되는 보육·교육서비스 질 관리를 위해 국가품질기준을 적용한다. 이 기준은 교육 프로그램 및 실천, 영유아의 건강 및 안전, 물리적 환경, 직원 사항, 영유아와의 관계, 가족 및 지역사회와의 협력적 파트너십, 리더십 및 서비스 관리로 구성된다.

넷째, 국가품질기준을 적용하여 모든 영유아를 포함한 아동교육 및 보육서비스를 평가하고 등급화하는 절차와 과정을 구축한다. 서비스 품질 등급체계는 최우수, 국가기준 초과, 국가기준 충족, 국가기준 도달 노력 중, 현저한 개선 필요 등 다섯 가지로 구성된다.

<그림 16-3> 교육·보육 국가품질체계의 구성

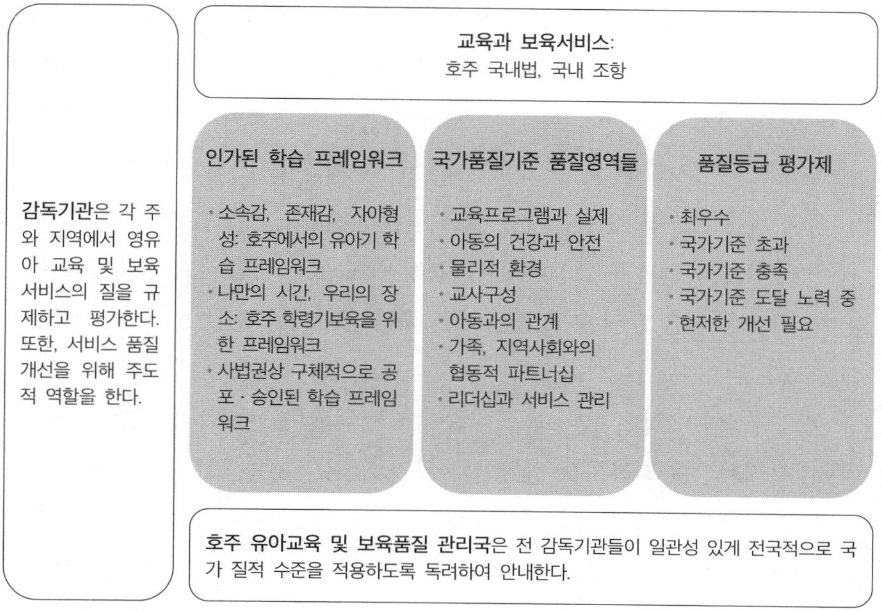

감독기관은 각 주와 지역에서 영유아 교육 및 보육서비스의 질을 규제하고 평가한다. 또한, 서비스 품질 개선을 위해 주도적 역할을 한다.	교육과 보육서비스: 호주 국내법, 국내 조항		
	인가된 학습 프레임워크 • 소속감, 존재감, 자아형성: 호주에서의 유아기 학습 프레임워크 • 나만의 시간, 우리의 장소: 호주 학령기보육을 위한 프레임워크 • 사법권상 구체적으로 공포·승인된 학습 프레임워크	국가품질기준 품질영역들 • 교육프로그램과 실제 • 아동의 건강과 안전 • 물리적 환경 • 교사구성 • 아동과의 관계 • 가족, 지역사회와의 협동적 파트너십 • 리더십과 서비스 관리	품질등급 평가제 • 최우수 • 국가기준 초과 • 국가기준 충족 • 국가기준 도달 노력 중 • 현저한 개선 필요
	호주 유아교육 및 보육품질 관리국은 전 감독기관들이 일관성 있게 전국적으로 국가 질적 수준을 적용하도록 독려하여 안내한다.		

자료: Australian Education Council(2015).

국가품질기준의 학습 프레임에는 앞에서 설명한 영유아보육 프레임이 지향하는 소속감, 존재감, 자아 형성이 있고 이와 연결하여 학령기 아동보육체계(Learning Framework for School Age Care in Australia)가 지향하는 '나만의 시간, 우리만의 공간'이 있다.

영유아 교육·보육 국가품질체계의 구성과 주요 요소는 지금까지 설명한 대로 교육과 보육서비스에 관한 호주의 국내법과 국내조항을 포함하며 자세한 내용은 〈그림 16-3〉와 같다. 국가품질기준(National Quality Standard: NQS)은 7개 영역, 18개 기준, 58개 세부요소로 구성되어 있다.

최우수·국가기준 초과 시설은 3년마다, 국가기준 충족 시설은 2년마다 평가인증을 받는다. 노력 중으로 평가를 받은 시설은 1년 후 평가를 받는다. 현저한 개선 필요의 평가를 받은 시설은 개선 계획과 함께 수시점검을 받으며 개선 정도에 따라 폐쇄 등 처벌도 가능하다(서문희·이혜민, 2013).

〈표 16-12〉에는 2015년도에 실시된 평가결과가 정리되어 있다. 이 표를 보면 국가기준 충족이 38%, 국가기준 초과가 28%, 국가기준 도달 노력 중이 33%이다. 국가기준 충족 이상의 등급이 전체에서 66% 이상이다. 2013년 평가결과(서문희·이혜민, 2013)는 국가기준초과 30%, 국가기준 충족 33%, 국가기준 도달 노력 중 44%, 현저한 개선 필요 0.2%로, 두 해의 결과를 비교해 볼 때, 일정 정도 등급의 상승이 있었음을 알 수 있다. 주별로 평가의 결과가 다양한데, 비교적 규모가 클수록 국가기준 충족 이상의 비율이 높은 반면에 규모가 작은 주는 국가기준 도달 노력 중 비율이 상대적으로 높은 편이다.

교육과정의 핵심인 놀이중심 학습으로 구성된 유아교육 프로그램은 대개 대학에서 3년제 학위를 받았거나 관련 ECEC 교육에서 이에 상응하는 자격을 획득한 교사에 의해 제공된다. 이 프로그램은 취학 전 1~2년 동안 제공된다. 그 재원은 정부·민간에 관계없이 모두 제공된다. 2010년도에는 놀이중심 교육 프로그램을 운영한 유치원이 96.8%, 종일제 보육기관이 54.7%이었는데 반해, 2013년도에는 유치원이 99.8%, 종일제 보육기관이 99.6%로 나타났다. 종일제 보육기관의 질적 향상이 빠르게 이루어졌음을 알 수 있다.

호주 아동교육·보육 품질관리원에서는 교육·보육 국가품질체계를 시행하여 보육의 질과 교사의 수준을 지속적으로 끌어올리고 있다. 한국 역시 2009년에 설립된 한국보육진흥원에서 보육기관 평가인증, 교사 자격

〈표 16-12〉 평가인증 등급 결과(2015년)

지역 구분	현저한 개선 필요	국가기준 도달 노력 중	국가기준 충족	국가기준 초과	최우수	전체
수도 준주	0	119(53%)	45(20%)	56(25%)	4	224
뉴사우스웨일즈주	7	1421(43%)	1209(36%)	695(21%)	9	3341
노던 준주	1	127(79%)	19(12%)	13(8%)	1	161
퀸즐랜드주	1	500(27%)	705(39%)	609(33%)	8	1823
사우스오스트레일리아주	0	110(29%)	106(28%)	162(42%)	6	384
태즈메이니아주	0	73(42%)	59(34%)	43(25%)	0	175
빅토리아주	0	610(21%)	1318(46%)	934(33%)	6	2868
웨스턴오스트레일리아주	0	163(44%)	108(29%)	98(26%)	2	371
전체	9	3123(33%)	3569(38%)	2610(28%)	36	9347

자료: ACECQA(2015).

〈표 16-13〉 서비스기관 형태 별 유아교육 프로그램 이용 수와 비율

(단위: 개수, %)

구분		2010년		2013년	
		이용 수	비율	이용 수	비율
유치원	교육과정 운영	4,553	96.8	4,630	99.8
	교육과정 운영하지 않음	150	3.2	11	0.2
소계		4,703	100	4,641	100
종일제 보육	교육과정 운영	3,146	54.7	4,295	99.6
	교육과정 운영하지 않음	2,605	45.3	17	0.4
소계		5,751	100	4,312	100

자료: Department of Education, Employment and Workplace Relations(2011); Department of Education(2014).

제도와 현직교육 등을 주도함으로써 보육의 질을 향상시키고 있다. 2005년 처음으로 보건복지부에서 평가인증제를 시도할 때부터 호주의 평가인증제는 중요한 참조모델 중 하나였다.

4. 위험에 처한 아동을 위한 보호서비스

1) 아동보호

호주의 주 정부 및 지방 정부는 아동보호에 대한 법적인 책임을 진다. 각 주 및 지방 정부는 학대, 무시, 상해 등의 위험에 처하거나 부모가 보살필 수 없는 18세 이하의 아동을 법적으로 보호하고 지원한다.

2013~2014년도에 아동보호와 가정 외 보호서비스에 투자된 비용은 약 330만 달러이며 이는 2012~2013년 대비 약 2.4% 증가한 액수이다. 위험과 관련된 문제가 발생한 가정의 아동을 사회가 보호하는 절차는 〈그림 16-4〉와 같다.

아동이 받은 보호서비스별 비율을 살펴보면, 조사가 58.7%로 가장 많고, 아동보호명령과 가정 외 지원을 복합적으로 받은 경우가 25.4%이다. 즉, 대부분의 아동이 조사수준의 보호를 받으며, 좀더 심각한 경우에는 아동보호명령과 가정 외 지원이 통합적으로 제공된다고 할 수 있다.

지역별로 아동서비스 수혜 정도를 살펴보면, 전체 평균은 27.2%이지만 노던 준주의 경우 비슷한 규모의 태즈메이니아주나 수도 준주와는 달리 71.3%의 수혜율을 나타낸다.

아동이 받은 학대의 종류를 살펴보면, 대략적으로 정서적 학대(40%), 방임(36%), 신체적 학대(20%), 성적 학대(16%) 순이다(AIHW, 2015).

〈그림 16-4〉 호주의 아동보호 절차

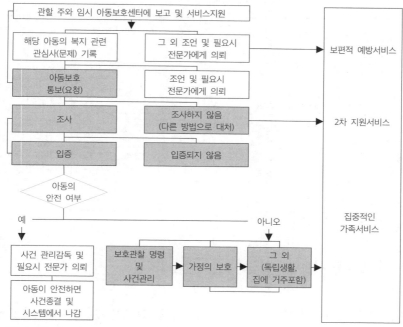

자료: AIHW(2015).

〈그림 16-5〉 아동이 수혜 받는 보호서비스의 종류

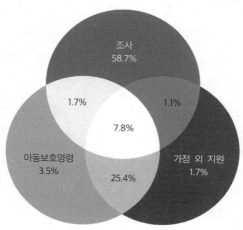

자료: AIHW(2015).

<표 16-14> 지역별, 연령별 아동보호서비스 수혜율

(단위: %, 천 명)

연령대	뉴사우스 웨일즈주	빅토리아주	퀸즐랜드주	웨스턴 오스트레 일리아주	사우스 오스트레 일리아주	태즈메이 니아주	수도 준주	노던 준주	전체
1세 미만	29.5	36.3	32.8	29.7	39.2	28.4	27.7	100.6	33.4
1~4세	29.6	23.1	27.9	27.3	21.3	23.8	18.2	85.1	27.2
5~9세	33.0	23.3	27.8	29.5	21.4	23.8	20.5	72.0	28.4
10~14세	32.2	23.1	25.7	26.1	18.1	22.3	19.2	70.5	27.0
15~17세	24.3	16.6	16.6	15.5	11.8	14.7	15.1	37.3	18.7
0~17세	30.4	22.9	25.7	25.8	19.8	22.0	19.2	71.2	26.5
전체 아동	31.7	22.9	26.6	26.5	19.8	22.7	19.3	71.3	27.2
아동보호를 받는 아동	53,250	28,949	29,585	15,385	7,083	2,609	1,635	4,527	143,023

자료: AIHW(2015).

2) 원주민 아동 지원체계 및 보호

호주 정부는 2013년 6월에 유아교육의 보편적 접근에 대하여 새로운 협정을 맺었다〔유아교육에 대한 국가제휴협약(National Partnership Agreement on Early Childhood Education)〕. 호주는 이 보편적 접근에 의거하여 취약한 환경에 처한 아동의 건강한 성장을 위해 질 좋은 보호 및 교육 프로그램을 제공한다. 여기에는 보편적 접근에 토대를 두고 원주민 아동(외딴 지역 포함)을 위한 특정 전략을 개발하려는 노력도 포함된다. 구체적으로 호주 교육부는 '에버리지니 및 토레스해협 교육 실천계획'(Aboriginal and Torres Strait Islander Education Action Plan 2010~2014)을 가동하여 원주민 아동을 위한 교육전략을 수립하였다.

이 전략은 "모든 원주민 아동과 청소년들은 자신의 잠재력을 최대한 발현하며, 자신의 미래를 만드는 능력 있는 주체이며, 호주 최초의 국민으로서의 정체성과 문화를 전유하도록 지원받는다"는 비전을 제시한다. 자세한 사항은 〈그림 16-6〉와 같다.

호주의 원주민 아동은 전체 아동의 2.2%를 차지하는데 이들은 주로 에버리지니(Aborigine)와 토레스(Torres) 해협 주민이다. 이러한 국가적 교육비전은 원주민 아동 및 청소년들의 삶과 교육적 경험 안에 학교 및 개개인의 발달준비, 문해와 수학적 능력 습득, 졸업 이후의 진로를 선택할 수 있는 전환시점 등의 내용으로 구성된다. 또한 개인의 정체성을 둘러싼 협력체계, 문화와 정체성의 연결, 리더십과 질적인 교수, 노동력 개발이라는 생태적 맥락으로 구성된다.

호주 정부가 아동보호와 관련해 공개한 자료에 근거하면, 호주의 위기아동에 대한 보호절차는 법적, 형사적 접근을 최소화하는 대신 최대한 가족과 지역사회라는 맥락을 통해 아동을 보호하려는 체계적 특성을 보인다.

〈그림 16-6〉 원주민 지원 핵심영역

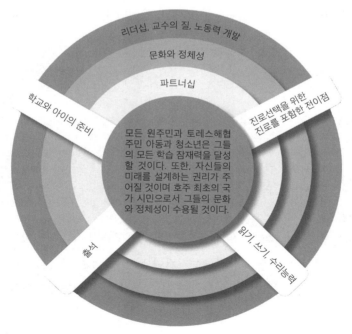

자료: Education Council(2015).

위기아동에 대한 한국의 대응은 호주의 체계와 비교해 볼 때 다소 법적, 형사적 접근이 강조되는 측면이 있다. 5)

호주 사회가 이주민 사회라는 점에서 원주민을 보호하는 정책은 충분하지는 않지만 당연하다고 할 수 있다. 2006년도 통계자료에 의하면, 원주민 인구에서 0~24세에 해당하는 젊은이들이 차지하는 비율이 57%로 원주민 평균 연령이 21세인데 비해 비원주민 평균 연령은 37세였다. 인구학적으로 원주민의 인구구성이 상당히 젊음에도 불구하고 0~24세에 해당하는 사람들의 32%가 대도시에 살고, 44%는 원주민 보호구역, 나머지 24%는 멀리 떨어진 지역에서 살고 있다(Productivity Commission, 2011). 이에 호주 정부는 원주민 젊은이의 총체적 삶의 차원에 걸쳐 교육적, 복지적 지원을 실행한다. 그 결과, 5세 이하 영유아의 삶의 환경이 매우 향상되어 1998~2012년 사이에 0~4세 영유아의 사망률이 급격하게 줄어들었으며, 2013년도 원주민의 유아 취원율은 91%에 도달했다(Productivity Commission, 2014).

5. 맺음말 및 시사점

호주의 아동보육서비스는 국가적 비전을 갖고 지속적으로 사회재원을 투자하는 한편 서비스의 질적 수준을 높이려는 노력을 꾸준히 기울인다는 점에서 평가할 만하다.

특히, 최근까지 유아교육과 보육의 이원화 정책이 유지되었고, 영리 목적으로 운영되는 민간영역의 보육기관이 많다는 점은 한국의 보육환경과 유사한 점이 있다. 최근 한국 사회의 유보 통합 정책 실현과정에서 누리과

---

5) 중앙아동보호전문기관 홈페이지(www. korea1391. go. kr/new)을 참고하기 바란다.

정 재정을 둘러싸고 발생한 중앙 정부와 지방 정부 간의 갈등 국면을 고려할 때, 호주의 연방 정부와 지방 정부 사이 간 보육서비스 지원을 위한 협력시스템 구축은 중요한 시사점이 된다. 보육 및 유아교육에 대한 호주연방위원회(COAG)와 지역 정부 간의 양자협정(National Partnership Agreement on Early Childhood Education) 체계는 한국 사회가 보편적 보육을 실행하는 데에 적용해 볼만한 시스템이라고 할 수 있다.6) 또한 영리를 목적으로 한 민간보육의 비율을 줄이기 위해 호주 정부는 거대 영리 어린이집 체인을 지역사회 단체들의 연합인 비영리 유한회사인 굿스타트(GoodStart Childcare Limited)로 전환하였다. 그 결과, 건강한 보육을 뜻하는 '굿스타트 조기교육'을 지향함으로써 보육의 공공성을 확보하였다(Goodstart Early Learning, 2015).

한국 사회도 역시 국공립 보육기관을 확대하려는 노력을 기울이고 있다. 더 나아가 법개정(2015년 12월 31일)을 통해 2016년 8월부터 시행되는 〈영유아보육법〉에 따르면, 기존의 부모협동어린이집이 협동어린이집으로 변경되어 부모뿐만이 아니라 보육교직원도 함께 협동어린이집을 설립할 수 있게 되었다. 이와 별도로 〈협동조합기본법〉에 의거하여 사회적 협동조합을 결성하여 어린이집을 설립할 수 있는 길도 열렸다.7) 어린이집 설립과 관련된 법제화의 다양성을 통해 한국사회의 취약점인 보육의 공공성을 확대할 가능성을 확보했다고 할 수 있다.

호주의 아동보육서비스는 0~12세까지 통합적인 프레임워크 안에서 재정지원, 보육의 질 관리, 아동보호 등 총체적인 서비스가 이루어진다는 점을 눈여겨 볼 만하다. 유아 및 아동 교육과 보호의 연계가 형식적 차원에서만 이루어질 뿐 국가의 교육·전략적 차원 및 실제적 운영에서는 분리된

---

6) Education Council(2014)을 참고하기 바란다.

7) 사회적 협동조합 국공립어린이집의 법적 근거는 기획재정부의 〈협동조합기본법〉과 보건복지부의 〈영유아보육법〉이다.

한국의 상황에서 볼 때, 호주의 보육서비스 대상의 연속적 일원화는 유아・아동의 발달적 연속성과 삶의 총체성을 확보해 주는 데 매우 유리한 국가적 전략이자 방향이라고 볼 수 있다.

호주 국가 차원에서 이루어지는 보육기관 평가 인증체제는 2005년 시작된 한국 평가인증의 모델로서 일정 정도 수용된 바가 있다. 그런데 평가영역, 기준 등 세부적 사항 중심의 수용이라는 한계가 존재한다. 호주의 유아교육 품질 프레임이 지향하는 영유아・아동의 연계적 학습프레임 등 영유아 보육에 대한 교육적 가치와 아동상에 대한 사회적 합의 등을 이끌어내려는 거시적 차원의 노력도 포함되어야 할 것으로 보인다.

최근 한국 사회에 충격을 주고 있는 유아, 아동학대 및 폭력적 피해사례들은 유감스럽게도 안전지대여야 할 가정과 보육기관에서 주로 발생하고 있다. 아동보호를 위한 사회안전망은 수립 및 운영에 있어 좀더 정교해질 필요가 있다. 호주의 총체적 아동보호서비스 지원체계처럼 가족과 지역사회 맥락에서 대처하고 해결할 수 있는 사회안전 관계망으로 발전해야 한다. 최근 호주 사회는 다문화적 포용성 및 민주성에서 한계를 드러내고 있지만, 원주민 아동에 대한 보호와 교육에 대한 지원체계를 갖추고 그들의 문화적 정체성을 확보해 주고자 노력한다.

현재 한국의 외국인 주민 비중은 빠르게 증가하여 전체 인구의 3.2%를 차지한다. 또한 0~18세 청소년 중 0~12세에 해당하는 아동의 비율이 62.6%를 차지한다(행정자치부, 2015). 이러한 다문화적 상황에서 미래 세대를 위한 국가 어젠다 설정은 매우 중요한 사안이다. 호주의 다문화적 사회지원체계 구성 및 방향에 대한 정책적 기조는 곧 다문화 사회로 진입할 한국의 상황에서 참조해 볼 만하다.

■ 참고문헌

국내 문헌

김효진(2012). "아동 및 보육서비스".《주요국의 사회보장제도: 호주》. 서울: 한국보
　　건사회연구원.

서문희(2007).《호주의 보육정책》. 서울: 육아정책개발센터.

서문희·이혜민(2013).《호주의 보육·유아교육 정책 동향》. 서울: 육아정책연구소.

육아정책연구소(2015).《2015년 전국보육실태조사》. 세종: 보건복지부 보육정책과.

행정자치부(2015).《지방자치단체 외국인주민 현황조사》. 서울: 행정자치부 지방행정
　　실 사회통합지원과.

호주 교육고용노사관계부(2009).《소속감, 존재감, 그리고 자아형성: 호주 조기 학습
　　제도》. 한국어판. Canberra: Commonwealth of Australia.

해외 문헌

ACECQA(Australian Children's Education & Care Quality Authority)(2013). *Guide
　　to the National Quality Standard 2013*. Sydney: ACECQA.

_____(2015). *NQF Snapshot Q2 2015*. Sydney: ACECQA.

AIHW(Australian Institute of Health and Welfare)(2015). *Child Protection Australia
　　2013-14*. Canberra: AIHW.

Department of Education, Employment and Workplace Relations(2011). *My Time,
　　Our Place: Framework for School Age Care in Australia*. Canberra: Common-
　　wealth of Australia.

Education Council(2014). *Review of the National Partnership Agreement on Universal
　　Access to Early Childhood Educations*. Barton: Education Council.

OECD(2014a). Education at a Glance 2014: OECD Indicators. Paris: OECD.

Productivity Commission(2011). *Overcoming Indigenous Disadvantage: Key Indicators
　　2011*. Melbourne: Productivity Commission.

_____(2014). *Overcoming Indigenous Disadvantage: Key Indicators 2014*. Melbourne:
　　Productivity Commission.

기타 자료

ABS(Australian Bureau of Statistics)(2012). Childhood education and care, Australia. June 2011.

_____(2015). Childhood education and care, Australia, June 2014.

Department of Education and Training(2014). Education Portfolio Budget Statements 2014-15.

_____(2015-16). Fact sheet 2: What is child care benefit.

Department of Education(2014). 2013 national ECEC workforce census.

_____(2014-15). Fact sheet 6: How is my rate of Child Care Benefit(CCB) determined?.

Department of Education, Employment and Workplace Relations(2011). 2010 national ECEC workforce census.

Education Council(2015a). National aboriginal and Torres strait islander: Education strategy 2015.

_____(2015b). Regulation impact statement for proposed options for changes to the National Quality Framework. COAG consultation regulatory impact statement 2014.

OECD(2014b). PF3.1: Public spending on childcare and early education.

_____(2014c). PF3.2: Enrolment in childcare and pre-school.

보건복지부 산하 중앙 아동보호전문기관. http://www.korea1391.go.kr/new. 2016. 7. 12. 인출.

Goodstart Early Learning(2015). About us. http://www.goodstart.org.au/about-goodstart/goodstart-early-learning. 2016. 3. 6. 인출.

http://www.acecqa.gov.au/national-quality-framework/assessments-and-ratings. 2016. 3. 6. 인출.

http://www.humanservices.gov.au/customer/services/centrelink/jobs-education-and-training-child-care-fee-assistance. 2016. 3. 6. 인출.

http://www.mychild.gov.au/pages/CCFactSheets.aspx. 2016. 3. 6. 인출.

http://www.oecd.org/social/family/database.htm. 2016. 7. 12. 인출.

주택 및 주거서비스

1. 주거보장 체계의 개요: 역사적 전개와 시대별 특징

1) 주거보장과 서비스의 기본 틀 및 지원 특성

호주는 영국, 미국, 캐나다와 더불어 대표적인 자유주의 복지국가로서, 자가소유 촉진을 주거안정과 경제발전의 근간으로 삼고 있다. 자가를 소유하는 것은 개인 자산형성의 기틀이며, 이를 위한 주택건설은 경제와 고용 측면에서 중요한 역할을 한다. 국내총생산(GDP)에서 차지하는 주택투자 비중은 5%로 주택건설이 주는 경제효과가 크다. 자가보유율(home owner-ship rate)은 1960년에 이미 70%를 넘었으며, 2008년 금융위기 이후 다소 감소하였으나 지난 50여 년간 평균 69% 수준을 유지하여 OECD 국가의 평균인 66%보다 높은 수준을 유지했다.

연방 정부는 저소득층의 주택에 대한 욕구(needs)를 충족시키고 근로계층의 자가소유를 지원하기 위해 1927~1928년 〈연방 정부 주택법〉(Commonwealth Housing Act)을 제정하여 중・저소득층에게 주택자금을 지원했으나 1929~1930년 대공황의 여파로 이 법에 따른 지원이 성과를 거두지는 못했다. 또한 이 시기의 주거보장과 서비스는 연방 정부가 아닌 주 정부가 기획하고 집행하는 구조여서 전국 차원에서 주택 문제를 해결하기보다는 주 정부가 주별 특성에 따라 공공주택 및 자가소유를 촉진하는 프로그램을 각자 운영하는 체계였다. 그러나 제2차 세계대전 이후부터는 국가적 차원에서 주택 부족난이 심각해지고 시장 안정의 시급성이 커지면서 연방 정부가 주택정책을 주도하여 추진했다. 연방 정부는 공공주택의 공급, 조세 및 금융 지원, 자가소유 지원 프로그램을 운영하며, 주 정부는 그 집행을 담당하는 구조로 체계가 재편되었다.

2008년 금융위기 이전까지 64년간 호주 주거보장의 기본 틀은 1945년부터 시행된 '연방 정부-주 정부 간 주택협약'(Commonwealth-State Housing Agreement: CSHA)에 근거하였다. CSHA는 연방 정부가 공공임대주택에 대해 재정 지원을 하고 주 정부는 이를 이행한다는 정부 간 협약으로, 협약의 내용은 근로자 계층이 부담가능한 신규 공공임대주택을 건설하는 것이었다. 이를 통하여 호주는 전후 대규모 주택건설을 추진할 기반과 주거안정의 기틀을 마련하였다. 1950년대와 1960년대는 '위대한 호주의 꿈'(Great Australian Dream)이라 불리는 자가소유 열풍이 주택정책의 기조가 되었으며, CSHA가 지원하는 내용에도 공공임대주택뿐 아니라 분양주택까지 포함되게 되었다. 이 시기에는 전후 경제성장으로 장기 호황이 이어지면서 국민들의 자가소유에 대한 열망도 매우 컸다.

한편, 연방 정부는 1958년부터 임차인을 위한 보충수당(supplementary allowance)을 도입하였다. 연금 이외에는 다른 소득원이 없는 독신 및 사별 여성은 은퇴 후에도 자가를 보유하지 못하는 경우가 많았다. 이는 당시 70%에 이른 자가거주율과 비교해 볼 때 은퇴 여성이 취약계층이라는 근거가 되었고 정부는 이들에게 임대료 보조 목적으로 보충수당을 지급하였다.

1970년대에는 주거보장체계에 중대한 변화가 일어났다. 그동안 공공임대주택 공급을 확대하여 주거문제를 해결하려는 방식에서 개별 수요자의 비용을 보조하는 방식으로 전환된 것이다. 이러한 전환의 계기가 된 것은 1975년 '빈곤조사위원회'(Commission of Inquiry into Poverty)가 핸더슨 보고서(Henderson Report)에서 "빈곤한 사람들이 공공임대주택 임차인이 아니며, 공공임대주택 임차인 대부분은 빈곤하지 않다"라고 지적한 내용에 따른 것이었다. 이에 욕구를 감안하여 공공임대주택의 필요도가 높은 취약계층을 우선지원 대상으로 삼아 정책을 조정하게 되었다. 공공임대주택에 대한 임대료 부담 기준도 바꾸었다. 이전까지는 소득의 20% 이상을 임대료로 지출하는 모든 임차인을 대상으로 부담 능력을 감안해 임대료를 할인(rent rebate)해 주었다. 그러나 이후로는 주변 시세를 감안한 임대료를 책정·부과하되 극빈층에 한해서 임대료 할인을 적용하기 시작하였다.

시장 임대료 체계로의 전환은 공공임대주택 운영 및 관리에 어려움을 겪던 주 정부에게 임대 수입 증가를 안겨다 줄 것으로 기대되었으나, 주거안정 욕구를 감안한 입주자격 기준을 강화함으로써 공공임대주택 단지의 거주자 중 극빈층의 비율이 이전보다 높아졌고, 그에 따라 임대료 할인 대상자도 증가하였다. 1990년 공공임대주택 임차인의 85%는 임대료 할인 대상자였다(Department of the Prime Minister and Cabinet, 2014). 시장 임대료 체계가 공공임대주택의 극빈층 입주율만 높인 것이다.

한편, 임차인의 부담을 완화하기 위해 1958년의 보충급여(supplementary allowance)가 1980년대 중반 임대료보조제도(Commonwealth Rental Assistance: CRA)로 확대되었다. 이후 이 제도는 지속적으로 지원의 대상 및 규모를 확대해 나가면서 공공임대주택의 대체적 주거지원 수단이 되었다. 전체 주택에서 공공임대주택 재고가 차지하는 비중은 1971년 5.6%에서 점차 감소하여 2014년에는 3.6%로 줄어든 반면, 임대료 보조 대상 가구는 1980년대 중반 58만 가구에서 2014년에는 132만 가구로 늘었다.

호주의 1980년대 주거정책은 자가소유를 촉진하는 프로그램에 초점을 두었다. 생애최초로 주택시장에 진입하는 가구의 구입 부담을 완화하기 위해 1983년 도입된 생애최초 주택구입자 지원제도(*first home owners assistance scheme*)는 장기 저리의 융자지원 방식으로, 건설산업을 육성하고 자가율을 높이는 것이 목적이었다. 이 제도는 1980년대 금융규제 완화로 큰 성과를 거두었으나, 얼마 가지 못해 주택시장이 경기침체 국면에 접어들면서 1990년대 폐지되었다.

10여 년 뒤인 2000~2001년에 연방 정부는 다시 생애최초 주택구입자를 지원하는 보조금 제도를 재개하였다. 생애최초 주택구입 보조금(*first home owner grant*)은 주택구입 시 정부가 7천 달러의 보조금을 1회 지급하는 방식이었다. 그러나 2004년 생산성위원회의 조사(Productivity Commission Inquiries)에 따르면, 이 제도는 특정 계층에게만 혜택이 되었으며 주택공급을 증가시키지는 못한 채 주택구입의 시기를 앞당기는 효과만 있을 뿐이라는 지적이 있었다.

이에 연방 정부는 생애최초 주택구입자에 대한 세제감면 혜택을 폐지하였고, 2007년 생애최초 주택구입자 저축제도(*first home saver account*)를 도입하고 저축 장려를 위해 정부도 저축금 중 일부를 지원하고 이자 소득 관련 세금도 감면하는 방식의 지원으로 방향을 전환하였다.

2) 금융위기 이후 개혁과 주거지원 체계의 변화

글로벌 금융위기 이후 호주의 주거보장과 지원체계는 완전히 새로운 구조로 바뀌었다. 전 지구적 금융위기와 경기침체가 이어지면서 지난 반세기 동안 거의 70%를 유지했던 호주의 자가보유율도 감소했으며 그만큼 임차가구 비율이 늘어났다. 임차수요 증가는 임대료 상승으로 이어졌고, 민간 임대주택에 거주하는 대부분의 임차가구가 이용가능한 저렴한 가격의 주택 재고가 절대적으로 부족한 상황에서 임대료 부담 문제가 심각하게 부각되었다. 이에 연방 정부는 2008년 '임대주택 부담완화 제도'(*National Rental Affordability Scheme*: NRAS)를 시행하고, 이듬해인 2009년에는 '소셜 하우징 공급확대 제도'(*Social Housing Initiative*: SHI)를 시행하였다.

NARS는 민간부문의 참여와 투자를 활용하여 임대주택의 공급을 늘리는 방식으로, 재무적 투자자를 포함한 민간건설업체가 중·저소득층을 위한 임대주택을 건설해 시세보다 20% 낮게 10년간 임대하면 연방 정부가 10년간 세액을 공제해 주는 제도이다. 정부의 공적 지원을 받는 10년 임대주택의 일종이라고 볼 수 있다. NARS를 통해 공급된 임대주택 물량은 당초 2014년까지 5만 호가 목표였으나, 민간투자 실적이 저조하여 2011년에는 목표치를 3만 호로 축소하였다. 공급 실적은 2014년 6월까지 3만 8천 호(입주 2만 2천 호, 건설 중 1만 6천 호)이며 4차 공모가 마감된 2015년 이후의 공급증가 효과는 기대에 미치지 못했다. 이 때문인지 5차 공모는 아직 재개되지 않았다(AIHW, 2015).

SHI는 금융위기 이후 침체된 건설경기를 활성화시키고 일자리를 창출하는 경기부양책의 일환으로 추진되었으며, 소셜 하우징 공급확대, 홈리스를 위한 주거기회 확대를 목표로 한 것이다. 이는 후술하겠지만 1980년대 이후 지속적인 재정 감소로 공공임대주택의 신규 공급은 크게 줄어든 반면 대기자 수는 계속 늘어났지만, 극빈층 위주의 입주자 구성으로 공공임대주택의 순환이 제대로 이루어지지 못한 문제를 개선하려는 것이었다.

연방 정부는 이러한 두 가지 새로운 제도를 추진하기 위해 1945년부터 채택해 왔던 CSHA를 '부담가능한 주택협약'(National Affordable Housing Agreement: NAHA)으로 전환하고 재원조달과 사업 방식을 다변화시켰다. NAHA는 그동안의 주거보장이나 주거지원과는 달리 성과중심적이라는 특징을 띤다. 전달체계는 종전과 마찬가지로 연방 정부와 주 정부 간의 이행협약이지만, 그 내용을 3가지로 구체화하여 기존에 분산된 여러 주거지원 프로그램들을 세 가지 틀로 통합시켰다.

1945년	1950, 1960년대	1970년	1980, 1990년대	2009년 이후
연방 정부·주 정부 간 주거지원 협약				부담가능한 주택협약[2]
근로자 대상 공공 임대주택에 한정하여 지원	공공임대주택과 함께 자가 지원을 위한 분양주택 건설도 지원	주거지원을 복지 관점에서 접근[1]: 공급자 지원 방식 → 수요자 지원 방식	수요자 지원방식 중심 주거지원: 임대료 보조제도, 생애최초 주택구입 보조금	새로운 성과중시적 주거지원체계 도입: 부담가능한 주택 공급 확대

주 1) 1958년 도입된 임대료 보조제도를 강조, 1974년에는 연방 정부가 홈리스서비스 지원을 시작.
　　2) NPAH, NPRIH, NPASH로 구성.

　　NAHA는 홈리스에 대한 파트너십 협약(National Partnership Agreement on Homelessness: NPAH), 원주민 주거지원 파트너십 협약(National Partnership Agreement on Remote Indigenous Housing: NPRIH), 소셜 하우징 파트너십 협약(National Partnership Agreement on Social Housing: NPASH)으로 세분화되어 추진 중이다. 이는 주거지원이 필요한 영역에 집중하려는 접근이자, 1980년대 이후 수요자 보조를 확대해 온 것과는 달리 공급자 보조를 확대한 접근이다.

　　홈리스에 대한 연방 정부의 지원은 1974년 〈노숙인 지원법〉(Homeless Persons Assistance Act)에 근거한다. 연방 정부는 이 법에 따라 승인받은 비영리기관이 홈리스에게 음식, 거처, 사회서비스를 제공할 수 있도록 자금을 지원했다. 1985년 제정된 〈정부 후원 거처 지원법〉(Supported Accommodation Assistance Act)은 연방 정부, 주 정부, 준주 정부가 각기 운영·지원하던 홈리스 관련 프로그램을 전국 단위에서 하나의 통합된 프로그램으로 운영토록 하였다. 재정의 분담은 정부부문 간 매칭펀드 구조이며, 실질적인 운영은 비영리 민간기관이 담당했다.

　　1999~2009년 사이에 시행된 '국가 홈리스 전략'(National Homelessness Strategy: NSH)은 연방 정부가 홈리스 문제에 더 예방적이고 혁신적으로 대

응하기 위하여 프로그램 개발, 서비스 전달체계 개선, 홈리스 통계기반 구축 등을 위한 모범운영 모델(*best practice model*)을 구축하는 차원에서 실행되었다. 연방 정부가 2008년에 발간했던 백서(The Road Home: A National Approach to Reducing Homelessness)에 따르면, 홈리스의 수를 2020년까지 절반으로 줄이고 필요로 하는 모든 홈리스에게 거처를 제공하는 것이 호주 정부의 목표였다.

'홈리스에 대한 파트너십 협약'은 이러한 백서에 따른 후속 방안이며, 그동안의 홈리스 지원서비스를 통합한 새로운 지원체계이다. 2009년 도입 당시에 연방 정부는 5년간 11억 달러를 홈리스 지원에 투자하기로 했으나 2010~2013년 8천만 달러, 2013~2014년 3억 2천만 달러, 2014~2015년 1억 1,500만 달러를 추가적으로 지원할 것을 결정하였다. 홈리스에 대한 지원이 연방 정부와 주 정부 간 공동분담으로 이루어지므로, 주 정부 재원까지 감안한다면 홈리스 대상의 실제 재정지원 규모는 이보다 더 클 것이다(Department of the Prime Minister and Cabinet, 2014; AIHW, 2015).

원주민 주거지원을 위해 연방 정부는 1990년대 '커뮤니티주택 및 인프라 공급 프로그램'(Community Housing and Infrastructure Programme: CHIP)을 통해 외딴 지역에 거주하는 원주민의 주거지원, 주거환경 정비, 인프라 공급, 상호부조적 서비스를 제공하였다. 그러나 원주민이 직면한 특수한 주거취약 상황은 크게 개선되지 않았다. 정부는 외딴 지역에 거주하는 원주민에게 주택을 공급하기 위하여 2007년부터 '오지 원주민 주거지원 프로그램'(Australian Remote Indigenous Accommodation Programme: ARIA)을 실시했다. 이에 따라 모든 원주민은 주택 공급을 기본서비스로 받을 수 있게되었다. 또한 사회통합 차원에서 원주민의 주거지원을 강화하기 위한 대응책으로 '원주민 주거지원 파트너십 협약'이 체결되었다. 그 내용은 2009년이후 10년간 총 55억 달러를 주택공급 및 주거수준 제고를 위해 투자하는 것이었다.

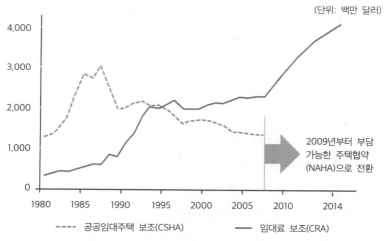

〈그림 17-2〉 연방 정부의 재정지원 추이

(단위: 백만 달러)

2009년부터 부담
가능한 주택협약
(NAHA)으로 전환

----- 공공임대주택 보조(CSHA)　　　——— 임대료 보조(CRA)

자료: Yates(2013: 115)를 참조하여 필자가 작성.

　정부가 소유하고 운영·관리하는 공공임대주택뿐 아니라 비영리 민간기관이 소유·운영하는 임대주택까지 포괄하는 개념으로서 소셜 하우징은 '소셜 하우징 공급확대 제도'에 따른 공급의 확대를 목표로 한 사업이다. 구체적으로 호주는 '소셜 하우징 파트너십 협약'에 근거하여 2009~2012년간 56억 달러를 지원〔신규 건설 1만 9,300호(52억 달러), 기존 개보수 1만 2천호(4억 달러)〕할 것을 결정하였는데, 실제 실적은 이 목표를 상회하였다. 2014년까지 1만 9,700호의 신규 소셜 하우징이 건설 승인을 취득했다.

　1980년대 이후 연방 정부의 주거지원 관련 재정지출 추이에서 저소득층을 위한 두 가지 대표적 주거지원 프로그램을 비교해 보면, 연방 정부 - 주정부 간 주택협약에 근거한 공공임대주택 보조금은 계속 감소하는 반면, 임대료 보조는 1990년대 중반 이후 크게 증가했다. 특히, 임대료 보조제도의 재정지출은 소득에 비하여 임대료가 크게 오른 금융위기 이후 급증하는 추세다(〈그림 17-2〉 참조). 임대료 보조제도는 연방 정부가 전액 재정보조하는 프로그램으로, 지출액이 2009년 29조 7천억 달러에서 2014년에 39조

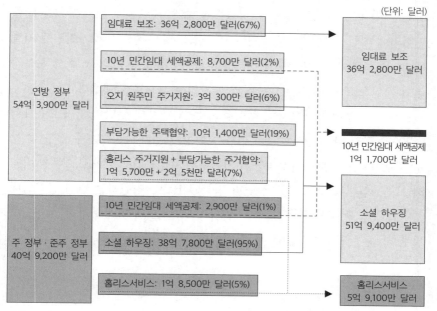

〈그림 17-3〉 정부부문 간 재원부담 구조(2012~2013년)

(단위: 달러)

임대료 보조: 36억 2,800만 달러(67%) → 임대료 보조 36억 2,800만 달러

10년 민간임대 세액공제: 8,700만 달러(2%)

오지 원주민 주거지원: 3억 300만 달러(6%)

부담가능한 주택협약: 10억 1,400만 달러(19%)

홈리스 주거지원 + 부담가능한 주거협약: 1억 5,700만 + 2억 5천만 달러(7%)

10년 민간임대 세액공제: 2,900만 달러(1%)

소셜 하우징: 38억 7,800만 달러(95%)

홈리스서비스: 1억 8,500만 달러(5%)

연방 정부 54억 3,900만 달러

주 정부·준주 정부 40억 9,200만 달러

10년 민간임대 세액공제 1억 1,700만 달러

소셜 하우징 51억 9,400만 달러

홈리스서비스 5억 9,100만 달러

자료: Department of the Prime Minister and Cabinet(2014: 16).

5천억 달러로 늘었다. 2015년에는 43억 5천 달러가 될 전망이다(AIHW, 2015). 금융위기 전 공공임대주택 재정보조 규모는 15억 달러였으나 '부담 가능한 주택협약' 도입 후에는 56억 달러로 늘었다. 홈리스에 대한 주거지 원까지 감안하면 주거지원 재정지출 규모는 크게 증가했다고 볼 수 있다.

주거보장과 지원을 담당하는 연방 부처는 사회서비스부(Department of Social Service)이다. 연방 정부는 6개의 주 정부(뉴사우스웨일스주, 빅토리 아주, 퀸즐랜드주, 사우스오스트레일리아주, 웨스턴오스트레일리아주, 태즈메 이니아주) 및 3개의 준주 정부[노던 준주, 오스트레일리아 수도 준주, 저비스 베이 준주(비자치령)] 간 재정분담과 역할분담 구조를 통하여 주거보장과 지원을 위한 행정적·재정적 전달체계를 구축한다.

정부부문 간 주거지원 재원분담 구조를 2012~2013년 예산지출 현황에서 살펴보면(〈그림 17-3〉 참조), 연방 정부 재정지원 54억 3,900만 달러 중 67%는 임대료 보조, 6%는 오지 원주민 주거지원, 15%는 부담가능한 주택협약에 따른 소셜 하우징의 건설 보조금, 7%는 홈리스 주거지원에 지출했다. 주 정부 및 준주 정부는 40억 9,200만 달러 중 95%를 소셜 하우징 건설 재원으로 썼으며, 5%는 홈리스 지원 예산으로 할애했다.

10년 임대주택에 세액공제 혜택을 주는 '임대주택 부담완화 제도'는 1억 1,700억 달러 규모인데, 이 중 75%는 연방 정부가, 25%는 주 정부 및 준주 정부가 지원했다. 저소득층 주거지원의 두 가지 핵심 프로그램을 비교해 보면, 임대료 보조 예산은 연방 정부가 100% 지원하는 반면 공공임대주택을 포함한 소셜 하우징(51억 9,400억 달러)은 연방 정부가 26.4%, 주 정부 및 준주 정부가 74.6%를 담당했다.

2. 주거 여건의 변화 추이

1) 주택의 양적 보급 수준

호주의 주택보급 상태는 총량적으로는 부족하지 않다. 주택의 양적 충족 상태를 나타내는 지표인 인구 1천 명당 주택재고 수는 2013년 410호이며, 한국식의 주택보급률(가구 수 대비 주택재고 수)은 107%이다. [1] 그러나 외견상으로는 주택 부족난이 없어 보이지만, 금융위기 이후 중·저소득층의 임대료 부담 과중의 직접적 원인이 저렴한 주택재고의 절대적 부족에 있다는 점을 고려할 때, 부담가능한 주택의 재고는 부족한 실정이다.

호주 통계청이 2011년 추산한 부담가능한 주택의 부족 호수는 54만 호

---

[1] 호주 통계청(www.abs.gov.au)에 따르면 2013년 호주의 인구는 2,230만 명, 가구 수는 860만 가구, 주택재고 수는 918만 호이다.

이다. 부담가능한 주택은 소득 5분위 중 2분위 이하 소득계층이 이용가능하면서도 소득의 30%로 부담할 수 있는 수준의 주택을 말한다. 문제는 소득 2분위 이하 계층에게 부담가능한 가격대의 임대주택이라도 소득 3~5분위 계층으로서는 이용할 수 없는 주택이 될 수 있다는 것이다. 이렇게 소득수준과 가격부담 간의 불일치가 나타나는 것은 주택의 신규 공급이 주로 분양주택 위주이며, 임대용 주택은 주로 임대사업자가 신규 분양주택을 구입하거나 혹은 기존의 주택을 매입하여 공급하기 때문이다. 신규 임대주택

〈표 17-1〉 연평균 신규 주택건설 실적(승인 기준)

(단위: 호, %)

연도	계	민간부문	공공부문	공공부문 건설 비중
1990~1999	154,618	146,945	7,673	5.0
2000~2009	160,060	155,663	4,397	2.7
2010~2015	186,530	181,237	5,293	2.8

자료: 호주 통계청 홈페이지(www.abs.gov.au).

〈그림 17-4〉 호주의 신규 주택건설 실적 추이(승인 기준)

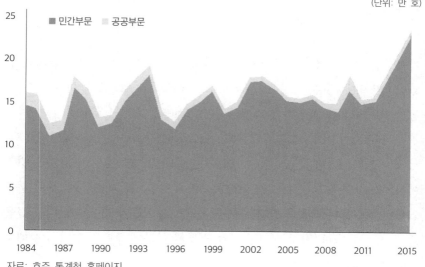

(단위: 만 호)

자료: 호주 통계청 홈페이지.

의 공급량은 안정적이지 못하며, 더구나 공공부문이 건설한 공공임대주택의 공급은 2010년 이후 다소 늘었지만 전체 신규 건설의 2.8%에 해당하는 5천 호 수준이다.

2008년 이후 추진하는 임대주택 부담완화 제도와 소셜 하우징 공급확대 제도는 임대주택의 공급을 늘리기 위한 것이지만, 그 주체는 대부분 영리·비영리 민간부문이 주축이다. 따라서 주 정부 산하의 주택공사가 공급한 공공임대주택은 재정지원 확대에도 불구하고 크게 증가하지는 않았다. 민간부문의 주택공급 실적은 2000년대 연평균 16만 호 정도에서 2010년 이후 5년간은 연평균 18만 호로 증가하였다.

주택의 신규 건설은 1980년 이후 25년간 연평균 16만 호였다. 금융위기 이후에는 경기 부양을 위한 건설산업 활성화 정책으로 신규 주택공급이 연평균 18만 호 수준으로 늘었다. 부담가능한 주택협약을 통한 공급확대 추진 결과, 2014년과 2015년의 신규 주택건설 승인 실적은 각각 21만 호와 23만 7천 호였다.

2) 주택 점유 형태

자가중심적인 주택점유 구조는 1960년대 이후 일반화된 패턴으로 자리 잡았다. 자가보유율은 1965년 71.4%로 최고조에 이르렀으며 이후 40여 년 동안 10가구 중 7가구는 자가가구였다. 그러나 2008년 금융위기 이후 경기침체와 소득감소, 대출요건 강화 등으로 자가보유율은 2014년 67.2%로 떨어졌다(〈그림 17-5〉 참조). 이 수준은 1960년대 이후 가장 낮은 기록이다. 또 다른 특징으로는 2000년대 중반을 기점으로 대출 없이 주택을 구입하던 가구보다 대출을 받아 주택을 구입하는 가구가 더 늘어났다는 점을 들 수 있다(〈그림 17-6〉 참조). 이는 소득에 비하여 주택 구입가격이 매우 높아졌기 때문이다.

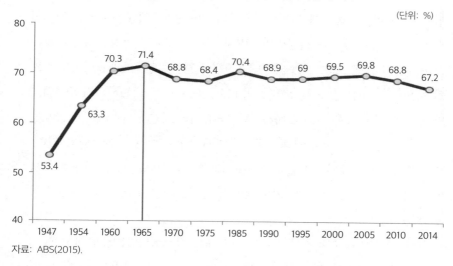

〈그림 17-5〉 호주의 자가가구 거주 비중 추이

(단위: %)

- 53.4 (1947)
- 63.3 (1954)
- 70.3 (1960)
- 71.4 (1965)
- 68.8 (1970)
- 68.4 (1975)
- 70.4 (1985)
- 68.9 (1990)
- 69 (1995)
- 69.5 (2000)
- 69.8 (2005)
- 68.8 (2010)
- 67.2 (2014)

자료: ABS(2015).

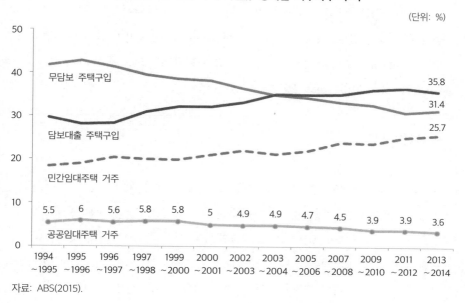

〈그림 17-6〉 호주의 주택점유 형태별 거주가구 추이

(단위: %)

무담보 주택구입 — 35.8
담보대출 주택구입 — 31.4
민간임대주택 거주 — 25.7
공공임대주택 거주 — 5.5, 6, 5.6, 5.8, 5.8, 5, 4.9, 4.9, 4.7, 4.5, 3.9, 3.9, 3.6

자료: ABS(2015).

연소득 대비 주택구입가격 배수(*Price-to-Income Ratio*: PIR)가 3배 이하
일 경우가 부담가능한 범위인데, 호주의 PIR은 5.2배에 이른다. 2016년
상반기를 기준으로 9개 선진국의 PIR과 인구 100만 명 이상 378개 대도시
의 PIR을 비교해 보면, 호주의 PIR은 9개국 평균치인 3.9배보다 높다. 또
한 시드니의 PIR은 9.8배, 멜버른의 PIR은 8.7배로, 대도시 PIR 평균 4.2
배에 비해 매우 높은 것으로 나타난다(Performance Urban Planning, 2016).

자가율 감소분은 민간임대주택 거주가구 비율 증가에 반영되고 있다.
민간임대주택 거주가구 비율은 1990년대 중반과 2000년대 중반에 전체의
20~22%가량이었으나, 2008년 24%로 늘었고 2014년에는 25.7%에 이
르고 있다.

반면, 공공임대주택 거주가구 비율은 계속 감소했다. 1980년대 이후 재
정지원 감소, 필요도가 큰 극빈층 위주의 입주, 부실한 관리운영 등으로 호
주 사회에서 공공임대주택의 이미지는 점차 부정적으로 묘사된다. 공공임
대주택의 역할도 사회 전체 구성원의 주거안정이나 부담완화보다는 극빈층
을 위한 사회안전망(*social safety net*)으로 좁혀지는 양상이며 잔여화된 점유
형태(*residualized tenure*)가 점차 굳어지고 있다(Groenhart & Burke, 2014;
Jocobs et al., 2013; Yate, 2013).

3) 주거비 부담

호주의 주택가격은 금융위기 이후에도 크게 하락하지 않고 2010년까지 상
승했다. 2011~2012년에는 다소 하락하였으나, 2013년 말에는 전국적으
로 9.8%나 올랐으며 2015년에도 상승세를 이어갔다. 1980년대 이후 30여
년간 호주의 주택가격은 매년 평균적으로 7.3%씩 올랐다. 이처럼 주택가
격이 장기간에 걸쳐 상승하는 데는 인구증가와 경제성장의 요인이 크다.

한편, 1995~2012년간 주택가격은 약 130%가 상승했으나 가구 가처분

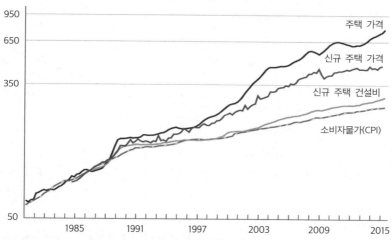

〈그림 17-7〉 물가 수준과 주택 가격 추이

주택 가격

신규 주택 가격

신규 주택 건설비

소비자물가(CPI)

주: 1986년도의 수치를 100으로 설정했을 때의 값.
자료: Kohler & van der Merwe(2015).

〈그림 17-8〉 가계부채 비율과 주택 구입가격 배수

(%, 부채비율)
(Rat, 배수)

연소득 대비 주택 구입가격(우측)
Dwelling price-to-income

소득 대비 가계부채(좌측)
Household debt-to-income

자료: Kohler & van der Merwe(2015).

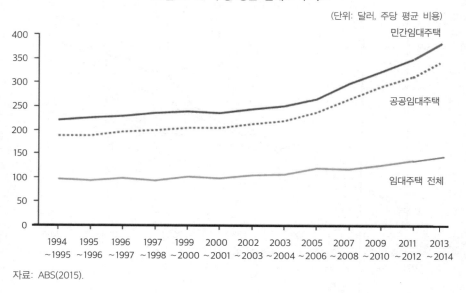

<그림 17-9> 주당 평균 임대료 추이

(단위: 달러, 주당 평균 비용)

민간임대주택

공공임대주택

임대주택 전체

자료: ABS(2015).

소득의 실질증가율은 56%에 그쳤다. 소득계층별로 살펴보면 같은 기간 고소득층의 가처분소득 실질증가율은 60%였으나, 저소득층은 47%였다. 소득증대가 주택가격 상승을 따라가지 못하면서 1990년대에는 연소득의 3~3.5배 정도의 가격으로 주택을 구입할 수 있었지만 2003년부터는 연소득의 5배가 넘는 가격으로 주택을 구입해야 하게 되었다. 2014년 시드니의 경우에는 연소득의 10배 이상, 멜버른은 8배 이상의 자금이 있어야 주택구입이 가능한 상황이 되었다. 신규주택가 상승률은 연간 소비자물가 상승률인 2~3%보다 두 배 가량 높으며, 구입비 부담에 따른 소득 대비 가계 부채 비율도 1990년대 40% 수준에서 2015년에는 150% 수준에 이르렀다.

주택의 가격뿐만 아니라 임대료도 지속적으로 상승했다. 2000년대 중반 민간임대주택의 임대료는 주당 250달러에서 2014년 376달러로 약 50%가 증가했으며(<그림 17-9> 참조), 임대료 증가로 민간임대주택에 거주하는 저소득층의 임대료 부담이 매우 악화된 상황이다.

호주 연방 정부는 국가적 차원에서 주거비2) 부담을 측정하고 모니터링 하기 위해서 '주택 스트레스'(housing stress) 지표를 활용한다. 가구소득의 30% 이상을 주거비로 지출하는 경우를 '주택 스트레스 상태', 50% 이상을 지출하는 경우를 '심각한 주택 스트레스 상태'로 규정한다. 또한 저소득층 을 대상으로는 30 : 40 원칙을 적용한다. 즉, 소득 하위 40% 이하 가구로 서 소득의 30% 이상을 주거비로 지출하는 경우를 '저소득층 주택 스트레 스 가구'로 정의한다. 저소득층의 범위는 소득 5분위를 기준으로 할 때 소 득 2분위 이하 가구 혹은 소득 100분위 중 하위 40% 이하 가구를 말한다. 임차가구에 국한해서 소득 중 30% 이상을 임대료로 지출하는 경우를 '임 대주택 스트레스'(rental stress) 가구로 규정한다.

'주택 스트레스 가구'의 비중은 1990년대 중반에는 전체 가구의 14%(90 만 가구) 정도였으나 2010년 이후 18%(155만 가구)로 늘었다. '심각한 주 택 스트레스 가구'의 비중도 2014년에는 5.7%(50만 가구)로 지난 10년간 을 통틀어 가장 높은 수준이다. 임차가구에 국한하여 볼 때, 소득 대비 임 대료 부담 비중(Rent-to-Income Ratio: RIR)은 1995년 34%, 2008년 28%, 2012년에는 30%이며, 소득에서 30% 이상을 임대료로 지출하는 임차가 구 비중은 2006년 9.3%에서 2011년 10.4%로 늘었다.

이러한 임대료 과부담은 저소득층의 경우에 더욱 심각하다. 소득에서 30% 이상을 임대료로 지출하는 가구의 비중은 소득 하위 40% 이하 저소 득층 가구 중에서는 40%, 소득 하위 10% 이하 극빈층 가구 중에서는 60%에 이른다(〈그림 17-11〉 참조). 한편, 소셜 하우징에 거주하는 저소득 층 임차가구의 임대료 부담은 매우 낮은데, 10가구 중 9가구는 소득 대비 임대료 지출 비중이 30% 이하이다(AIHW, 2015).

---

2) 주거비 범위에는 주택구입 대출금(mortgage)에 대한 원금 및 이자 상환, 주거 유지관리 비, 임대료가 포함된다.

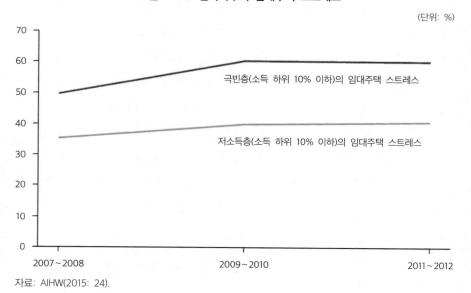

〈그림 17-10〉 주택 스트레스 가구 추이

(단위: %)

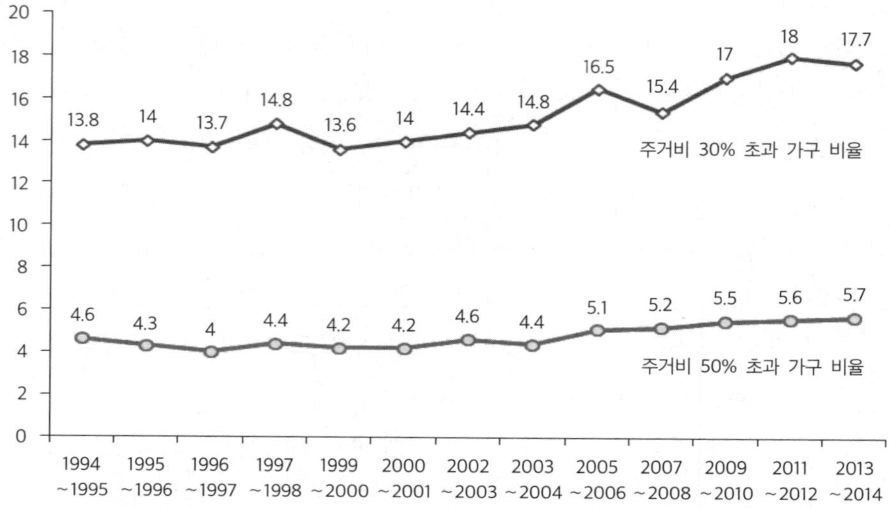

주거비 30% 초과 가구 비율

주거비 50% 초과 가구 비율

자료: ABS(2015).

〈그림 17-11〉 임차가구의 임대주택 스트레스

(단위: %)

극빈층(소득 하위 10% 이하)의 임대주택 스트레스

저소득층(소득 하위 10% 이하)의 임대주택 스트레스

2007~2008   2009~2010   2011~2012

자료: AIHW(2015: 24).

3. 주거지원의 유형과 지원방법

1) 주거지원정책의 목표와 지원규모

호주의 주거지원 및 보장의 기본 목표는 적정하고 부담가능하며 안전한 주택공급이다. 구체적으로 2009년부터 추진 중인 연방 정부와 주 정부 간 '부담가능한 주거협약'의 정책 목표는 다음의 6가지이다.

- 홈리스 및 홈리스 위기에 처한 사람들이 지속가능한 주거에 사회적으로 참여할 수 있도록 지원한다.
- 주거욕구를 충족시키는 수준의 주택을 임차할 수 있도록 지원한다.
- 부담가능한 선에서 주택을 구입할 수 있도록 지원한다.
- 주택시장에 대한 접근성을 제고한다.
- 원주민들에게 형평적 주거선택의 기회와 서비스를 제공한다.
- 오지 원주민의 주거환경 수준을 개선하고 과밀을 완화한다.

부담가능한 주거협약은 이러한 목표를 공동으로 달성하기 위한 협약이다. 홈리스서비스 및 고용 등 다른 사회복지서비스를 통합 지원하고, 공공임대주택의 운영효율성 및 공공임대주택 임차인의 고용성과를 제고하며, 도시계획 규제의 개선을 통해 주택공급의 효율성을 제고하는 등 제반 관련 제도를 개혁함으로써 이러한 목표를 이룰 수 있도록 정부부문 간 공동으로 노력하는 정책 틀이다(AIHW, 2015).

연방 정부 및 주 정부가 지원하는 공적 주거지원 대상 가구는 2014년 기준 전체 가구의 15~20%다(AIHW, 2015). 주거지원 프로그램별로 지원 대상이 개인 단위, 가구 단위, 소득 주체 단위 등 각기 다르므로 정확한 지원 대상자 수는 포착하기 어렵지만, 전체 876만 6천여 가구 중 공공지원 임대

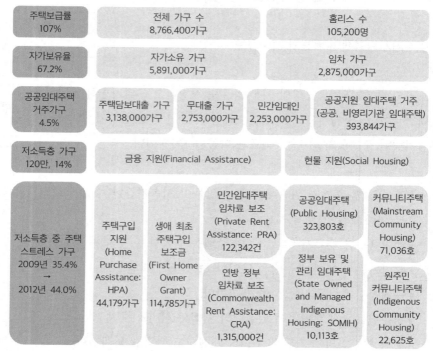

〈그림 17-12〉 호주의 주거지원체계의 구성

주택보급률 107%	전체 가구 수 8,766,400가구			홈리스 수 105,200명	
자가보유율 67.2%	자가소유 가구 5,891,000가구			임차 가구 2,875,000가구	
공공임대주택 거주가구 4.5%	주택담보대출 가구 3,138,000가구	무대출 가구 2,753,000가구	민간임대인 2,253,000가구	공공지원 임대주택 거주 (공공, 비영리기관 임대주택) 393,844가구	
저소득층 가구 120만, 14%	금융 지원(Financial Assistance)			현물 지원(Social Housing)	
저소득층 중 주택 스트레스 가구 2009년 35.4% → 2012년 44.0%	주택구입 지원 (Home Purchase Assistance: HPA) 44,179가구	생애 최초 주택구입 보조금 (First Home Owner Grant) 114,785가구	민간임대주택 임차료 보조 (Private Rent Assistance: PRA) 122,342건	공공임대주택 (Public Housing) 323,803호	커뮤니티주택 (Mainstream Community Housing) 71,036호
			연방 정부 임차료 보조 (Commonwealth Rent Assistance: CRA) 1,315,000건	정부 보유 및 관리 임대주택 (State Owned and Managed Indigenous Housing: SOMIH) 10,113호	원주민 커뮤니티주택 (Indigenous Community Housing) 22,625호

주: 2013년 7월~2014년 6월 기준.
자료: AIHW(2015).

주택 거주 가구는 4.5%, 임대료 보조 가구는 15%, 주택 구입자금 융자
지원 가구는 1.8%의 비중을 차지한다.

2) 주거지원정책의 대상계층

정부의 주거지원 대상계층은 소득이 낮은 저소득층이나 원주민, 젊은이,
고령자, 장애인, 노숙인과 같은 사회경제적 취약계층을 포괄한다. 또한
지원대상 중에서도 정책적 우선순위(*priority*)를 두어, 소셜 하우징에 우선
입주할 수 있도록 지원한다.

에버리지니라고 불리는 호주의 원주민은 18세기 말엽 유럽인이 호주를 식민지로 개척하기 이전부터 거주하던 이들이지만 백인이 들어오면서 많은 차별과 억압을 받아 왔다. 현재에도 이들은 부족사회를 구성하고 수렵과 채집을 중심으로 한 원주민의 문화를 이어가지만 정부지원으로 생계를 이어갈 정도로 아주 빈곤하다. 2011년 센서스에 따르면 호주의 원주민 가구 수는 21만 가구이다. 호주는 적어도 1명의 원주민 태생 가구원이 있는 가구를 원주민 가구로 정의한다.

원주민 가구의 소득수준은 비원주민 가구에 비하여 매우 낮다. 또한 가족 및 친척과 함께 기거하는 주거문화로 인해 과밀이 심각하고 주거의 질적 수준도 낮다. 호주 정부는 1973년 백호주의를 전면 폐지하면서 과거 원주민 핍박에 대한 보상과 회복 차원에서 소셜 하우징을 공급하고 임대료 보조를 시작했다. 2014년 기준으로 원주민 약 6만 3천 가구가 소셜 하우징에 거주한다. 임대료 보조(CRA) 수급자 중 원주민의 비중은 30%, 주 정부가 제공하는 임대료 보조(PRA) 수급자 중 원주민의 비중은 10%이다. 원주민의 자가보유율은 30% 이하이며 낮은 신용도 때문에 정부의 구입자금 융자지원은 거의 이루어지지 못했다(AIHW, 2015).

주거지원정책의 대상계층인 젊은이란 가족과 떨어져 혼자 독립적으로 거주하는 24세 이하의 1인 가구로 정의된다. 이들은 대체로 소득이 낮고 민간임대주택 시장에서 차별대우를 받기에 특수 수요계층으로 규정된다. 젊은 계층이 민간임대주택에 진입하기 어려운 이유는 주택을 잘 관리하거나 임대료를 제때 지불할 수 있다는 이력을 증빙하기 어렵기 때문이다. 금융위기 이후 민간임대주택의 임대료가 크게 오르면서 젊은 계층의 주거불안이 사회문제로 떠올랐으며 이들이 홈리스가 될 경우 문제가 장기화될 것이란 우려도 제기되었다. 따라서 정부는 이들을 위해 안정적 주거서비스를 제고하기 위해 소셜 하우징 공급뿐 아니라 임대료 보조(CRA)도 지원한다.

고령자는 65세 이상인 자를 말하지만, 특수 수요계층으로 정부 우선지원을 받는 연령대는 75세 이상이다. 65세 이상 고령가구 수는 200만 가구로 전체 가구의 22.8%[3]에 해당하며, 75세 이상 가구 수는 88만 가구로 전체 가구의 10%를 차지한다. 2014년 자료를 기준으로 75세 이상 고령가구의 주택 점유 형태를 살펴보면 자가보유율은 85.5%, 민간임대주택 거주율은 7.5%, 공공임대주택 거주율은 5%이다(ABS, 2015). 따라서 자가를 보유한 대부분의 고령자와 달리 임대주택에 거주하는 고령자는 주거 취약계층으로 간주되며, 주택 스트레스를 완화하고 장기적 주거안정을 보장하기 위해 소셜 하우징 공급 시 우선 입주대상이 된다.

호주의 장애인은 420만 명으로 전체 인구의 18.5%에 해당하며 장애인이 있는 가구 수는 250만 가구로 전체의 21%를 차지한다(AIHW, 2013). 장애인 중 일상생활을 하는 데 심각한 어려움을 겪는 자는 6.1%이다. 전체 인구 대비 장애인의 비율은 5명 중 1명꼴인데, 이처럼 호주에 장애인 인구가 많은 이유는 정부가 장애인의 범위를 신체적·정신적 장애, 건강 상태의 문제가 있거나, 최소 6개월간 일상 활동에 제약이 있는 경우로 넓게 규정하기 때문이다. 정부의 주거지원을 받으려면 스스로 장애가 있다고 보고(self-reporting) 하거나 장애수당 수급자임을 증빙하면 된다. 장애인은 비장애인에 비해 소득이 낮은 편이며 선택 가능한 주거 옵션도 많지 않아서 대부분 정부가 제공하는 소셜 하우징과 관련된 서비스 지원을 받는다.

호주의 홈리스는 2011년 10만 4,700명, 2013년 10만 5,200명으로 전체 인구의 약 0.5%를 차지한다. 홈리스는 상시적으로 거리 노숙을 하거나 일정한 거처가 없이 장기·단기적으로 반복하여 노숙을 경험하는 사람이라고 정의된다. 홈리스는 통계적으로 10만 명 규모로 파악되나 정부로부터 홈리스서비스를 지원받은 홈리스 수는 2006년 16만 1천 명에서 2011년 23만 명으로 크게 늘었다(AIHW, 2012). 금융위기 이후에는 젊은이들의 홈

---

3) 전체 인구 대비로 볼 때 65세 이상 고령자 비중은 2014년 기준 14.1%이다.

리스 비중도 늘어난 상황이다. 홈리스 및 홈리스가 될 위기에 처한 가구에 대해 정부는 소셜 하우징에 우선 입주권을 주고 있다. 홈리스가 될 위기에 처한 가구란 생명의 위협이나 안정성이 결여된 거처에서 거주하는 가구, 위생불량 주택에 거주하는 가구, 욕구 부적합 주택에 거주하는 가구, 주거비 과부담 가구 등 주거 빈곤 및 주거 불안계층을 말한다.

3) 소셜 하우징의 공급지원

(1) 소셜 하우징의 유형별 재고 추이와 현황

공공임대주택은 1980년대 이전까지는 퍼블릭 하우징(public housing)으로 명명되었다. 그러나 1984년 비영리부문이 공급하는 커뮤니티주택이 도입되면서 현재는 포괄적으로 소셜 하우징(social housing)이라고 통칭한다.

생산성위원회(Productivity Commission, 2010)의 정의에 따르면, 호주의 소셜 하우징은 저소득층 등 특별한 요구를 가진 취약계층을 위해 시세보다 낮게 공급하는 임대주택을 말한다. 여기서 시세보다 낮다는 기준은 두 가지인데, 공공임대주택의 경우에는 임차가구의 소득에서 30% 정도를 부담하는 임대료 수준을 말하며, 커뮤니티주택의 경우에는 주변 시세보다 20~25% 낮은 임대료 수준을 의미한다. 즉, 커뮤니티주택의 임대료는 주변 시세의 75~80% 수준에서 정해진다.

한편, 부담가능한 주택(affordable housing)은 정부지원 없이는 적정한 수준의 주택을 구할 수 없는 소득계층의 욕구를 충족시키기 위해 공급하는 주택을 말한다. 소셜 하우징이 임대주택에 국한된 관점이라 한다면 부담가능한 주택은 임대주택과 분양주택 모두에 적용되는 용어이다. 이러한 정의에 따를 때 광의적 의미에서 소셜 하우징은 부담가능한 주택의 한 범주라고 볼 수 있다.

소셜 하우징의 공급 호수는 2014년 42만 7천 호로 세부유형은 공급주체

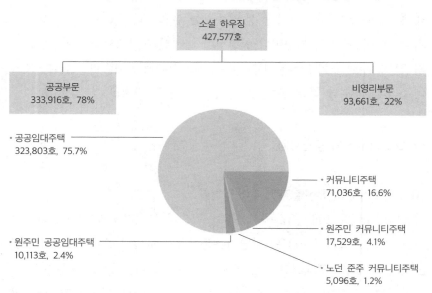

〈그림 17-13〉 호주의 소셜 하우징 유형과 재고 현황

소셜 하우징
427,577호

공공부문
333,916호, 78%

비영리부문
93,661호, 22%

· 공공임대주택
323,803호, 75.7%

· 커뮤니티주택
71,036호, 16.6%

· 원주민 커뮤니티주택
17,529호, 4.1%

· 원주민 공공임대주택
10,113호, 2.4%

· 노던 준주 커뮤니티주택
5,096호, 1.2%

주: 2014년 6월 말 기준.
자료: AIHW가 제공하는 소셜 하우징 재고 현황에 대한 데이터 테이블(www.aihw.gov.au/reports-statistics/health-welfare-services/housing-assistance/data)에 근거하여 필자가 작성.

와 입주계층에 따라 〈그림 17-13〉과 같이 구분된다. 소셜 하우징은 공공부문이 공급하는〔주로 주 정부 산하의 주택공사(State Housing Aithority)가 담당〕 공공임대주택과 비영리기관이 공급하는 커뮤니티주택으로 구성되며 일반형과 원주민형이 공급된다. 소셜 하우징 재고에서 가장 큰 비중을 차지하는 것은 공공임대주택(Public Housing: PH, 32만 4천 호)이며, 그다음으로는 비영리부문이 공급과 운영관리를 맡는 커뮤니티주택(Mainstream Community Housing: MCH, 7만 1천 호)이다. 원주민 대상의 소셜 하우징은 약 2만 7천호(공공임대주택은 1만 호, 커뮤니티주택 1만 7천 호)로 전체 소셜 하우징의 6.5%를 차지한다.

지난 10년간 소셜 하우징 재고 추이를 보면 공공임대주택은 점차 감소한 반면 비영리부문이 공급하는 커뮤니티주택은 증가했다. 공공임대주택 재고

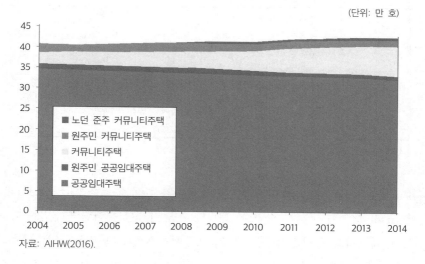

〈그림 17-14〉 소셜 하우징의 재고 추이

(단위: 만 호)

- 노던 준주 커뮤니티주택
- 원주민 커뮤니티주택
- 커뮤니티주택
- 원주민 공공임대주택
- 공공임대주택

자료: AIHW(2016).

의 감소는 1980년대 이후 정부의 재정지원 축소로 인한 영향이 가장 크나, 빈곤층의 집중화로 인한 운영관리상의 어려움도 컸다. 앞서 논의하였듯이 1975년 '빈곤조사위원회'의 결정에 따라 필요도가 큰 취약계층을 우선 입주대상으로 하다 보니, 공공임대주택은 당초 1945년 도입 당시의 근로계층 부담능력 완화라는 목적과는 달리 극빈층용 주거로 잔여화되었다. 운영관리 측면에서도 낮은 임대료로 양질의 주거서비스를 제공하기 어려웠으며 점차 노후화되는 재고의 시설설비 소요비용을 충당하기 어려웠다.

이렇게 필요도가 큰 계층에게 초점을 둔 운용 방식은 공공임대주택을 보편적 지원 모델에서 선별적 복지 모델로 전환시킨 결정적 계기가 되었으며, 계속되는 임대운영 적자 구조로 신규투자를 기대할 수 없게 되었다. 이것이 1990년대 전체 주택에서 6%를 차지하던 공공임대주택 재고 비중이 2014년에는 3.6%로 줄어든 배경이라고 할 수 있다(〈그림 17-14〉 참조).

한편, 이러한 상황에서 연방 정부는 공공임대주택의 공급을 확대하고 운영관리 효율성과 재정건전성을 확보하기 위하여 주 정부 산하 주택공사 중

<표 17-2> 커뮤니티주택 공급업체 수 및 관리 호수

구분	공급업체 수 (관리 호수)	공급업체 수(관리 호수)			
		20호 미만	20~49호	50~99호	100호 이상
2009년	931 (41,718)	672	146	40	73
2010년	959 (45,911)	692 (4,828)	157 (4,629)	34 (2,394)	76 (34,120)
2011년	906 (57,901)	636 (4,609)	141 (4,267)	48 (3,328)	81 (45,697)

주: AIHW(2015: 25).

심의 독점적 공급구조를 비영리 민간기관과의 경쟁을 통한 공급구조로 재편하고자 했으며 구체적 방안을 2009년 '부담가능한 주택협약'에 담았다. 즉, 주택공사가 운영관리하던 공공임대주택을 비영리 민간부문인 커뮤니티주택 공급업체에게 이양 및 매각하여 2014년까지 커뮤니티주택 공급업체의 비중을 전체 소셜 하우징의 35%까지 늘리겠다는 공급구조 개편 방안을 발표하였다. 또한 '소셜 하우징 공급확대 제도'(Social Housing Initiative: SHI)에서 신규로 건설되는 소셜 하우징의 75%를 비영리 민간부문이 운영 및 관리하도록 했다. 이러한 조치는 기존 공공임대주택 단지의 잔여화된 이미지를 개선하고, 임대 및 운영관리체계를 개선하기 위한 것이었다.

비영리 민간부문에서 주택공급을 담당하는 조직체는 주택협회(housing associations), 주택협동조합(housing cooperatives), 그 외 커뮤니티서비스기관으로 구성되며 이들을 통칭하여 커뮤니티주택 공급업체로 일컫는다. 커뮤니티주택 공급업체의 수는 2011년 6월 말 기준 906개이며 원주민용 커뮤니티주택을 공급하는 업체는 330개이다.

커뮤니티주택 공급업체들이 관리하는 소셜 하우징 호수는 5만 7,901호로 업체당 평균 64호 정도이다. 100호 이상 관리하는 업체 수는 81개이며 이들 업체당 평균 관리 호수는 564호로, 전체 커뮤니티주택의 약 80%를 담당한다. 즉, 커뮤니티주택 공급업체 중 9% 정도만이 500호 이상의 관리역량을 갖춘 상황이라고 볼 수 있다.

　이런 맥락에서 예이트(Yate, 2013)는 현재 호주 정부가 추진하는 비영리 민간부문 육성정책의 실효성에 의문을 제기한다. 그는 주 정부 주택공사로부터 공공임대주택 재고를 이양받아 임대료를 시세 대비 75~80% 수준으로 낮춘다 해도 임차인의 부담능력을 감안하면 실제 임대료 수준을 높이는 데 한계가 있을 것이며, 장기적으로는 운영관리상의 효율성과 재정건전성을 모두 달성하기 어렵다는 점을 지적한다. 비영리 민간부문의 소셜 하우징 점유율은 2004년대 12%에서 2014년 22%로 늘어나긴 하였으나 정책 목표인 35%까지 확대를 위해서는 아직 역량강화라는 숙제가 남겨진 상황이다.

(2) 소셜 하우징 유형별 입주자 특성

소셜 하우징에 거주하는 입주민 현황을 보면(〈표 17-3〉 참조), 저소득층, 여성 가구주, 장애인 가구의 입주율이 높다. 저소득층 비율이 가장 많은 것은 공공임대주택으로 97.4%이며, 원주민 공공임대주택 및 커뮤니티주택은 각각 93.5%와 92.5%이다. 공공임대주택에는 장애인 가구 입주율이 43.2%로 타 유형의 입주율에 비하여 가장 높으며, 1인 가구 입주율도 52.6%로 가장 많다.

　또한 가구주 연령대별 입주율을 보면 공공임대주택의 65세 이상 고령자 입주율이 32%로 가장 높으며 원주민 공공임대주택과 커뮤니티주택은 35~54세 연령대의 입주율이 높다. 입주자의 근로 상황을 보면, 근로 참여율은 공공임대주택이 20% 수준이며, 원주민 공공임대주택은 25%, 커뮤니티주택은 22% 정도이다.

　공공임대주택 입주자의 거주기간을 보면(〈표 17-4〉 참조), 공공임대주택은 20년 이상 거주하는 입주자 비율이 13.8%로 원주민 공공임대주택보다 많으며, 3가구 중 1가구는 10년 이상 장기거주자이다. 공공임대주택의

<표 17-3> 소셜 하우징 입주자의 가구 및 근로 특성(2014년)

(단위: %)

구분		공공임대주택	원주민 공공임대주택	커뮤니티주택
저소득층 비율		97.4	93.5	92.5
여성 가구주 비율		61.4	75.3	58.3
원주민 거주 비중		9.2	99.9	7.2
장애인 가구 비중		43.2	35.0	37.0
가족 구성 (100%)	1인 가구	52.6	24.7	59.9
	한부모	17.8	37.8	11.1
	부부	7.9	4.4	7.3
	부부, 자녀	5.0	10.0	3.0
	기타	16.6	23.2	18.7
가구주 연령 (100%)	15~24세	2.4	4.8	5.4
	25~34세	8.6	18.0	12.7
	35~44세	15.2	23.8	18.6
	45~54세	20.7	24.5	20.9
	55~64세	21.0	16.2	17.9
	65세 이상	32.0	12.7	22.1
근로 상태 (복수응답)	전일 근로	8.2	13.3	7.4
	시간제 근로	12.0	11.8	14.5
	실업	11.8	16.8	12.6
	구직 중	27.5	37.0	30.4
	근로 불가	31.1	26.9	28.8
	은퇴	38.4	15.6	36.6
	학업	12.0	26.9	14.0

자료: AIHW(2016).

<표 17-4> 공공임대주택 임차인의 거주 기간(2014년)

(단위: %)

구분	공공임대주택	원주민 공공임대주택
1년 미만	18.0	23.3
2~4년	18.6	22.8
5~9년	22.4	23.0
10~19년	27.2	21.7
20년 이상	13.8	9.2

자료: AIHW(2016).

평균 거주기간은 10~15년 정도이다. 따라서 이러한 장기 거주 특성으로 공공임대주택의 이동율은 점차 둔화되고 있다. 이동률은 퇴거율, 순환율(*turnover rates*), 탈출률(*exit rates*)과 같은 맥락인데 공공임대주택 입주 가구 중 다른 주택으로 이사를 가는 가구의 비율을 말한다.

공공임대주택의 2004년 순환율은 9%로 연간 3만 1천 가구가 퇴거하였으나 2011년 순환율은 6%로 2만 가구만이 다른 주택으로 이사를 했다. 이렇게 이동률이 낮은 이유는 입주자가 고연령, 낮은 학력, 건강 상태 등으로 근로 활동에 적극적으로 나서지 않으며, 이사할 경우 기존 공공임대주택의 입주권을 상실하고 오히려 주거 여건이 더 열악해질 우려가 크기 때문이다. 법적으로 임차권 양도가 허용되지만 그 비율은 매우 낮아 공공임대주택 입주자의 2.4%, 원주민 공공임대주택 입주자의 3%만이 임차권을 양도했다. 공공임대주택이 극빈층 위주의 잔여적 점유 형태라는 인식이 점차 심화되는 것은 이와 같은 입주자의 특성에 기인한다. 또한 신규 입주자 모집 시에 적용되는 우선입주대상 요건으로 인하여 공공임대주택 단지의 빈곤 집중화는 더욱 가속화되고 있다. 우선입주대상은 필요도가 가장 큰 가구(*greatest need households*)와 특수수요 계층(*special need groups*)이다.

- 필요도가 가장 큰 가구: ① 홈리스, ② 건강, 생명, 안전상의 위협이 있는 주거환경으로 자신의 욕구를 충족시키지 못하는 가구, ③ 임대료 과부담 가구(소득 대비 30% 이상을 임대료로 지출)
- 특수수요 계층: 장애가 있는 가구원, 25세 이하 혹은 75세 이상 가구원, 1명 이상의 원주민이 포함된 가구
  - 우선 배려 계층 중 특수 수요 계층이 많음
  - 원주민 공공임대주택의 경우, 특수수요 계층에 대한 입주 우선권 부여는 없음(원주민 공공임대주택은 원주민 우선정책에 따라 설계된 공공임대주택임)

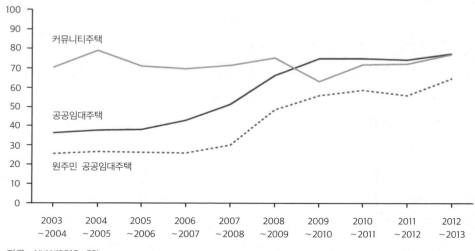

〈그림 17-15〉 공공임대주택 신규 입주자 중 '필요도가 가장 큰 계층'의 비율

(단위: %)

커뮤니티주택

공공임대주택

원주민 공공임대주택

자료: AIHW(2015: 53).

필요도가 가장 큰 가구와 특수수요 계층 간에는 상호 중복되는 측면이 있으나, 이러한 요건 중 어느 하나라도 충족하는 경우 공공임대주택 입주 시 우선권을 부여한다.

지난 10년간 공공임대주택의 신규 입주자 중 필요도가 가장 큰 계층의 입주율은 점차 높아지고 있다. 공공임대주택에서 필요도가 가장 큰 계층의 입주율은 2013년 77%에 이르러 가장 높았으며, 커뮤니티주택 및 원주민 공공임대주택에도 각각 76.6%, 64.3%이다. 특히, 필요도가 가장 큰 계층 중 홈리스 입주율이 크게 증가했다(〈그림 17-15〉 참조).

공공임대주택 신규 입주자 중 홈리스의 비율은 2010년 44%에서 2012년 55%, 그리고 2014년에는 61%로 증가했다(AIHW, 2011, 2015). 2014년을 기준으로 볼 때 공공임대주택 신규 입주자 중 필요도가 가장 큰 가구는 홈리스 61%와 현 거처에서 생명의 위협을 받거나 안정성이 결여된 가구 9.7%, 위생불량주택 거주 가구 13.9%, 욕구부적합주택 거주 가구 7%, 주거비

512

(단위: %)

구분		2010년		2014년	
		공공 임대주택	원주민 공공임대주택	공공 임대주택	원주민 공공임대주택
홈리스		44.2	41.6	60.8	48.9
홈리스 위기 가구	현 거처에서 생명의 위협을 받거나 안전성이 결여	7.8	9.2	9.7	7.3
	주택으로 야기된 위생불량	24.9	17.3	13.9	8.2
	욕구에 부적합한 주택거주	5.2	5.2	7.0	28.8
	주거비 과부담 극심	6.3	9.2	4.6	2.8
	노숙위험 가구 합계	55.8	58.4	35.2	47.1
기타		11.6	17.3	4.0	4.0
전체		100	100	100	100

자료: AIHW(2011: 86, 2015: 54).

과부담 가구 4.6%이다. 원주민 공공임대주택의 신규 입주자 중에서는 노숙인 48.9%, 욕구부적합주택 거주 가구 28.8%, 위생불량주택 거주 가구 8.2%가 입주하였다(〈표 17-5〉 참조).

한편, 공공임대주택에 취약계층이 이렇게 집중되다 보니 임대료 할인대상 가구의 비율도 점차 늘어났다. 공공임대주택에 입주한 취약계층은 임대료가 월소득의 30%를 초과하지 않도록 할인을 받는데, 〈그림 17-16〉과 같이 전체 입주자 중 임대료 할인대상 가구 비율은 1980년대 중반 62%에서 1990년 중반에는 90%까지 늘어났다. 2014년을 기준으로 할 때 임대료 할인 가구 수는 28만 9,746가구이며, 공공임대주택의 임대료 할인 가구 비율은 90.2%, 원주민 공공임대주택의 임대료 할인 가구 비율은 76.6% 이다. 공공임대주택의 호당 임대료 할인 금액도 점차 늘어나 2009년에는 호당 월 134달러를, 2014년에는 146달러를 할인해 주었다. 공공임대주택과 원주민 공공임대주택의 임대료 수준은 주변 민간임대주택의 임대료 시세와 대비할 때 각각 47%, 57% 수준이다.

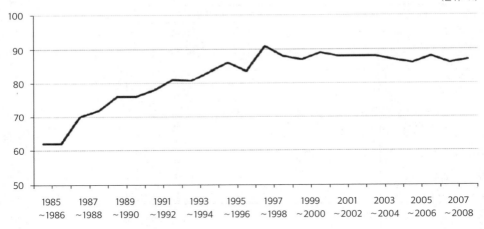

〈그림 17-16〉 공공임대주택의 임대료 할인대상 가구 비중 추이

(단위: %)

자료: Groenhart & Burke(2014: 14).

(3) 소셜 하우징의 거주 수준

소셜 하우징은 가족 특성을 감안하여 유형마다 방의 수와 크기가 각자 다르다. 소셜 하우징 유형별 방의 수 분포를 보면 공공임대주택의 경우 1실이 24.7%, 2실이 30.4%로 전체 공급 호수의 55.1%가 1~2실로 구성되어 다른 유형에 비하여 규모가 작은 편이다. 원주민 공공임대주택은 원주민의 대가족 문화를 반영하여 3실이 전체 공급호수의 61.6%이며, 4실도 19.3%이다. 커뮤니티주택은 1실, 2실, 3실이 비교적 고른 분포로 공급되어 있으며, 원주민 커뮤니티주택은 3실형이 절반 정도 차지한다.

이러한 가구 구성원 수를 감안한 공급 특성은 주거소비의 정도를 판단하는 호주의 주거기준에 따른 것이다. 호주의 주거기준은 2010년부터 캐나다의 점유기준을 준용하여 적용한다. 이 기준은 과밀 혹은 과소점유 상태를 파악할 목적으로 운영되며, 가구원 수에 맞게 공공임대주택에 제대로 활용되는지 보려는 관점이다. 자세한 기준은 다음과 같다.

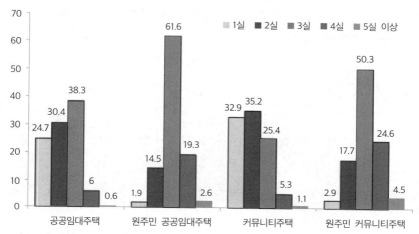

〈그림 17-17〉 소셜 하우징 유형별 방의 수 분포(2014년)

■ 1실 ■ 2실 ■ 3실 ■ 4실 ■ 5실 이상

공공임대주택: 24.7, 30.4, 38.3, 6, 0.6
원주민 공공임대주택: 1.9, 14.5, 61.6, 19.3, 2.6
커뮤니티주택: 32.9, 35.2, 25.4, 5.3, 1.1
원주민 커뮤니티주택: 2.9, 17.7, 50.3, 24.6, 4.5

자료: AIHW(2015).

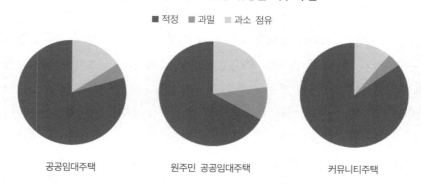

〈그림 17-18〉 소셜 하우징 유형별 거주 수준

■ 적정 ■ 과밀 ■ 과소 점유

공공임대주택   원주민 공공임대주택   커뮤니티주택

〈표 17-6〉 공공임대주택 임차가구의 과밀과 과소점유 현황(2014년)

(단위: %)

구분	공공임대주택	원주민 공공임대주택	커뮤니티주택
과밀	4.6	10.2	4.1
과소점유	15.7	22.8	11.0

자료: AIHW(2015).

- 캐나다 국민거주기준(Canadian National Occupancy Standard: CNOS): 가구규모 및 구성에 따른 주택 적정성 측정 기준(적정 주거 기준).
  - 2인 이하는 1실 공유
  - 부부는 1실 공유
  - 성별에 상관없이 5세 이하 자녀(동성, 이성 모두)는 1실 공유
  - 18세 이하 동성 자녀는 1실 공유
  - 5~17세 1인 자녀는 5세 이하 이성 자녀와 함께 1실에 거주할 수 없음
  - 18세 이상 성인 및 미혼 자녀는 독립실 필요
- 과밀(overcrowding): CNOS의 6가지 침실 기준을 충족시키지 못하는 경우 과밀로 정의.
- 과소점유(underutilisation): 주택의 규모가 가구원 수에 맞게 요구되는 기준보다 더 큰 경우 과소점유로 규정. 즉, CNOS 기준이 요구하는 것 외에 2개 이상의 잉여침실이 있는 경우를 말함.

소셜 하우징의 80% 정도는 적정 상태로 볼 수 있지만, 원주민 공공임대주택의 경우 과밀 가구 비중이 10.2%로 가장 높다. 공공임대주택과 커뮤니티주택의 경우 과밀 가구 비중은 각각 4.6%, 4.1%이다. 지난 5년간의 변화를 살펴보면, 과밀 가구 비중은 2009년 이후 점차 늘어나는 추세이다(〈그림 17-19〉 참조).

과소점유 가구는 가구원 수에 비하여 규모가 큰 주택에 거주한다고 볼 수 있는데 이 비율은 2010년 이후 점차 감소하는 추세이다. 20114년을 기준으로 보면 과소점유 가구 비중은 원주민 공공임대주택이 22.8%로 가장 많고, 공공임대주택은 15.7%, 커뮤니티주택은 11%이다.

이러한 과밀 및 과소점유 상태 기준은 소셜 하우징 재고의 효율성 관점에서 볼 수 있으며, 가구원 수에 합당한 크기의 주택 거주를 유도하기 위한 것이다. 또한 재고 활용성 측면에서는 공실률 혹은 점유율(occupancy rates)

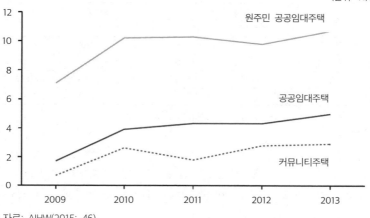

〈그림 17-19〉 소셜 하우징의 과밀 가구 비중 추이

(단위: %)

원주민 공공임대주택

공공임대주택

커뮤니티주택

자료: AIHW(2015: 46).

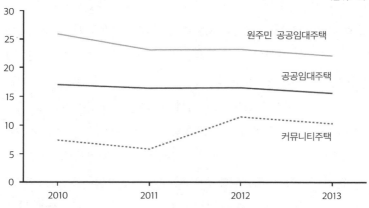

〈그림 17-20〉 소셜 하우징의 과소점유 가구 비중 추이

(단위: %)

원주민 공공임대주택

공공임대주택

커뮤니티주택

자료: AIHW(2015: 47).

<표 17-7> 소셜 하우징 대기자 현황

(단위: 명, 가구)

구분	전체 대기자 수		필요도가 가장 큰 가구	
	2010년	2014년	2010년	2014년
공공임대주택	171,344	154,566	60,217(35.1%)	43,224(28.0%)
원주민 공공임대주택	9,977	8,008	4,011(40.2%)	3,827(47.8%)
커뮤니티주택	36,689	43,382	21,860(59.6%)	28,836(66.5%)
전체	218,010	205,956	86,088(39.5%)	75,887(36.8%)

주: 괄호 안은 전체 대기자 수 중 필요도가 가장 큰 가구의 비중.
자료: AIHW(2016).

도 모니터링 된다. 2014년 기준으로 소셜 하우징의 점유율(1-공실률)을 보면, 공공임대주택은 97.9%, 원주민 공공임대주택은 96.8%, 커뮤니티주택은 94.4%. 원주민 커뮤니티주택은 94.6%이다. 즉, 공공임대주택 공실률은 2~3% 수준, 커뮤니티주택 공실률은 5% 정도인데, 이는 빈집이라기보다는 조정기간의 입주 및 퇴거로 발생한 공실이라고 볼 수 있다.

소셜 하우징의 접근성 측면에서는 대기자 수와 대기 소요기간이 모니터링되며 대기자 명부(*waiting lists*)는 주 정부가 각 단지별로 의무적으로 등록·관리하도록 법제화가 되어 있다. 소셜 하우징의 대기자 수는 2010년 21만 8천 명에서 2014년 21만 명으로 다소 줄었다. 대기자 중 필요도가 큰 가구의 비중은 전체적으로 39.5%에서 36.8%로 줄었지만, 원주민 공공임대주택과 커뮤니티주택에서는 전체 대기자 중 필요도가 가장 큰 가구 대기자 수가 늘어났다(<표 17-7> 참조). 유형별로는 공공임대주택의 대기자가 가장 많은데, 이는 공공임대주택 재고(2014년 33만 3,916호)의 46.2%에 이르는 규모이다. 2009년 도입된 SHI의 목적 중 하나는 소셜 하우징의 대기자 수를 절반으로 줄이고 소득에서 임대료로 50% 이상을 지출하는 가구 비중을 낮추는 것이다. 2014년 소셜 하우징 대기자 수의 감소는 SHI에 따라 신규 건설된 소셜 하우징 공급에 따른 효과라고 볼 수 있다.

4) 민간임대주택 임차인에 대한 임대료 보조

호주는 민간임대주택에 거주하는 저소득층을 위해 연방 정부가 지원하는 임대료 보조(*Commonwealth Rental Assistance*: CRA) 제도와 주 정부가 자체 예산으로 시행하는 임대료 보조(*Private Rent Assistance*: PRA) 제도를 운영한다. CRA는 연방 정부 예산 중 단일 예산으로는 가장 큰 지출 항목으로 2009년 29억 달러, 2013년 36억 달러를 지출하였다. 수급자 수는 2014년 기준 소셜 하우징 거주 가구 약 40만 가구의 3배가 넘는 규모였으며, 2010년 대비 약 20%가 증가하였다.

CRA는 1958년 실시된 보충급여에 최저임대료 부담분(*minimum threshold*)이 도입되면서 1982년부터 지원대상자 및 지급 방식이 변경·확대된 것이다. 보충급여는 임대료 부담이 어려운 독신 연금 생활자(노인, 장애인, 과부)에 대한 정액 급여였으나, 1987년 호크(Bob Hawke) 총리가 "1990년까지 어떤 호주의 어린이도 빈곤 속에서 살지 않도록 하겠다"고 선언한 이

〈표 17-8〉 임차 급여 수급자 현황

(단위: 명)

연도	연방 정부 보조금	주 정부 보조금
1986	582,869	-
1991	645,626	-
1996	893,946	-
2001	967,333	-
2004	946,698	-
2010	1,105,154	154,435
2011	1,137,057	126,036
2012	1,176,117	107,320
2013	1,270,000	117,865
2014	1,315,385	122,342

주: 주 정부 보조금 수급자 수는 1986~2004년까지 파악되지 않음.
자료: AIHW(2011; 2012; 2013; 2014; 2015); Hulse(2007).

〈표 17-9〉 연방 정부의 임차급여 지원기준

(단위: 달러)

가구 구성		A. 최저임대료 (Rent threshold)[1]	B. 임대료 상한선 (Maximum Rent)[2]	C. 2주당 최대지급액 (Maximum Rent Assistance)
한부모 가정, 1~2 자녀		152.60	356.63	153.02
한부모 가정, 3자녀 이상		152.60	383.13	172.90
부부, 1~2자녀		225.82	429.85	153.02
부부, 3자녀 이상		225.82	456.35	172.90
부부이나 질병 혹은 일시적 별거 상태	1~2자녀	152.60	356.63	153.02
	3자녀 이상	152.60	383.13	172.90

주 1) 임대료가 이 수치 이하이면 지급액이 없음.

    2) 실제 임대료가 이 수치 이상이면 최대지급액(C)을 지급.

    3) 실제 임대료가 A이상이면서 B까지 도달할 때까지 매 1달러 증가시마다 75센트를 지불.

       단, 2주당 최대지급액은 C를 초과할 수 없음.

    4) 1999년 〈신 조세체계법(가족지원)〉에 근거, 2016년 4월 기준.

자료: https://www.dss.gov.au.

후, 가족수당을 받는 자녀가 있는 저소득 가구까지 지원대상자를 확대한 CRA로 발전하였다(Hulse, 2007).

CRA의 지급대상자는 공공임대주택을 제외한 커뮤니티주택과 민간임대주택에 거주하는 생계급여 수급자(*income support recipients*) 및 가족세제급여 A형(*family tax benefit part A*) 수급자이며, 2주 단위로 지급된다. 수급요건은 실제 지불 임대료가 최저임대료 부담분보다 더 많은 경우로, 은퇴 단지에 거주하며 임대료 대신 서비스료 및 관리비를 납부하거나 하숙 혹은 임시 숙소, 이동식 주택에 거주하는 임차인에게도 지원된다. 지급단위는 가구가 아닌 개별 소득 단위인데, 이는 한 집에 비혈연 성인이 함께 거주하는 경우를 감안하기 위해서이다. 지급액 산정은 〈표 17-9〉와 같이 가족 특성에 따라 정해진다.

예를 들어, 한부모 가정에 자녀 1~2인으로 구성된 가족이 2주간 200달러의 임대료를 낼 경우, 이 실제 임대료가 자기 부담인 최저임대료(A) 152.6달러를 넘어서므로 이 가족은 수급자격이 있다. 급여 산정액은 실제

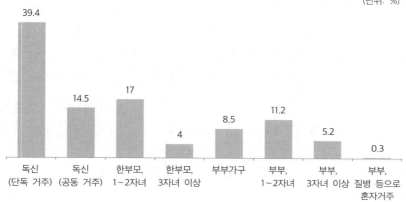

〈그림 17-21〉 CRA 수급자의 가족 특성(2014년)

(단위: %)

- 독신 (단독 거주): 39.4
- 독신 (공동 거주): 14.5
- 한부모, 1~2자녀: 17
- 한부모, 3자녀 이상: 4
- 부부가구: 8.5
- 부부, 1~2자녀: 11.2
- 부부, 3자녀 이상: 5.2
- 부부, 질병 등으로 혼자거주: 0.3

자료: AIHW(2016).

임대료 200달러와 최저임대료 152달러의 차액인 47.4달러 중 75%에 해당하는 35.55달러이다. CRA 급여액은 실제 임대료와 최저임대료 간 차액의 75%이지만 2주당 최대지급액(C)이 153.02달러이다. 만약 실제 임대료가 356.63달러를 넘는다고 하더라도 최대지급액(C)까지만 받게 된다.

매년 3월과 9월 소비자물가지수에 연동하여 CRA의 최저 및 최대임대료가 조정되지만 지역별 임대료 차이는 반영되지 않는다. 따라서 실제 임대료 중 CRA 급여가 차지하는 비중은 2014년 평균 31%지만 시드니, 멜버른, 브리즈번, 퍼스 등의 지역에서는 27~28%로 전국 평균보다 낮은 수준이다. 연간 CRA 수급자당 평균 급여액은 2013년 2,914달러(한화로 약 250만 원 정도)이다. CRA의 수급자 구성을 보면 1인 가구가 53.9%로 가장 많고, 한부모 가구가 21%를 차지한다. 연령대로 보면 60세 이상 수급자의 비중이 23.9%로 가장 많고, 30~39세 수급자 비중은 22.3%, 40~49세 수급자 비중은 18.7%이다.

정부의 우선지원 대상계층인 특수 수요계층의 CRA 수급 비중을 보면, 75세 이상 고령자 중 CRA 수급자 비중은 23.1%, 24세 이하 젊은이 중

CRA 수급자 비중은 59.0%, 원주민 중 CRA 수급자 비중은 30.1%, 장애인 중 CRA 수급자 비중은 28.7%이다. 전체 특수 수요계층 중 CRA 수급자 비중은 2010년 이후 약 40% 정도이다(〈표 17-10〉 참조).

CRA는 임대주택 스트레스 가구의 임대료 부담 완화에 큰 기여를 하고 있다. 수급자 전체적으로 볼 때, CRA 지원 전에는 소득 대비 임대료 부담이 30%를 넘는 가구 비율이 66.1%였으나 CRA 지원 후에는 39.1%로 줄었다. 특수 수요계층인 75세 이상 고령자 중 임대주택 스트레스 가구의 비

〈그림 17-22〉 CRA 수급자의 연령대(2014년)

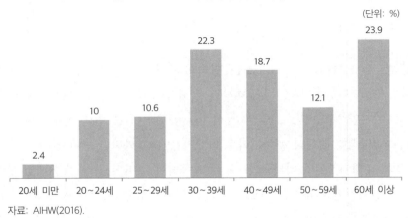

(단위: %)

자료: AIHW(2016).

〈표 17-10〉 특수 수요계층 중 연방 정부 임대료 보조지원 수급자 현황

(단위: %)

구분	75세 이상 고령자	24세 이하 젊은이	원주민	장애인	특수 수요계층 전체
2009년	30.2	54.7	30.2	36.3	40.7
2010년	27.8	45.3	31.0	34.4	42.1
2011년	24.8	57.8	29.3	31.1	40.1
2012년	24.6	58.4	29.9	31.6	40.3
2013년	24.1	57.8	30.4	29.7	40.1
2014년	23.1	59.0	30.1	28.7	39.1

자료: AIHW(2016).

중은 CRA 지원 전 52.7%에서 지원 후 23.1%로 줄었다. 25세 이하 젊은 이 중에서 임대주택 스트레스 가구 비중은 CRA 지원 전 80.2%에서 지원 후 59%로 줄었다.

주 정부 및 준주 정부의 임차료 보조는 저소득 가구에게 통상 1회 한정으로 지급하는 금융지원 방식이며 채권 융자, 임차 보조금, 재정착 비용 등을 지원한다. 채권 융자 방식이 가장 큰 비중을 차지하며 가구당 평균 융자 지원금은 992달러이다. 임차 보조금의 가구당 평균 지원금은 984달러이다.

〈그림 17-23〉 임대료 보조 전후의 임대주택 스트레스 가구 변화

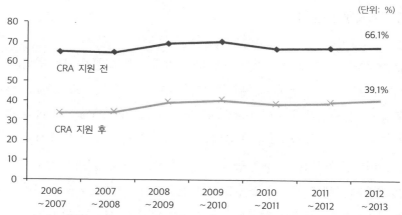

주: 소득에서 임대료 지출이 30% 이상인 가구의 비율.
자료: AIHW(2015).

〈표 17-11〉 특수 수요계층 중 임대주택 스트레스 수급자 비중

(단위: %)

구분	CRA 지원 전	CRA 지원 후
75세 이상	52.7	23.1
25세 이하	80.2	59.0
원주민	61.4	30.1
장애인	68.0	28.7
전체 가구	66.2	39.1

자료: AIHW(2016).

〈표 17-12〉주 정부 및 준주 정부 임차료 보조 수급자 현황과 지원금액

(단위: 가구, 달러)

구분	지원가구 수 (2014년)	가구당 평균 지원금 (2013년)	주 정부 재정지출 (2013년)
채권 융자(bond loan)	81,204(66.4%)	991.6	77,000,000
임차 보조금(rental grants, subsidies and relief)	37,533(30.7%)	984.0	36,000,000
재정착 비용 지원 (relocation expenses)	357(0.3%)	214.4	100,000
기타	3,248(2.6%)	506.3	1,600,000
전체	122,342(100%)	-	-

자료: AIHW(2015: 70).

5) 주거지원 관련 서비스

호주 정부는 여러 유형의 소셜 하우징 및 임대료 보조 뿐 아니라 관련 서비스도 지원한다. 주택에 특화된 주거지원서비스(*housing-focused services*)는 '공통의 장과 포이어 모델'(Common Ground and the Foyer Model)이라는 명칭으로 일시적 혹은 영구적 주택을 제공할 뿐 아니라 개별 수요자 맞춤형 서비스를 공급한다. 주택 공급만으로 주거서비스가 끝나지 않고 지속적인 관리를 통해 장기 거주를 유도하는 한편 상향 주거 이동을 도모하기 위한 서비스이다. 주요 지원대상은 저소득층 및 특수 수요계층이다.

주거지원서비스의 공급은 연방부처인 보건부(Department of Health)가 담당하지만 서비스의 질적 수준과 맞춤형 제공 수준은 주로 각 지역별로 활동하는 비영리 운영기관의 역량에 따라 결정된다. 주거지원서비스는 지역마다 다양한 참여 주체들의 네트워크 활동을 통해 이루어지는데, 그 구체적 사례는 〈표 17-13〉과 같다.

젊은이를 위한 '주택 그 이상, 젊은이를 위한 숙소'(More Than Housing: Youth Foyers) 프로그램은 주택의 공급뿐만 아니라 자립을 위해 필요한 취업, 학업 등 다양한 지원서비스와 결합되어 운영된다. 불안정한 거처에 거

주하는 고령자 지원 프로그램(Assistance with Care and Housing for the Aged Program: ACHA)은 보건부가 주축이 되어 거처 및 장기케어서비스를 제공, 이사를 지원한다. 운영자는 정부가 등록한 공급업자가 담당한다.

장애인을 위한 '헤이븐 사우스 야라'(Haven South Yarra)는 헤이븐 기금(Haven Foundation)을 통한 주거지원서비스이며, 서비스 운영기관은 '테넌트 어시스트'(Tenant Assist)가 담당한다. 또한 개인 및 금융적인 이유로 자가소유권 및 임차권을 유지하기 어려운 가구를 위하여서 예방적 차원의 주거상담 프로그램인 홈 어드바이스 프로그램(HOME Advice Program)을 운영한다(AIHW, 2014).

〈표 17-13〉 우선지원 대상계층에 대한 주거서비스 사례

구분	주거서비스 지원 사례

젊은이	• 주택 그 이상: 젊은이를 위한 숙소
	  - 젊은이에게 주택공급뿐만 아니라 여러 지원서비스를 제공하는 프로그램
	  - 일라와라 젊은이 숙소 프로젝트(Illawarra Youth Foyer Project):
	    젊은이(16~23세)에게 취업 준비, 학업을 계속할 수 있게 지원하고 장기적 자립
	    발판을 제공하는 차원에서 중장기 동안 거주할 수 있는 숙소와 서비스를 제공

고령자	• 불안정한 거처에 거주하는 고령자지원
	  - 자금 지원: 연방 보건부
	  - 지원 대상: 거처 불안정 고령자, 고령 노숙인
	  - 거처 제공, 이사지원, 장기케어서비스의 지원
	  - 운영자: '불안정한 거처에 거주하는 고령자지원' 공급업자(등록업자)
	  - 2010~2011년간 평균 16주 동안 4천 명의 고령자를 지원(평균 연령 68세)

장애인	• 헤이븐 사우스 야라: 정신지체 장애인을 위한 장기주거 공급
	  - 헤븐 기금은 멜버른에 있는 쇼핑센터, 헬스서비스 등이 잘 갖춰진 교통입지가 좋은
	    곳에 아파트를 공급하여 정신지체 장애인에게 영구적 거처와 제반 서비스를 제공
	  - 공급 목적: 커뮤니티 통합, 가족연대 강화, 건강한 생활과 교육, 고용을 지원하기
	    위해 주택 + 서비스 복합형 맞춤 아파트를 공급
	  - 서비스 운영기관: Tenant Assistant

노숙인	• 지역사회 조기개입서비스: 재연결 프로그램(reconnect program)
	  - 지원 대상: 12~18세 유소년 홈리스 및 5년 내 정착한 12~21세 청소년
	  - 홈리스 및 홈리스 위기 예방 차원에서 생활여건 안정, 가족, 일, 학업, 교육, 지역
	    사회를 연결해 주는 프로그램
	• 전문가 홈리스서비스(specialist homeless services)
	  - 임대차 계약관리 계획수입지원, 금융지원, 카운슬링 등 제공

자료: SYFS(2012).

호주 정부는 현재 주거지원서비스의 전체적 틀을 재구성하기 위하여 많은 노력을 강구하고 있는데, 취약계층의 자립을 지원하기 위해 고객 지향적 접근(client-centred approach) 및 선택 기반적 접근(choice-based approach)을 추구한다. 주거서비스는 맞춤(customisation), 조정(coordination), 연계(connections), 반응(response) 중심적이다. 주거서비스 제공 이전에 취약계층이 이러한 서비스를 받을 준비가 되도록 만드는 서비스(housing ready)를 중시한다. 또한 서비스 패키지를 개발하고, 서비스의 디자인과 전달체계를 개선하며, 지속적인 투자를 이끌어 낼 방안을 모색하고 있다(Jacobs, Lawson, Gabriel, & Hulse, 2015).

4. 정책 현안과 향후 전망

호주의 주택정책은 2007년 노동당이 11년 동안 집권했던 보수 연립정당을 꺾고 새 정부의 주인이 되면서 큰 변화의 물결을 맞았다. 이듬해인 2008년 금융위기로 인하여 그동안 크게 부각되지 못했던 주택 문제도 이슈화되었다. 자가 보유율이 떨어지고 민간임대주택 거주율이 늘어나면서 '부담능력'(housing affordablity) 문제는 1980년대 이후 최대 이슈가 되었다. 현재 '부담가능한 주택협약'에 따라 추진되는 정책들은 이러한 부담능력 문제에 대처하는 호주형 주거지원 모델이라고 볼 수 있다.

1980년대 이전까지의 호주 주거복지 모델은 보편적 지원 모델로 볼 수 있다. 1960년대와 1970년대에 이루어진 공공임대주택의 확장은 저소득층, 근로계층을 위해 부담가능한 주거 접근성을 제고하는 데에 크게 기여하였다. 그러나 공공임대주택은 이후 선별적·잔여적 모델로 전환되었다. 1980년대 이후 공공임대주택의 지원 대상계층은 경제적·사회적 취약계층으로만 국한되었으며, 재정 삭감으로 줄어든 공공임대주택의 공급을 대신하여 연방 정부의 임대료 보조가 그 자리를 맡게 되었다.

한편, 민간임대주택 부문은 정책 사각지대였다. 지난 50여 년간 10가구 중 7가구가 자가를 보유하였기 때문에, 민간임대주택 부문은 정책적 관심을 끌지 못했다. 그 결과, 금융위기 이후 자가보유율이 감소하고 공공임대주택 대기자 수가 증가하였음에도 이를 흡수할 민간임대주택이 제대로 준비되지 못한 상황이었다. 특히, 근로 빈곤층은 재원 조달의 한계 때문에 자가를 보유할 수도 없고, 홈리스나 고령자 등에 비해 우선순위가 낮아 공공임대주택에도 입주할 수 없어 어려움을 겪었다. 민간임대주택은 임대인이 주로 기존의 주택을 활용하여 정부의 세제 및 금융지원을 받아 일시적으로 운영하는 형태로, 관련된 임대료 규제도 없다. 이런 상황에서 자가보유 및 수요의 감소가 임대 수요의 증가로 이어지는 반면 민간임대주택의 공급은 이에 미치지 못하여 임대료는 계속 상승하는 추세이다.

2008년 NARA는 민간자본을 유치하여 민간임대주택의 공급을 늘리기 위해 도입되었지만, 이를 통해 공급된 임대주택이 단 10년의 기간만 임대주택으로 활용된다는 점에서 저렴한 임대주택의 공급을 확대하기에는 근본적으로 한계가 있는 방법이다. 또한 민간자본이 정부의 복지 지렛대 역할을 하는 것에도 태생적인 제한이 존재할 수밖에 없다.

임대료 보조(CRA)의 수급자 수가 크게 늘어났지만, 임대료 상승분을 감안한다면 부담능력을 제고하는 데에는 여전히 한계가 있는 것으로 나타난다. 개별 보조 방식으로서 비용이 많이 드는 공급자 보조 방식에 비하여 더 효율적이라는 장점을 가졌음에도 불구하고, 임대료 상승이 재정 지출의 증가로 고스란히 이어지게 되었다. 시장에 저렴한 민간임대주택 재고가 충분히 확보되었을 때에야 임대료 보조 제도의 효과성이 제대로 발휘될 수 있다는 이론이 경험적으로 증명되고 있는 것이라 볼 수 있다.

헐스와 동료들(Hulse, Reynolds, Stone, & Yates, 2015)은 2011년 센서스 데이터를 활용하여 소득의 50%를 임대료로 부담해야 하는 저렴한 임대주택의 재고 수는 52만 4천 호이며 이는 전체 주택 재고의 6.6% 수준이라고 추산하였다. 또한 소득의 30%를 임대료로 부담해야 하는 주택을 저렴한 임대주택으로 보았을 때는 저렴한 임대주택의 재고 수가 63만호이며, 이는 주택 재고의 8.2%에 달한다고 추산하였다. 이러한 추산 결과는 현재 소셜 하우징 재고보다 10~20만 호 많은 수준이다. 그렇다면 호주는 저렴한 임대주택이 부족한 것일까? 앞서 논하였듯이 1980년대 이후 공공임대주택 정책이 수축기로 접어들었고, 기존 민간임대주택은 노후 저가 민간임대주택의 재개발과 함께 분양주택으로 전환되었기 때문이다. 기존 저소득층의 거주지역을 새롭게 고소득층이 점유하게 되는, 이른바 젠트리피케이션(gentrification) 현상이 자연스럽게 퍼져갔다.

현재 남아 있는 저가 민간임대주택 지역에는 저소득층이 집단 거주하고 있으며, 이는 노동시장 참여 제약이나 소외 문제 등을 야기한다. 2009년 이후 도입한 NAHA는 이러한 문제에 대처하는 새로운 정책 틀로 지난 30여 년간의 수요자 보조 제도를 공급자 보조 제도로 전환한 것이다. 관건은 부족한 저렴한 임대주택을 민간임대주택 부문에서 얼마나 담당할 수 있을 것인지이다. 아직 정책 실효성에 대한 체계적인 평가 자료들은 가시화되고 있지 않지만, 소셜 하우징 입주는 늘어났다. 다만, 홈리스 수의 감소 효과는 없는 것으로 나타났다(Parsell & Jones, 2014).

호주의 주거보장제도로부터 한국이 얻을 수 있는 교훈은 크게 세 가지로 정리할 수 있다. 첫째, 잘 균형 잡힌 주택 점유 형태(자가, 공공임대, 민간임대)는 주택 소비자의 다양한 욕구를 충족시키는 데 중요하다는 점이다. 자가소유 중심적인 호주의 사례는 한쪽으로 치우친 점유 형태가 시장의 위기에 대응하는 데에 한계가 있을 수밖에 없음을 잘 시사하고 있다.

둘째, 공공임대주택의 정책 변화는 또 다른 사회경제적 비용을 야기하는 원천이 되었다는 점이다. 극빈층 등 취약계층 중심의 입주자 구성은 공공임대주택을 더욱 잔여화된 부문으로 만들었으며, 정부는 이들 단지의 빈곤 집중 문제를 해결하기 위한 별도의 추가적 주거서비스 비용을 투자하지 않을 수 없었다.

셋째, 임대료 보조제도와 같은 개별 수요자 보조제도만으로는 부담능력을 완화시키는 데 충분하지 못하다는 점이다. 즉, 저렴한 임대주택의 공급 확대가 병행되어야 수요자 보조도 제 기능을 발휘한다는 것을 알 수 있다.

호주의 임대주택 수급 상황은 소셜 하우징과 민간임대주택 공급이 어느 정도 늘어나기 이전까지 당분간은 더 악화될 소지가 있다. 그러나 다양하고 다층적인 주택 공급과 주거지원서비스들이 정부부문 간, 정부와 민간부문 간, 정부와 비영리 민간부문 간 활발하게 전개되어 향후 개선될 가능성도 크다. 임차 가구가 계속 늘어날 전망이라는 점에서, 앞으로 전개될 호주의 주거지원 및 보장제도는 과거의 자가 중심적 정책기조와는 달리 임대주택부문 정책에 더욱 무게 중심을 둘 것으로 보인다.

■ 참고문헌

해외 문헌

AIHW(Australian Institute of Health and Welfare) (2011). *Housing assistance in Australia 2010*. Canberra: Commonwealth of Australia.
_____(2012). *Housing assistance in Australia 2011*. Canberra: Commonwealth of Australia.
_____(2013). *Housing assistance in Australia 2012*. Canberra: Commonwealth of Australia.
_____(2014). *Housing assistance in Australia 2013*. Canberra: Commonwealth of Australia.
_____(2015). *Housing assistance in Australia 2014*. Canberra: Commonwealth of Australia.

Department of Families, Housing, Community Services and Indigenous Affairs (2008). *The Road Home: A National Approach to Reducing Homelessness.* Canberra: Commonwealth of Australia.

Department for the Prime Minister and Cabinet (2014). *Roles and Responsibilities in Housing and Homelessness: Issues Paper 2 (Reform of the Federation: White Paper).* Canberra: Commonwealth of Australia.

Goodman, R., Nelson, A., Dalton, T., Cigdem, M., Gabriel, M., & Jacobs, K. (2013). *The Experience of Marginal Rental Housing in Australia.* Melbourne: AHURI (Australian Housing and Urban Research Institute).

Groenhart, L., & Burke, T. (2014). *Thirty Years of Public Housing Supply and Consumption: 1981-2011.* Melbourne: AHURI (Australian Housing and Urban Research Institute).

Hall, J., & Berry, M. (2006). *Public Housing: Shifting Client Profiles and Public Housing Revenues.* Melbourne: AHURI (Australian Housing and Urban Research Institute).

Hulse, K. (2007). Housing allowances and the restructuring of the Australian welfare state. In Kemp, P. A. (Ed.) (2007). *Housing Allowances in Comparative Perspective.* Bristol: Policy Press.

Hulse, K., Reynolds, M., Stone, W., & Yates, J. (2015). *Supply Shortages and Affordability Outcomes in the Private Rental Sector: Short and Longer Term Trends.* Melbourne: AHURI (Australian Housing and Urban Research Institute).

Jacobs, K., Berry, M., & Dalton, T. (2013). A dead and broken system?: 'Insider' views of the future role of Australian public housing. *International Journal of Housing Policy, 13*(2), 183~201.

Jacobs, K., Lawson, J., Gabriel, M., & Hulse, K. (2015). *Individualised and Market-Based Housing Assistance: Evidence and Policy Options.* Melbourne: AHURI (Australian Housing and Urban Research Institute).

Johnson, M., & Baker, D. (2015). *The Great Australian Lockout: Inequality in the Housing Market.* Canberra: The Australia Institute.

Kohler, M., & van der Merwe, M. (2015). Long-run trends in housing price growth. *Bulletin (Reserve Bank of Australia), September Quarter 2015,* 21~30.

KPMG (2012). *Social Housing Initiative Review.* Canberra: Housing Ministers' Advisory Committee.

Milligan, V., & Pinnegar, S. (2010). The comeback of national housing policy in Australia: First reflections. *International Journal of Housing Policy*, 10 (3). 325~344.

Milligan, V., & Tiernan, A. (2011). No home for housing: The situation of the commonwealth's housing policy advisory function. *Australian Journal of Public Administration*, 70 (4), 393~407.

Parsell, C., & Jones, A. (2014). Bold reform or policy overreach? Australia's attack on homelessness. *International Journal of Housing Policy*, 14 (4), 427~443.

Productivity Commission (2010). *Contribution of the Not-for-Profit Sector*. Melbourne: Commonwealth of Australia.

Randolph, B., & Holloway, D. (2007). *Commonwealth Rent Assistance and the Spatial Concentration of Low Income Households in Metropolitan Australia*. Melbourne: AHURI (Australian Housing and Urban Research Institute).

Rowley, S., & Ong, R. (2012). *Housing Affordability, Housing Stress and Household Wellbeing in Australia*. Melbourne: AHURI (Australian Housing and Urban Research Institute).

SYFS (Southern Youth and Family Services) (2012). *Southern Youth Foyer Project*. Wollongong: SYFS.

Wiesel, I., Easthope, H., Liu, E., Judd, B., & Hunter, E. (2012). *Pathway into and within Social Housing*. Melbourne: AHURI (Australian Housing and Urban Research Institute).

Wiesel, I., Pawson, H., Stone, W., Herath, S., & McNelis, S. (2014). *Social Housing Exits: Incidence, Motivations and Consequences*. Melbourne: AHURI (Australian Housing and Urban Research Institute).

Yates, J. (2013). Evaluating social and affordable housing reform in Australia: Lessons to be learned from history. *International Journal of Housing Policy*, 13 (2), 111~133.

기타 자료

ABS (Australian Bureau of Statistics) (2015). Housing Occupancy and Costs, 2013-14. http://www.abs.gov.au. 2016. 4. 10. 인출.

AIHW (Australian Institute of Health and Welfare) (2016). *Housing assistance in Australia 2015*. Canberra: Commonwealth of Australia. http://www.aihw.

gov. au/housing-assistance/haa/2015. 2016. 6. 9. 인출.

NHSC (National Housing Supply Council) (2010). *2nd State of Supply Report*. Canberra: Commonwealth of Australia. https://static. treasury. gov. au/up loads/sites/1/2017/06/stateofsupplyreport_2010. pdf. 2016. 6. 9. 인출.

Performance Urban Planning (2016). 12th Annual Demographia International Housing Affordability Survey 2016, Data for 3rd Quarter 2015. 2016. 6. 9. 인출.

http://www. ahuri. edu. au/housing_information/review/evrev044. 2016. 6. 10. 인출.

https://www. aihw. gov. au/reports-statistics/health-welfare-services/housing-assistance/data. 2016. 6. 9. 인출.

https://www. dss. gov. au.

주요 용어

A · B

• Age Pension	노령연금
• Allied dental practitioner	유사 치과의료사
• Approved Care	인가보육
• Assets test	자산조사
• Australian Labor Party	호주노동당
• Australian Vocational Certificates	보육직업자격증
• Australian/Federal Government	연방 정부
• bulk-biling	일괄 청구

C

• Canadian National Occupancy Standard (CNOS)	캐나다 국민거주기준
• Child Care Act	아동보육법
• Child Care Benefits(CCB)	보육급여
• Child Care Rebate(CCR)	보육비 환급

• Chinese medicine practitioners	한의사
• Chiropractors	지압요법사
• Commonwealth Department of Health	연방 정부 보건부
• Commonwealth Rent Assistance(CRA)	연방 정부 임대료 보조
• Commonwealth-State Housing Agreement (CSHA)	연방 정부 - 주 정부 간 주택협약
• Community rating	집단보험비율
• Concession card	우대카드
• Consumer Price Index	소비자물가지수
• Copayment	환자본인부담
• Council of Australian Governments(COAG)	호주연방위원회
• Cut-off point	무급여 소득금액

D · E

• Dental hygienists	치과위생사
• Dental prosthetists	치과기공사
• Dental therapists	치과치료사
• Dentists	치과의사
• Department of Health	보건부
• Department of Health and Ageing	보건 및 노인부
• Department of Immigration and Border Protection	이민국
• Department of Social Service(DSS)	사회서비스부
• Department of Veterans Affairs	재향군인부
• Disability-free lifespan	무장애 생애기간
• Early Years Learning Framework(EYLF)	영유아보육 프레임
• Education and Care Services National Law	국가 교육 · 보육서비스 법

- Education and Care Services National Regulation   국가 교육·보육서비스 규칙

- Elective surgery   선택수술

- Emergency department services   응급실 진료

- Evidence base   근거기반

F·G

- Family Assistance Office(FAO)   가족지원사무소

- Family Assistance Office(FAO)   가족지원사무소

- Family Day Care   가정보육

- Family Tax Benefit Part A   가족세제급여 A형

- Federal government   연방 정부

- Framework for School Age Care   학령기 아동보육 프레임

- Free standing day hospital facilities   주간병원

- General practice   일반의 진료

- General practitioner(GP)   일반의

- Grandparent Child Care Benefit   조부모 보육급여

H·I·J

- health care   의료서비스

- Health Care Home   가정의료서비스

- Healthier Medicare   더 건강한 메디케어

- Home and Community Care(HACC)   가정 및 지역사회 지원서비스

- Home base   재가 기반

- Hospital Benefits Scheme(HBS)   병원급여제도

- Hospital non-specialist   병원비전문의

- Hospital services   병원 진료

- Housing affordability   주거비 부담가능성

• Housing stress	주택 스트레스
• Income tax	조세
• Income test	소득조사
• Independent Hospital Pricing Authority	독립병원가격기구
• Indigenous Community Housing(ICH)	원주민 커뮤니티주택
• In-Home Care	가정 내 보육
• Jobs, Edication and Training Child Care Fee Assistance	취업교육훈련아동 보육비지원
• Joint sitting	양원합동회의

L · M

• Learning Framework for School Age Care in Australia	학령기 아동보육체계
• Liberal-Country parties	자유당·농민당 연립정부
• Liberal-National parties	자유당·국민당 연립정부
• Lifetime Health Coverage(LHC)	생애주기 의료보장
• Local Government	지방 정부
• Long Day Care	종일제보육
• Mainstream Community Housing(MCH)	커뮤니티주택
• Means test	자산조사
• Medibank Hospital Agreement	메디뱅크 병원협약
• Medical Benefits Schedule Fee	의료급여가격표
• Medical Benefits Scheme(MBS)	의료급여제도
• Medical practitioners	의사
• Medical radiation practitioners	의료방사선기사
• Medicare	메디케어
• Medicare Levy(ML)	의료보험료
• Medicare Levy Surcharge(MLS)	메디케어 추가 의료보험료

- Medicare Safety Net   메디케어 안정망
- Ministerial Order   장관령

N

- National Affordable Housing Agreement   부담가능한 주택협약
  (NAHA)
- National Health Insurance   국민건강보험
- National Health Reform Agreement   국립보건 개혁협약
- National Health Service (NHS)   국가보건의료제도
- National Health Service Act   국민보건의료법
- National insurance scheme   국민보험제도
- National Quality Standard (NQS)   국가품질기준
- National Rental Affordability Scheme (NRAS)   임대주택 부담완화 제도
- Newstart Allowance (NSA)   새출발수당
- Non-admitted patient care   외래진료
- Northern Territory remote community   북부 준주 커뮤니티주택
  housing (NTCH)
- Nurses and midwives   간호사 및 조산사

O

- Occational Care   일시보육
- Occupational therapists   작업치료사
- Optometrists   검안사
- Oral health therapists   구강건강치료사
- Osteopaths   접골요법사
- out-of-packet costs   본인부담금
- Outpatient hospital   외래병원
- Outside School Hours Care   방과 후 보육

P

• Pension Loans Scheme	비과세 연금대부제도
• Pensioner Concession Card	연금수급자 우대카드
• Pensioner's Medical Service	연금수령자 의료서비스
• Permanent visa	영주권
• Pharmaceutical Benefits Act (PHA)	약제급여법
• Pharmaceutical Benefits Schedule (PBS)	약제급여표
• Pharmaceutical Benefits Scheme (PHS)	약제급여제도
• Pharmacists	약사
• Phase-in-limit	단계적 적용 구간
• Physiotherapists	물리치료사
• Podiatrists	발치료사
• Primary health care	1차 의료
• Principal referral hospital	3차 병원
• private hospital	민간병원
• private health insurance	민간의료보험
• Private Rent Assistance (PRA)	주 정부 임대료 보조
• Psychiatric hospital	정신병원
• Psychologists	심리사
• Public hospital	공공병원
• Public housing (PH)	공공임대주택

R · S

• Rebate	환급
• Reciprocal Health Care Agreement (RHCA)	상호의료협정
• Registered health practitioners	등록의료인력
• Remote Area Allowance	오지수당
• Rent Assistance	임대료 보조금

• Rent rebate	임대료 할인
• Secondary care	2차 의료
• Seniors and Pensioners Tax Offset (SAPTO)	세금공제 혜택 노인 및 연금 수령자
• Single	개인, 독신
• Social Housing	소셜 하우징
• Social Insurance	사회보험
• Special Child Care Benefit	특수아동 보육급여
• Specialist	전문의
• Specialist women's and children's hospital	여성 및 아동 전문병원
• Specialist-in-training	전공의
• Standing Council on Health	보건상임위원회
• State government	주 정부
• State local government act	주지방정부법
• state-owned and managed indigenous housing (SOMIH)	원주민 공공임대주택
• Subacute and non-acute hospital	아급성 및 비급성기 병원
• Superannuation Gurantee	보장형 퇴직연금

T·U·V·Y

• Territory	자치령
• Territory government	자치령 정부
• Territory of Norfolk Island	노픽자치령
• The Australian Children's Education and Care Quality Authority (ACECQA)	호주 아동 보육·교육 품질관리원
• The National Qualtiy Framework (NQF)	교육·보육 국가품질체계
• The National Training Board	국립훈련원
• Uniform tax	균등조세법
• United Australia Party	통합호주당

- Veteran's Home Care (VHC)   지역사회 프로그램
- Youth Allowance (YA)   청년수당